아비담마 길라잡이

제2권

아비담마 길라잡이

Abhidhammattha Saṅgaha
아비담맛타상가하

제2권

초기불전연구원

그분
부처님
공양 올려 마땅한 분
바르게 깨달으신 분께 귀의합니다.

Namo tassa Bhagavato Arahato Sammāsambuddhassa

제2권 목차

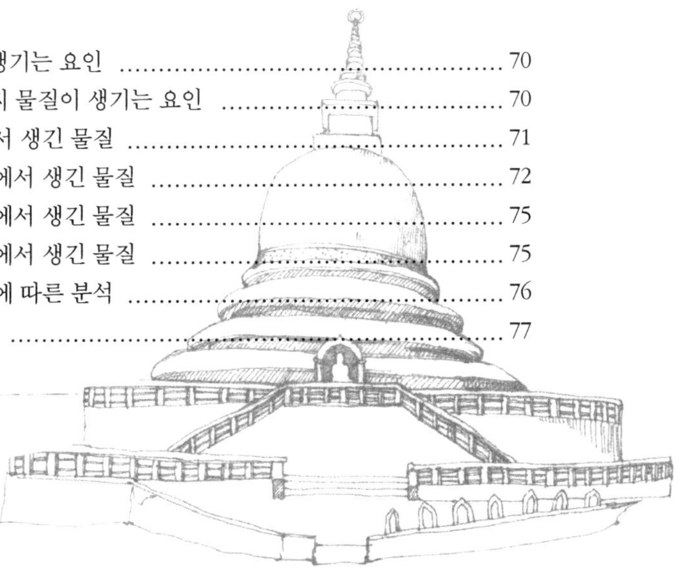

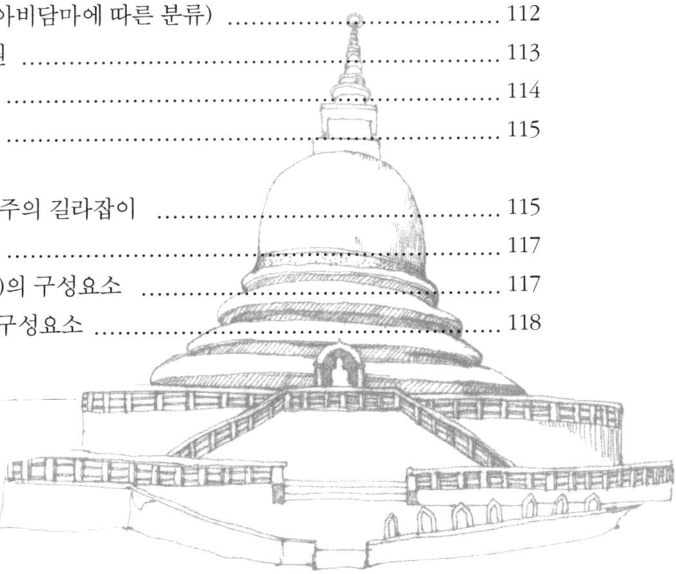

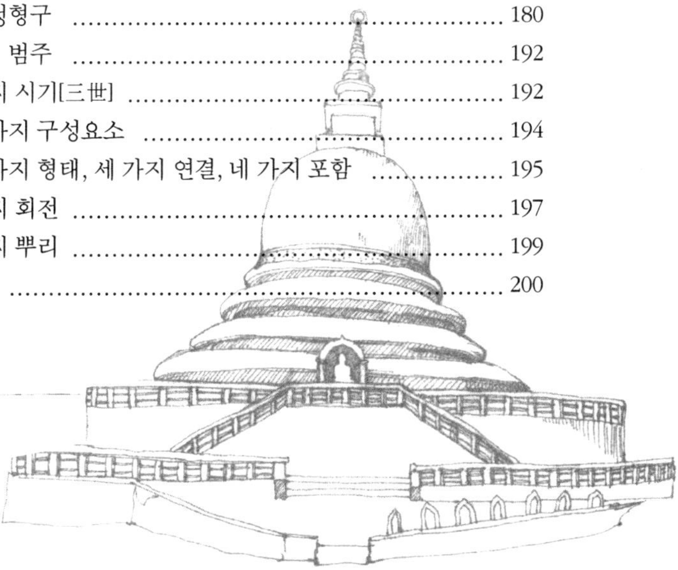

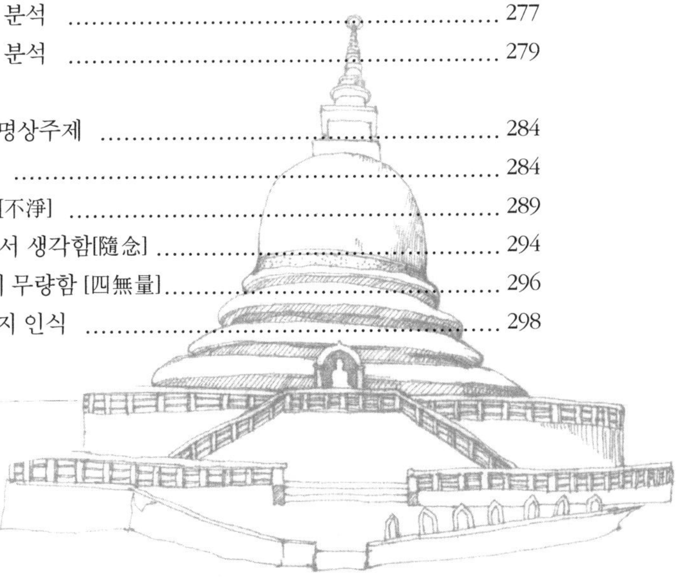

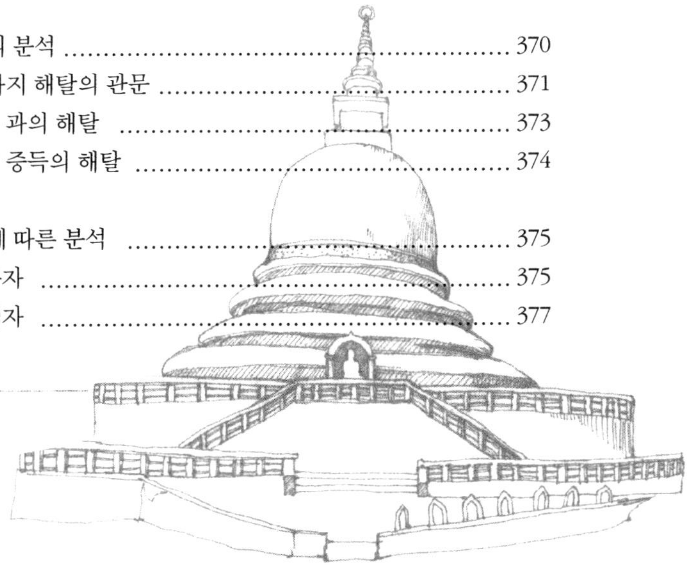

제2권 도표 목차

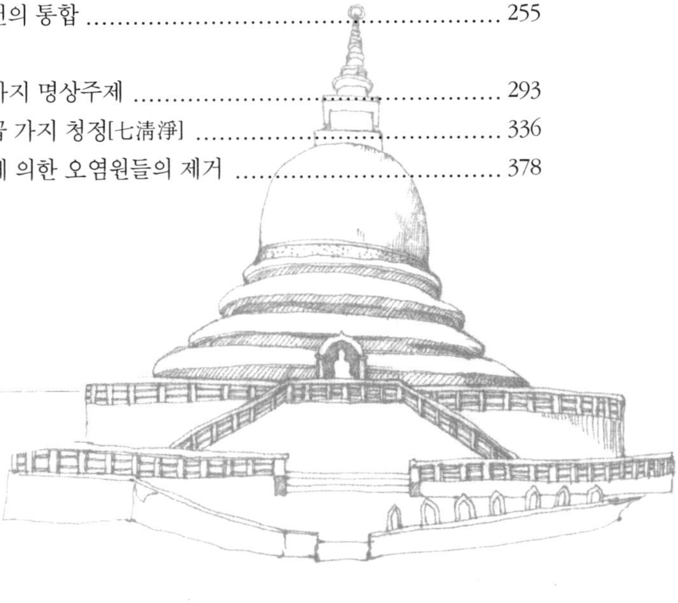

약어

√ 동사 어근(*verbal root*)

A.	Aṅguttara Nikāya(앙굿따라 니까야, 증지부)
AA.	Aṅguttara Nikāya Aṭṭhakathā = Manorathapūraṇī(증지부 주석서)
AAṬ.	Aṅguttara Nikāya Aṭṭhakathā Ṭīkā(증지부 복주서)
Abhi-av.	Abhidhammāvatāra(아비담마아와따라, 아비담마 입문)
Abhi-av-nṭ.	Abhidhammāvatāra-abhinavaṭīkā(아비담마아와따라 아비나와띠까)
Abhi-av-pṭ.	Abhidhammāvatāra-purāṇaṭīkā(아비담마아와따라 뿌라나띠까)
Abhi-Sgh.	Abhidhammatthasaṅgaha(아비담맛타상가하 = 아비담마 길라잡이)
ApA.	Apadāna Aṭṭhakathā(아빠다나(譬喩經) 주석서)
ApteD	Practical Sanskrit-English Dictionary, by Prin. V.S. Apte
As.	Aṭṭhasālinī(앗타살리니 = 담마상가니 주석서)
Be	Burmese-script edition(VRI 간행 미얀마 육차결집본)
BG.	Bhagavadgīta(바가왓 기따)
BHD	Buddhist Hybrid Sanskrit Dictionary
BHS	Buddhist Hybrid Sanskrit
BL	Buddhist Legends(Burlingame)
BPS	Buddhist Publication Society
Bv.	Buddhavaṁsa(佛種姓)
BvA.	Buddhavaṁsa Aṭṭhakathā
CBETA	CBETA Chinese Electronic Tripitaka Collection: CD-ROM
cf.	*confer*(=*compare*, 비교, 참조)
CMA	A Comprehensive Manual of Abhidhamma(아비담맛타 상가하 영역)
CPD	Critical Pāli Dictionary

D.	Dīgha Nikāya(디가 니까야, 長部)
DA.	Dīgha Nikāya Aṭṭhakathā = Sumaṅgalavilāsinī(디가 니까야 주석서)
DAṬ.	Dīgha Nikāya Aṭṭhakathā Ṭīkā(디가 니까야 복주서)
DhkAAnuṬ	Dhātukathā-anuṭīkā(다뚜까타 아누띠까)
Dhp.	Dhammapada(담마빠다, 법구경)
DhpA.	Dhammapada Aṭṭhakathā(담마빠다 주석서)
Dhs.	Dhammasaṅgaṇi(담마상가니, 法集論)
DhsA.	Dhammasaṅgaṇi Aṭṭhakathā = Aṭṭhasālinī(담마상가니 주석서)
DhsAAnuṬ	Dhammasaṅgaṇī-anuṭīkā(담마상가니 아누띠까)
DhsAMṬ	Dhammasaṅgaṇī-mūlaṭīkā(담마상가니 물라띠까)
DPL	A Dictionary of the Pali Language(Childers)
DPPN.	G. P. Malalasekera's *Dictionary of Pali Proper Names*
Dv.	Dīpavaṁsa(島史), edited by Oldenberg
DVR	A Dictionary of the Vedic Rituals, Sen, C. Delhi, 1978.
Ee	Roman-script edition(PTS본)
EV1	Elders' Verses I(테라가타 영역, Norman)
EV2	Elders' Verses II(테리가타 영역, Norman)
GD	Group of Discourse(숫따니빠따 영역, Norman)
HOS	Harvard Oriental Series
IAMD	An Illustrated Ardha-Magadhi Dictionary
Ibid.	*Ibidem*(전게서, 前揭書, 같은 책)
It.	Itivuttaka(如是語)
ItA.	Itivuttaka Aṭṭhakathā(여시어 경 주석서)
Jā.	Jātaka(자따까, 本生譚)
JāA.	Jātaka Aṭṭhakathā(자따까 주석서)

KhpA.	Khuddakapātha Aṭṭhakathā(쿳다까빠타 주석서)
KS	Kindred Sayings(상윳따 니까야 영역, Rhys Davids, Woodward)
Kv.	Kathāvatthu(까타왓투, 論事)
KvA.	Kathāvatthu Aṭṭhakathā(까타왓투 주석서)
LBD	Long Discourse of the Buddha(디가 니까야 영역, Walshe)
M.	Majjhima Nikāya(맛지마 니까야, 中部)
MA.	Majjhima Nikāya Aṭṭhakathā = Papañcasūdanī(맛지마 니까야 주석서)
MAṬ.	Majjhima Nikāya Aṭṭhakathā Ṭīkā(맛지마 니까야 복주서)
Mil.	Milindapañha(밀린다빤하, 밀린다왕문경)
MLBD	Middle Length Discourse of the Buddha(맛지마 니까야 영역, Ñāṇamoli)
Moh.	Mohavicchedanī(모하윗체다니)
Mvu.	Mahāvastu(북전 大事, edited by Senart)
Mhv.	Mahāvaṁsa(마하왐사, 大史, edited by Geiger)
MW	Monier-Williams' Sanskrit-English Dictionary
Nāmar-p.	Nāmarūpapariccheda(나마루빠빠릿체다)
Nd1.	Mahā Niddesa(마하닛데사, 大義釋)
Nd1A.	Mahā Niddesa Aṭṭhakathā(마하닛데사 주석서)
Nd2.	Cūla Niddesa(쭐라닛데사, 小義釋)
Netti.	Nettippakaraṇa(넷띠빠까라나, 指道論)
Nd-p	Niruttidīpanīpāṭha(니룻띠디빠니빠타, 어원을 밝히는 책)
NetAṬ	Nettippakaraṇa-ṭīkā(넷띠빠까라나 복주서)
NMD	Ven. Ñāṇamoli's Pali-English Glossary of Buddhist Terms
Pc-u-d	Paccayuddesa-dīpanī(빳짜야웃데사 디빠니)
PdṬ.	Paramatthadīpani-ṭīkā(빠라맛타디빠니 띠까)
Pe.	Peṭakopadesa(뻬따꼬바데사, 藏釋論)
PED	*Pāli-English Dictionary*(PTS)

Pm.	Paramatthamañjūsā = Visuddhimagga Mahāṭīkā(청정도론 복주서)
Ps.	Paṭisambhidāmagga(빠띠삼비다막가, 무애해도)
Pṭn.	Paṭṭhāna(빳타나, 發趣論)
PTS	Pāli Text Society
Pug.	Puggalapaññatti(뿍갈라빤냣띠, 人施設論)
PugA.	Puggalapaññatti Aṭṭhakathā(뿍갈라빤냣띠 주석서)
Pv.	Petavatthu(뻬따왓투, 餓鬼事)
Pvch.	Paramatthavinicchaya(빠라맛타 위닛차야)
Rv.	Ṛgveda(리그베다)
S.	Saṁyutta Nikāya(상윳따 니까야, 相應部)
SA.	Saṁyutta Nikāya Aṭṭhakathā = Sāratthappakāsinī(상윳따니까야 주석서)
SAṬ.	Saṁyutta Nikāya Aṭṭhakathā Ṭīkā(상윳따 니까야 복주서)
Sadd.	Saddanīti(삿다니띠)
ŚBr	Śatapata Brāhmaṇa(샤따빠따 브라흐마나)
Se	Sinhala-script edition(스리랑카본)
Sk.	Sanskrit
Sn.	Suttanipāta(숫따니빠따, 經集)
SnA.	Suttanipāta Aṭṭhakathā(숫따니빠따 주석서)
Sv	Sāsanavaṁsa(사사나왐사, 교단의 역사)
s.v.	*sub verbō*(*under the word*, 표제어)
TBr.	Taittirīya Brāhmaṇa(따이띠리야 브라흐마나)
Te	Thai-script edition(태국본)
Thag.	Theragāthā(테라가타, 장로게)
ThagA.	Theragāthā Aṭṭhakathā(테라가타 주석서)
Thig.	Therigāthā(테리가타, 장로니게)
ThigA.	Therigāthā Aṭṭhakathā(테리가타 주석서)

Ud.	Udāna(우다나, 감흥어)
UdA.	Udāna Aṭṭhakathā(우다나 주석서)
Vbh.	Vibhaṅga(위방가, 分別論)
VbhA.	Vibhaṅga Aṭṭhakathā = Sammohavinodanī(위방가 주석서)
VbhAAnuṬ	Vibhaṅga-anuṭīkā(위방가 아누띠까)
VbhAMṬ	Vibhaṅga-mūlaṭīkā(위방가 물라띠까)
Vin.	Vinaya Piṭaka(율장)
VinA.	Vinaya Piṭaka Aṭṭhakathā = Samantapāsādikā(율장 주석서)
VinAṬ	Vinaya Piṭaka Aṭṭhakathā Ṭīkā = Sāratthadīpanī-ṭīkā(율장 복주서)
Vin-Kaṅ-nṭ.	Kaṅkhāvitaraṇī-abhinavaṭīkā(깡카위따라니 아비나와띠까)
Vis.	Visuddhimagga(청정도론)
v.l.	*varia lectio*, variant reading(이문, 異文)
VRI	Vipassanā Research Institute(인도)
VṬ	Abhidhammaṭṭha Vibhavinī Ṭīkā(위바위니 띠까)
Vv.	Vimānavatthu(위마나왓투, 천궁사)
VvA.	Vimānavatthu Aṭṭhakathā(위마나왓투 주석서)
Yam.	Yamaka(야마까, 雙論)
YamA.	Yamaka Aṭṭhakathā = Pañcappakaraṇa(야마까 주석서)

『디가 니까야』	각묵 스님 옮김, 초기불전연구원, 2006, 3쇄 2010
『맛지마 니까야』	대림 스님 옮김, 초기불전연구원, 2012, 2쇄 2015
『상윳따 니까야』	각묵 스님 옮김, 초기불전연구원, 2009, 3쇄 2016
『앙굿따라 니까야』	대림 스님 옮김, 초기불전연구원, 2006～2007, 3쇄 2016
육차결집본	Vipassana Research Institute(인도) 간행 육차결집 본
『청정도론』	대림 스님 옮김, 초기불전연구원, 2004, 6쇄 2016
『초기불교이해』	각묵 스님 지음, 초기불전연구원, 2010, 5쇄 2015
『초기불교입문』	각묵 스님 지음, 이솔, 2014

일러두기

(1) 『아비담맛타상가하』의 문단 번호는 CMA를 따랐음.

(2) 『담마상가니』(Dhs)와 『위방가』(Vbh.)는 VRI본(Be)이고 그 외 삼장(Tipitaka)과 주석서들(Aṭṭhakathā)은 별다른 언급이 없는 한 모두 PTS본(Ee)임. 『디가 니까 복주서』(DAṬ)를 제외한 모든 복주서(Ṭīkā)는 VRI본(Be)이고, 『디가 니까야 복주서』(DAṬ)는 PTS본(Ee)이며, 『청정도론』은 HOS본임.

(3) M89는 『맛지마 니까야』의 89번째 경을 뜻함.
M.ii.123은 PTS본(Ee) 『맛지마 니까야』 제2권 123쪽을 뜻함.
M89/ii.123은 『맛지마 니까야』의 89번째 경으로 『맛지마 니까야』 제2권 123쪽에 나타남을 뜻함.
VṬ.123은 VRI본(Be) 『위바위니 띠까』 123쪽을 뜻함.
Vis.XII.123은 청정도론(HOS본) 제12장 123번 문단을 뜻함.

(4) § 뒤의 숫자는 문단 번호임.

(5) {} 안은 게송 번호임.

(6) √ 로 표시한 동사 어근은 산스끄리뜨어로 표기하였음.

(7) '(ma2-80-a)' 등은 『담마상가니』 마띠까의 번호임. '(ma2-80-a)'는 두 개 조 80번째 마띠까의 첫 번째 논의의 주제를 나타냄.

(8) 빠알리어와 산스끄리뜨어는 정체로, 영어는 이탤릭체로 표기함.

제6장

rūpa-saṅgaha-vibhāga
물질의 길라잡이

제6장 물질의 길라잡이

rūpa-saṅgaha-vibhāga

[해설]

『아비담맛타상가하』의 전반부 다섯 장에서 우리 내부 정신세계[名, nāma]의 여러 측면을 집중적으로 분석해 보았다. 다시 정리해 보면 89/121가지 마음에 대해서, 52가지 마음부수와 그들의 조합에 대해서, 인식과정을 통해 여러 마음들은 어떤 법칙으로 대상을 인식하면서 생멸을 거듭하는가에 대해서, 재생연결식과 존재지속심(바왕가)과 죽음에 대해서, 업과 업의 과보에 대해서 하나하나 알아보았다. 그래서 이 다섯 장은 처음의 두 가지 구경법(paramattha-dhamma)인 마음과 마음부수들에 대한 자세한 분석이라 할 수 있다.

여기 제6장에서 아누룻다 스님은 세 번째 구경법인 물질[色, rūpa]을 분류하고 분석하고 있다. 먼저 물질의 현상을 열거하고 다음에 그들을 분류하는 원칙과, 그들이 일어나는 원인과, 그들의 무리(kalāpa)와, 그들이 일어나는 방식에 대해서 설명한다.

그러면 불교에서는 물질을 어떻게 정의하는가? 「삼켜버림 경」(S22:79)에서 부처님께서는 물질(rūpa)을 이렇게 정의하신다.

"비구들이여, 그러면 왜 물질[色, rūpa]이라 부르는가? 변형(變形)된다(ruppati)고 해서 물질이라 한다. 그러면 무엇에 의해서 변형되는가? 차가움에 의해서도 변형되고, 따뜻함에 의해서도 변형되고, 배고픔에 의해서도 변형되고, 목마름에 의해서도 변형되고, 파리, 모기, 바람, 햇

빛, 파충류들에 의해서도 변형된다. 비구들이여, 이처럼 변형된다고 해서 물질이라 한다."1)(S22:79 §4/iii.86)

이런 전통을 주석가들은 그대로 이어받고 있다. 그래서 『청정도론』은 다음과 같이 설명한다.

"그 가운데서 차가움 등으로 인해 변형되는(ruppana) 특징을 가진 법은 그 무엇이든 모두 하나로 묶어 물질의 무더기[色蘊, rūpa-kkhandha]라고 알아야 한다. 이것은 변형되는 특징에 의해서는 한 가지지만 근본물질(bhūta-rūpa)과 파생된 물질(upādāya-rūpa)로는 두 가지이다." (Vis.XIV.34)

이처럼 『청정도론』에서는 rūpa를 ruppana(변형되는)의 성질을 가진 것이라고 정의하고 있다. ruppana는 √rup(*to break, to violate*)에서 파생된 중성명사이며 rūpa(色)를 설명하는 단어로 다른 주석서 등에서도 많이 나타나고 있다. 산스끄리뜨에 나타나는 rūpa의 원래 의미는 '방해, 성가심'을 뜻한다고 볼 수 있다. 즉 물질이란 우리의 진행이나 시계(視界) 등을 막고 방해하는 것이며 그래서 성가시게 하고 괴로

1) "법들에는 보편적이고 개별적인(sāmañña-paccatta) 두 가지 특징(lakkhaṇa)이 있다.(중국에서는 보편적 특징을 공상(共相)으로 개별적 특징을 자상(自相)으로 옮겼다.) 이 둘 가운데서 물질의 무더기를 [변형된다는] 개별적인 특징[自相, paccatta-lakkhaṇa = sabhāva-lakkhaṇa]을 통해서 드러내셨다. [변형되는 것은] 물질의 무더기에만 있고 느낌 등에는 없기 때문에 개별적 특징[自相]이라 불린다. 무상·고·무아라는 특징(anicca-dukkha-anatta-lakkhaṇa)은 느낌 등에도 있다. 그래서 이것은 보편적 특징[共相, sāmañña-lakkhaṇa]이라 불린다."(SA.ii.291~292)
즉 변형(變形, *deformation*)은 물질에만 적용되는 개별적이고 특수한 성질이다. 물질에만 존재하는 이런 변형이라는 개별적인 특징을 가지고 물질을 설명하셨다는 뜻이다. 느낌, 인식, 심리현상들, 알음알이는 형태가 없기 때문에 변형은 존재할 수 없다.

움을 주는 것이라는 뜻으로 파악할 수 있겠다. 그래서 『숫따니빠따』 제1장과 제4장과 제5장에 대한 해설을 담고 있는 『쿳다까 니까야』의 『닛데사』(Niddesa, 義釋)에서는 이 √rup의 동사인 ruppati를 '변형되다, 혼란하게 되다, 부딪치다, 억압되다, 부서지다'[2]와 동의어로 취급한다. 후대 주석가들은 이 ruppana를 변화(vikāra)로 해석하고 있다. 그래서 『위바위니 띠까』에서는 '차갑고 따뜻한 등의 상반되는 조건들 때문에 변화(vikāra)를 겪고 변화를 강요하는 것'으로 해석하고 있다.[3] 이러한 상좌부의 전통적인 견해에 따라 역자들도 '변형되는'으로 옮겼다.

엄밀히 말하면 여기서 변형(ruppana, ruppati)은 변화(vikāra, viparinnāma)와는 다르다. 변형(變形)은 형태나 모양이 있는 것이 그 형태나 모양이 바뀌는 것을 말하기 때문이다. 변형은 물질만의 특징이다. 느낌 · 인식 · 심리현상들 · 알음알이(수 · 상 · 행 · 식)와 같은 정신의 무더기들은 변화는 말할 수 있지만 변형은 없다. 형태나 모양이 없기 때문이다. 그래서 변형은 물질에만 있는 성질이다. 그러므로 변형은 변화라는 용어가 의미하는 여러 가지 양상 가운데 물질만이 가진 특별한 양상을 나타내는 것이다.

이제 물질들에 대해서 하나하나 알아보도록 하자.

---

2) "ruppati, kuppati, ghaṭṭiyati, pīḷīyati, bhijjati."(Nd1.5)

3) "sītuṇhādivirodhipaccayehi vikāramāpajjati, āpādīyatīti vā attho." (VṬ.75)

한편 『청정도론』의 복주서에도 "sītādivirodhipaccayasannipāte visadis-uppatti, tasmiṁ vā sati yo vijjamānasseva visadisuppattiyā hetu-bhāvo, taṁ ruppanaṁ"(Pm.i.449~450)으로 거의 같게 나타난다.

§1. 서시

1. ettāvatā vibhattā hi sappabhedappavattikā
cittacetasikā dhammā rūpaṁ dāni pavuccati.
samuddesā vibhāgā ca samuṭṭhānā kalāpato
pavattikkamato cā ti pañcadhā tattha saṅgaho.

이때까지 마음과 마음부수 법들을
그것의 분류와 일어나는 방법과 함께 분석했다.
이제 물질에 대해 다룰 것이다.
여기서 [물질의] 길라잡이는 다섯 가지이니
열거, 분류, 생기는 요인, 깔라빠, 일어나는 방법이다.

I. 물질의 열거
rūpasamuddesa

§2. 네 가지 근본물질[四大]과 파생된 물질

2. cattāri mahābhūtāni, catunnañ ca mahābhūtānaṁ upādāya-rūpan ti duvidham p'etaṁ rūpaṁ ekādasavidhena saṅgahaṁ gacchati.

물질은 네 가지 근본물질[四大]과 네 가지 근본물질에서 파생된 물질[4]의 2가지이며 이들은 11가지로 구분되어 있다.

---

4) '네 가지 근본물질[四大]과 네 가지 근본물질에서 파생된 물질'은 'cattāri mahābhūtāni, catunnañ ca mahābhūtānaṁ upādāyarūpaṁ'을 옮긴 것이다.
초기불전의 여러 군데에서도 물질은 "cattāri ca mahābhūtāni, catunnañ

[해설]

1. **네 가지 근본물질**[四大, mahābhūtāni]: 아비담마에서 물질은 모두 28가지이다. 이것은 크게 두 가지 영역으로 분류되는데 '네 가지 근본물질[四大]'과 '파생된 물질'이다.

네 가지 근본물질(cattāri mahābhūtāni)은 중국에서 사대(四大)로 한역하여 정착이 되었다. 근본물질로 옮긴 mahābhūta는 mahā(큰)+bhūta로 분석된다. 여기서 bhūta는 √bhū(*to become*)의 과거분사로서 '된 것, 생긴 것, 존재하는 것'이라는 기본 뜻에서 '존재하는 것 = 진실, 사실'의 의미로 쓰인다. 예를 들면 여실지견으로 옮기는 yathābhūtaṁ pajānāti로 많이 나타난다. 여기서처럼 '존재하는 것 = 근본이 되는 것 = 지·수·화·풍'을 나타내기도 한다. 중국에서도 사대종(四大種)이라고 더 자세히 옮기기도 했다.

근본이 되는 것이라는 측면에서 이 마하부따는 요소로 옮기는 다뚜[界, dhātu]와 같이 쓰이기도 한다. 다시 말해 네 가지 근본물질[四大]이

---

ca mahābhūtānaṁ upādāyarūpaṁ"(M9 §54; M28 §5; M33 §3; M106 §4; A11:18 §4; Nd2.266; Kv.47 등)으로도 나타나고 "cattāro ca mahābhūtā catunnañca mahābhūtānaṁ upādāya rūpaṁ"(S12:2 §12; S22:56 §6; S22:57 §5; Dhs. §584; Vbh. §3, §228)으로도 나타난다.
여기서 보듯이 『맛지마 니까야』 등에서는 cattāri ca mahābhūtāni로 나타나는데 이것은 mahābhūta를 중성명사로 본 것이다. 『상윳따 니까야』와 논장에서는 cattāro ca mahābhūtā로 나타나는데 이 경우는 mahābhūta를 남성명사로 간주한 것이다. 본 『아비담맛타상가하』에서는 cattāri ca mahābhūtāni로 나타난다.
그리고 PTS본에는 Kv를 제외하고 모두 upādāya rūpaṁ으로 나타나지만 VRI본에는 대부분이 upādāyarūpaṁ으로 합성어로 나타난다. 본 『아비담맛타상가하』에서도 PTS본을 저본으로 하는 CMA에는 upādāya rūpaṁ으로 표기되어 있고 VRI본에는 upādāyarūpaṁ으로 합성어로 표기되어 있다. 역자들은 VRI본을 따라서 upādāyarūpaṁ으로 합성어로 표기하였다.
한편 주석서 문헌들에서는 파생된 물질이 upādāyarūpa/upādāya rūpa로도 나타나지만 upādā-rūpa로 언급되는 경우가 더 많다.

라 할 때는 mahābhūta로 주로 나타나지만 구체적으로 말할 때는 네 가지 요소[四界, catasso dhātuyo]라는 말로도 자주 나타난다.(Vis.XI.38 등) 특히 각각의 요소를 나타낼 때는 대부분 다뚜(dhātu)라는 용어를 사용한다. 땅의 요소로 번역하는 지대(地大)는 paṭhavī-bhūta라는 말 대신 paṭhavī-dhātu로 언급이 되며 본서에서도 항상 이렇게 나타난다.[5] 한편 『청정도론』에서는 mahābhūta를 이렇게 설명하고 있다.

[청정도론 XI]: "96. … 이 요소들은 다음과 같은 이유들로 마하부따[大種, 근본물질]라 불린다. 즉 ㉠ 거대하게 나타나기 때문에 ㉡ 큰 마술과 같기 때문에 ㉢ 큰 것들에 의해서 지속되기 때문에 ㉣ 크게 변화하기 때문에 ㉤ 크고 실재이기 때문에이다."

"103. ㉤ 크고 실재이기 때문에이다: 이들은 크다(mahā). 큰 노력으로 파악해야 하기 때문이다. 이들은 실재(bhūta)이다. 존재하기 때문이다. 그러므로 크기 때문이고(mahattā) 실재이기 때문에(bhūtattā) 마하부따이다.

이와 같이 이 모든 요소들[界, dhātu]은 거대하게 나타남 등의 이유 때문에 마하부따(근본물질)이다."

2. **파생된 물질**[所造色, upādāya-rūpa, upādāya rūpa]: '파생된'으로 옮긴 upādāya는 upa(위로)+ā(향하여)+√dā(*to give*)의 절대분사이다. '[나중에] 받아들여진'이라는 문자적인 의미에서 '후차적인, 부차적인, 뒤에 생긴, 파생된'의 뜻으로 쓰인다. '파생된 물질'은 네 가지 근본물질[四大]을 제외한 나머지 물질들을 일컫는다. 그러므로 파생된 물질은 사대에서 파생되었거나 사대를 의지해서 생긴 물질의 현상이다.[6] 이

---

5) 사대의 각각에 대한 설명은 아래 §3의 해설 1을 참조할 것.

6) "tattha pathavīādīni cattāri mahābhūtāni bhūtarūpaṁ nāma, sesaṁ upādārūpaṁ nāma."(Moh.92)

들은 모두 24가지이다. 비유하자면 네 가지 근본물질은 땅과 같고 파생된 물질은 땅에서 자라는 나무나 넝쿨과 같다고 하겠다.

28가지 물질은 크게 11가지로 구분된다. 이들 중에서 일곱은 '구체적 물질(nipphanna-rūpa)'인데 이들은 실재하는 단위(dabba, Sk. dravya)로서의 고유의 성질(sabhāva)을 가지고 있으며 그래서 위빳사나로써 주시하고 통찰할 수 있는 것이다. 나머지 네 부류는 모양이나 형체가 있지 않고 구체적인 것이 아니기 때문에 '추상적 물질(anipphanna-rūpa)'이라 부른다. 먼저 구체적 물질부터 알아보자.

논장 칠론의 마띠까에 대한 종합적인 주석서인 『모하윗체다니』(Moha-vicchedanī, Moh)는 이처럼 네 가지 근본물질 이외의 나머지를 파생된 물질이라고 파생된 물질을 정의하고 있다. '파생(派生)'이라는 단어의 사전적 의미가 '사물이 어떤 근원에서 갈려 나와 생김'이라고 해서 네 가지 근본물질에서 갈려 나온 것만을 파생된 물질로 이해해서는 안 된다. 그래서 『모하윗체다니』는 네 가지 근본물질 이외의 나머지를 파생된 물질이라고 정의하는 것이다.

그래서 CMA도 파생된 물질(*derived material phenomena*)을 '*material phenomena derived from, or dependent upon, the four great essentials*'라고 부연해서 설명하고 있다.
한편 냐나몰리 스님은 파생된 물질(*s.v.* upādā-rūpa)을 '*secondary form, accessory (derivative) form (i.e. accessory to the* 4 mahā-bhūta)'로 설명하고 있고(NMD) 『청정도론』에서는 '*derivative (or secondary) materiality*'로 옮겼는데 '*secondary form*'이나 '*secondary materiality*'로 옮긴 것을 주목할 만하다. 이 upādā-rūpa/upādāya-rūpa는 근본물질에 대한 부차적이고 이차적인 물질이라는 의미를 살린 것이기 때문이다.
중국에서는 upādāya를 依, 依止, 所依, 所取, 故, 本, 由(의, 의지, 소의, 소취, 고, 본, 유) 등으로 옮겼다.

그러나 『청정도론』에 의하면 눈의 감성 등은 "근본물질[四大]로 된 감성(bhūta-ppasāda)이다."(Vis.XIV.37)라고 나타나는데(아래 §3의 해설 2-(1)의 인용 참조) 이것은 눈의 감성 등은 사대에서 파생된 것이라는 의미가 강하다. 그래서 '파생된 물질'로 옮겼다. 물론 여기서 '파생된'이라는 용어는 영어의 '*derived*'나 '*derivative*'뿐만 아니라 '*secondary*'의 의미까지 모두 포함한 것으로 이해해야 한다.

<도표 6.1> 물질의 개요

구체적 물질(nipphanna-rūpa) - 18	추상적 물질(anipphanna-rūpa) - 10
I. 근본물질(bhūta-rūpa) 1. 땅의 요소[地界, paṭhavīdhātu] 2. 물의 요소[水界, āpodhātu] 3. 불의 요소[火界, tejodhātu] 4. 바람의 요소[風界, vāyodhātu]	**VIII. 한정하는 물질(pariccheda-rūpa)** 19. 허공의 요소[空界, ākāsa-dhātu]
II. 감성의 물질(pasāda-rūpa) 5. 눈의 감성(cakkhu-pasāda) 6. 귀의 감성(sota-pasāda) 7. 코의 감성(ghāna-pasāda) 8. 혀의 감성(jivhā-pasāda) 9. 몸의 감성(kāya-pasāda)	**IX. 암시의 물질(viññatti rūpa)** 20. 몸의 암시(kāya-viññatti) 21. 말의 암시(vacī-viññatti) **X. 변화의 물질(vikāra rūpa)** 22. 물질의 가벼움(rūpassa lahutā) 23. 물질의 부드러움(rūpassa mudutā) 24. 물질의 적합함(rūpassa kammaññatā)
III. 대상의 물질(gocara rūpa) 10. 형색[色, rūpa] 11. 소리[聲, sadda] 12. 냄새[香, gandha] 13. 맛[味, rasa] *감촉은 땅, 불, 바람의 3大임.	**XI. 특징의 물질(lakkhaṇa-rūpa)** 25. 생성(upacaya) 26. 상속(santati) 27. 쇠퇴함(jaratā) 28. 무상함(aniccatā)
IV. 성(性)의 물질(bhāva-rūpa) 14. 여성(itthibhāva/itthatta) 15. 남성(pumbhāva/purisatta)	
V. 심장의 물질(hadaya-rūpa) 16. 심장토대(hadaya-vatthu)	
VI. 생명의 물질(jīvita-rūpa) 17. 생명기능(jīvitindriya, 命根)	
VII. 음식의 물질(āhāra-rūpa) 18. 영양소(ojā)	

§3. 구체적 물질(nipphanna-rūpa)

[해설]

'구체적 물질[完成色, nipphanna]'로 번역한 nipphanna-rūpa에서 nipphanna는 nis(밖으로)+√pad(*to go*)의 과거분사로서 어떤 물건이 완성되어 나온 것이라는 의미에서 '만들어진, 생산된, 완성된, 완전한, 잘 훈련된' 등의 뜻으로 쓰인다. 이들은 물질을 일으키는 요인인 업, 마음, 온도, 음식(아래 §9 참조)에 의해서 직접적으로 생기는 물질이고 위빳사나의 대상이 되는 물질이다. 그러면 『청정도론』에 나타나는 구체적 물질의 정의를 알아보자.

[청정도론 XIV] "73. … 사대([四大)와 눈부터 시작하여 13개와 덩어리진 [먹는] 음식 — 이 열여덟 가지는 구체적 물질(nipphanna)이다. 범위를 한정하는(pariccheda) 성질과 변화하는(vikāra) 성질 그리고 삼특상(lakkhaṇa)의 성질을 초월하여 고유성질(sabhāva)에 의해서 파악되기 때문이다. 그 나머지는 추상적 물질(anipphanna)이다. 앞의 것과 반대되기 때문이다. …"

3-1. kathaṁ?

(1) pathavīdhātu, āpodhātu, tejodhātu, vāyodhātu, bhūtarūpaṁ nāma.

(2) cakkhu, sotaṁ, ghānaṁ, jivhā, kāyo, pasādarūpaṁ nāma.

(3) rūpaṁ, saddo, gandho, raso, āpodhātuvivajjitaṁ bhūtattaya-saṅkhātaṁ phoṭṭhabbaṁ gocararūpaṁ nāma.

(4) itthattaṁ purisattaṁ bhāvarūpaṁ nāma.

(5) hadayavatthu hadayarūpaṁ nāma.

(6) jīvitindriyaṁ jīvitarūpaṁ nāma.

(7) kabaḷīkāro āhāro āhārarūpaṁ nāma.

어떻게?

(1) 땅의 요소[地界], 물의 요소[水界], 불의 요소[火界], 바람의 요소[風界]는 근본물질이라 한다.

(2) 눈, 귀, 코, 혀, 몸은 감성의 물질이라 한다.

(3) 형색, 소리, 냄새, 맛, 물의 요소[水界]를 제외한 세 가지 근본물질[三大]이라 불리는 감촉은 대상의 물질이라 한다.

(4) 여성과 남성은 성의 물질이라 한다.

(5) 심장토대는 심장의 물질이라 한다.

(6) 생명기능[命根]은 생명의 물질이라 한다.

(7) 덩어리진 [먹는] 음식은 음식의 물질이라 한다.

[해설]

1. **근본물질**(bhūta-rūpa): '근본물질'로 옮긴 bhūta-rūpa는 초기경을 비롯한 여러 경과 주석서들에서 위 §2에서 설명한 mahābhūta라는 용어로 나타난다.

네 가지 근본물질[四大]은 잘 알려진 것처럼 ① 땅의 요소[地界, paṭhavī-dhātu] ② 물의 요소[水界, āpo-dhātu] ③ 불의 요소[火界, tejo-dhātu] ④ 바람의 요소[風界, vāyo-dhātu]이다. '요소[界]'로 옮긴 dhātu는 √dhā(*to put, to hold*)에서 파생된 여성명사로 초기경에서 아주 많이 등장하는 중요한 용어이다. 주석가들은 "자신의 고유성질을 가졌기 때문에 요소[界]라 한다."[7]라고 이것을 정의하고 있다. 예를 들면 땅의 요

---

7) "attano sabhāvaṁ dhārentī ti dhātuyo."(Vis.XV.21; VbhA.77 등)
이 설명은 아비담마 문헌에서 법(dhamma)을 "자신의 고유성질[自性]을 가졌다고 해서 법들이라 한다.(attano sabhāvaṁ dhārentīti dhammā)"(DhsA.39 등)라고 정의하는 것과 똑같은 표현이다. 그리고 한역 『아비달마 구사론』 등에서는 이것을 능지자성(能持自性)이나 임지자성(任持自性) 등으로 옮겼다.(권오민, 『아비달마 구사론』 제1권 4쪽 참조)

소는 대지가 그러하듯이 함께 존재하는 물질의 법들을 지탱하기 때문이다. 땅의 요소·물의 요소·불의 요소·바람의 요소는 물질을 구성하는 가장 기본적인 요소들인데 이들은 서로 분리될 수 없으며[8] 이들이 여러 형태로 조합되어서 작은 것은 미진에서부터 큰 것으로는 큰 산에 이르기까지 모든 물질을 구성한다.

그런데 땅·물·불·바람이라 한다고 해서 이들을 우리 눈에 보이는 개념적인 땅·물·불·바람을 뜻하는 것이라고 받아들이면 큰 잘못이다. 『청정도론』 제11장은 사대(四大)를 명상주제로 하여 수행하는 과정을 자세하게 다루고 있다.(Vis.XI.27~126) 『청정도론』에 나타나는 이들 네 가지 근본물질에 대한 설명을 간략하게 살펴보자.

[청정도론 XI]: "39. … '딱딱한 특징을 가진 것은 곧 땅의 요소이고, 점착의 특징을 가진 것은 물의 요소이고, 익히는(paripācana) 특징을 가진 것은 불의 요소이고, 팽창하는 특징을 가진 것은 바람의 요소이다.'라고 마음에 잡도리할 때에는 그에게 명상주제가 분명해진다."

"41. … '이 몸에 있는 딱딱한 성질이나 거친 성질은 땅의 요소이고, 점착하는 성질이나 유동의 성질은 물의 요소이고, 익게 하는 성질이나 뜨거운 성질은 불의 요소이고, 팽창하는 성질이나 움직이는 성질은 바람의 요소이다.'라고 간략하게 요소를 파악하고는 계속해서 땅의 요소, 물의 요소라고 단지 사대로, 중생도 아니고 영혼도 아니라고 전향해야 하고 마음에 잡도리해야 하고 반조해야 한다."

"109. 조건에 따라: 땅의 요소는 물의 요소에 의해 결합되고, 불의 요

8) 현실적으로 모든 물질은 무리지어 깔라빠(kalāpa) 상태로 존재한다. 이러한 물질의 깔라빠들은 반드시 지·수·화·풍의 네 가지 근본물질[四大]과 형색(rūpa), 냄새(gandha), 맛(rasa), 영양소(ojā)의 8가지 분리할 수 없는 최소의 구성요소들을 가지고 있다. 여기에 대해서는 §7의 해설 11을 참조할 것.

소에 의해 보호되고, 바람의 요소에 의해 팽창된다. 그런 땅의 요소는 나머지 세 요소를 머물게 하는 장소가 됨으로써 그들에게 조건이 된다.

물의 요소는 땅의 요소를 의지하여 머물고, 불의 요소에 의해 보호되고, 바람의 요소에 의해 팽창된다. 그런 물의 요소는 나머지 세 요소를 점착함으로써 그들에게 조건이 된다.

불의 요소는 땅의 요소를 의지하여 머물고, 물의 요소에 의해 결합되고, 바람의 요소에 의해 팽창된다. 그런 불의 요소는 나머지 세 요소를 익게 함으로써 그들에게 조건이 된다.

바람의 요소는 땅의 요소를 의지하여 머물고, 물의 요소에 의해 결합되고, 불의 요소에 의해 익는다. 그런 바람의 요소는 나머지 세 요소를 팽창함으로써 그들에게 조건이 된다.

이와 같이 조건에 따라 마음에 잡도리해야 한다."

2. **감성의 물질**[感性色, pasāda-rūpa]:

'감성(感性)'으로 옮긴 pasāda는 pra+√sad(*to sit*)에서 파생된 남성명사로 '깨끗함'을 뜻한다. 경장에서는 주로 '깨끗한 믿음[淨信]'의 의미로 쓰이지만(D16 §4.27 등) 아비담마에서는 이 깨끗함의 의미를 눈·귀·코·혀·몸의 다섯 가지 감각기관이 가지는 순수한 감각 작용을 나타내는 전문용어로 정착시켰다. 여기서 감성(pasāda)은 그것의 토대가 되는 거친 감각기관과는 구별되어야 한다. 일반적으로 '눈'이라고 부르는 것은 아비담마에서는 '[여러 물질적인 현상이] 혼합된 눈(sasambhāra-cakkhu)'이라 한다. 그중에서 감성은 빛과 색깔을 받아들이고, 눈의 알음알이[眼識]의 물질적인 토대와 문의 역할을 하는, 망막 안에 있는 '감각에 민감한 물질'이다. 그런 의미에서 감성(感性)이라고 옮긴다. 그래서 이 감성은 각각의 감각기관에 위치한 특정한 물질을 뜻한다. 이처럼 감성과 감각기관은 다르다. 아비담마에 의하면 감성을 지탱하는 기능을 하는 것이 감각기관이다.

이제 이들 다섯 가지에 대한 『청정도론』의 설명을 살펴보자.

(1) **눈의 감성**(cakkhu-pasāda):

[청정도론 XIV]: "37. (1) 눈[眼, cakkhu]의 특징은 형색이 부딪쳐 오는 것에 만반의 준비가 된 근본물질[四大]로 된 감성(bhūta-ppasāda)이다.[9] 혹은 [대상을] 보고자 하는 욕망에 기인한(daṭṭhu-kāmatā-nidāna) 업에서 생겨난 근본물질로 된 감성이 그 특징이다. 눈의 역할은 형색들에서 [눈의 알음알이를][10] 끌어당기는 것(āviñchana)이다. 눈은 눈의 알음알이[眼識]의 기반(ādhāra)으로 나타난다. 이것의 가까운 원인은 보고자 하는 욕망에 기인한 업에서 생겨난 근본물질이다.

"47. 여기서 눈이라고 하는 것은 검은 속눈썹으로 덮여있고 검고 밝은 원반에 의해 변화하는 푸른 연꽃잎을 닮은 것을 말한다. (1) 눈의 [감성][11]은 [여러 물질적인 현상이] 혼합된 전체 눈(sasambhāra-cakkhu)[12]에서 흰자위에 의해 싸여있고 면전에 서있는 사람의 형색이 비치는 곳인 검은 동자의 중간에 있다.

그것은 일곱 겹의 면에 배어있는 기름처럼 눈의 일곱 겹에 퍼져있다. 그것은 받치고(땅의 요소), 뭉치고(물의 요소), 익히고(불의 요소), 움직이는

---

9) "catunnaṁ bhūtānaṁ pasādo"(Pm.ii.89)

10) 냐나몰리 스님은 '*Its function is to pick up [an object] among visible data.*(눈의 역할은 형색 가운데서 대상을 끌어당긴다.)'라고 영역했는데 『빠라맛타만주사』에서는 '알음알이를 끌어당긴다.'라고 설명한다.(Pm.ii.90)

11) 여기서 보듯이 눈과 눈의 감성은 다르다. 지금 설명하고 있는 것은 눈의 감성, 귀의 감성 등이므로 감성이라는 단어를 첨가해서 옮기고 있다. 감성(pasāda)에 대해서는 본서 제6장 §3의 해설 2를 참조할 것.

12) '전체 눈(sasambhāracakkhu)'이란 '눈의 감성(cakkhu-pasāda)'을 둘러싸고 있는 다른 여덟 가지 분리할 수 없는 물질(avinibhoga)과 생명기능[命根, jīvitindriya)등을 포함한 전체 안구를 뜻한다.

(바람의 요소) 역할을 하는 근본물질의 도움을 받는다. 마치 무사 계급의 왕자가, 붙들어 보호하고 목욕시키고 치장하고 부채질하는 유모 네 명의 시중을 받는 것과 같다. 그것은 온도와 마음과 음식에 의해 지탱되고 생명기능에 의해서 유지되며 형색, 냄새, 맛 등과 함께한다.(XVIII. §5 참조) 크기는 이의 머리만 하며 눈의 알음알이 등이 일어나는 토대(vatthu)와 문(dvāra)13)의 역할을 적절하게 수행한다."

(2) **귀의 감성**(sota-pasāda):

[청정도론 XIV]: "38. 귀[耳, sota]의 특징은 소리가 부딪쳐 오는 것에 만반의 준비가 된 근본물질로 된 감성이다. 혹은 [대상을] 듣고자 하는 욕망에 기인한 업에서 생겨난 근본물질로 된 감성이 그 특징이다. 귀의 역할은 소리들에서 [알음알이를] 끌어당기는 것이다. 귀는 귀의 알음알이[耳識]의 기반으로 나타난다. 이것의 가까운 원인은 듣고자 하는 욕망에 기인한 업에서 생겨난 근본물질이다."

"49. 귀의 [감성]은 [여러 물질적인 현상이] 혼합된 전체 귀의 구멍 속에 부드럽고 갈색인 털에 둘러싸여 있는 반지 모양을 한 곳에 있다. 그것은 앞서 말한 기능을 가진 근본물질의 도움을 받는다. 그것은 온도와 마음과 음식에 의해 지탱되고 생명기능에 의해 유지되고 형색 등과 함께한다. 귀의 알음알이 등이 일어나는 토대와 문의 역할을 적절하게 수행한다."

(3) **코의 감성**(ghāna-pasāda):

[청정도론 XIV]: "39. 코[鼻, ghāna]의 특징은 냄새가 부딪쳐 오는

13) 눈의 감성은 눈의 알음알이가 일어나는 토대(vatthu)이고 오문전향(五門轉向, pañcadvārāvajjana)과 눈의 알음알이 등 46가지 마음(citta)이 일어나는 문(dvara)의 역할을 한다. 토대와 문에 대해서는 각각 제3장 §20 이하와 제3장 §12 이하를 참조할 것.

것에 만반의 준비가 된 근본물질로 된 감성이다. 혹은 [대상을] 냄새 맡고자 하는 욕망에 기인한 업에서 생겨난 근본물질로 된 감성이 그 특징이다. 코의 역할은 냄새들에서 알음알이를 끌어당기는 것이다. 코는 코의 알음알이[鼻識]의 기반으로 나타난다. 이것의 가까운 원인은 냄새를 맡고자 하는 욕망에 기인한 업에서 생겨난 근본물질이다."

"50. 코의 [감성]은 전체 코의 구멍에서 염소의 발굽 모양을 한 곳에 있다. 그것은 앞서 말한 대로 도움을 받고 지탱되며 유지되고 함께한다. 코의 알음알이 등이 일어나는 토대와 문의 역할을 적절하게 수행한다."

(4) **혀의 감성**(jivhā-pasāda):

[청정도론 XIV]: "40. 혀[舌, jivhā]의 특징은 맛이 부딪쳐 오는 것에 만반의 준비가 된 근본물질로 된 감성이다. 혹은 [대상을] 맛보고자 하는 욕망에 기인한 업에서 생겨난 근본물질로 된 감성이 그 특징이다. 혀의 역할은 맛들에서 알음알이를 끌어당기는 것이다. 혀는 혀의 알음알이[舌識]의 기반으로 나타난다. 이것의 가까운 원인은 맛보고자 하는 욕망에 기인한 업에서 생겨난 근본물질이다."

"51. 혀의 [감성]은 전체 혀의 중간에 연꽃잎의 끝 모양을 한 곳에 있다. 그것은 앞서 말한 대로 도움을 받고 지탱되며 유지되고 함께한다. 혀의 알음알이 등이 일어나는 토대와 문의 역할을 적절하게 수행한다."

(5) **몸의 감성**(kāya-pasāda):

[청정도론 XIV]: "41. 몸[身, kāya]의 특징은 감촉이 부딪쳐 오는 것에 만반의 준비가 된 근본물질로 된 감성이다. 혹은 [대상을] 맞닿고자 하는 욕망에 기인한 업에서 생겨난 근본물질로 된 감성이 그 특징이다. 몸의 역할은 감촉들에서 알음알이를 끌어당기는 것이다. 몸은 몸의 알음알이[身識]의 기반으로 나타난다. 이것의 가까운 원인은 맞닿고자 하

는 욕망에 기인한 업에서 생겨난 근본물질이다."

"52. 몸의 [감성]은 업에서 생긴[14] 물질이 있는 이 몸의 모든 곳에 두루 퍼져있다. 마치 면 조각에 배어든 기름처럼. 그것은 앞서 말한 대로 도움을 받고 지탱되며 유지되고 함께한다. 몸의 알음알이 등이 일어나는 토대와 문의 역할을 적절하게 수행한다."

그리고 『청정도론』에서는 다음과 같이 다른 대가들의 견해를 소개하면서 이들의 주장을 인정하지 않고 있다.

[청정도론 XIV]: "42. 어떤 자들[15]은 '눈은 근본물질들 가운데서 불을 더 많이 가진 근본물질로 된 감성이다. 귀는 바람을, 코는 땅을, 혀는 물을 더 많이 가진 근본물질로 된 감성이다. 몸은 모두를 [동등하게 가진] 것이다.'라고 말한다. 다른 자들은 '눈은 불을 더 많이 가진 근본물질로 된 감성이다. 귀는 허공(vivara)을, 코는 바람을, 혀는 물을, 몸은 땅을 더 많이 가진 것이다.'라고 말한다. 그들에게 경을 가져와 보라고 말해야 한다. 참으로 그런 경은 찾을 수 없을 것이다."

"45. 그러나 이 두 경우는 일어나지 않는다. 그러므로 지탱을 해주는 근본물질에 많고 작은 차이가 있다는 억측은 버려야 한다. 비록 하

---

14) '업에서 생긴'으로 의역한 'upādiṇṇa'는 upa+ā+√dā(*to give*)의 과거수동분사로서 '움켜쥔, 취착된' 등의 뜻이다. 1본서에서는 '취착된'으로 옮겼는데 청정도론에서는 주로 업에서 생긴으로 의역을 하였다. 본서 제6장 §7-2에서 "업에서 생긴 것(kammaja)이 '취착된 물질'이다."라고 밝히고 있기 때문이다. '취착된 것'으로 옮기는 upādinna/upādiṇṇa에 대한 여러 가지 논의는 『담마상가니』 제2편 §652의 첫 번째 주해를 참조하기 바란다.
한편 우리 몸에서 머리카락의 끝과 손·발톱의 끝과 말라버린 피부 등은 업에서 생긴 물질(upādiṇṇa-rūpa)이 아니다. 그러므로 그곳에는 몸의 감성이 없다.

15) "여기서 '어떤 자들'은 마하상기까(Mahāsaṅghika)들이다. 이들 가운데서 와수담마(Vasudhamma)가 "눈에는 불이 더 많고, 귀에는 바람이, 코에는 땅이, 혀에는 물이 많고, 몸에는 모두가 동등하다."라고 주장하기 때문이다." (Pm. ii.91)

나의 깔라빠에도 근본물질의 차이는 없지만 색깔과 맛 등은 서로서로 다르다. 이와 마찬가지로 다른 곳에서도 차이는 없지만 눈의 감성 등은 서로서로 다르다고 알아야 한다.

그러면 각각 서로 다른 이유는 무엇인가? 오직 업(kamma) 때문에 그들이 다르다. 이렇게 업이 다르므로 그들이 다른 것이지 근본물질의 차이 때문은 아니다. 근본물질이 차이가 있다면 감성은 생기지 않는다. '감성은 근본물질이 동등한 것에만 있고 그렇지 않은 것에는 없기 때문이다.'라고 옛 스승들이 말씀하셨다."

"46. 이렇게 업이 다르기 때문에 차이를 지닌 이 [감성들] 가운데 눈과 귀는 각자 대상이 자기에게 직접 도달하지 않더라도 그 대상을 취한다. 왜냐하면 자신의 의지처(nissaya)인 [근본물질에] 직접 도달하지 않은 대상에 대해서 알음알이가 일어나기 때문이다. 코, 혀, 몸은 각각의 대상이 자기에게 직접 도달했을 때 그 대상을 취한다. 왜냐하면 [코와 혀의 대상인 냄새와 맛은 근본물질에] 의지함으로써 [알음알이가 일어나고], 몸의 대상인 감촉은 제 스스로 자신의 의지처인 [근본물질에] 직접 닿아야만 그 대상에 대한 알음알이가 일어나기 때문이다.[16)]"

"53. 마치 뱀, 악어, 새, 개, 자칼이 각자 자신들의 영역인 개미굴, 물, 허공, 동네, 묘지에 강하게 끌리듯이 눈 등도 형색 등 각각 자신들의 대상으로 달려간다고 알아야 한다."

3. **대상의 물질**(gocara-rūpa):

'대상'으로 옮긴 gocara는 초기경에서부터 아주 많이 나타나는 용어이다. 이 단어는 go(소)+cara(√car, *to move*)로 분석된다. 원래 의미

---

16) 코와 혀의 대상인 냄새와 맛은 근본물질이 아니다. 그러므로 근본물질을 의지함으로써 각자 자신의 의지처인 코와 혀에 이르고, 몸의 대상인 감촉은 물의 요소를 제외한 나머지 3대 그 자체이다. 그래서 제 스스로 자신의 의지처인 몸에 이른다. 이렇게 코와 혀와 몸은 그 대상이 자기에게 직접 도달했을 때 코의 알음알이, 혀의 알음알이, 몸의 알음알이가 일어나는 원인이 된다.

는 '소가 [풀을] 뜯기 위해서 다니는 곳'이다. 이것은 율장에서 중요하게 다루어지는 용어인데 비구가 걸식을 위해서 다니는 곳을 뜻하는 말로 쓰인다. 소가 남의 논이나 밭이나 아주 험한 가시덤불 등, 가서는 안 될 대상으로 가면 큰 곤혹을 당하듯이 비구도 자기가 탁발을 가는 영역을 정해놓고 그대로 따라야 한다는 뜻이 포함된 단어이다. 이 gocara는 ācāra-gocara-sampanna라는 말로 초기경에 정형화되어 나타난다.[17] 때에 따라서는 육근의 대상을 뜻하는 visaya와 동의어로 쓰여서 색·성·향·미·촉·법을 뜻하기도 한다. 그러나 아비담마에서는 안·이·비·설·신이라는 다섯 가지 감성의 대상인 색·성·향·미·촉의 다섯만을 고짜라라고 부르고 있으며 대상(visaya)이라 하기도 한다.

여기서 유념해야 할 점은 이들 색·성·향·미·촉의 다섯 가지 대상 가운데서 촉(觸, phoṭṭhabba)은 28가지 물질 가운데 별개의 단위로서 인정하지 않는다. 아비담마에서는 이 감촉은 땅의 요소[地大]와 불의 요소[火大]와 바람의 요소[風大] 그 자체라고 보기 때문이다. 그래서 감촉은 이 셋에 포함되므로 따로 최소 단위(dhamma)로서 설정하지 않는 것이다. 그러면 『청정도론』을 인용하면서 하나하나의 뜻을 음미해 보자.

(1) **형색**[色, rūpa]:

[청정도론 XIV]: "54. … 형색[色, rūpa]은 눈에 부딪치는(paṭihanana) 특징을 가진다. 그것의 역할은 눈의 알음알이의 대상이 되는 것이다. 눈의 알음알이의 영역(gocara)으로 나타난다. 가까운 원인은 근본물질이다. 나머지 모든 파생된 물질(upādā-rūpa)[18]도 이와 같다. 차이점이 있는

17) D2; D13; M6; M53; S5:47 등 참조. 『청정도론』 I.42~52에서 자세히 설명하고 있다.

곳에서는 말할 것이다. 이 형색은 푸르고 노란 등 많은 종류가 있다."

(2) **소리**[聲, sadda]:

[청정도론 XIV]: "55. 소리[聲, sadda]는 귀에 부딪치는 특징을 가진다. 그것의 역할은 귀의 알음알이의 대상이 되는 것이다. 귀의 알음알이의 영역으로 나타난다. 북 소리, 테이버 소리 등 많은 종류가 있다."

(3) **냄새**[香, gandha]:

[청정도론 XIV]: "56. 냄새[香, gandha]는 코에 부딪치는 특징을 가진다. 그것의 역할은 코의 알음알이의 대상이 되는 것이다. 코의 알음알이의 영역으로 나타난다. 뿌리 냄새, 고갱이 냄새 등 많은 종류가 있다."

(4) **맛**[味, rasa]:

[청정도론 XIV]: "57. 맛[味, rasa]은 혀에 부딪치는 특징을 가진다. 그것의 역할은 혀의 알음알이의 대상이 되는 것이다. 혀의 알음알이의 영역으로 나타난다. 뿌리 맛, 줄기 맛 등 많은 종류가 있다."

4. **성**(性)**의 물질**(bhāva-rūpa):

'성(性)'으로 옮긴 bhāva는 √bhū(*to be, to become*)에서 파생된 남성명사로서 '됨, 본질' 등을 뜻하고 그래서 한문으로는 성(性)이라 번역한다. 그래서 이 단어가 남자를 뜻하는 purisa나 puṁ과 결합하면 남성이 되고 여자를 뜻하는 itthi와 결합하면 여성이 된다. 이런 성을 아비담마에서는 물질로 분류하며 여기에는 '여성(itthi-bhāva, 혹은 itthatta)'[19]과 '남성(pumbhāva, 혹은 purisatta)'의 두 가지가 있다. 이제 『청

18) 즉 네 가지 근본물질이 모든 24가지 파생된 물질(upādā-rūpa)의 가까운 원인이라는 것이다. 그러므로 오직 이와 다를 때만 언급을 한다고 했다.

19) 본서에서는 여성을 itthatta로 남성을 purisatta로 표현하고 있는데 '-tta'

정도론』의 설명을 살펴보자.

[청정도론 XIV]: "58. 여자의 기능[女根, itthi-indriya]의 특징은 여성(여자됨, itthibhāva)이다. 그것의 역할은 '이 사람은 여자다.'라고 보여준다. 여자의 외관상의 표시, 속성, 활동, 행동거지에 대한 이유로 나타난다.

남자의 기능[男根, purisa-indriya]의 특징은 남성(남자됨)이다. 그것의 역할은 '이 사람은 남자다.'라고 보여준다. 남자의 외관상의 표시, 속성, 활동, 행동거지에 대한 이유로 나타난다.

이 둘 모두 몸의 감성처럼 몸 전체에 퍼져있다. 그러나 이것이 몸의 감성이 있는 곳에 있다거나 그것이 없는 곳에 있다고 말해서는 안 된다. 마치 형색과 맛 등과 같이 이 둘은 서로 섞일 수 없다."

5. **심장의 물질**(hadaya-rūpa):

불교에서는 마노[意, mano]를 인식을 담당하는 기관으로 여긴다. 그러므로 그 기관은 당연히 그 기관이 의지한 토대(vatthu)가 있어야 한다. 그런 마노와 마노의 알음알이들[意識]의 의지처로 불교에서는 심장을 주목한다. 여기서는 '심장의 물질(hadaya-rūpa)'이라는 용어로 이러한 마노의 요소와 마노의 알음알이의 요소가 의지하는 물질적 토대를 드러내고 있는데 이 심장에 있는 한 물질이 바로 '심장토대(hadaya-vatthu)'이다. 이 심장토대는 한 쌍의 전오식을 제외한 모든 마음들의 육체적인 의지처가 된다.(여기에 대해서는 이미 제3장 §20의 해설에서 다루었으므로 그것을 참조할 것.) 이 심장토대가 되는 물질을 하다야 루빠(hadaya-rūpa), 즉 '심장의 물질'이라 한다. 눈과 눈의 감성이 다르듯이 일반적으로 말하는 심장과 심장토대는 다르다. 그러면 『청정도론』의 설명을 통해서 심장토대에 대해서 알아보자.

어미는 추상명사형 어미로서 영어의 '*-ness*'를 뜻하므로 각각 itthi-bhāva와 pumbhāva와 같은 뜻이다.

먼저 보통의 심장에 대한 설명부터 알아보자.

[청정도론 VIII]: "111. 심장(hadaya)이란 심장의 살이다. ① 색깔로써: 이것은 붉은 것이 마치 홍련 잎의 뒷면의 색깔이다. ② 형태로써: 밖의 잎을 제거하고 거꾸로 놓아둔 연꽃 봉오리의 형태이다. 밖은 부드럽고 안은 꼬사따끼(kosātakī) 열매의 안과 비슷하다. 통찰지를 가진 자의 것은 약간 피었고, 통찰지가 둔한 자의 것은 봉오리의 상태이다. 그 안에는 뿐나가(punnāga) 씨앗의 크기 만한 구멍이 있다. 그 속에 빠사따(pasaṭa)[20] 반만큼의 피가 있다. 그것을 의지하여 마노의 요소[意界]와 마노의 알음알이의 요소[意識界]가 활동한다."

이런 바탕에서『청정도론』은 다시 심장토대를 이렇게 정의하고 있다.

[청정도론 VIII]: "60. 심장토대(hadaya-vatthu)는 마노의 요소[意界, mano-dhātu]와 마노의 알음알이의 요소[意識界, manoviññāṇa-dhātu]의 의지처가 되는 특징을 가진다. 그들에게 장소를 제공하는 역할을 가진다. 그들을 지님으로 나타난다. 심장 안에 있는 피를 의지해서 있다. 그 피의 종류에 대해서는 이미 몸에 대한 마음챙김의 주석에서 설했다. (Vis.VIII.111)

그것은 받치는 등의 역할을 하는 근본물질의 도움을 받는다. 그것은 온도와 마음과 음식에 의해 지탱되고 생명기능에 의해서 유지된다. 그것은 마노의 요소[意界]와 마노의 알음알이의 요소[意識界]와 또 이들과 함께하는 법들이 생기는 토대(vatthu)가 된다."

---

20) BDD에는 한 움큼 혹은 4분의 1 리터 정도 되는 액량의 단위라고 나타나지만 이 문맥에 적용시키기에는 너무 많은 양이다. 산스끄리뜨 'pṛṣata'가 빗방울을 뜻하기도 하므로 빗방울 하나 정도의 양이라고 보는 것이 더 타당할 것 같다.

6. **생명의 물질**(jīvita-rūpa):

'생명'으로 옮긴 jīvita는 √jīv(*to live*)에서 파생된 중성명사이다. 여기서는 '생명의 물질(jīvita-rūpa)'이라는 용어로 '생명기능[命根, jīvit-indriya]'을 드러내고 있다. 아비담마에서는 두 가지 생명기능[命根]을 설한다. 하나는 여기서처럼 물질의 생명기능이고 다른 하나는 정신[名, nāma]의 하나로서 정신의 생명기능이다. 육체적인 생명의 기능을 가진 물질을 여기서 물질의 생명기능[命根, jīvitindriya]이라고 부르고 있다. (정신의 생명기능에 대해서는 제2장 §2의 jīvita-indriya에 대한 해설을 참조할 것.)

[청정도론 XIV. 59]: "생명기능[命根, jīvitindriya]은 함께 생겨난 물질들을 지탱하는(anupālana) 특징을 가진다. 그것은 그들을 생기게 하는(pavattana) 역할을 가진다. 그들이 존재하는 것으로 나타난다. 지속되어야 할 근본물질이 가까운 원인이다. 비록 지탱하는 특징 등이 준비되어있으나 함께 생겨난 물질들이 존재하는 그 찰나에만 그들을 지탱한다. 마치 물이 연꽃 등을 보호하는 것과 같이. 비록 법들이 각각의 조건에 따라 생기지만[21] 이것은 그들을 지탱한다. 마치 유모가 왕자를 보호하듯이. 생명기능은 생겨난 법들과 동반하여 자기 스스로 생겨난다. 마치 선장처럼.

이것이 다한 뒤로는 생기게 하지 못한다. 왜냐하면 생명기능 자체도 없고 생겨야 할 것들도 없기 때문이다. 이것이 무너지는 찰나에는 존재를 지속시킬 수 없다. 이것 자체가 무너지고 있기 때문이다. 기름이 닳은 심지가 등불을 지속시킬 수 없는 것처럼. 그렇다고 생명기능이 지탱하고 생기게 하고 지속시키는 데 힘이 없다고 여겨서는 안 된다. 왜냐하면 앞서 말한 그 찰나에는 이러한 기능들을 모두 성취하기 때문이다."

---

21) 여기서는 오직 업에서 생긴 것만을 의미한다. 왜냐하면 생명기능은 오직 업에서 생긴 물질들을 보호하기 때문이다.

7. **음식의 물질**(āhāra-rūpa):

'음식'으로 옮기는 āhāra는 ā+√hṛ(*to carry*)에서 파생된 명사로 문자적으로는 '가져온 것'을 뜻한다. 경에서는 4가지 음식을 설하는데 그것은 ① 덩어리진 [먹는] 음식[段食, kabaḷīkāra-āhāra, 혹은 kabaliṁkāro-āhāra] ② 감각접촉의 음식[觸食, phassa-āhāra] ③ 마노의 의도의 음식[意思識, mano-sañcetanā-āhāra] ④ 알음알이의 음식[識食, viññāṇa-āhāra]이다.(제7장 §21과 해설 참조)

여기서 kabaḷīkāra는 작은 덩어리를 뜻하는 kabala/kabaḷa에다 '-ika' 어미를 붙여 만든 형용사 혹은 명사로서 '덩어리로 된 것'을 뜻한다. 그래서 kabaḷīkāra-āhāra는 '덩어리진 [먹는] 음식'이 되고 중국에서는 단식(段食)으로 옮겼다. 이런 물질로 된 음식(āhāra)을 아비담마에서는 '영양소(ojā)'라 부르며 이 둘은 동의어로 취급한다. 본문에서도 때에 따라서는 음식(āhāra)이라는 단어 대신에 영양소(ojā)라는 단어가 많이 나타난다.

[청정도론 XIV]: "70. 덩어리진 [먹는] 음식[段食, kabaḷīkāra āhāra]의 특징은 영양소(ojā)이다. 그것의 역할은 물질에게 영양을 공급하는 것(āharaṇa)이다. 물질을 지탱함(upatthambhana)으로써 나타난다. 가까운 원인은 덩이를 만들어 먹어야 할 음식이다. 먹는 음식은 영양소의 다른 이름인데 이것으로 중생들은 자신을 유지시킨다."

3-2. iti ca aṭṭhārasavidham p'etaṁ rūpaṁ sabhāvarūpaṁ, salakkhaṇarūpaṁ, nipphannarūpaṁ, rūparūpaṁ, sammasanarūpan ti ca saṅgahaṁ gacchati.

이 18가지 물질은 고유성질을 가진 물질, 특징을 가진 물질, 구체적 물질, 변형의 물질, [위빳사나로써] 명상할 수 있는 물질이라고 구분된다.

[해설]

1. **이 18가지 물질**: ① 여기서 열거한 18가지 물질은 '고유성질을 가진 물질(sabhāva-rūpa)'이라고 무리 지을 수 있다. 이들 각각은 모두 그 독특한 성질을 가지고 있기 때문이다. 예를 들면 땅의 요소에는 딱딱함의 특징이 있는 것과 같다.

② 이들은 역시 '특징을 가진 물질(salakkhaṇa-rūpa)'이라고 한다. 모두 무상, 고, 무아의 삼특상을 가지고 있기 때문이다.

③ 이들은 다시 '구체적 물질(nipphanna-rūpa)'이라 한다. 업과 마음과 온도와 음식이라는 조건들에 의해서 생산되기 때문이다.

④ 이들은 또 '변형의 물질(rūpa-rūpa)'이라 한다. 변형(ruppana)되는 물질의 기본적인 특징을 가지고 있기 때문이다.

⑤ 이들은 다시 '명상할 수 있는 물질(sammasana-rūpa)'이라 한다. 이들은 무상 · 고 · 무아의 삼특상을 가지고 있으므로 위빳사나의 대상이 되기 때문이다.(이상 PdṬ.280 참조)

§4. **추상적 물질**(anipphanna-rūpa)

[해설]

'추상적 물질'로 옮긴 anipphanna-rūpa는 위의 구체적 물질(nipphanna-rūpa) 18가지를 제외한 나머지 10가지 물질들로 11가지 물질의 부류들 중에서 나머지 (8)~(11)의 넷의 부류에 속하는 물질들을 말한다. 이들은 물질을 일으키는 원인인 업, 마음, 온도, 음식(§9 참조)에 의해서 직접적으로 생기는 물질이 아니기 때문에 이렇게 부른다. 여기서 분명히 해야 할 점은 그렇기 때문에 이들 열 가지 추상적 물질은 토대가 되는 법(vatthu-dhamma)에는 포함되지 않는다는 것이다.[22]

그러면 이들에 대해서『청정도론』을 바탕으로 해서 하나하나 살펴보자.

4. (8) ākāsadhātu paricchedarūpaṁ nāma.

(9) kāyaviññatti vacīviññatti viññattirūpaṁ nāma.

(10) rūpassa lahutā, mudutā, kammaññatā, viññattidvayaṁ vikārarūpaṁ nāma.

(11) rūpassa upacayo, santati, jaratā, aniccatā lakkhaṇarūpaṁ nāma.

jātirūpam eva pan' ettha upacayasantatināmena pavuccati.

(8) 허공의 요소[空界, ākāsa-dhātu]는 한정하는 물질이라 한다.

(9) 몸의 암시와 말의 암시는 암시의 물질[表色]이라 한다.

(10) 물질의 가벼움[色輕快性], 물질의 부드러움[色柔軟性], 물질의 적합함[色適業性]과 2가지 암시는 변화의 물질이라 한다.

(11) 물질의 생성[色積集], 물질의 상속[色相續], 물질의 쇠퇴함[色老性], 물질의 무상함[色無常性]은 특징의 물질이라 한다. 생김[生, jāti]이라는 물질이 여기서 생성과 상속으로 불린다.

[해설]

8. **한정하는 물질**(pariccheda-rūpa):

'한정'으로 옮긴 pariccheda는 pari(둘레에)+√chid(*to cut*)에서 파생된 남성명사로 '둘레를 자르다'는 문자적인 뜻에서 '한정, 제한, 범위, 경계, 한계, 크기' 등을 뜻한다. 여기서는 한정하는 그 성질을 물질로 간주하여 pariccheda-rūpa로 표현하고 있으며 구체적으로는 '허공의 요소(ākāsa-dhātu)'를 들고 있다.

---

22) 여기에 대해서는 본서 제7장 §1의 해설과 본서 제1권 역자 서문 4. (3)을 참조할 것.

허공의 요소[空界, ākāsa-dhātu]:

잘 알려진 것처럼 인도 철학 전반에서는 '허공(ākāsa)'을 근본물질에 포함시켜 지·수·화·풍·공의 다섯 가지 근본물질[五大]을 설하지만 불교에서는 지·수·화·풍의 네 가지 근본물질[四大]만을 인정한다. 불교에서는 허공을 물질을 한정(pariccheda)하는 기능으로 파악하여 근본물질로는 인정하지 않고 추상적 물질의 영역에 포함시키고 있다. 이런 한정하는 요소가 없이는 물질의 최소 단위들이 여러 가지로 모여서 한 특정한 형색을 만들지 못하기 때문이다. 그러나 구체적인 크기를 가진 그런 단위로는 인정하지 않는다. 그래서 표제어는 pari-ccheda(한정, 범위를 정함)로 하고 내용으로는 허공의 요소(ākāsa-dhātu)라 하여 인도 사상계에서 사용하는 다섯 번째의 요소(dhātu)를 받아들이고 있다. 그러나 이 허공(ākāsa)은 완전히 불교식으로 정의하고 있으며 구체적 물질이 아닌 추상적 물질에 포함시키고 있음을 유념해야 한다. 그러면 『청정도론』의 ākāsa의 정의를 살펴보자.

[청정도론 XIV]: "63. **허공의 요소**[空界, ākāsa-dhātu]의 특징은 물질의 범위를 정하는 것(한정하는 것, pariccheda)이다. 물질의 경계(pariyanta)를 보여주는 것이 그 역할이다. 물질의 한계(mariyādā)로 나타난다. 또는 닿지 않는 상태와 구멍과 공간의 상태로 나타난다. 한정된 물질이 가까운 원인이다. 이 허공의 요소 때문에 한정된 물질들에 대해 이것은 저것보다 위이고, 아래이며, 맞은편이라고 한다."

9. **암시의 물질**(viññatti-rūpa):

'암시'로 옮긴 viññatti는 vi+√jñā(*to know*)의 사역형 동사 viññāpeti에서 파생된 여성명사이다. 문자적으로 '알게 하다'이며 '암시, 통지, 통보, 알게 함' 등의 뜻으로 쓰인다. 아비담마에서 '암시(viññatti)'는 '이것을 통해서 사람이 [몸과 말로] 그의 생각이나 느낌이나 의향 등을 전달하는 것'을 말하며 영어로는 *intimation*이나 *information*으로 옮긴다. 영어 *intimation*을 참조해서 암시로 옮겼다. 중국에서는 表, 表了, 表業, 顯現, 顯示(표, 표료, 표업, 현현, 현시) 등으로 옮겼다. 암시에는 '몸의 암시'와 '말의 암시' 두 가지가 있다.

암시의 물질의 핵심을 말하면 '업을 짓는 데 개재된 물질' 혹은 '업의 통로가 되는 물질'이다.[23] 몸으로 짓는 업과 말로 짓는 업에는 반드시 업을 짓는 육체적인 문 혹은 통로(kamma-dvāra)가 있다. 몸으로 짓는 업은 몸의 동작(copana-kāya)을 통해서 업을 짓고 말로 짓는 업은 말을 함을 통해서 업을 짓는다. 예를 들면 살생을 할 때는 몸으로 살생하는 동작을 하고 도둑질을 할 때는 몸으로 훔치는 동작을 하며 음행을 할 때도 역시 그러하다. 거짓말을 할 때는 말로 거짓말을 하는 행위를 한다. 이처럼 업을 지을 때 반드시 수반되는 몸의 동작과 말의 행위를 각각 몸의 암시와 말의 암시라 한다.

(1) **몸의 암시**(kāya-viññatti):

[청정도론 XIV]: "61. 마음에서 생긴 바람의 요소[風界]가 앞으로 나아가는 등의 행동을 생기게 한다. 이 바람의 요소의 형태 변화(ākāra-vikāra)를 몸의 암시[身表, kāya-viññatti]라 한다. 이것은 함께 생긴 물질인 몸을 뻣뻣하게 하고 지탱하고 움직이게 하는 조건이다. 이것의 역할은 의도하는 것을 넌지시 알리는 것이다. 몸을 움직이는 원인으로 나타난다. 이것의 가까운 원인은 마음으로부터 생긴 바람의 요소이다.

이것은 몸의 움직임을 통하여 의도한 것을 알리는 원인이고 또 그 자체가 몸을 통하여, 즉 몸의 움직임을 통하여 알아져야 하기 때문에

23) "몸의 움직임에 의해서 … 말소리로 의도하고 알게 하는 원인이 되기 때문에(adhippāya-viññāpana-hetuttā) … 몸의 암시이다. … 말의 암시이다."(DhsA.322, 324)

몸의 암시라 한다. 이 몸의 암시는 마음에서 생긴 물질을 움직인다. 또한 온도에서 생긴(utuja) 물질 등도 이 마음에서 생긴 물질과 서로 연관되어있는데 그들이 움직이기 때문에 앞으로 나아가는 행동 등이 생긴다고 알아야 한다."

『담마상가니』의 주석서인 『앗타살리니』는 다음과 같이 몸의 암시를 설명하고 있다.

"'몸의 암시(kāya-viññatti)'라고 하였다. 몸으로 자신의 상태(bhāva)를 알리고자 하는 상대방들에게 몸으로 지어서 드러내는 것을 통해서 그런 상태를 알도록 하는 것을 '암시'라 한다. 이것은 동물들이 인간들에게 할 수도 있고 인간들이 동물들에게도 할 수 있다. 혹은 스스로 몸으로 지어서 알도록 한다고 해서도 '암시'라 한다."(DhsA.322)

"알게 하는 것(viññāpana)만이 암시가 아니다. 알아져야 하는 것(viññeyya)도 역시 암시이다. 이것은 남들에게도, 즉 동물들에게조차도 분명하기 때문이다."(DhsA.84)

(2) **말의 암시**(vacī-viññatti):

[청정도론 XIV]: "62. 마음에서 생긴 땅의 요소[地界]가 특정한 말을 하게 한다. 이 땅의 요소의 형태 변화를 말의 암시[語表, vacī-viññatti]라 한다. 이것은 업에서 생긴 물질들(upādiṇṇa, 아래 §7-2의 해설 참조)과 서로 부딪치게 하는(ghaṭṭana) 조건(paccaya)이다[24]. 이것의 역할은 의도하는 것을 드러내는 것이다. 말하는 소리를 내는 원인으로 나타난다. 가까운 원인은 마음에서 생긴 땅의 요소이다.

이것은 말하는 소리를 통하여 의도한 것을 알리는 원인이고 또 그 자체가 말을 통하여, 즉 말소리를 통하여 알 수 있기 때문에 말의 암시

24) 즉 마음에서 생긴 땅의 요소(cittaja-paṭhavī)와 업에서 생긴 땅의 요소(kammaja-paṭhavī)가 부딪쳐서 소리가 생긴다는 말이다.

라 한다. 마치 물이 있음을 암시해 주는 숲 속에 높이 매달려 있는 소의 두개골 등을 보면 '아, 여기에 물이 있구나.'라고 알듯이 몸의 움직임을 보거나 말하는 소리를 듣고서 사람들은 몸의 암시와 말의 암시를 안다."

10. **변화의 물질**(vikāra-rūpa):

'변화'로 옮긴 vikāra는 vi(분리해서)+√kṛ(*to do*)에서 파생된 남성명사로서 '다르게 된다'는 문자적인 뜻에서 '변화, 변경, 왜곡, 비틀어짐' 등을 뜻한다. 아비담마에서는 구체적 물질의 특정한 형태나 드러남을 뜻하는 용어로 쓰인다. 위에서 설명한 두 가지 암시도 넓은 의미에서는 이 변화(vikāra)에 속하지만 세분하여 암시와 변화로 나누어서 분류하고 있다. '변화의 물질'에는 '가벼움(lahutā)', '부드러움(mudutā)', '적합함(kammaññatā)'이 있는데 이 세 가지는 이미 유익한 마음부수에서도 나타났다. 거기서는 마음과 마음부수들에 해당하는 것이고 여기서는 물질에 해당하는 것이다. 『청정도론』의 설명을 살펴보자.

(1) **물질의 가벼움**(rūpassa lahutā):

[청정도론 XIV]: "64. 물질의 가벼움(rūpassa lahutā)[25]은 신속함(adandhatā)이 그 특징이다. 물질의 무거움(garu-bhāva)을 떨쳐버리는 역할을 한다. 신속하게 변화하는(lahu-parivattitā) 역할로 나타난다. 그것의 가까운 원인은 가벼운 물질이다."

"65. 이 [가벼움, 부드러움, 적합함의] 셋은 각각 서로 떨어져 존재하지 않는다. 그러나 다음과 같이 이 셋의 차이점을 알아야 한다. 마치 건강한 사람에게서 발견되는 것처럼 물질의 가벼움, 느리지 않음, 신속한 변화 등의 물질의 변화가 물질의 가벼움이다. 이 물질의 변화는 사

25) 가벼움, 부드러움, 적합함은 마음부수법들에도 속한다. 그들과 구분하기 위해서 여기서는 '물질의'라는 한정어를 사용하고 있다.

대(四大)의 부조화(khobha)를 막는 원인에 의해 생겼다.[26] 사대의 부조화는 물질의 느린 성질(dandhatā)을 초래한다."

(2) **물질의 부드러움**(rūpassa mudutā):

[청정도론 XIV]: "64. … 물질의 부드러움(rūpassa mudutā)은 뻣뻣하지 않음이 그 특징이다. 물질의 뻣뻣함을 떨쳐버리는 역할을 한다. 어떤 행위에서나 거역하지 않음으로 나타난다. 그것의 가까운 원인은 부드러운 물질이다."

"65. … 마치 잘 문질러진 가죽에서 발견되는 것처럼 물질의 유연성, 여러 다른 행위들에서 잘 적응하는 성질을 발휘하는 순응성(maddava) 등의 물질의 변화가 물질의 부드러움이다. 이 물질의 변화는 사대의 부조화를 막는 원인에 의해 생겼다. 사대의 부조화는 물질의 뻣뻣함(thaddhatā)을 초래한다."

(3) **물질의 적합함**(rūpassa kammaññatā):

[청정도론 XIV]: "64. … 물질의 적합함(rūpassa kammaññatā)은 몸으로 짓는 행위와 조화되도록 다루기 쉬움(kammañña)이 그 특징이다. 부적합함을 떨쳐버리는 역할을 한다. 힘이 없지 않음(adubbala)으로 나타난다. 그것의 가까운 원인은 다루기 쉬운 물질이다."

"65. … 마치 잘 정제된 금에서 발견되는 것처럼 물질의 적합성, 몸으로 짓는 행위들에 대해 잘 적응하는 성질을 발휘하는 등의 물질의 변화가 물질의 적합함이다. 이 물질의 변화는 사대의 부조화를 막는 원인에 의해 생겼다. 사대의 부조화는 몸으로 짓는 행위에 대해 적합하지 못함을 초래한다."

---

26) "알맞은 온도, 좋은 음식, 편안한 마음(sappāya-utu-āhāra-avikkhitta-cittatā), 이 셋이 세 가지 변화의 각각의 원인이다. 그러나 구분 없이 [네 가지(업, 마음, 온도, 음식)] 모두가 이 셋의 원인이다."(Pm.ii.101)

11. **특징의 물질**(lakkhaṇa-rūpa):

'특징의 물질(lakkhaṇa-rūpa)'은 '생성(upacaya)'과 '상속(santati)'과 '쇠퇴함(jaratā)'과 '무상함(aniccatā)'이라는 네 가지 물질의 속성을 말한다. 이들 가운데서 '생성(upacaya)'과 '상속(santati)'은 물질의 일어남(samudaya) 혹은 태어남[生, jāti]을 나타내는 용어이다. 이 둘 가운데 생성은 물질의 과정이 일어남, 즉 과정의 처음 시작을 뜻하며 상속은 이런 물질의 과정이 반복해서 일어나는 현상을 뜻한다. 예를 들면 입태 때에 몸과 성과 심장토대가 생성되는 것은 '생성'이고 삶의 과정 전체에서 같은 물질의 무리(깔라빠)들이 연속적으로 일어나는 것은 '상속'이다.[27]

그러면 이들에 대해서 하나하나 살펴보자.

(1) **생성**(upacaya): '생성'이라 옮긴 upacaya는 upa(위로)+√ci(*to gather*)에서 파생된 남성명사로 '위로 쌓아올리다'는 문자적인 뜻 그대로 '적집, 무더기, 더미' 등을 뜻하며 아비담마에서는 물질이 처음 일어나는 것을 뜻하므로 생성이라고 옮겼다.

(2) **상속**(相續, santati): '상속'이라 옮긴 santati는 saṁ(함께)+√tan(*to stretch*)에서 파생된 여성명사로 '함께 퍼져나가다'라는 문자적인 뜻에서 '연속, 지속, 흐름, 생존' 등의 뜻으로 쓰인다. saṁ(함께)의 의미를 살려서 중국에서 상속(相續)으로 한역되었다. 본서의 다른 문맥에서는 모두 '흐름'으로 옮겼다.

[청정도론 XIV]: "66. 물질의 생성[積集, upacaya]은 시작(ācaya)이 특징이다. 이것의 역할은 물질을 처음으로 출현하도록 하는 것이다. 건네줌으로 나타난다. 또는 완성된 상태로 나타난다. 가까운 원인은 적집된(upacita) 물질이다.

---

27) PdṬ.286~287.

물질의 상속(santati)은 진행하는 특징이 있다. 이것의 역할은 붙들어 매는 것이다. 상속으로 나타난다. 가까운 원인은 붙들어 매야 할 물질이다. 이 둘은 물질이 처음 생길 때의 용어이다.

그러나 이 둘의 형태가 다르기도 하고 또 배우는 사람의 근기가 달라 개요(uddesa)에서는 "물질의 생성, 물질의 상속(Dhs.134 §595)"이라고 했다. 하지만 뜻으로 볼 때는 차이가 없기 때문에 해설(niddesa)에서는 이 둘을 "감각장소들의 시작이 물질의 생성이니 … 물질의 생성이 물질의 상속이니 …"(Dhs.144 §§641~642)라고 했다."

"67. 주석서에서 "시작(ācaya)은 처음 생김이고 생성은 증장이며 상속은 진행이다."(DhsA.327)라고 설한 뒤 시작을 처음 생김이라 한 것은 마치 강의 둔치에 웅덩이를 팠을 때 물이 솟아나는 시간과 같고, 생성을 증장이라 한 것은 마치 물이 웅덩이에 가득 고이는 시간과 같고, 상속을 진행이라 한 것은 마치 그 물이 넘쳐 흘러가는 것과 같다고 비유를 들었다.(*Ibid.*) 비유를 들고는 다음과 같이 설했다. "무엇을 설했는가? 여섯 감각장소[六入]로 시작을 설했다. 시작으로 여섯 감각장소를 설했다."(*Ibid.*)

그러므로 다음과 같이 설했다고 알아야 한다. 물질들이 처음으로 생기는 것을 시작(ācaya)이라 하며 이에 덧붙여 다른 물질들이 생기는데 그들의 생김을 생성(upacaya)이라 한다. 왜냐하면 이것은 증장의 형태로 나타나기 때문이다. 이에 덧붙여 또 다른 물질들이 계속해서 생기는데 그들의 생김을 상속(santati)이라 한다. 왜냐하면 이것은 붙들어 매는 형태로 나타나기 때문이다."

(3) **쇠퇴함**[老性, jaratā]: '쇠퇴함'으로 옮긴 jaratā는 √jṝ(*to become old*)에서 파생된 '늙음'을 뜻하는 jarā에다 추상명사형 어미 '-tā'를 첨가하여 만든 추상명사이다. '늙어감, 늙음, 낡음, 쇠퇴' 등의 뜻이 있다.

여기서는 물질 일반에 다 적용되는 말이므로 쇠퇴함이라고 옮겼다.

[청정도론 XIV]: "68. 쇠퇴함(jaratā)의 특징은 물질의 성숙이다. 그것의 역할은 [종말로] 인도하는 것이다. 마치 묵은쌀처럼 비록 본성을 잃지는 않았지만 새로움(싱싱함)을 잃은 것으로 나타난다. 그것의 가까운 원인은 성숙되어가는 물질이다. 부러진 치아 등으로 치아의 변화를 발견하기 때문에 이것은 '분명한(pākaṭa) 쇠퇴'에 관해서 말한 것이다. 정신의 쇠퇴는 '가려진(paṭicchanna) 쇠퇴'라 한다. 그것에는 변화가 드러나지 않는다. 흙과 물과 바위, 달, 태양 등의 쇠퇴는 '간단없는(avīci) 쇠퇴'라 한다."

(4) **무상함**[無常性, aniccatā]: 이 용어는 무상(無常)을 뜻하는 anicca에다 추상명사형 어미 '-tā'를 붙여서 만든 단어이다.

[청정도론 XIV]: "69. 물질의 무상함(aniccatā)의 특징은 완전히 무너짐이다. 그것의 역할은 가라앉게 하는 것이다. 무너짐과 사라짐으로 나타난다. 그것의 가까운 원인은 무너지고 있는 물질이다."

『청정도론』에서는 이렇게 물질들을 28가지로 정의한 뒤 다른 학파들에서 주장하는 힘(bala), 근원(sambhava), 태어남(jāti), 병(roga), 혼침(middha) 등은 물질이 아니라고 논박하고 있다. 특히 혼침이 물질이라는 무외산사(無畏山寺, Abhayagiri-vihāra) 파의 견해를 논박한다. 후대의 여러 주석서들도 모두 혼침은 물질이 아니라고 논박하고 있다. 『청정도론』을 통해서 이들에 대해서 알아보자.

[청정도론 XIV]: "71. 이상이 경전에 전해 내려오는 물질들이다. 그러나 주석서에는 힘(bala)이라는 물질, 근원(sambhava)이라는 물질, 태어남(jāti)이라는 물질, 병(roga)이라는 물질, 다른 자들[28]이 주장하

는 혼침(middha)이라는 물질과 같은 다른 물질을 첨가한다. 그러나 다음의 말씀으로 혼침의 물질은 존재하지 않는다고 첫 번째로 논파되었다.29)

> "참으로 당신은 성자이시며 정각자이십니다.
> 더 이상 장애(nīvaraṇa)들은 없습니다."(Sn. {541})

나머지 것에서도 병의 물질은 쇠퇴함과 무상함에 포함되었고, 태어남의 물질은 생성과 상속에, 근원의 물질은 물의 요소[水界]에, 힘의 물질은 바람의 요소[風界]에 이미 포함되었다. 그래서 그중에 단 하나도 따로 존재하지 않는다고 의견이 일치되었다.

이와 같이 24가지 파생된 물질과 앞서 말한 4가지 근본물질을 합하여 모자라지도 넘치지도 않게 28가지가 된다."

§5. 28가지 물질

5. iti ekādasavidham p'etaṁ rūpaṁ aṭṭhavīsatividhaṁ hoti sarūpavasena. kathaṁ?

> bhūtappasādavisayā bhāvo hadayam icc' api
> jīvitāhārarūpehi aṭṭhārasavidhaṁ tathā.
> paricchedo ca viññatti vikāro lakkhaṇan ti ca
> anipphannā dasa cā ti aṭṭhavīsavidhaṁ bhave.

ayam ettha rūpasamuddeso.

---

28) "'다른 자들'이란 아바야기리(Abhayagiri, 무외산)에 거주하는 자들을 뜻한다."(Pm.ii.104)

29) 혼침은 다섯 가지 장애[五蓋]에 포함되는 데 인용한 게송에서 깨달은 분에게는 장애들은 없다고 했으니까 깨달으면 물질이 없어져서 몸도 없어져버리는 모순이 생긴다. 그러므로 혼침이 물질이라는 것은 논파되었다는 말이다.

이와 같이 11가지로 구분되는 물질은 각각의 특성에 따라서 28가지 물질이 된다. 어떻게?

> 근본물질, 감성, 대상, 성, 심장,
> 생명, 음식 — 이것이 18가지 구체적 물질이다.
> 한정하는 [허공의 요소], 암시, 변화, 특징 —
> 이것은 10가지 추상적 물질이다.
> 이렇게 하여 모두 28가지이다.

여기서 이것이 물질의 열거이다.

II. 물질의 분류
rūpa-vibhāga

§6. 한 가지로

6. sabbañ ca pan'etaṁ rūpaṁ ahetukaṁ, sappaccayaṁ, sāsavaṁ, saṅkhataṁ, lokiyaṁ, kāmāvacaraṁ, anārammaṇaṁ, appahātabbam evā ti ekavidham pi ajjhattikabāhirādivasena bahudhā bhedaṁ gacchati.

이 모든 물질은 원인을 가지지 않고, 조건을 가지며, 번뇌와 함께한다. 또한 형성된 것이며, 세간적이고, 욕계에 속하며, 대상이 없다. 버릴 수 없는 것으로서는 한 가지이지만 안에 있는 [물질], 밖에 있는 [물질] 등으로서는 여러 가지로 분류한다.

[해설]

§5까지 물질의 종류를 열거하고 여기서는 물질을 여러 측면에서 분

<도표 6.2> 28가지 물질의 분류

물질 (28)	근본물질	구체적 물질	사대(四大)	1	땅의 요소
				2	물의 요소
				3	불의 요소
				4	바람의 요소
	파생된 물질		감성의 물질	5	눈의 감성
				6	귀의 감성
				7	코의 감성
				8	혀의 감성
				9	몸의 감성
			대상의 물질‡	10	형색
				11	소리
				12	냄새
				13	맛
			성의 물질	14	여성
				15	남성
			심장의 물질‡	16	심장토대
			생명의 물질	17	생명기능
			음식의 물질	18	영양소
		추상적 물질	한정하는 물질	19	허공의 요소
			암시의 물질	20	몸의 암시
				21	말의 암시
			변화의 물질	22	물질의 가벼움
				23	물질의 부드러움
				24	물질의 적합함
			특징의 물질	25	생성
				26	상속
				27	쇠퇴함
				28	무상함

‡ 감촉은 4대 가운데 땅·불·바람의 요소이므로 대상의 물질에서 제외됨.
‡ 『담마상가니』에는 심장의 물질인 심장토대가 언급되지 않음.

류하고 있다. 먼저 하나의 측면에서 살펴본다. 이것은 물질의 특징인데 물질을 이해하는 중요한 측면이다.

(1) 먼저 모든 물질은 원인을 가지지 않는다(ahetuka). 왜냐하면 유익하거나[善] 해롭거나[不善] 결정할 수 없는[無記, avyākata], 이런 원인은 모두 정신적인 법들과 관련이 있기 때문이다. 아비담마에서는 탐·진·치·불탐·부진·불치의 여섯을 원인(hetu)이라 한다는 사실을 상기하면 쉽게 이해된다.

(2) 모든 물질은 조건을 가진다(sappaccaya). 왜냐하면 물질은 업·마음·온도·음식을 조건으로 해서 생성되기 때문이다.(§9 참조)

(3) 모든 물질은 번뇌와 함께한다(sāsava). 물질은 네 가지 번뇌의 대상이기 때문이다.(제7장 §3 참조)

(4)~(5) 모든 물질은 형성된 것(saṅkhata)이고 세간적(lokiya)이다. 왜냐하면 '취착의 [대상인] 다섯 가지 무더기[五取蘊]'의 세상을 넘어서는 물질이 없기 때문이다.

(6) 모든 물질은 욕계에 속한다(kāmāvacara). 색계에도 물론 물질이 존재하지만 물질은 그 성질상 욕계에 속한다. 왜냐하면 감각적인 갈애의 대상이 되기 때문이다.

(7) 물질은 대상을 가지지 않는다(anārammaṇa). 마음과는 달리 물질은 대상을 인지하지 못한다.

(8) 물질은 네 가지 출세간도를 통해서 번뇌를 버리는 것처럼 버릴 수 없다(appahātabba). 이런 의미에서 다른 주석서에서는 버릴 수 없음(appahātabba) 대신에 도가 아님(amagga)을 들기도 한다.

『담마상가니』 제2편 물질 편은 먼저 물질과 관계된 한 개 조부터 열한 개 조까지의 279개의 물질의 마띠까를 열거한 뒤 이를 토대로 물질에 대한 분류와 설명을 전개하고 있다. 특히 한 개 조에 속하는 43개의 마띠까는 물질의 특징을 잘 드러내고 있는데(Dhs.124~125 §584) 본서의 여기에 열거하고 있는 8가지는 이것을 요약한 것이라고 할 수 있다.30)

§7. 여러 가지로

7-1. kathaṁ?

pasādasaṅkhātaṁ pañcavidham pi ajjhattikarūpaṁ nāma; itaraṁ bāhirarūpaṁ.

pasāda-hadayasaṅkhātaṁ chabbidham pi vatthurūpaṁ nāma; itaraṁ avatthurūpaṁ.

pasāda-viññattisaṅkhātaṁ sattavidham pi dvārarūpaṁ nāma;

---

30) 『담마상가니』 제2편 물질 편에 실려 있는 43개로 구성된 한 개 조 물질의 마띠까는 다음과 같다.

"① 모든 물질은 원인이 아니다. 원인을 가지지 않는다. 원인과 결합되지 않는다. 조건을 가진다. 형성된 것이다. 물질이다. 세간적이다. 번뇌와 함께한다. 족쇄와 함께한다. 매듭과 함께한다.
⑪ 폭류와 함께한다. 속박과 함께한다. 장애와 함께한다. 집착된 것이다. 취착과 함께한다. 오염원과 함께한다. 결정할 수 없는 것[無記]이다. 대상을 가지지 않는다. 마음부수가 아니다. 마음과 결합되지 않는다.
㉑ 과보로 나타난 것도 아니고 과보를 생기게 하는 것도 아니다. 오염되지 않았지만 오염의 대상이다. 일으킨 생각[尋]이 있고 지속적 고찰[伺]이 있는 것이 아니다. 일으킨 생각은 없고 지속적 고찰만 있는 것이 아니다. 일으킨 생각도 없고 지속적 고찰도 없다. 희열이 함께하는 것이 아니다. 행복이 함께하는 것이 아니다. 평온이 함께하는 것이 아니다. 봄[見]으로도 닦음으로도 버려지는 것이 아니다. 봄[見]이나 닦음으로 버려야 하는 원인을 가진 것도 아니다.
㉛ [윤회를] 축적하게 하는 것도 감소시키는 것도 아니다. 유학에도 무학에도 속하지 않는 것이다. 제한된 것이다. 욕계에 속하는 것이다. 색계에 속하는 것이 아니다. 무색계에 속하는 것이 아니다. [세간에] 포함된 것이다. [세간에] 포함되지 않은 것이 아니다. [과보를 가져오는 것(vipākadāna)으로] 정해진 것이 아니다. 출리로 인도하지 못한다.
㊶ 현재의 것이 여섯 가지 알음알이를 통해서 식별된다. 무상할 뿐이다.
㊸ 쇠퇴하기 마련이다."(Dhs. §584)

itaraṁ advārarūpaṁ.

pasāda-bhāva-jīvitasaṅkhātaṁ aṭṭhavidham pi indriyarūpaṁ nāma; itaraṁ anindriyarūpaṁ.

어떻게? 감성이라 불리는 다섯 가지는 안에 있는 물질이라 한다. 나머지는 밖에 있는 물질이다.

감성과 심장이라 불리는 여섯 가지는 토대의 물질이라 한다. 나머지는 토대가 아닌 물질이다.

감성과 암시라 불리는 일곱 가지는 문의 물질이라 한다. 나머지는 문이 아닌 물질이다.

감성과 성과 생명기능이라 불리는 여덟 가지는 기능[根]의 물질이라 한다. 나머지는 기능이 아닌 물질이다.

[해설]

1. **안에 있는 물질**(ajjhattika-rūpa)**과 밖에 있는 물질**(bahira-rūpa): '안에 있는'으로 옮긴 ajjhattika는 산스끄리뜨로는 adhyātmika인데 '자신(atmā)에 대해서(adhi-)'라는 뜻이다. 그러므로 안을 뜻한다. 여기서는 한 개체의 안에 있는 물질, 즉 다섯 가지 감성을 뜻한다. 물론 이 육체 안에서 행동기관이나 소화기관 등의 다른 여러 가지 물질적인 현상이 일어나지만 아비담마에서는 오직 이 다섯 가지 감성만을 안에 있는 물질이라고 말한다.

[청정도론 XIV]: "73. 이 가운데서 눈부터 시작하여 처음 다섯 가지는 안에 있는 물질이라 한다. 왜냐하면 이들은 자기 몸을 의지하여 생기기 때문이다. 그 나머지는 밖에 있는 물질이라 한다. 왜냐하면 몸의 외부에 있기 때문이다. …"

2. **토대**(vatthu)**의 물질과 토대가 아닌**(avatthu) **물질**: '토대(vatthu)'

에 대한 논의는 제3장 §20의 해설을 참조할 것.

3. **문**(門, dvāra)**의 물질과 문이 아닌**(advāra) **물질**: 다섯 가지 감성은 인식의 문이다. 즉 마음과 마음부수들이 그들의 대상과 조우(遭遇)하는 곳이다. 몸의 암시(viññatti)와 말의 암시는 행위의 문이다. 즉 몸으로 짓는 행위[身行]와 말로 짓는 행위[口行]의 문이다.

[청정도론 XIV]: "78. 심장의 물질은 토대(vatthu)이지만 문(dvāra)은 아니다.(DhsA.82 이하) 한 쌍의 암시는 문이지만 토대는 아니다. 감성의 물질은 토대이면서 문이다. 나머지는 토대도 문도 아니다. 이와 같이 토대 등의 네 개 조로 네 가지이다."

4. **기능**[根, indriya]**의 물질과 기능이 아닌**(an-indriya) **물질**: 다섯 가지 감성은 '기능'이라 불린다. 이들은 이들의 대상을 제어하는 힘(indra)을 행사하기 때문이다. 이들은 이들 각각이 가지고 있는 보고 듣고 냄새 맡고 하는 등의 독특한 기능으로 각각의 대상을 제어한다. 성의 기능(bhāva-indriya)은 남자나 여자의 특징과 특성이 나타나게 하며 생명기능[命根, jīvitindriya]은 함께 존재하는 물질을 제어한다. 마치 선장이 배를 제어하듯이.

[청정도론 XIV]: "73. … 감성의 물질과 여자의 기능부터 시작하여 세 가지, [이 여덟 가지]는 다스린다(adhipati)는 뜻에서 기능[根]이라 한다. 그 나머지는 기능이 아닌 것이다. 앞의 것과 반대되기 때문이다."

7-2. pasāda-visayasaṅkhātaṁ dvādasavidham pi oḷārikarūpaṁ, santike rūpaṁ, sappaṭigharūpañ ca; itaraṁ sukhumarūpaṁ, dūre rūpaṁ, appaṭigharūpañ ca.

kammajaṁ upādinnarūpaṁ; itaraṁ anupādinnarūpaṁ.
rūpāyatanaṁ sanidassanarūpaṁ; itaraṁ anidassanarūpaṁ.

감성과 대상이라 불리는 12가지는 거친 물질, 가까이 있는 물질, 부딪힘이 있는 물질이다. 나머지는 미세한 물질, 멀리 있는 물질, 부딪힘이 없는 물질이다.

> 업에서 생긴 것이 '취착된 물질'이고
> 나머지는 '취착되지 않은 물질'이다.
> 형색은 볼 수 있는 물질이고
> 나머지는 볼 수 없는 물질이다.

[해설]

5. **거친**(oḷārika)**물질과 미세한**(sukhuma) **물질:**
6. **멀리 있는**(santike) **물질과 가까이 있는**(dure) **물질:**
7. **부딪힘이 있는**(sappaṭigha) **물질과 부딪힘이 없는**(appaṭigha) **물질:**

먼저 유념해야 할 점은 여기서 이 용어들은 전문용어로 쓰인 것이어서 일반적인 단어의 뜻과 혼동해서는 안 된다는 것이다. 이들은 다섯 가지 알음알이[前五識]가 일어나는 도구가 되는 물질의 현상에만 국한되어서 사용되어야 한다. 이들은 대상의 크기나 거리 등과는 아무 상관이 없다. 이런 물질의 현상에는 다섯 가지 감성과 일곱 가지 대상, 모두 12가지가 속한다. 아비담마에서는 감촉[觸, phoṭṭhabba]을 땅의 요소, 불의 요소, 바람의 요소의 세 가지로 보기 때문에 대상은 모두 일곱 가지가 된다. 이들 12가지는 전오식을 일으키는 데 직접 관여하기 때문에 거칠고 가까이 있고 부딪힘이 있다고 하고 나머지 16가지는 전오식을 일으키는 데 직접 관여하지 않으므로 미세하고 멀리 있고 부딪힘이 없다고 한다. 거듭 말하지만 크기나 거리와는 아무런 상관이 없다.

[청정도론 XIV]: "73. … 눈부터 시작하여 아홉 가지와 물의 요소

를 제외한 나머지 세 가지 요소, 이 12가지는 거친 물질이다. 왜냐하면 이들은 부딪힘에 의해서 알아지기 때문이다. 그 나머지는 미세한 물질이다. 앞의 것과 반대되기 때문이다.

미세한 것은 멀리 있는 것이다. 그 고유성질을 꿰뚫기 어렵기 때문이다. 그 나머지 것은 가까이 있는 것이다. 그 고유성질을 쉽게 꿰뚫기 때문이다. ….”

8. **취착된 것**(upādinna)**과 취착되지 않은 것**(anupādinna): 업에서 생긴 18가지 물질은 ‘취착된 것(upādinna)’이라 한다.[31] 이들은 갈애와 사견이 원동력이 된 업의 과보로 인해 얻어진 것들이기 때문이다. 업이 아닌 다른 요인으로 인해 생긴 물질을 ‘취착되지 않은 것’이라 한다. 그러나 전문적인 측면이 아닌 일반적인 관점에서 말하자면 우리 몸에서 감각기관을 구성하는 물질들은 모두 ‘취착된 것’이라고 해야 하고 그 이외는 모두 ‘취착되지 않은 것’이라 해야 할 것이다. 여기서 주의해야 할 점은 이 분류에서 나타나는 한 쌍의 다른 용어들과는 달리 이 ‘취착된 것’과 ‘취착되지 않은 것’은 서로를 배제하는 양단논법이 적용되지 않는다는 것이다. 왜냐하면 업에서 생긴 물질 가운데 아홉 가지는 다른 요인에 의해서도 생길 수 있기 때문이다.(아래 §17 참조)

9. **볼 수 있는**(sanidassana) **물질과 볼 수 없는**(anidassana) **물질**: 물질을 눈으로 볼 수 있는가 없는가 하는 측면에서 분류하고 있다. 대상 가운데서 오직 형색만이 볼 수 있고 나머지는 모두 볼 수 없다.

[청정도론 XIV]: “74. … 거친 물질(oḷārika-rūpa) 가운데서도 형색은 볼 수도 있고 부딪힘도 있다. 그 나머지는 볼 수는 없고 부딪힘은

31) ‘취착된 것’으로 옮긴 원어인 upādinna/upādiṇṇa에 대한 여러 가지 논의는 『담마상가니』 제2편 §652의 첫 번째 주해를 참조할 것.

있다. 모든 미세한 물질(sukhuma-rūpa)은 볼 수도 없고 부딪힘도 없다. 이렇게 첫 번째로 볼 수 있는 것의 세 개 조에 의해서 세 가지이다. ⋯."

7-3. cakkhādidvayaṁ asampattavasena, ghānādittayaṁ sampattavasenā ti pañcavidham pi gocaraggāhikarūpaṁ; itaraṁ agocaraggāhikarūpaṁ.

vaṇṇo, gandho, raso, ojā, bhūtacatukkañ cā ti aṭṭhavidham pi avinibbhogarūpaṁ; itaraṁ vinibbhogarūpaṁ.

눈과 귀는 그들의 대상에 도달하지 않음으로써, 코 등 셋은 그들의 대상에 도달함으로써, 이 다섯 가지는 대상을 취하는 물질이다. 나머지는 대상을 취하지 않는다.

형색[色],32) 냄새, 맛, 영양소, 네 가지 근본물질[四大] — 이 여덟 가지는 분리할 수 없는 물질이다. 나머지는 분리할 수 있다.

[해설]

10. **대상을 취하는**(gocara-ggāhika) **물질과 대상을 취하지 않는**(agocara-ggāhika) **물질** 대상을 받아들이는 물질인 다섯 가지 감성은 '대상을 취하는 것'이고 그 이외의 물질들은 '대상을 취하지 않는 것'이다. 여기서 대상을 취하는 것으로 옮긴 gocara-gāhika라는 표현을 음미해볼 필요가 있다. 여기서 gahika는 √gah(*to catch*)에서 파생된 명사나 형용사로서 쥐는 것을 뜻한다. 즉 감각기능인 감성의 물질은 대상을 아는 것이 아니고 단지 쥐고 있을 뿐이라는 것이다. 감성은 물

32) 여기서 '형색[色]'은 본문의 vaṇṇa(색깔, 색상)를 옮긴 것이다. 『빠라맛타디빠니 띠까』는 "여기서 vaṇṇa는 형색(rūpa)을 뜻한다(vaṇṇoti rūpārammaṇassetaṁ nāmaṁ — PdṬ.295)."고 설명하고 있으며 『삼모하윗체다니』는 8가지 분리할 수 없는 것에서 vaṇṇa 대신에 형색(rūpa)을 들고 있다.(cattāri bhūtarūpāni, rūpagandharasaojā cāti idaṁ suddhaṭṭhakaṁ avinibbhogarūpaṁ nāma — Moh.92)

질이기 때문에 대상을 알지 못한다. 그래서 gocara-ggāhika는 감성이 대상을 취하면 그에 해당하는 알음알이가 대상을 안다는 뜻을 내포하고 있는 표현이다.

아비담마에 의하면 눈과 귀의 감성은 그 각각의 대상으로 가지 않고(asampatta), 즉 대상과 직접 접촉을 하지 않고 눈의 알음알이나 귀의 알음알이가 대상을 인지한다고 한다. 그와는 달리 나머지 세 감성은 그 대상과 직접 접촉해서(sampatta) 그 각각의 알음알이가 대상을 인지한다.(PdṬ.293)

11. **분리할 수 없는**(avinibbhoga)**물질과 분리할 수 있는**(vinibbhoga) **물질**: '분리할 수 있는 것'으로 옮긴 vinibbhoga는 vi(분리해서)+ni(아래로)+√bhuj(*to bend*)[33]에서 파생된 남성명사로 '분리해서 아래로 구부리다'는 문자적인 뜻에서 '분리, 구분, 차별'을 나타낸다.

아비담마에서는 네 가지 근본물질[四大]과 형색(rūpa), 냄새(gandha), 맛(rasa), 영양소(ojā)의 여덟을 '분리할 수 없는 것'이라는 용어를 써서 표현하고 있는데 이들은 항상 서로 묶여서 가장 단순한 형태에서부터 아주 복잡한 것에 이르기까지 모든 물질적인 대상에 나타나 있기 때문이다. 다시 말하자면 이 여덟 가지는 물질의 무리(깔라빠, kalāpa)를 이루는 최소의 구성요소라는 것이다. 그래서 이 여덟 가지로만 구성된 깔라빠를 '순수한 팔원소(suddhaṭṭhaka)'라고 표현하고 있다. 모든 깔라빠는 이들 여덟 가지를 기본으로 하고 그 깔라빠의 특성에 따라 다른 물질을 더 가지고 있다. 그래서 여기에다 다른 하나가 더 붙으면 구원소(navaka)가 되고 다시 하나가 더 붙으면 십원소(dasaka)가 되고 하는

---

33) 범어 일반에서 √bhuj로 나타나는 어근은 두 가지가 있다. 하나는 7류동사로서 bhunakti, bhuṅkte의 삼인칭 단수형을 취하는 *to enjoy*의 뜻을 가진 동사이고 다른 하나는 1류동사로서 bhujati로 삼인칭 단수형을 취하는 *to bend*의 뜻을 가진 동사이다. 여기서는 후자를 뜻한다.

것이다.

이 '분리할 수 없는 것(avinibbhoga)'은 물질의 무리(깔라빠)를 이해하는 가장 기초가 되는 개념이므로 반드시 숙지하고 있어야 한다. 그리고 주석서들에서 '영양소를 여덟 번째로 한 것(ojaṭṭhamaka)'이라는 표현이 자주 등장하는데 바로 이 분리할 수 없는 것(avinibbhoga)을 뜻한다. 왜냐하면 영양소(ojā)가 이 분리할 수 없는 여덟 가지 가운데 맨 나중, 즉 여덟 번째에 언급되고 있기 때문이다. 그래서 분리할 수 없는 것과 순수한 팔원소(suddhaṭṭhaka)와 영양소를 여덟 번째로 한 것(ojaṭṭhamaka)은 모두 동의어이다.

§8. 요약

8. icc'evam aṭṭhavīsati vidham pi ca vicakkhaṇā
ajjhattikādibhedena vibhajanti yathārahaṁ.

ayam ettha rūpavibhāgo.

이와 같이 지자는 안에 있는 물질 등으로
적절하게 28가지로 분류한다.

여기서 이것이 물질의 분류이다.

[해설]

이렇게 28가지 측면에서 물질을 다시 분류해 보았다. 이를 통해서 물질의 여러 가지 성질이나 기능을 살펴본 것이다. 이 전체에 대한 개관은 <도표 6.4>를 참조하면 많은 도움이 될 것이다.

III. 물질이 생기는 요인

rūpa-samuṭṭhāna

[해설]

'생기는 요인'으로 옮긴 samuṭṭhāna는 saṁ(함께)+ut(위로)+√sthā (*to stand*)에서 파생된 중성명사나 형용사이다. '함께 위로 올라선다.'라는 문자적인 뜻에서 명사로 쓰이면 '생김, 일어남, 원인, 요인, 시작'의 뜻이고 형용사로 쓰이면 '일어나는, 생기는'의 뜻이다. rūpa-samuṭṭhāna에서는 명사로 쓰였으므로 전체를 '물질이 생기는 요인'이라 옮겼다. 『아비담마아와따라 아비나와띠까』는 "이들에 의해서 물질들이 생긴다, 생겨난다고 해서 물질이 생기는 요인이라 한다. 그러면 무엇이 그것인가? 업(kamma)과 마음(citta)과 온도(utu)와 음식(āhāra)이 바로 그것이라고 말한다."34)라고 설명하고 있다. 한편 samuṭṭhāna가 아래에서 kamma-samuṭṭhāna-rūpa 등으로 형용사로 쓰인 경우에는 '업에서 생긴 물질' 등으로 옮겼다.

이제까지는 물질을 분류해서 그들의 특징과 역할 등을 알아보았다. 여기서부터는 물질은 어떻게 해서 생기게 되는가 하는 중요한 측면을 점검해 보고 있다. 이미 여러 번 언급했듯이 물질은 업(kamma)과 마음(citta)과 온도(utu)와 음식(āhāra)을 요인으로 해서 일어난다. 반드시 숙지하고 있어야 할 사항이다.

§9. 네 가지 물질이 생기는 요인

9. **kammaṁ cittaṁ utu āhāro ceti cattāri rūpasamuṭṭhānāni nāma.**

---

34) "rūpāni samuṭṭhahanti jāyanti etehīti rūpasamuṭṭhānāni. kāni pana tānīti āha utucittāhārakammānīti."(Abhi-av-nṭ.ii.161)

업, 마음, 온도, 음식 — 이 네 가지가 물질이 생기는 요인이다.

§10. **업에서 생긴 물질**(kamma-samuṭṭhāna-rūpa)

10. tattha kāmāvacaraṁ rūpāvacarañ cā ti pañcavīsatividham pi kusalākusalakammam abhisaṅkhataṁ ajjhattikasantāne kamma-samuṭṭhānarūpaṁ paṭisandhim upādāya khaṇe khaṇe samuṭṭhāpeti.

이 중에서 욕계와 색계에 속하는 25가지의 형성된 유익하거나[善] 해로운[不善] 업은 자신의 흐름[相續]에서 재생연결의 [마음]이 일어나는 찰나부터 매 찰나에 업에서 생긴 물질을 생산한다.

[해설]

1. **업에서 생긴 물질**(kamma-samuṭṭhāna-rūpa): 여기서 말하는 '업(kamma)'은 과거의 마음에 있었던 유익하거나[善] 해로운[不善] 의도(cetanā)를 뜻한다. 25가지의 유익한 업이나 해로운 업은 12가지 해로운 마음과 8가지 큰 유익한 마음과 5가지 색계의 유익한 마음의 의도를 뜻한다. 4가지 무색계의 유익한 마음은 무색계에 태어나게 하므로 업에서 생긴 물질을 일어나게 할 수 없다.

업은 마음이 일어나고[生, uppāda] 머물고[住, ṭhiti] 무너지는[壞, bhaṅga] 매 아찰나(제4장 §6의 해설 참조)마다 물질을 일어나게 하는데 이것은 재생연결식이 일어나는 아찰나에서부터 시작하여 죽음의 마음이 일어나기 직전의 17번째 심찰나까지 삶의 전 과정에서 일어난다.[35] 18가지 물질이 업에 의해서 생긴다. 즉 업에서 생기는 아홉 가지 깔라빠 가운데서 8가지 '분리할 수 없는 것'과 다섯 가지 감성과 두 가지 성과 생명

---

35) VbhA.26~27.

기능과 심장토대와 허공이다. 물론 이들 가운데서 여덟 가지 기능[根], 즉 다섯 가지 감성, 두 가지 성, 생명기능, 그리고 여기에 심장토대를 더하여 9가지는 오직 업에서만 생긴다. 나머지 9가지는 업에서 생긴 깔라빠에 포함될 때만 업에서 생긴다. 그 외에는 다른 요인들로부터 생긴다.

§11. 마음에서 생긴 물질(citta-samuṭṭhāna-rūpa)

11-1. arūpavipāka-dvipañca-viññāṇa-vajjitaṁ pañcasattatividham pi cittaṁ cittasamuṭṭhānarūpaṁ paṭhamabhavaṅgam upādāya jāyantam eva samuṭṭhāpeti.

무색계 과보의 마음과 한 쌍의 전오식을 제외한 75가지 마음은 존재지속심의 첫 번째 찰나부터 마음에서 생긴 물질을 생산한다. 그것은 일어나는 찰나에만 [마음에서 생긴 물질을] 생산한다.

[해설]

1. **마음에서 생긴 물질**(citta-samuṭṭhāna-rūpa): '마음에서 생긴 물질'은 재생연결식 바로 다음의 첫 번째 바왕가가 일어나는(uppāda) 찰나부터 생긴다. 재생연결식에서는 마음에서 생긴 물질이 일어나지 않는다. 재생연결의 찰나에 생기는 물질은 업에서 생긴 것이며 이 재생연결식은 그 생에 처음 온 일종의 신입생이기 때문이다. 한 쌍의 전오식은 물질을 생기게 하는 힘이 부족하다. 네 가지 무색계 과보의 마음도 무색계에서만 일어나므로 물질을 생기게 할 수 없다. 주석서들에 의하면 정신적인 현상은 일어나는 아찰나에 가장 강하고 물질은 머무는 아찰나에 가장 강하다고 한다. 그러므로 마음은 그것이 가장 강한 순간인 일어나는 아찰나에만 물질을 생기게 한다. 머무는 단계나 소멸하는 단계의 아찰나에 생기게 하지 않는다.36)

11-*2.* tattha appanājavanaṁ iriyāpatham pi sannāmeti.

votthapana-kāmāvacarajavana-abhiññā pana viññattim pi samuṭṭhāpenti.

somanassajavanāni pan'ettha terasa hasanam pi janenti.

이 중에서 본삼매의 속행은 자세[威儀]를 지탱한다.

결정하는 마음과 욕계의 속행과 신통지의 마음은 [몸과 말의] 암시를 생산한다. 이 중에서 13가지 기쁨이 함께한 속행은 미소를 일으킨다.

[해설]

1. **본삼매의 속행은** …: 몸의 자세를 유지하는 것은 마음들의 기능이다. 신통지를 제외한 본삼매에 일어나는 26가지 자와나(속행)는 몸이 앉거나 서거나 눕는 자세를 유지하는 이런 기능을 최소로 이행한다.[37] 다른 32가지 마음, 즉 결정하는 마음, 욕계의 자와나들, 신통지를 일으키는 마음들은 자세를 유지할 뿐만 아니라 몸의 암시(viññatti)와 말의 암시를 활성화시킨다.

2. 13**가지 기쁨이 함께한 속행은 미소를 일으킨다**: 보통의 범부들은 탐욕에 뿌리박고 기쁨과 함께한 네 가지 해로운 마음이거나 혹은 기쁨과 함께한 네 가지 큰 유익한 마음으로 미소짓거나 웃는다. 유학들은 이 마음들 가운데서 사견과 함께한 두 가지 마음을 제외한 여섯 가지 마음으로 웃는다. 아라한들은 네 가지 기쁨이 함께한 작용만 하는 큰마음이나 원인 없는 미소짓는 마음 가운데 하나로 웃는다.(VṬ.209.

---

36) "tattha rūpaṁ uppādakkhaṇe ca bhaṅgakkhaṇe ca dubbalaṁ, ṭhānakkhaṇe balavan ti ṭhānakkhaṇe rūpaṁ samuṭṭhāpeti. cittaṁ ṭhānakkhaṇe ca bhaṅgakkhaṇe ca dubbalaṁ, uppādakkhaṇe yeva balavan ti uppādakkhaṇe yeva rūpaṁ samuṭṭhāpeti."(VbhA.25)

37) "abhiññādvayavajjitaṁ chabbīsatividhaṁ appanājavanacittaṁ. gamana-vajjitaṁ tividhampi iriyāpathaṁ."(PdṬ.301)

<도표 6.3> 물질이 생기는 요인이 되는 마음들

마음	마음의 수	마음에서 생긴 물질	자세	암시	미소
탐욕에 뿌리박은 것 — 기쁨이 함께함	4	○	○	○	○
탐욕에 뿌리박은 것 — 평온이 함께함	4	○	○	○	×
성냄에 뿌리박은 것	2	○	○	○	×
어리석음에 뿌리박은 것	2	○	○	○	×
전오식	10	×	×	×	×
받아들임	2	○	×	×	×
조사	3	○	×	×	×
오문전향	1	○	×	×	×
의문전향	1	○	○	○	×
미소짓는	1	○	○	○	○
욕계 유익함 — 기쁨이 함께함	4	○	○	○	○
욕계 유익함 — 평온이 함께함	4	○	○	○	×
욕계 과보	8	○	×	×	×
욕계 작용 — 기쁨이 함께함	4	○	○	○	○
욕계 작용 — 평온이 함께함	4	○	○	○	×
색계 유익함	5	○	○	×	×
색계 과보	5	○	×	×	×
색계 작용	5	○	○	×	×
무색계 유익함	4	○	○	×	×
무색계 과보	4	×	×	×	×
무색계 작용	4	○	○	×	×
출세간	8	○	○	×	×
신통지	2	○	○	○	×

마음들이 여러 물질을 생기게 하는지는 <도표 6.3>을 참조할 것.)

§12. **온도에서 생긴 물질**(utu-samuṭṭhāna-rūpa)

12. sītuṇhotu-samaññātā tejodhātu ṭhitippattā va utusamuṭṭhāna-rūpaṁ ajjhattañ ca bahiddhā ca yathārahaṁ samuṭṭhāpeti.

차고 더운 것으로 알려진 불의 요소[火界]는 머무는 [아찰나]에 이르러서 온도에서 생긴 안에 있는 물질과 밖에 있는 물질을 적절하게 생산한다.

[해설]

1. **온도에서 생긴 물질**(utu-samuṭṭhāna-rūpa): 재생연결이 일어나는 찰나부터 업에서 생긴 물질의 무리(깔라빠) 속에 있는 최초의 불의 요소[火界]는 외부의 불의 요소와 결합하여 온도에서 생긴 유기물질을 일으키기 시작한다. 그다음부터 모든 네 가지 요인에서 생긴 물질의 깔라빠 속에 있는 불의 요소는 삶의 전 과정을 통해서 온도에서 생긴 유기물질을 생기게 한다. 외부적으로는 온도나 불의 요소가 대기나 지질학적인 변질과 같은 물질을 생기게 한다.

§13. **음식에서 생긴 물질**(āhāra-samuṭṭhāna-rūpa)

13. ojāsaṅkhāto āhāro āhārasamuṭṭhānarūpaṁ ajjhoharaṇakāle ṭhānappatto va samuṭṭhāpeti.

영양소라 불리는 음식은 삼킬 때부터 [시작하여] 머무는 단계에 이르러 음식에서 생긴 물질을 생산한다.

[해설]

1. **음식에서 생긴 물질**(āhāra-samuṭṭhāna-rūpa): 내부의 영양소는

외부에서 공급을 받아 유지가 되는데 그 음식을 삼키는 순간부터 머무는 찰나에 물질을 생기게 한다. 음식에서 생긴 물질의 무리(깔라빠) 가운데 있는 영양소는 그다음의 '순수한 팔원소(suddhaṭṭhamaka)'를 생기게 하며 그 순수한 팔원소에 있는 영양소는 다시 그다음의 순수한 팔원소를 생기게 한다. 이렇게 팔원소는 열 번이나 열두 번까지 생긴다. 임신한 어머니가 섭취한 음식은 태아의 몸에 퍼져 들어가서 태아의 물질을 생기게 한다. 몸에 발라진 음식도 물질을 생기게 한다고 한다. 다른 세 요인들에 의해서 생긴 몸속의 깔라빠들에 있는 영양소도 역시 잇달아서 여러 번 순수한 팔원소들을 생기게 한다. 하루에 섭취한 음식은 칠 일 동안 몸을 지탱할 수 있다고 한다.

§14. 요인에 따른 분석

14. tattha hadaya-indriyarūpāni kammajān'eva.

viññattidvayaṁ cittajam eva, saddo cittotujo, lahutādittayaṁ utucittāhārehi sambhoti.

avinibbhogarūpāni c'eva ākāsadhātu ca catūhi sambhūtāni.

lakkhaṇarūpāni na kutoci jāyanti.

이 중에서 심장과 [8가지] 기능[根]의 물질은 업에서만 생긴다.

2가지 암시는 마음에서만 생긴다.

소리는 마음과 온도에서 생긴다.

가벼움 등 셋은 온도와 마음과 음식에서 생긴다.

[8가지] 분리할 수 없는 물질들과 허공의 요소[空界]는 4가지 모두로부터 생긴다.

특징의 물질들은 어느 [요인]으로부터도 생기는 것이 아니다.

[해설]

말은 마음에서 생기고 말이 아닌 소리들은 온도에서 생긴다. 물질의 가벼움, 부드러움, 적합함의 세 가지 성질은 알맞은 온도, 편안한 마음, 좋은 음식에서 생긴다. 반면에 나쁜 기후, 침울한 마음, 나쁜 음식은 육체의 무거움, 경직, 비대함을 가져다준다. 허공의 요소는 네 가지 요인으로 생긴 물질의 무리(깔라빠)들 사이의 틈으로 일어난다. 그러므로 이것도 네 가지 요인에서 파생적으로 생긴 것으로 간주한다. 왜 특징들은 어떤 요인으로부터도 일어나지 않는지는 다음 §15에서 설명된다.

§15. 요약

15. aṭṭhārasa pannarasa terasa dvādasā ti ca
kammacittotukāhārajāni honti yathākkamaṁ.
jāyamānādirūpānaṁ sabhāvattā hi kevalaṁ
lakkhaṇāni na jāyanti kehicī ti pakāsitaṁ.

ayam ettha rūpasamuṭṭhānanayo.

18가지, 15가지, 13가지, 12가지가 각각
업과 마음과 온도와 음식에서 생긴다.
특징의 [물질들은] 태어남 등으로 [일컬어지는]
물질의 고유성질일 뿐이어서[38)]
어떤 다른 [요인]에서 생긴 것이 아니다라고 설했다.

여기서 이것이 물질이 생기는 요인이다.

---

38) "sabhāvattāti jāti-jarā-maraṇa-saṅkhāta-lakkhaṇa-sabhāvamatta-ttā"(VṬ.211)
"jāyamānādi rūpānanti jāyamāna-jiyyamāna-miyyamānānaṁ rūpa-kalāpānaṁ. sabhāvattāti jāti-jarā-maraṇa-saṅkhāta-lakkhaṇa-sabhāvamattattā"(PdṬ.307)

[해설]

18가지 업에서 생긴 물질: 8가지 분리할 수 없는 것 + 8가지 기능[根] + 심장토대 + 허공

15가지 마음에서 생긴 물질: 8가지 분리할 수 없는 것 + 5가지 변화하는 것(가벼움, 부드러움, 적합함 + 몸의 암시, 말의 암시) + 소리 + 허공

13가지 온도에서 생긴 물질: 8가지 분리할 수 없는 것 + 가벼움 등 3가지 + 소리 + 허공

12가지 음식에서 생긴 물질: 8가지 분리할 수 없는 것 + 가벼움 등 3가지 + 허공

1가지 요인(업)에서 생긴 물질: 8가지 기능들[根] + 심장토대 + 2가지 암시 = 11가지

2가지 요인(마음, 온도)에서 생긴 물질: 소리 = 1가지

3가지 요인(마음, 온도, 음식)에서 생긴 물질: 가벼움 등 3가지 = 3가지

4가지 요인(업, 마음, 온도, 음식)에서 생긴 물질: 8가지 분리할 수 없는 것 + 허공 = 9가지

생기는 요인 없이 생긴 물질: 4가지 특징(생성 · 상속 · 쇠퇴함 · 무상함) = 4가지39)

(이들에 대해서는 <도표 6.4>를 참조할 것.)

---

39) 그런데 『담마상가니』의 주석서인 『앗타살리니』는 '물질의 생성, 물질의 상속, 물질의 쇠퇴함, 물질의 무상함(upacaya, santati, jaratā aniccatā)'의 네 가지 특징의 물질 가운데 앞의 두 가지는 네 가지 요인에 의해서 생긴 물질의 영역에 포함시키고 뒤의 두 가지만 어떤 요인으로부터도 생기지 않은 것에 포함시키고 있다.(jaratā aniccatā pana etesu ekatopi na samuṭṭhahantīti dve na kenaci samuṭṭhahanti nāma. — DhsA.340) 여기에 대해서는 『담마상가니』 제2권 237쪽의 162번 주해를 참조하고 235쪽의 161번 주해와 168~169쪽의 149번 주해와 171쪽의 §666 등도 참조할 것.

IV. 깔라빠로 나눔
kalāpa-yojana

[해설]

이미 '깔라빠(kalāpa)' 혹은 '깔라빠의 물질(kalāpa-rūpa)'이라는 용어는 많이 나타났지만 다시 한 번 정리를 해보자. 빠알리어 kalāpa는 원래 같은 종류의 물건들의 묶음이나 다발을 뜻하는 말로서 부처님 전생 이야기를 담고 있는 『자따까』에 나타난다. 그래서 veḷu-kalāpa는 대나무 다발을 뜻하고 kesā-kalāpa는 머리칼의 묶음을 뜻한다. 이런 단어를 아비담마에서는 물질의 덩어리로 된 것(piṇḍi)을 의미하는 전문용어로 사용한 것이다. 마음이 항상 마음부수들과 함께 일어나고 함께 멸하는 것처럼 모든 물질도 단독으로 일어나지 못하고 항상 무리지어 덩어리 상태로 일어나고 멸하는데 이런 '덩어리로 된 것(piṇḍi)'을 깔라빠라 부른다.[40]

깔라빠의 최소 단위를 avinibbhoga, 즉 '분리할 수 없는 것'이라 하는데 이것은 네 가지 근본물질[四大]과 형색(rūpa), 냄새(gandha), 맛(rasa), 영양소(ojā)의 8가지로 구성되며 그래서 이를 '순수한 팔원소(suddha-ṭṭhaka)'라 하기도 하고 '영양소를 여덟 번째로 한 것(ojāṭṭhamaka)'이라 부르기도 한다. 여기에다 몇 가지씩이 더 첨가되어서 아비담마에서는 모든 물질에 대해서 21가지 깔라빠를 설하고 있다. 이 정도로 이해하고 본문을 따라가 보자.

---

40) "[깔라빠에서] 깔라는 부분(avayava)을 뜻한다. 이러한 부분들(avayavā)이 여기에 포함되어 있다, 들어가 있다(appenti pavisanti)고 해서 깔라빠라 한다. 덩어리로 된 것(piṇḍi)이라는 뜻이다(kalā vuccanti avayavā, tā appenti pavisanti etthāti kalāpo, piṇḍīti attho)."(PdṬ.270)

§16. 간략히 설하면

16. ekuppādā ekanirodhā ekanissayā sahavuttino ekavīsati rūpakalāpā nāma.

21가지 물질의 무리(깔라빠)가 있으니, 그들은 함께 일어나고 함께 멸하며 같은 의지처를 가지고 같이 존재한다.

[해설]

지금까지 28가지 물질에 대해서 여러 가지로 관찰해 보았다. 비록 물질을 이렇게 분류하기는 했지만 실제로 물질은 따로따로 분리되어서 혼자 일어나지 않는다. 마음부수들이 단독으로 일어나지 않고 마음과 함께 여럿이 항상 같이 일어나듯이 물질도 깔라빠로 알려진 물질의 무리 혹은 덩어리로 함께 일어난다. 예를 들어서 눈의 감성은 눈의 감성 단독으로 일어나지 못한다. 눈의 감성은 눈을 구성하는 8가지 순수한 팔원소(suddhaṭṭhaka)와 물질의 생명기능과 눈의 감성이라는 십원소(dasaka)로 무리 지어서 우리 몸에 존재한다.

같은 깔라빠에 속하는 모든 물질은 함께 일어나고 함께 멸한다. 그들은 함께 생긴 네 가지 근본물질[四大]이라는 동일한 의지처를 가지고 있다. 이 함께 생긴 네 가지 근본물질은 파생된 물질에게, 그리고 네 가지 근본물질 서로서로에게 가까운 원인이 된다. 이들은 모두 생겨서부터 멸할 때까지 같이 존재한다. 아비담마에서는 이 우주에 존재하는 모든 물질을 21가지 깔라빠로 분류한다. 또한 이들은 모두 업과 마음과 온도와 음식에서 생긴다. 이제 이들에 대해서 살펴보자.

§17. 업에서 생긴 깔라빠(kammasamuṭṭhāna-kalāpa)

17. tattha jīvitaṁ avinibbhogarūpañ ca cakkhunā saha cakkhudasakan ti pavuccati. tathā sotādīhi saddhiṁ sotadasakaṁ, ghānadasakaṁ, jivhādasakaṁ, kāyadasakaṁ, itthibhāva-dasakaṁ, pumbhāvadasakaṁ, vatthudasakañ cā ti yathākkamaṁ yojetabbaṁ. avinibbhogarūpam eva jīvitena saha jīvitanavakan ti pavuccati. ime nava kammasamuṭṭhānakalāpā.

이 가운데서 생명기능과 [8가지] 분리할 수 없는 물질은 눈의 [감성]과 함께 눈의 십원소라 부른다. 그와 마찬가지로 순서대로 귀 등과 함께 귀의 십원소, 코의 십원소, 혀의 십원소, 몸의 십원소, 여성의 십원소, 남성의 십원소, 토대의 십원소라고 각각 적용시켜야 한다. 분리할 수 없는 물질은 생명기능과 함께 생명기능의 구원소라 부른다. 이 아홉 가지가 업에서 생긴 깔라빠이다.

[해설]

'업에서 생긴 깔라빠(kammasamuṭṭhāna-kalāpa)'는 모두 다음의 아홉 가지이다.

① 눈의 십원소(cakkhu-dasaka): 8 아위닙보가 + 명근 + 눈의 감성
② 귀의 십원소(sota-dasaka): 8 아위닙보가 + 명근 + 귀의 감성
③ 코의 십원소(ghāna-dasaka): 8 아위닙보가 + 명근 + 코의 감성
④ 혀의 십원소(jivhā-dasaka): 8 아위닙보가 + 명근 + 혀의 감성
⑤ 몸의 십원소(kāya-dasaka): 8 아위닙보가 + 명근 + 몸의 감성
⑥ 여성의 십원소(itthibhāva-dasaka): 8 아위닙보가 + 명근 + 여성
⑦ 남성의 십원소(pumbhāva-dasaka): 8 아위닙보가 + 명근 + 남성
⑧ 토대의 십원소(vatthu-dasaka): 8 아위닙보가 + 명근 + 심장토대
⑨ 명근의 구원소(jīvita-navaka): 8 아위닙보가 + 명근

§18. 마음에서 생긴 깔라빠(cittasamuṭṭhāna-kalāpa)

18. avinibbhogarūpaṁ pana suddhaṭṭhakaṁ. tad eva kāyaviññattiyā saha kāyaviññattinavakaṁ; vacīviññatti saddehi saha vacīviññattidasakaṁ; lahutādīhi saddhiṁ lahutādi-ekādasakaṁ, kāya-viññatti-lahutādi-dvādasakaṁ, vacīviññatti-saddalahutādi-terasakañ cā ti cha cittasamuṭṭhānakalāpā.

분리할 수 없는 물질은 순수한 팔원소이다. 그것은 몸의 암시와 함께 몸의 암시의 구원소라 한다. 말의 암시와 소리와 함께 말의 암시의 십원소라 한다. 가벼움 등과 함께 가벼움 등의 십일원소라 한다. 몸의 암시와 가벼움 등의 십이원소가 있고, 말의 암시와 소리와 가벼움 등의 십삼원소가 있다. 이 여섯 가지가 마음에서 생긴 물질의 깔라빠이다.

[해설]

'마음에서 생긴 깔라빠(cittasamuṭṭhāna-kalāpa)'는 다음의 여섯 가지이다.

① 순수한 팔원소: 8 아위닙보가

② 몸의 암시의 구원소: 8 아위닙보가 + 몸의 암시

③ 말의 암시의 십원소: 8 아위닙보가 + 말의 암시 + 소리

④ 가벼움 등의 십일원소: 8 아위닙보가 + 가벼움 + 부드러움 + 적합함

⑤ 몸의 암시와 가벼움 등의 십이원소: 8 아위닙보가 + 몸의 암시 + 3 가벼움 등

⑥ 말의 암시와 가벼움 등의 십삼원소: 8 아위닙보가 + 말의 암시 + 소리 + 가벼움 등 세 개 조

§19. 온도에서 생긴 깔라빠(utusamuṭṭhāna-kalāpa)

19. suddhaṭṭhakaṁ, saddanavakaṁ, lahutādi-ekādasakaṁ, sadda-lahutādi-dvādasakañ cā ti cattāro utusamuṭṭhānakalāpā.

순수한 팔원소, 소리의 구원소, 가벼움 등의 십일원소, 소리와 가벼움 등의 십이원소라는 네 가지가 온도에서 생긴 물질의 깔라빠이다.

[해설]

'온도에서 생긴 깔라빠(utusamuṭṭhāna-kalāpa)'는 다음의 네 가지이다.

① 순수한 팔원소: 8 아위닙보가

② 소리의 구원소: 8 아위닙보가 + 소리

③ 가벼움 등의 십일원소: 8 아위닙보가 + 가벼움 등 세 개 조

④ 소리와 가벼움 등의 십이원소: 8 아위닙보가 + 소리 + 가벼움 등 세 개 조

§20. **음식에서 생긴 깔라빠**(āhārasamuṭṭhāna-kalāpa)

20. suddhaṭṭhakaṁ lahutādi-ekādasakañ cā ti dve āhāra-samuṭṭhāna-kalāpā.

순수한 팔원소, 가벼움 등의 십일원소라는 2가지가 음식에서 생긴 물질의 깔라빠이다.

[해설]

'음식에서 생긴 깔라빠(āhārasamuṭṭhāna-kalāpa)'는 다음의 두 가지이다.

① 순수한 팔원소: 8 아위닙보가

② 가벼움 등의 십일원소: 8 아위닙보가 + 가벼움 + 부드러움 + 적합함

이렇게 하여 모두 21가지 깔라빠가 존재한다.

§21. **안과 밖의 깔라빠**

21. tattha suddhaṭṭhakaṁ saddanavakañ cā ti dve utusamuṭṭhāna-kalāpā bahiddhā pi labbhanti. avasesā pana sabbe pi ajjhattikam eva.

이 중에서 순수한 팔원소와 소리의 구원소라는 온도에서 생긴 2가지 깔라빠는 밖에서도 발견된다. 나머지는 모두 안에서만 발견된다.

§22. **요약**

22. kammacittotukāhārasamuṭṭhānā yathākkamaṁ
nava cha caturo dve ti kalāpā ekavīsati.
kalāpānaṁ paricchedalakkhaṇattā vicakkhaṇā
na kalāpaṅgam icc' āhu ākāsaṁ lakkhaṇāni ca.

ayam ettha kalāpayojanā.

업과 마음과 온도와 음식에서 생긴 물질의 깔라빠는
각각 9가지, 6가지, 4가지, 2가지로 모두 21가지이다.
허공은 깔라빠들의 한계를 정하는 것이고,
[4가지] 특징은 드러내는 것이므로
그들은 깔라빠의 구성성요소가 아니라고 지자들은 설한다.

이것이 물질을 깔라빠로 나눈 것이다.

V. 물질이 일어나는 방법

rūpa-pavatti-kkama

[해설]

앞에서 21가지 깔라빠에 대해서 고찰해 보았고 여기서는 그런 깔라빠가 어디서 일어나는가 하는 것을 살펴보고 있다. 저자는 여기서 입태의 시기, 즉 '재생연결(paṭisandhi)' 때에는 어떤 깔라빠가 일어나고 '삶의 과정(pavatti)'에서는 어떤 깔라빠가 일어나며 그리고 각 세상에서는 어떤 깔라빠가 일어나는지를 차례대로 고찰한다.

불교에서는 난생(aṇḍaja), 태생(jalābuja), 습생(saṁsedaja), 화생(opapātika)의 네 가지 부류의 태어남[四生, catasso yoniyo]을 인정한다.(M12 §§32~33 등)

① '난생(卵生)'은 aṇḍaja를 옮긴 것이다. 여기서 aṇḍa는 모든 종류의 알[卵]을 뜻한다. ja는 √jan(*to be born*)의 명사형이며 다른 단어와 합성되어 쓰인다. 생(生)으로 번역한다. 그래서 aṇḍa-ja는 난생(卵生)을 의미한다. 조류와 파충류가 여기 속한다 하겠다.

② '태생(胎生)'은 jalābuja를 옮긴 것이다. 여기서 jalābu는 √jṝ(*to be old*)에서 파생된 명사로서 태(胎)를 의미하고 그래서 jalābu-ja는 태생(胎生)을 의미하며 포유류가 여기에 속한다.

③ '습생(濕生)'으로 옮긴 saṁsedaja(Sk. saṁsveda)는 saṁ(함께)+√svid(*to sweat*)의 명사형으로 습기를 의미하며 ja를 붙여서 습생(濕生)으로 옮겼다. 습기가 있는 데서 태어나는 것을 고대 인도에서는 습생이라 불렀다. 모기, 지렁이 등이 여기 속한다.

④ '화생(化生)'으로 옮긴 opapātika는 upa(위로)+√pad(*to go*)의 명사형으로 '그 위로 가서 바로 태어나는 것' 정도의 의미로 보면 되겠다. 여기서 opapātika는 모태 등의 태어나는 원인을 빌리지 않고 그대로 다음 생을 받는 것을 의미한다. 천상의 신들과 아귀 등이 여기에 속한다 하겠다.

§23. 욕계에서

23-1. sabbāni pi pan'etāni rūpāni kāmaloke yathārahaṁ anūnāni pavattiyaṁ upalabbhanti.

paṭisandhiyaṁ pana saṁsedajānañ c'eva opapātikānañ ca cakkhu-sota-ghāna-jivhā-kāya-bhāva-vatthu-dasaka-saṅkhātāni satta dasakāni pātubhavanti ukkaṭṭhavasena. omakavasena pana cakkhu-sota-ghāna-bhāva-dasakāni kadāci pi na labbhanti. tasmā tesaṁ vasena kalāpahāni veditabbā.

욕계에는 모든 물질이 조금도 결핍됨이 없이 적절하게 삶의 과정에서 얻어진다.

그러나 재생연결 때에 습생과 화생에서 수승한 경우에는 눈, 귀, 코, 혀, 몸, 성, 토대의 십원소라 불리는 7가지 십원소를 얻는다. 그러나 저열한 경우 어떤 때에는 눈, 귀, 코, 성의 십원소는 얻지 못한다. 그러므로 그들로써 깔라빠의 결핍을 알아야 한다.

23-2. gabbhaseyyakasattānaṁ pana kāya-bhāva-vatthu-dasaka-saṅkhātāni tīṇi dasakāni pātubhavanti. tatthā pi bhāvadasakaṁ kadāci na labbhati. tato paraṁ pavattikāle kamena cakkhudasakādīni ca pātubhavanti.

태중에 있는[41] 중생들의 경우 [재생연결 때에] 몸, 성, 토대의 십원소라 불리는 세 가지 십원소가 나타난다. 어떤 경우에는 성의 십원소를 얻지 못한다. 그다음에 삶의 과정에서 서서히 눈의 십원소 등이 나타난다.

§24. 깔라빠의 흐름(kalāpa-santati)

24. icc'evaṁ paṭisandhiṁ upādāya kammasamuṭṭhānā, dutiyacittam upādāya cittasamuṭṭhānā, ṭhitikālam upādāya utusamuṭṭhānā,

---

41) "태, 즉 어머니의 뱃속에 누워있다고 해서 '태중에 있는 자들'이다(gabbhe mātukucchiyaṁ sentīti gabbhaseyyakā.)."(VṬ.213)

ojāpharaṇam upādāya āhārasamuṭṭhānā cā ti catusamuṭṭhāna-rūpakalāpasantati kāmaloke dīpajālā viya nadīsoto viya ca yāvatāyukam abbocchinnā pavattati.

이와 같이 재생연결의 [찰나]부터 업에서 생긴 물질과, 마음의 두 번째 [찰나]부터 마음에서 생긴 물질과, [재생연결식의] 머무는 단계부터 온도에서 생긴 물질과, 영양소가 보급될 때부터 음식에서 생긴 물질이 [생기나니], 이 네 가지 요인에서 생긴 깔라빠의 흐름[相續]이 마치 등불이나 혹은 강의 흐름처럼 욕계에서 수명이 다하는 찰나까지 끊임없이 일어난다.

§25. **죽을 때에**

25. maraṇakāle pana cuticitt'opari sattarasamacittassa ṭhiti-kālam upādāya kammajarūpāni na uppajjanti. puretaraṁ uppannāni ca kammajarūpāni cuticittasamakālam eva pavattitvā nirujjhanti. tato paraṁ cittajāhārajarūpañ ca vocchijjati. tato paraṁ utusamuṭṭhāna-rūpaparamparā yāva matakaḷevarasaṅkhātā pavattanti.

그러나 죽을 때에[42] 죽음의 마음 이전의 17번째의 마음이 머무는 단계부터 업에서 생긴 물질은 더 이상 일어나지 않는다.[43] 이전에 일어난 업에서 생긴 물질은 죽음의 마음과 동일한 시간(sama-kāla)까지만 머물다가 멸한다. 그다음에 곧바로 마음에서 생긴 물질과 음식에서 생긴 물질이 멸하고, 그다음에 온도에서 생긴 물질의 흐름이 송장이라 불리는 곳에서 계속된다.

---

42) "'죽을 때(maraṇakāle)'란 죽음에 임박했을 때(maraṇāsanna-kāle)이다." (VṬ.188; PdṬ.377)

43) 본서 제4장 §6에 의하면 한 찰나의 물질의 존속 기간은 17개의 심찰나에 해당하기 때문이다.

§26. **게송**

26. icc'evaṁ matasattānaṁ punadeva bhavantare
paṭisandhim upādāya tathā rūpaṁ pavattati.

이와 같이 죽은 중생들에게 다시 다음 생에서
재생연결 때부터 그와 같이 물질이 일어난다.

§27. **색계에서**

27. rūpaloke pana ghāna-jivhā-kāya-bhāva-dasakāni ca āhāraja-kalāpāni ca na labbhanti, tasmā tesaṁ paṭisandhikāle cakkhu-sota-vatthuvasena tīṇi dasakāni jīvitanavakañ cā ti cattāro kamma-samuṭṭhānakalāpā, pavattiyaṁ cittotusamuṭṭhānā ca labbhanti.

색계에서 코, 혀, 몸, 성의 십원소와 음식에서 생긴 물질의 깔라빠는 발견되지 않는다. 그러므로 재생연결 때에 눈, 귀, [심장]토대인 세 가지 십원소와 생명기능의 구원소인 네 가지 업에서 생긴 물질의 깔라빠가 일어나고, 삶의 과정에서 마음에서 생긴 물질과 온도에서 생긴 물질이 얻어진다.

[해설]

색계의 존재들은 성이 없으므로 두 가지 성의 십원소가 없다. 그리고 그들은 코와 혀와 몸의 육체적인 형색은 가지고 있지만 이런 기관들은 감각을 받아들이지 못한다.

§28. **인식이 없는 중생들**[無想有情, asaññā-sattā]

28. asaññasattānaṁ pana cakkhu-sota-vatthu-saddā pi na labbhanti. tathā sabbāni pi cittajarūpāni. tasmā tesaṁ paṭisandhikāle jīvitanavakam eva pavattiyañ ca saddavajjitaṁ utusamuṭṭhāna-rūpaṁ atiricchati.

인식이 없는 중생들[無想有情]은 눈과 귀와 [심장]토대와 소리도 얻어지지 않는다. 그와 마찬가지로 모든 마음에서 생긴 물질도 [없다]. 그러므로 재생연결 때에 그들에게는 오직 생명기능의 구원소만 있고, 삶의 과정에서 소리를 제외한 온도에서 생긴 물질이 계속된다.

§29. **요약**

29-1. icc'evaṁ kāma-rūpa-asaññīsaṅkhātesu tīsu ṭhānesu paṭi-sandhi-pavattivasena duvidhā rūpappavatti veditabbā.

이와 같이 욕계, 색계, 인식이 없는 중생이라 불리는 세 경우에서 재생연결과 삶의 과정, 이 2가지 방법으로 물질의 일어남을 알아야 한다.

29-2. aṭṭhavīsati kāmesu, honti tevīsa rūpisu
sattaras' ev' asaññīnaṁ arūpe natthi kiñci pi.
saddo vikāro jaratā maraṇañ c' opapattiyaṁ
na labbhanti pavatte tu na kiñci pi na labbhati.

ayam ettha rūpapavattikkamo.

욕계에는 28가지 물질이 있고, 색계에는 23가지가,
인식이 없는 중생들에게 17가지가 있으며
무색계에는 아무것도 발견되지 않는다.
재생연결 때에는 소리와 변화와 늙음과 죽음이 없고
삶의 과정에서는 얻어지지 않는 것이 없다.

이것이 물질이 일어나는 방법이다.

<도표 6.4> 물질의 길라잡이

	28가지 물질 (§§2~5)	16가지 분류(§§7~8)																	
		근본	파생	안	밖	토대	토대 아님	문	문 아님	기능	기능 아님	거친 것 등	미세함 등	취착	취착 않음	대상 가짐	대상 없음	분리 못함	분리 가능
1	땅																		
2	물																		
3	불																		
4	바람																		
5	눈																		
6	귀																		
7	코																		
8	혀																		
9	몸																		
10	형색																		
11	소리																		
12	냄새																		
13	맛																		
*	감촉	(= 四大 가운데 땅, 불, 바람의 요소임)																	
14	여성																		
15	남성																		
16	심장토대																		
17	생명기능																		
18	영양소																		
19	허공																		
20	몸의 암시																		
21	말의 암시																		
22	가벼움																		
23	부드러움																		
24	적합함																		
25	생성																		
26	상속																		
27	쇠퇴함																		
28	무상함																		
		4	24	5	23	6	22	7	21	8	20	12	16	18	19	5	23	8	20

	4가지 요인 (§§9~15)				21가지 깔라빠 (§§16~22)																				
					9가지 업에서 생긴 것									6가지 마음에서 생긴 것						4가지 온도에서 생긴 것				2가지 음식에서	
	업생	마음생	온도생	음식생	눈십원소	귀십원소	코십원소	혀십원소	몸십원소	여십원소	남십원소	토대십원소	명근구원소	순수팔원소	몸암구원소	말암십원소	십일원소	십이원소	십삼원소	순수팔원소	소리구원소	십일원소	십이원소	순수팔원소	십일원소
1	■	■	■	■	■	■	■	■	■	■	■	■	■	■	■	■	■	■	■	■	■	■	■	■	■
2	■	■	■	■	■	■	■	■	■	■	■	■	■	■	■	■	■	■	■	■	■	■	■	■	■
3	■	■	■	■	■	■	■	■	■	■	■	■	■	■	■	■	■	■	■	■	■	■	■	■	■
4	■	■	■	■	■	■	■	■	■	■	■	■	■	■	■	■	■	■	■	■	■	■	■	■	■
5	■				■																				
6	■					■																			
7	■						■																		
8	■							■																	
9	■								■																
10	■	■	■	■	■	■	■	■	■	■	■	■	■	■	■	■	■	■	■	■	■	■	■	■	■
11		■	■													■			■		■		■		
12	■	■	■	■	■	■	■	■	■	■	■	■	■	■	■	■	■	■	■	■	■	■	■	■	■
13	■	■	■	■	■	■	■	■	■	■	■	■	■	■	■	■	■	■	■	■	■	■	■	■	■
14	■									■															
15	■										■														
16	■											■													
17	■				■	■	■	■	■	■	■	■	■												
18	■	■	■	■	■	■	■	■	■	■	■	■	■	■	■	■	■	■	■	■	■	■	■	■	■
19	■	■	■	■																					
20		■													■			■							
21		■														■			■						
22		■	■	■													■	■	■			■	■		■
23		■	■	■													■	■	■			■	■		■
24		■	■	■													■	■	■			■	■		■
25																									
26																									
27																									
28																									
	18	15	13	12	10	10	10	10	10	10	10	10	9	8	9	10	11	12	13	8	9	11	12	8	11

열반

nibbāna

[해설]

저자는 제6장의 마지막을 네 번째 구경법인 열반을 간략히 설명하는 것으로 마무리한다. 이렇게 함으로써 네 가지 궁극적인 것(구경법, paramattha-dhamma)에 대한 길라잡이가 마무리되는 것이다.

중국에서 '열반(涅槃)'으로 음역한 nibbāna(Sk. nirvāṇa)는 nis(밖으로)+√vā(*to blow*)의 과거분사이며 중성명사이다. 문자적으로는 '불어서 꺼진'의 뜻이다. 초기경에서는 탐욕(rāga), 성냄(dosa), 어리석음(moha)의 불이 완전히 꺼진 것을 열반이라고 설명하며44) 본 『아비담맛타상가하』는 "얽힘이라 부르는 갈애로부터 벗어나기 때문에 열반이라 한다."(아래 §30의 본문 참조)로 정의한다.

『청정도론』은 열반을 이렇게 정의한다.

[청정도론 XVI]: "66. 이것(열반)의 특징은 고요함(santi)이다. 죽지

---

44) "비구들이여, 일체는 불타오르고 있다. … 그러면 무엇에 의해서 불타오르고 있는가? 탐욕과 성냄과 어리석음으로 불타오르고 있다. 이렇게 보는 잘 배운 성스러운 제자는 눈에 대해서도 염오하고 … 눈의 감각접촉을 조건으로 하여 일어나는 즐거운 느낌이나 괴로운 느낌이나 괴롭지도 즐겁지도 않은 느낌에 대해서도 염오한다. … 염오하면서 탐욕이 빛바래고, 탐욕이 빛바래기 때문에 해탈한다. 해탈하면 해탈했다는 지혜가 있다. '태어남은 다했다. 청정범행(梵行)은 성취되었다. 할 일을 다 해 마쳤다. 다시는 어떤 존재로도 돌아오지 않을 것이다.'라고 꿰뚫어 안다."(「불타오름 경」 S35:28)

"도반 사리뿟따여, '열반, 열반'이라고들 합니다. 도반이여, 도대체 어떤 것이 열반입니까?"
"도반이여, 탐욕의 멸진, 성냄의 멸진, 어리석음의 멸진 — 이를 일러 열반이라 합니다."(「열반 경」 S38:1)

않는(accuti) 역할을 한다. 혹은 안식(安息, assāsa)을 가져오는 역할을 한다. 표상이 없음(animitta)으로 나타난다. 혹은 사량분별(papañca)45) 이 없음으로 나타난다."

그리고 『청정도론』 같은 장 §§67~72에서는 열반에 대한 11가지 그릇된 견해를 들어서 논파하고 있는데 일독할 필요가 있다.

§30. 정의

30. nibbānaṁ pana lokuttarasaṅkhātaṁ catumaggañāṇena sacchikātabbaṁ maggaphalānam ārammaṇabhūtaṁ vānasaṅkhātāya taṇhāya nikkhantattā nibbānan ti pavuccati.

열반은 출세간이라 불리고, 네 가지 도로써 실현해야 하며, 도와 과의 대상이고, 얽힘이라 부르는 갈애로부터 벗어나기 때문에 열반이라 한다.

§31. 분석

31. tad etaṁ sabhāvato ekavidham pi saupādisesa-nibbānadhātu anupādisesa-nibbānadhātu cā ti duvidhaṁ hoti kāraṇa-

45) 빠빤짜(papañca, Sk. prapañca)는 불교에서 쓰이는 용어로서 pra(앞으로)+√pañc에서 파생된 남성명사이다. 빠니니 다뚜빠타에 'pañc는 퍼짐의 뜻으로 쓰인다(paci vistāravacane)'라고 나타난다. 아마 '빵(pañc)' 하고 터지면서 퍼져나가는 것을 나타내는 의성어가 아닌가 생각된다. 희론(戱論)이라고 한역하였으며 여러 가지 사량분별이 확장되고 전이되어 가는 것을 나타내는 불교 용어이다. 그래서 사량분별로 옮겼다.

한편 '사량분별 없음(nippapañca)'은 열반의 여러 동의어들 가운데 하나로 나타난다. 아비담마의 가르침에 따르면 빠빤짜로부터 벗어난다는 것은 갈애, 자만, 사견으로부터 벗어남을 말한다.(papañcārāmatā ti taṇhā-māna-diṭṭhi-papañcesu yuttapayuttatā. — VbhA.508) pariyāyena.

tathā suññataṁ animittaṁ appaṇihitañ cā ti tividhaṁ hoti ākārabhedena.

그런 이것은 고유성질로는 하나이지만 구분하는 방편에 따라 유여열반의 요소[界]와 무여열반의 요소 2가지이다.

그와 마찬가지로 형태에 따라 세 가지이니, 즉 공함[空]과 표상 없음[無相]과 원함 없음[無願]이다.

[해설]

1. **열반은 고유성질로는 하나이지만**: 구경법의 측면에서 보면 열반은 하나이다. 그것은 출세간이며 형성된 것(saṅkhata)을 완전히 벗어난 형성되지 않은 것이고(asaṅkhata), 고요함(santi)을 특징으로 하는 하나의 고유성질(sabhāva)을 가졌다.

2. **유여**(有餘, sa-upādisesa)**열반과 무여**(無餘, an-upādisesa)**열반**: 비록 열반은 고요함이라는 측면에서 보면 하나이지만 우빠디(upādi)가 남아 있느냐 없느냐 하는 측면에서 보면 두 가지이다. upādi는 upa(위로)+ā(이쪽으로)+√dā(*to give*)에서 파생된 남성명사로서(이것은 12연기에서 取로 번역하는 upādāna와 같은 어원을 가졌다.) '위로 받아들이다'라는 문자적인 의미에서 '거머쥐고 있음, 남아있는 것, 나머지'를 뜻한다. 거의 대부분 sa-upādisesa와 an-upādisesa의 문맥에서만 나타나고 있다. 주석서들에서는 이 우빠디가 생명을 지속시켜 주는 연료와도 같은 것이어서 바로 오온(pañca-kkhandha)을 가리킨다고 설명한다. sesa는 √śiṣ(*to leave*)에서 파생된 형용사로 문자적인 뜻 그대로 '남아있는'을 뜻한다. 그래서 upādisesa를 중국에서 여(餘)로 옮겼다.

그래서 유여열반으로 옮긴 sa-upādisesa-nibbāna는 '나머지가 남아있는 열반'이라는 뜻이다. 아라한들의 경우 번뇌는 완전히 멸진되었지만 그의 수명이 남아있는 한 과거의 취착의 산물인 오온은 아직 잔류해있기 때문에 유여열반(有餘涅槃)이라 한다. 무여열반(無餘涅槃)으로 옮긴 an-upādisesa-nibbāna는 그래서 이런 오온까지도 완전히 멸한 열반을 말한다. 그래서 이런 열반을 빠리닙바나(parinibbāna)라고 하며 중국에서 반열반(般涅槃)으로 옮겼다.

주석서들은 유여열반과 무여열반을 각각 '오염원이 완전히 소멸된 열반(kilesa-parinibbāna)'과 '오온이 완전히 소멸된 열반(khandha-parinibbāna)'이라고 설명하고 있다.(SA.ii.402 등)[46] 여기에다 '유골(사리)까지 완전히 소멸된 열반(dhātuparinibbāna)'을 넣어서 주석서들은 반열반을 '세 가지 반열반(tīṇi parinibbānāni)'으로 정리하고 있다.(DA.iii.899; MA.iv.116 등)

3. **공함**(suññatā)**과 표상 없음**(animitta)**과 원함 없음**(appanihita): 열반은 공(suññatā)이라고 불린다. 탐·진·치가 없기 때문이며(rahitattā) 모든 형성된 것[有爲, saṅkhata]이 없기 때문이다. 열반은 표상이 없다[無相, animitta]고 말한다. 탐·진·치의 표상이 없으며 형성된 것의 표상이 없기 때문이다. 열반은 원함이 없다[無願, appanihita]고 말한다. 탐·진·치에 대한 동경이 없기 때문이고 갈애로 염원(paṇidhi)한다고 해서 증득할 수 없기 때문이다.(이 세 가지 개념은 제9장 §35를 참조할 것.)

§32. 결론

32. padam accutam accantaṁ asaṅkhatam anuttaraṁ
nibbānam iti bhāsanti vānamuttā mahesayo.
iti cittaṁ cetasikaṁ rūpaṁ nibbānam icc' api

46) 무여열반과 유여열반에 대해서는 『디가 니까야』 제2권 「대반열반경」(D16) §3.20의 주해를 참조하고, 특히 『맛지마 니까야』 제3권 「수낙캇따경」(M105) §19의 주해를 참조할 것.

paramatthaṁ pakāsenti catudhā va tathāgatā.

갈애에서 벗어난 대선인들은 열반은 불사요, 다함이 없고 형성된 것이 아니고, 위없는 경지라고 설하신다.
이와 같이 마음과 마음부수와 물질과 열반이라는 네 가지 궁극적인 것[勝義]을 여래께서는 설하셨다.

iti Abhidhammatthasaṅgahe
rūpasaṅgahavibhāgo nāma
chaṭṭho paricchedo.

이와 같이 아비담맛타상가하에서
물질의 길라잡이라 불리는
제6장이 끝났다.

제7장

samuccaya-saṅgaha-vibhāga
범주의 길라잡이

제7장 범주의 길라잡이

samuccaya-saṅgaha-vibhāga

[해설]

'범주'로 옮긴 samuccaya는 saṁ(함께)+ud(위로)+√ci(*to gather*)에서 파생된 남성명사로서 '함께 위로 쌓아 올리다'는 문자적인 뜻에서 '모음, 수집, 축적, 적집' 등의 뜻을 가지고 있다. 여기서는 이제까지 설한 마음, 마음부수, 물질의 여러 법들을 논장(Abhidhamma Piṭaka)에서 분류한 방법을 빌려 여러 측면에서 같이 모아 분류하는 것을 나타내므로 '범주'라고 옮겼다.

§1. 서시

1. dvāsattatividhā vuttā vatthudhammā salakkhaṇā.
tesaṁ dāni yathāyogaṁ pavakkhāmi samuccayaṁ.

특징을 가진 토대가 되는 법 72가지를 설했다.
이제 경우에 따라 그들의 범주를 설하리라.

[해설]

제6장까지에서 설해진 네 가지 구경법(paramattha) 가운데 추상적 물질 10가지를 제외한 72가지를 '토대가 되는 법(vatthudhammā)'이라 한다. 여기서 '토대(vatthu)'란 실재하는 단위(dabba, Sk. dravya, *substance*)를 지칭한다.47) 이 72가지는 다음과 같다.

(1) 마음[心, citta]은 비록 89가지로 분류가 되지만 대상을 아는 것으로서는 하나의 고유성질을 가지고 있기 때문에 하나의 단위이다.

(2) 52가지 마음부수[心所, cetasikā]는 각각 다른 구경법이다. 이들은 각각 그 자신의 고유성질을 가지고 있기 때문이다.

(3) 18가지 구체적 물질[完成色, nipphanna-rūpa]은 같은 이유로 각각 다른 단위가 된다.

(4) 열반(涅槃, nibbāna)은 본질적으로 하나이므로 하나의 단위로 취급한다.

10가지 추상적 물질(anipphanna-rūpa)은 구경법인 물질(rūpa)에서 설명이 되었지만 실재하는 단위(dabba, Sk. dravya, *substance*)인 구체적 물질로는 인정하지 않기 때문에 토대가 되는 법에는 제외가 되고 위빳사나의 영역에도 포함되지 않는다.(본서 제1권 역자 서문 4. (3)도 참조할 것.)

§2. 범주의 열거

2. **akusalasaṅgaho, missakasaṅgaho, bodhipakkhiyasaṅgaho, sabbasaṅgaho cā ti samuccayasaṅgaho catubbidho veditabbo.**

범주의 길라잡이는 네 가지라고 알아야 하니

(1) **해로운 [범주]의 길라잡이**

(2) **혼합된 [범주]의 길라잡이**

(3) **보리분(菩提分)의 길라잡이**

(4) **일체(一切)의 길라잡이이다.**

---

47) "dabbavācako hi idha vatthusaddo dabbañcanāma idha sarūpato labbhamāno sabhāvo eva. etena nibbānassapi maggaphala-paccavekkhanañāṇesu sarūpato labbhamāna sabhāvatā vuttā hoti." (PdṬ.332)

Ⅰ. 해로운 범주의 길라잡이
akusala-saṅgaha

[해설]

여기 해로운 범주의 길라잡이에는 모두 10개의 모듬이 나타나고 있다. 그 10가지는 ① 번뇌(āsava), ② 폭류(ogha), ③ 속박(yoga), ④ 매듭(gantha), ⑤ 취착(upādāna), ⑥ 장애(nīvaraṇa), ⑦ 잠재성향(anusaya), ⑧ 족쇄(saṁyojana, 경에 따른 분류), ⑨ 족쇄(saṁyojana, 아비담마에 따른 분류), ⑩ 오염원(kilesa)이다.

논장의 칠론 가운데 첫 번째인 『담마상가니』의 첫머리에 실려 있는 마띠까[論母, mātikā]에는 ① 원인의 모둠(hetu-gocchaka, ma2-001 ~ 006), ② 번뇌의 모둠(āsava-gocchaka, ma2-014~019), ③ 족쇄의 모둠(saṁyojana-gocchaka, ma2-020~025), ④ 매듭의 모둠(gantha-gocchaka, ma2-026~031), ⑤ 폭류의 모둠(ogha-gocchaka, ma2-032~037), ⑥ 속박의 모둠(yoga-gocchaka, ma2-038~043), ⑦ 장애의 모둠(nīvaraṇa-gocchaka, ma2-044~049), ⑧ 집착[固守]의 모둠(parāmāsa-gocchaka, ma2-050~054), ⑨ 취착의 모둠(upādāna-gocchaka, ma2-069~074), ⑩ 오염원의 모둠(kilesa-gocchaka, ma2-075~082)이라는 모둠(곳차까, gocchaka)으로 표현된 불선법들의 모둠 10가지가 나타나고 있다. 이처럼 논장에서는 불선법들은 모두 10가지 모둠으로 모아서 고찰하고 있다. 이들 모둠(gocchaka)에 대한 설명은 『담마상가니』 제1권 해제 106쪽 이하를 참조하기 바란다.

본 장에서는 이 10가지 모둠 가운데 첫 번째 주제인 '원인(hetu)'은 탐·진·치·불탐·부진·불치이어서 혼합된 범주에 속하므로(§15 참조) 여기서는 제외하였다. 마띠까의 집착(parāmāsa)의 모둠 대신에 여기서는 잠재성향(anusaya)이 추가되고 '족쇄(saṁyojana)'를 경에 따른 분류와 아비담마에 따른 분류로 나누어서 해로운 법들을 모두 열 개의 모둠으로 나누어서 고찰하고 있다. 이제 이들을 하나하나 살펴보자.

§3. **번뇌**(āsava)

3. kathaṁ? akusalasaṅgahe tāva cattāro āsavā: kāmāsavo, bhavāsavo, diṭṭhāsavo, avijjāsavo.

어떻게? 해로운 범주의 길라잡이에 먼저 네 가지 번뇌가 있으니 (1) **감각적 쾌락의 번뇌** (2) **존재의 번뇌** (3) **사견의 번뇌** (4) **무명의 번뇌이다.**

[해설]

'번뇌'로 옮긴 아사와(āsava)는 ā(향하여)+√sru(*to flow*)에서 파생된 남성명사이다. '흐르는 것'이라는 문자적인 뜻에서 원래는 종기에서 흘러나오는 고름이나 오랫동안 발효된 술을 뜻했다고 주석가들은 말한다. 이것이 우리 마음의 해로운 상태를 나타내는 말로 정착이 된 것이며 중국에서는 번뇌(煩惱)라고 옮겼다. 이런 마음의 상태들을 아사와(āsava, 흘러나오는 것)라고 부르는 이유는 이것도 흘러나오는 고름이나 악취 나는 술과 같기 때문이다. 『담마상가니 주석서』는 이렇게 설명한다.

"흘러나오기(āsavanti) 때문에 '번뇌(āsavā)'라 한다. 눈으로부터 나오고 … 마노로부터 나온다, 생긴다(sandanti pavattanti)는 말이다. 혹은 법(dhamma)으로는 고뜨라부[種姓, gotrabhū, 본서 제9장 §34 참조]의 영역에까지 흐르고, 장소(okāsa)로는 존재의 정점(bhavagga = 색구경천의 거주처(akaniṭṭhabhavana, BvA.168)까지 흐르기(savanti) 때문에 '번뇌'라 한다. 이러한 법들은 이러한 장소를 채우면서 전개된다는 뜻이다. 여기서 [접두어] 'ā'는 채운다(antokaraṇa)는 뜻이기 때문이다.

오랫동안 삭았다는 뜻에서 술 등과 같은 것(madirādayo)이 '번뇌'이다. 취하게 하는 것(āsava)이라고 해서도 역시 '번뇌'라 한다. 세간에서는 오래 삭은 술 등을 아사와(āsavā, 번뇌)라고 부르기 때문이다.

오랫동안 삭았다는 뜻에서 아사와라 한다면 이러한 법들을 두고 그렇게 부르기에 충분하다. "비구들이여, '이 이전에는 무명이 없었고, 이 이후에 생겼다.'라는 무명의 시작점은 꿰뚫어 알아지지 않는다고 말해진다."(A10:61)라는 등으로 말씀하셨기 때문이다.

혹은 기나긴(āyata) 윤회의 괴로움(saṁsāradukkha)을 흐르게 하고(savanti) 흘러내리게 한다(pasavanti)고 해서 '번뇌'이다."(DhsA.48)

이들 네 가지 번뇌 가운데서 감각적 쾌락의 번뇌와 존재의 번뇌는 탐욕(lobha)의 마음부수인데 전자의 경우 감각적 쾌락으로 향하게 하고 후자는 존재를 지속하게 한다. 사견의 번뇌는 사견(diṭṭhi)의 마음부수이며 무명의 번뇌는 어리석음(moha)의 마음부수이다. 경에서는 사견의 번뇌를 제외한 3가지 번뇌만 나타난다.(S45:163 등)

§4. **폭류**(ogha)

4. cattāro oghā: kāmogho, bhavogho, diṭṭhogho, avijjogho.

네 가지 폭류가 있으니 (1) **감각적 쾌락의 폭류** (2) **존재의 폭류** (3) **사견의 폭류** (4) **무명의 폭류이다.**

[해설]

'폭류'로 옮긴 ogha는 √vah(*to carry*)에서 파생된 남성명사로 간주한다. '실어 가버리는 것'이라는 의미에서 홍수나 거센 물결을 뜻하는 용어로 베다에서부터 나타나는 말이다.

위의 4가지 번뇌를 여기서는 다시 폭류라고 부르고 있다. 왜냐하면 이들 네 가지는 중생들을 윤회의 바다로 휩쓸어 가버리기 때문이며 쉽

게 건널 수 없기 때문이다.48)

§5. **속박**(yoga)

5. cattāro yogā: kāmayogo, bhavayogo, diṭṭhiyogo, avijjāyogo.

네 가지 속박이 있으니 (1) **감각적 쾌락의 속박** (2) **존재의 속박** (3) **사견의 속박** (4) **무명의 속박이다.**49)

[해설]

'속박으로 옮긴' yoga는 √yuj(*to yoke*)에서 파생된 남성명사로서 '매다, 멍에를 메다'는 문자적인 뜻에서 '속박, 구속, 얽맴, 족쇄'를 뜻한다. 초기경에서 √yuj에서 파생된 단어들은 거의 예외 없이 모두 이런 정신적인 구속, 속박, 족쇄의 의미로 쓰이고 있다. 예를 들면 [10가지] '족쇄'로 옮기는 saṁyojana(saṁ+√yuj)의 어원도 바로 이것이다. 요가학파에서 설하는 수행의 의미로 쓰이는 것은 주석서에서부터이다. 예를 들면 『청정도론』에는 yogaṁ karoti가 수행을 한다는 의미로 나타나며(Vis.XVIII.23 등) 수행자를 뜻하는 요가짜라(yogācāra)라는 단어도 『청정도론』에 한 번 언급되고 있다.(Vis.II.22)

위에서 번뇌라고 부르기도 하고 폭류라고 부르기도 한 이 네 가지는 다시 속박(yoga)이라 부르고 있는데 이들은 중생들을 괴로움에 속박시켜버리며 도망치지 못하게 하기 때문이다.

§6. **매듭**(gantha)

6. cattāro ganthā: abhijjhā kāyagantho, vyāpādo kāyagantho,

---

48) "yassa saṁvijjanti taṁ vaṭṭasmiṁ yeva ohananti osīdāpentī ti oghā."(DhsA.49)

49) 「속박 경」(S45:172), 「속박 경」(A7:48) 등

sīlabbataparāmāso kāyagantho, idaṁsaccābhiniveso kāyagantho.

네 가지 매듭이 있으니 (1) 간탐의 몸의 매듭 (2) 악의의 몸의 매듭 (3) 계행과 의례의식에 대한 집착[固守]의 몸의 매듭 (4) 이것만이 진리라고 천착하는 몸의 매듭이다.[50)]

[해설]

'매듭'으로 옮긴 gantha는 √grath/granth(*to tie*)에서 파생된 남성명사로 '묶은 것'을 나타낸다. '매듭, 묶음'을 뜻하며 초기경에서부터 거의 대부분 kāya-gantha, 즉 '몸에 얽어매는 것'이라는 합성으로 나타난다. 주석서와 산스끄리뜨(grantha)에서는 '[실로] 묶은 것 = 책 = 경전'이라는 의미로도 많이 쓰인다.(제1장 §1의 해설 참조) 여기서 이 넷을 몸의 매듭(kāya-gantha)이라 부르는 이유는 이들이 정신적인 몸을 육체적인 몸에 얽어매고 현재의 몸을 미래의 몸에 얽어매기 때문이다.[51)] 여기서 몸(kāya)이라는 것은 정신적이거나 육체적인 몸에 다 적용된다.[52)]

그러나 문맥에 따라서 다른 주석서들은 "여기서 몸의 매듭이란, 정신적인 몸(nāma-kāya)의 매듭이니 매듭짓고 얽어매는 오염원(ganthana-ghaṭana-kilesa)을 말한다."(SA.iii.137)고 설명하고 있다. 『담마상가니 주석서』 등도 이렇게 해석하고 있다.(DhsA.377; Nd1A.i.234 등) 복주서

---

50) 「매듭 경」(S45:174)

51) "nāmakāyena rūpakāyaṁ, paccuppannakāyena vā anāgatakāyaṁ ganthenti duppamuñcaṁ veṭhentī ti kāyaganthā."(VṬ.219)
"정신적인 몸(nāma-kāya)을 묶어(gantheti) 죽음과 재생연결(cuti-paṭi-sandhi)을 통해서 윤회에 얽어맨다고 해서 '몸의 매듭(kāyagantha)'이다." (DhsA.377)

52) "정신적인 몸(nāmakāya)과 육체적인 몸(rūpakāya)을 윤회에 속박시킨다, 묶는다, 얽어맨다고 해서 몸의 매듭이다.(vaṭṭasmiṁ nāmakāyañceva rūpakāyañca ganthati bandhati palibundhatīti kāyagantho."(DA.iii. 1024)

는 "매듭짓고 얽어매는 오염원이란, 원인(hetu)을 결과(phala)에 얽어매고 업의 회전(kamma-vaṭṭa)에 얽어매어서 괴로움에 묶어버리는 것이라고 알려진 것(dukkha-ppabandha-saññita)을 뜻한다."(SAṬ.iii.121)라고 설명한다.

이들 네 가지 매듭 가운데 '간탐'으로 옮긴 abhijjhā는 abhi(넘어서)+√dhyā/dhyai(*to think*)에서 파생된 여성명사로 어떤 것에 마음을 빼앗긴 것, 즉 강한 탐욕을 나타낸다. 간탐(abhijjhā)은 갈애(taṇhā)나 탐욕(lobha)을 뜻하는데 중생들을 원하는 대상으로 끌고 간다.53)

'악의'로 옮긴 vyāpāda/byāpāda는 vi(분리하여)+ā(향하여)+√pad(*to go*)의 명사형으로 '나쁘게 만들다, 해치다'의 의미에서 악의(*ill-will*)로 번역된다. 악의는 마음부수 가운데서 성냄(dosa)과 일치하는데 원하지 않는 대상에 대한 적의(paṭigha)로 나타난다.

'계행과 의례의식에 대한 집착[固守]'으로 옮긴 sīlabbataparāmāsa는 sīla+vata+parāmāsa으로 분석되며 여기서 sīla는 계(戒)이고, vata(Sk. vrata)는 일반적으로 서계(誓戒)로 옮긴다. 마음으로 무엇은 하고 무엇은 하지 않으리라 결심하고 그대로 지키는 '종교적인 서원'과 그대로 실천하면서 '의례의식'이나 특정한 수행 방법으로 굳어진 것을 나타낸다.54) '집착[固守]'으로 옮긴 parāmāsa는 parā(넘어서)+√mṛś

53) "이것은 다른 사람들의 성취(parasampatti)를 자기 것으로 만들기를 원하는 특징을 가진다(sakakaraṇaicchālakkhaṇā). 이러한 모습으로 추구하는 역할을 한다(esanabhāvarasā). 남들의 성취를 대면하는 상태로 일어난다(parasampatti-abhimukhabhāvapaccupaṭṭhānā). 남들의 성취에 대해서 기뻐함이 가까운 원인이다(abhiratipadaṭṭhānā). 이것은 참으로 남들의 성취를 대면할 때 일어난다(upaṭṭhahati). 그것에 대해서 기뻐할 때 일어나기 때문에 남들의 성취에 대해서 마음의 손을 뻗치는 것(cetaso hatthappasāro yāti)이라고 알아야 한다."(DhsA.249)

54) 서계(誓戒, vata)의 보기로는『맛지마 니까야』제2권「견서계경」(犬誓

(*to touch*)에서 파생된 남성명사로 '만짐, 접촉'에서 나아가 '영향을 받음, 감염'의 뜻이 되고 '집착, 고수, 고집, 지지'의 뜻으로 쓰인다. 그래서 전체적으로는 계와 서원을 고수함을 뜻하며 중국에서는 계금취(戒禁取)로 옮겼다. 이것은 종교적인 금계(禁戒)나 의례의식이나 특정한 수행 방법이 해탈의 수단이 된다는 믿음이다.

'이것만이 진리라고 천착(穿鑿)함'으로 옮긴 idaṁ-sacca-abhinivesa는 idaṁ(이것)+sacca(진리)+abhinivesa로 분석되며 abhinivesa는 abhi(넘어서)+ni(아래로)+√viś(*to enter*)에서 파생된 남성명사로 '~로 향하는 성향'이라는 문자적인 뜻을 가진다. 그래서 전체적으로 '이것만이 진리라고 천착함'으로 옮긴 것이다. 이것은 나 자신의 견해만이 진리이고 다른 모든 견해는 거짓이라는 그릇된 신념이나 신조를 말한다. 이들 마지막 두 가지 몸의 매듭은 마음부수 가운데서 사견의 양 측면이다.

§7. 취착(upādāna)

7. cattāro upādānā: kāmupādānaṁ, diṭṭhupādānaṁ, sīlabbat'-upādānaṁ, attavādupādānaṁ.

네 가지 취착이 있으니 (1) 감각적 쾌락에 대한 취착 (2) 사견에 대한 취착 (3) 계행과 의례의식에 대한 취착 (4) 자아의 교리에 대한 취착이다.

戒經, Kukkuravatika Sutta, M57)를 들 수 있다. 본경에서 소처럼 사는 서계를 가져 소의 행을 닦는 꼴리야의 후손인 뿐나와 개처럼 사는 서계를 가져 개의 행을 닦는 나체 수행자 세니야는 이러한 서계를 지킴으로서 천상에 태어나게 된다는 견해를 고수하고 있었다. 세존께서는 이러한 서계는 잘 해봐야 각각 소로 태어나거나 개로 태어날 뿐이라고 단언하시고 그들에게 업에 관계된 가르침을 주셨다. 눈물을 흘리는 감동으로 세존의 말씀을 들은 소처럼 사는 서계를 닦는 뿐나는 부처님의 재가신도가 되었고 개처럼 사는 서계를 닦는 나체 수행자 세니야는 세존의 제자로 출가하여 마침내 아라한이 되었다.

[해설]

'취착'으로 옮긴 우빠다나(upādāna)는 upa(위로)+ā(향하여)+√dā(*to give*)에서 파생된 중성명사로 '받아들임, 받아들인 것'이라는 문자적인 뜻에서 '거머쥠, 취착'의 뜻으로 정착되었다. 이것은 12연기에서 갈애에 조건 지어진 것으로 나타나며[愛緣取, taṇhāpaccaya upādāna] 중국에서는 取, 取著, 受, 執, 執取, 執受, 所取, 攝取, 攝受(취, 취착, 수, 집, 집취, 집수, 소취, 섭취, 섭수) 등으로 옮겼다.

이 네 가지 가운데 첫 번째는 감각적 쾌락에 대한 강한 집착이다. 주석서에서는 감각적 쾌락뿐만 아니라 세상의 모든 것에 대한 집착이라고 더 넓게 이해할 수 있다고 한다.(DhsA.385, Pm.ii.329 등)

'사견에 대한 취착'은 도덕적으로 아주 해로운 허무주의나 운명론자와 같은 견해를 가지는 것이나 세상에 대한 단견과 상견과 같은 견해에 빠지는 것을 뜻한다.

'계행과 의례의식에 대한 취착'은 종교적인 의례의식을 행하거나 고행 혹은 이와 유사한 계행이나 서계나 수행 방법으로 해탈에 이를 수 있다고 집착하는 것이다.

'자아의 교리(atta-vāda)에 대한 취착'은 [불변하는] 존재 더미가 있다는 견해[有身見, sakkāya-diṭṭhi]를 가지는 것이다. 유신견은 오온에 대해 각각 네 가지로 자아를 상정하는 것으로 경에서는 (1)~(5) 오온을 자아라고 관찰[隨觀]하는 것([rūpaṁ] attato samanupassati) (6)~(10) 오온을 가진 것이 자아라고 [관찰하는 것] ([rūpa-]vantaṁ vā attānaṁ) (11)~(15) 오온이 자아 안에 있다고 [관찰하는 것] (attani vā [rūpaṁ]) (16)~(20) 오온 안에 자아가 있다고 ([rūpa]smiṁ vā attānaṁ) [관찰하는] 20가지를 들고 있다.[55]

이 가운데서 감각적 쾌락에 대한 취착은 마음부수 가운데 탐욕

55) S22:1 §§10~14와 주해와 M44 §8과 M109 §10 등을 참조할 것.

(lobha)이 드러난 것이고 나머지 셋은 사견의 다른 형태들이다.

§8. **장애**(nīvaraṇa)

8. cha nīvaraṇāni: kāmacchandanīvaraṇaṁ, vyāpādanīvaraṇaṁ, thinamiddhanīvaraṇaṁ, uddhaccakukkuccanīvaraṇaṁ, vicikicchā-nīvaraṇaṁ, avijjānīvaraṇaṁ.

여섯 가지 장애가 있으니 (1) **감각적 쾌락에 대한 욕구의 장애** (2) **악의의 장애** (3) **해태와 혼침의 장애** (4) **들뜸과 후회의 장애** (5) **의심의 장애** (6) **무명의 장애이다.**

[해설]

'장애'로 옮긴 니와라나(nīvaraṇa)는 nis(밖으로)+√vṛ(*to cover*)에서 파생된 중성명사로 '덮어버림'이라는 문자적인 뜻에서 장애로 옮기며 문자적인 뜻을 살려 개(蓋)로 한역되었다. 주석서에서는 이들이 천상의 길과 열반의 길을 방해하기 때문에 장애라 한다고 덧붙인다. 주석가들은 장애를 '아직 일어나지 않은 유익한 법들을 일어나지 못하게 막고 이미 일어난 유익한 법들을 지속하지 못하게 막는 정신적인 요인'이라고 설명한다.56) 경에서 장애는 항상 처음의 다섯 가지만 언급되며 그래서 '다섯 가지 장애[五蓋, pañca-nīvaraṇa]'로 정형화되어 있다. '무명의 장애(avijjā-nīvaraṇa)'도 초기경의 여러 곳에서 단독으로 나타나고 있다.(M43 §16; S12:19 등) 아비담마에서는 무명의 장애를 더하여 여섯 가지 장애로 정형화하고 있다.(Dhs §1158 등) 처음 다섯은 禪을 증득하지 못하게 하는 주 장애 요소들이고 무명은 통찰지가 일어나는 것을 방해하는 장애이다.

---

56) "sattānaṁ cittasantāne kusale dhamme anuppannevā uppādetuṁ uppanne vā setuṁ adatvā nīvārentī ti nīvaraṇāni."(PdṬ.338)

장애에는 모두 여덟 가지 마음부수가 포함되어 있다. 『위바위니 띠까』는 해태와 혼침 그리고 들뜸과 후회가 쌍으로 합해져서 나타나는 이유를 그들 각각의 기능과 조건과 대처하는 방법이 유사하기 때문이라고 설명한다.57) 즉 해태와 혼침은 둘 다 정신적인 해이함을 생기게 하는 기능을 하고, 게으름과 나른함을 조건으로 가지며, 정진(viriya)을 일으켜서 대처해야 한다. 들뜸과 후회는 동요를 생기게 하는 기능을 하고, 혼란스러운 생각을 조건으로 하며, 사마타를 닦아서 대처해야 한다고 설명한다.58)

§9. **잠재성향**(anusaya)

9. satta anusayā: kāmarāgānusayo, bhavarāgānusayo, paṭighānusayo, mānānusayo, diṭṭhānusayo, vicikicchānusayo, avijjānusayo.

일곱 가지 잠재성향이 있으니 (1) 감각적 쾌락에 대한 갈망의 잠재성향 (2) 존재에 대한 갈망의 잠재성향 (3) 적의의 잠재성향 (4) 자만의 잠재성향 (5) 사견의 잠재성향 (6) 의심의 잠재성향 (7) 무명의 잠재성향이다.59)

[해설]

'잠재성향'으로 옮긴 anusaya는 anu(따라서)+√śī(*to lie*, 눕다)에서 파생된 남성명사로 '따라 누운'이라는 문자적인 뜻에서 '성향, 성벽'의 뜻이며 영어로는 *underlying tendency*로 정착되어 간다. 중국에서는 使, 惑, 煩惱, 眠, 結使, 習氣, 隨眠(사, 혹, 번뇌, 면, 결사, 습기, 수면) 등으로 옮겼다.

---

57) "kiccāhārapaṭipakkhānaṁ samānabhāvato"(VṬ.220)

58) VṬ.220.

59) 일곱 가지 잠재성향은 「합송경」(D34 §1.8 (4)), 「꿀 덩어리 경」(M18 §8 이하), 「잠재성향 경」 1/2(A7:11~12) 등에 나타나고 있다.

주석가들은 이들이 자기가 속해 있는 정신적인 흐름(santāna)을 따라 누워 있다가(anuseti) 적당한 조건들을 만나면 표면으로 드러나서 오염원(kilesa)으로 작용한다고 설명한다.[60] 여기서 잠재성향이라는 용어는 번뇌가 출세간의 도에 의해 제거되지 않는 한 언제든지 다시 일어날 수 있다는 점을 강조하고 있다. 모든 종류의 정신적인 해로운[不善] 법들은 이 잠재성향에 포함된다. 그중에서도 여기서 언급되고 있는 일곱 가지가 가장 두드러진 것이다. 감각적 쾌락에 대한 갈망과 존재에 대한 갈망은 마음부수들 가운데서 탐욕(lobha)의 형태이고 나머지는 그 각각의 마음부수이다. 그러므로 모두 여섯 가지 마음부수가 잠재성향의 기능을 한다.

§10. **족쇄**(saṁyojana, **경에 따른 분류**)

10. dasa saṁyojanāni: kāmarāgasaṁyojanaṁ, rūparāgasaṁyojanaṁ, arūparāgasaṁyojanaṁ, paṭighasaṁyojanaṁ, mānasaṁyojanaṁ, diṭṭhisaṁyojanaṁ, sīlabbataparāmāsasaṁyojanaṁ, vicikicchā-saṁyojanaṁ, uddhaccasaṁyojanaṁ, avijjāsaṁyojanaṁ, suttante.

열 가지 족쇄는 경(經)에 의하면 (1) **감각적 쾌락에 대한 갈망의 족쇄** (2) **색계에 대한 갈망의 족쇄** (3) **무색계에 대한 갈망의 족쇄** (4) **적의의 족쇄** (5) **자만의 족쇄** (6) **사견의 족쇄** (7) **계행과 의례의식에 대한 집착[固守]의 족쇄** (8) **의심의 족쇄** (9) **들뜸의 족쇄** (10) **무명의 족쇄이다.**[61]

---

60) "appahīnaṭṭhena anu anu santāne sentīti anusayā, anurūpaṁ kāraṇaṁ labhitvā uppajjantītyattho."(VṬ.220)

61) 경에서 열 가지 족쇄(saṁyojana)는 『상윳따 니까야』 제5권 「낮은 단계의 족쇄 경」(S45:179)과 「높은 단계의 족쇄 경」(S45:180)에 나타난다. 경에서는 유신견(有身見), 의심, 계행과 의례의식에 대한 집착[固守], 감각적 쾌락에 대한 욕구, 악의(sakkāyadiṭṭhi, vicikicchā, sīlabbataparāmāsa,

[해설]

'족쇄'로 옮긴 saṁyojana는 saṁ(함께)+√yuj(*to yoke*)에서 파생된 중성명사이다. '함께 묶는다'는 문자적인 뜻에서 '족쇄'라고 옮겼다.(위의 §5 속박의 해설 참조) 중국에서는 結, 結使, 纏(결, 결사, 전) 등으로 옮겼다. 족쇄는 중생들을 윤회에 묶는 정신적인 요인이다. 경에서는 존재(bhava)에 대한 갈망이 색계의 존재에 대한 갈망과 무색계의 존재에 대한 갈망의 둘로 나뉘어져 나타나고 들뜸이 포함되어 모두 열 가지로 나타난다. 그러나 아비담마에서 설하는 족쇄에는 아래에서 보듯이 하나의 존재에 대한 갈망이 나타나고 들뜸 대신에 질투와 인색이 포함되어 열 가지가 된다.

경에서 설하는 열 가지 족쇄 가운데 (1)~(3)은 마음부수법 가운데서 탐욕(lobha)의 측면이고 (6)~(7)은 사견의 측면이며 나머지는 각각의 마음부수법이다.

§11. 족쇄(아비담마에 따른 분류)

11. aparāni pi dasa saṁyojanāni: kāmarāgasaṁyojanaṁ, bhavarāgasaṁyojanaṁ, paṭighasaṁyojanaṁ, mānasaṁyojanaṁ, diṭṭhisaṁyojanaṁ, sīlabbataparāmāsasaṁyojanaṁ, vicikicchāsaṁyojanaṁ, issāsaṁyojanaṁ, macchariyasaṁyojanaṁ, avijjāsaṁyojanaṁ, abhidhamme.

---

kāmacchanda, byāpāda)를 다섯 가지 낮은 단계의 족쇄[五下分結, pañca orambhāgiyāni saṁyojanāni]라 하고(S45:179) 색계에 대한 갈망, 무색계에 대한 갈망, 자만, 들뜸, 무명(rūparāga, arūparāga, māna, uddhacca, avijjā)을 다섯 가지 높은 단계의 족쇄[五上分結, pañca uddhambhāgiyāni saṁyojanāni]라 한다.(S45:180)

열 가지 족쇄에 대해서는 『상윳따 니까야』 제1권 「얼마나 끊음 경」(S1:5) {8}의 주해와 『맛지마 니까야』 제1권 뿌리에 대한 법문 경(M1) §99의 주해를 참조할 것.

아비담마에 의하면 다른 열 가지 족쇄가 있으니 (1) 감각적 쾌락에 대한 갈망의 족쇄 (2) 존재에 대한 갈망의 족쇄 (3) 적의의 족쇄 (4) 자만의 족쇄 (5) 사견의 족쇄 (6) 계행과 의례의식에 대한 집착[固守]의 족쇄 (7) 의심의 족쇄 (8) 질투의 족쇄 (9) 인색의 족쇄 (10) 무명의 족쇄이다.

[해설]

족쇄를 이렇게 분류하는 것은 『위방가』에 나타난다.(Vbh.391 §969) 그래서 아비담마에 의한 것이라고 저자는 따로 언급하고 있다. 아비담마의 족쇄에 질투와 인색을 넣은 14가지 해로운 마음부수 모두가 이 9가지 부류의 해로운 범주 전체와 배대가 되도록 한 것 같다. 아비담마에서 설하는 족쇄 중 (1)~(2)는 마음부수 가운데서 탐욕의 측면이고 (5)~(6)은 사견의 측면이며 나머지는 각각의 마음부수법이다.

§12. 오염원(kilesa)

12. dasa kilesā: lobho, doso, moho, māno, diṭṭhi, vicikicchā, thinaṁ, uddhaccaṁ, ahirikaṁ, anottappaṁ.

열 가지 오염원이 있으니 (1) 탐욕 (2) 성냄 (3) 어리석음 (4) 자만 (5) 사견 (6) 의심 (7) 해태 (8) 들뜸 (9) 양심 없음 (10) 수치심 없음이다.[62]

---

62) 일반적으로 '오염원'으로 옮기는 단어에는 본서에서처럼 kilesa(『상윳따 니까야「오염원 상윳따」(S27) 등)와 여기에 접두어 'upa+'가 붙은 upakkilesa(『맛지마 니까야』 제1권 옷감의 비유 경(M7)과 제4권「오염원 경」(M128) §27 등)와 접두어 saṁ+이 첨가된 saṅkilesa(『맛지마 니까야』 제1권「사자후의 긴 경」(M12) §16 등)의 세 가지가 니까야에 나타나는데 kilesa가 대표적인 것이다.『담마상가니 주석서』(DhsA.50)에서 kilesa는 saṅkilesa와 같은 의미로 받아들이고 있듯이 일반적으로 이 셋은 동의어로 취급한다.
본서에서 정리되고 있는 이 열 가지 오염원은『담마상가니』(Dhs §1235)와『위방가』(Vbh §819) 등에 나타난다. 그러나 경에서는『상윳따 니까

[해설]

'오염원'으로 옮긴 kilesa는 √kliś(*to distress*)에서 파생된 남성명사이다. 중국에서는 吉隷捨(길례사)로 음역이 되었고 惑, 染, 染汚, 煩惱, 結, 隨眠, 雜染(혹, 염, 염오, 번뇌, 결, 수면, 잡염) 등으로 옮겨졌다. 주석가들은 마음을 성가시게 하고(kilissati) 들볶고(upatappati) 중생들을 더럽히고 타락하게 하는 상태로 끌고 내려가기 때문에 오염원이라 한다고 설명하고 있다.63)

§13. **설명**

13. āsavādīsu pan'ettha kāmabhavanāmena tabbatthukā taṇhā adhippetā. sīlabbataparāmāso idaṁsaccābhiniveso attavādupādānañ ca tathāpavattaṁ diṭṭhigatam eva pavuccati.

번뇌 등에서 감각적 쾌락과 존재에 대한 [갈망]이라는 용어는 갈애를 뜻하는 것이다. 왜냐하면 갈애는 감각적 쾌락과 존재에 대한 [갈망]을 자기의 토대로 가지기 때문이다. 계행과 의례의식에 대한 집착[固守]과 이것만이 진리라고 천착함과 자아의 교리에 대한 취착은 그런

야』 제5권 「오염원 경」(S46:33)과 『앙굿따라 니까야』 제3권 「오염원 경」(A5:23)에는 삼매를 방해하는 다섯 가지 장애[五蓋, pañca nīvaraṇāni], 즉 감각적 쾌락, 악의, 해태/혼침, 들뜸/후회, 의심의 다섯 가지를 마음의 오염원(cittassa upakkilesa)이라고 부르고 있다. 그리고 『상윳따 니까야』 제3권 「눈[眼] 경」(S27:1) §3에서는 눈/귀/코/혀/몸/마노의 육내처를 '마음의 오염원(cittassa upakkilesa)'이라고 부르고 있다.

『맛지마 니까야』 제4권 「오염원 경」(M128) §27에는 의심, 마음에 잡도리하지 않음, 해태와 혼침, 두려움, 의기양양함, 무력증, 지나친 정진, 느슨한 정진, 갈애, 다양한 인식, 형색들에 대한 지나친 명상의 11가지를 마음의 오염원으로 들고 있다.

63) "cittaṁ kilissanti vibādhenti upatāpenti cā ti kilesā. kilissantivā malīnabhāvaṁ nihīnabhāvañ ca gacchanti sattā etehī ti kilesā." (PdṬ.343 *cf.* DhsA.42)

형태로 일어난 사견을 뜻한다.

§14. 결론

14. āsavoghā ca yogā ca tayo ganthā ca vatthuto
upādānā duve vuttā aṭṭha nīvaraṇā siyuṁ.
chaḷevānusayā honti nava saṁyojanā matā
kilesā dasa vutto 'yaṁ navadhā pāpasaṅgaho.

토대로서 번뇌와 폭류와 속박과 매듭은 3가지이고
취착은 2가지이고, 장애는 8가지이다.
잠재성향은 오직 6가지이고, 족쇄는 9가지로 알려졌고
오염원은 10가지이다.
이렇게 9가지 악한 것의 길라잡이를 설했다.

[해설]

앞의 §1의 해설에서 추상적 물질 10가지를 제외한 72가지 법들을 토대가 되는 법이라고 설명했다. 여기서는 해로운 범주에 속하는 법들을 이 토대가 되는 법의 측면에서 다시 살펴본 것인데 여러 해로운 범주의 법들이 어떻게 14가지 해로운 마음부수로 정리되는가를 보여주고 있다.(<도표 7.1> 참조)

II. 혼합된 범주의 길라잡이
missaka-saṅgaha

[해설]

이제까지 해로운 법과 관련된 여러 범주들을 살펴보았다. 이제 §§15~23에서 저자는 유익한 법과 해로운 법과 무기(avyākata)의

〈도표 7.1〉 해로운 범주와 마음부수들과의 관계

	범주 / 마음부수	번뇌	폭류	속박	매듭	취착	장애	잠재성향	족쇄	오염원	합계
1	탐욕	■	■	■	■	■	■	■	■	■	9
2	사견	■	■	■	■	■		■	■	■	8
3	어리석음	■	■	■			■	■	■	■	7
4	성냄				■		■	■	■	■	5
5	의심						■	■	■	■	4
6	자만							■	■	■	3
7	들뜸						■		■	■	3
8	해태						■			■	2
9	후회						■				1
10	혼침						■				1
11	양심 없음									■	1
12	수치심 없음									■	1
13	질투								■		1
14	인색								■		1
	마음부수 개수	3	3	3	3	2	8	6	9	10	

요소들이 함께 혼합된 여러 범주들을 고찰한다. 그래서 혼합된(missaka)이라는 단어를 사용하고 있다.

§15. **원인**

15. missakasaṅgahe cha hetū: lobho, doso, moho, alobho, adoso, amoho.

혼합된 범주의 길라잡이에 여섯 가지 원인이 있으니 (1) **탐욕** (2) **성냄** (3) **어리석음** (4) **탐욕 없음** (5) **성냄 없음** (6) **어리석음 없음이다.**

[해설]

아비담마에서 '원인(hetu)'은 항상 이 여섯 가지임을 유념해야 한다. 원인에 대해서는 제3장 §5의 해설을 참조할 것.

§16. **선**(禪)**의 구성요소**(jhānaṅga)

16. satta jhānaṅgāni: vitakko, vicāro, pīti, ekaggatā, somanassaṁ, domanassaṁ, upekkhā.

일곱 가지 禪의 구성요소가 있으니 (1) **일으킨 생각** (2) **지속적 고찰** (3) **희열** (4) **집중**[一境性] (5) **기쁨** (6) **불만족** (7) **평온이다.**[64]

[해설]

여기서 '禪'이라는 용어는 본삼매를 뜻하는 일반적인 의미가 아니라 대상을 명상[靜慮]한다(upanijjhāyana)는 넓은 의미에서 쓰여졌다. 그래

---

64) '일곱 가지 禪의 구성요소(satta jhānaṅgāni)'라는 용어는 『청정도론』 XVII.92과 PtnA.350 등에도 언급되고 있다.
『담마상가니』에서 언급되고 있는 禪의 구성요소들을 모두 합하면 본서에 나타나는 7가지가 된다. 禪의 구성요소로서의 불만족은 Dhs §413과 §417에 나타나고 있다.

서 여기에서 언급되는 일곱 가지 구성요소는 본삼매 틀 밖에서도 일어나는 禪의 구성요소들로 간주해야 한다. 이 일곱 가지는 마음을 대상에 깊이 명상할 수 있게 하므로 禪의 구성요소(aṅga)라고 불린다. 이들 가운데 불만족(domanassa)은 해로운 법이고 나머지 여섯 가지는 이들이 일어나는 마음에 따라서 유익한 것이나 해로운 것이나 결정할 수 없는 것[無記]이 된다.

§17. **도의 구성요소**(maggaṅga)

17. dvādasa maggaṅgāni: sammādiṭṭhi, sammāsaṅkappo, sammā-vācā, sammākammanto, sammāājīvo, sammāvāyāmo, sammāsati, sammāsamādhi, micchādiṭṭhi, micchāsaṅkappo, micchāvāyāmo, micchāsamādhi.

12가지 도의 구성요소가 있으니 (1) **바른 견해**[正見] (2) **바른 사유**[正思惟] (3) **바른 말**[正語] (4) **바른 행위**[正業] (5) **바른 생계**[正命] (6) **바른 정진**[正精進] (7) **바른 마음챙김**[正念] (8) **바른 삼매**[正定] (9) **그릇된 견해**[邪見] (10) **그릇된 사유** (11) **그릇된 정진** (12) **그릇된 삼매이다.**65)

[해설]

여기서도 도(magga)라는 단어는 '특별한 목적지로 향하는 길'이라는 뜻으로 쓰였다. 그래서 경우에 따라 그 길은 선처로 향할 수도 있고 악처로 향할 수도 있으며 열반을 향할 수도 있다. 위 12가지 구성요소 가운데 처음 8가지는 선처와 열반으로 향하고 나머지 넷은 악처로 향한다.

이 12가지 도의 구성요소들은 9가지 마음부수와 배대가 된다. 정견

65) 『담마상가니』에 언급되는 도의 구성요소를 다 합치면 12가지가 된다. 성스러운 팔정도의 구성요소인 여덟 가지는 Dhs §277 등에 나타나고 이 가운데 세 가지 절제에 해당하는 바른 말, 바른 행위, 바른 생계를 제외한 바른 견해 등의 다섯 가지는 Dhs §1 등에 나타나며 그릇된 사유 등의 네 가지는 Dhs §365 등에 나타난다.

은 통찰지[慧]의 마음부수이고 정사유, 정정진, 정념, 정정은 각각 일으킨 생각, 정진, 마음챙김, 집중의 마음부수이다. 물론 이들은 유익하거나[善] 무기(과보인 것과 작용만 하는 것)에 속하는 원인을 가진 마음들과 함께 일어나는 마음부수들이다. 정어, 정업, 정명은 세 가지 절제(virati)인데 출세간의 마음들에서는 함께 일어나고(DA.iii.802) 세간적인 유익한 마음들에서는 특별한 경우에 따로따로 일어난다.

네 가지 그릇된 도의 구성요소 가운데 그릇된 견해는 사견과 관계되는 마음부수이고 전적으로 해로운 마음부수에 속하는 것이다. 나머지 세 가지 구성요소는 차례대로 해로운 마음에 속하는 일으킨 생각과 정진과 집중의 마음부수이다. 그릇된 말, 그릇된 행위, 그릇된 생계라는 도의 구성요소는 따로 없다. 이들은 단지 오염원들에 의해서 생겨난 해로운 행위의 양태들이기 때문이다. 그릇된 마음챙김이라는 구성요소도 있을 수 없다. 마음챙김은 전적으로 아름다운 마음부수에 속하며 그래서 해로운 마음에는 존재하지 않기 때문이다.[66]

§18. 기능[根, indriya]

18. bāvīsat'indriyāni: cakkhundriyaṁ, sotindriyaṁ, ghānindriyaṁ,

---

66) "마음챙김이 없는 마음(asatiya-citta)을 두고 마음챙김이 없다고 굳이 언급하지 않았다. 그런데 사견에 빠진 자들도 자신이 지은 업에 대해서는 유념하지 않는가? 유념한다(saranti). 그러나 그것은 마음챙김(sati)이라는 것이 아니다. 그렇게 하면 오직 해로운 마음이 생겨난다. 그러므로 [해로운 마음의 경우에] 마음챙김은 취하지 않는다.
그러면 왜 "그릇된 마음챙김(micchā-sati)"(D23; S45:1 등)이라고 경에서는 말씀하셨는가? 해로운 무더기들(akusalakkhandhā)은 마음챙김이 제외되었고(sati-virahitatta) 마음챙김과 반대가 되기(sati-paṭipakkhatta) 때문에 그릇된 도의 그릇됨(micchā-magga-micchatta)을 충분히 설명하기 위해서 방편적(pariyāya)으로 가르침을 베푸신 것이다. [해로운 마음들에 대한] 비방편적(nippariyāya)인 [이 논장의 가르침에는] 이것이 없다. 그래서 취하지 않으셨다."(DhsA.249~250)

jivhindriyaṁ, kāyindriyaṁ, itthindriyaṁ, purisindriyaṁ, jīvitindriyaṁ, manindriyaṁ, sukhindriyaṁ, dukkhindriyaṁ, somanassindriyaṁ, domanassindriyaṁ, upekkhindriyaṁ, saddhindriyaṁ, vīriyindriyaṁ, satindriyaṁ, samādhindriyaṁ, paññindriyaṁ, anaññātaññassāmītindriyaṁ, aññindriyaṁ, aññātāvindriyaṁ.

22가지 기능[根]이 있으니 (1) 눈의 기능[眼根] (2) 귀의 기능[耳根] (3) 코의 기능[鼻根] (4) 혀의 기능[舌根] (5) 몸의 기능[身根] (6) 여자의 기능[女根] (7) 남자의 기능[男根] (8) 생명기능[命根] (9) 마노의 기능[意根][67] (10) 즐거움의 기능[樂根] (11) 괴로움의 기능[苦根] (12) 기쁨의 기능[喜根] (13) 불만족의 기능[優根] (14) 평온의 기능[捨根] (15) 믿음의 기능[信根] (16) 정진의 기능[精進根] (17) 마음챙김의 기능[念根] (18) 삼매의 기능[定根] (19) 통찰지의 기능[慧根] (20) 구경의 지혜를 가지려는 기능[未知當知根] (21) 구경의 지혜의 기능[已知根] (22) 구경의 지혜를 구족한 기능[具知根]이다.[68]

---

67) 본서에서 22가지 기능 가운데 마노의 기능[意根]은 생명기능[命根] 다음에 아홉 번째로 언급이 되고 있다. 그러나 전통적으로 논장의 『위방가』(Vbh. §219, §221, §983 등)와 『뿍갈라빤냣띠』(Pug.2)와 『야마까』(Yam.134)와 주석서에 속하는 『청정도론』(Vis.XVI.1) 등 대부분의 문헌에서는 몸의 기능[身根] 다음에 여섯 번째로 언급이 되고 있다. 그러면 왜 본 『아비담맛타상가하』에서는 여기서처럼 생명기능 다음에 아홉 번째로 마노의 기능을 언급하고 있을까? 『위바위니 띠까』는 "마노의 기능은 비물질(정신)의 기능들과 함께 같은 곳에서 보여주기 위해서(arūpindriyehi saha ekato dassanatthaṁ) 생명기능 바로 다음에 언급하였다."(VṬ.223)라고 그 이유를 설명하고 있다.

북방의 아비달마에서도 같은 경향이 나타난다. 『아비달마 구사론』 등에서는 마노의 기능[意根]이 몸의 기능[身根] 다음에 여섯 번째로 언급이 되지만 『발지론』 등에서는 여기 『아비담맛타상가하』 처럼 생명기능(명근) 다음에 언급되고 있다고 한다.(권오민, 『아비달마 구사론』 제1권 109쪽 및 110쪽의 주134 참조)

68) 22가지 기능에 대한 설명은 『초기불교이해』 제22장 22가지 기능(324쪽 이

[해설]

'기능'으로 옮긴 indriya는 문자적으로만 보면 √ind(*to be powerful*)에서 파생된 남성명사인 indra의 형용사 형태로서 '인드라(Indra)에 속하는'의 뜻이다. 여기서 말하는 인드라는 다름 아닌 인도 만신(萬神)들의 왕(*ruler*)이다. 힘의 상징이며 지배자, 통치자, 권력자를 뜻한다. 그런 지배력을 가진 것이라는 의미에서 중성명사로 정착되었으며 불교뿐만 아니라 인도사상 전반에서 안·이·비·설·신·의의 여섯 가지 감각기능을 인드리야로 부르고 있다. 중국에서는 근(根)으로 옮겼으며 영어에서는 *faculty*로 정착되어가고 있다. 불교에서는 감각기능뿐만 아니라 이들을 포함한 22가지 기능을 설하고 있다. 먼저 『청정도론』의 설명부터 알아보자.

[청정도론 XVI]: "4. 그들이 가지는 기능[根]의 뜻, [즉 다스린다는 뜻]이란 무엇인가? ① 지배자(Inda)의 표식(liṅga)의 뜻이 기능의 뜻이다. ② 지배자에 의해서 설해졌다(desita)라는 뜻이 기능의 뜻이다. ③ 지배자에 의해서 보여졌다(diṭṭha)라는 뜻이 기능의 뜻이다. ④ 지배자에 의해서 준비되었다(siṭṭha)라는 뜻이 기능의 뜻이다. ⑤ 지배자에 의해서 경험되었다(juṭṭha)69)라는 뜻이 기능의 뜻이다. 이 모든 뜻은 적절하게 적용된다."

"5. 정등각자인 세존께서는 최상의 지배력(issariya)을 가졌기 때문에 지배자(Inda)이시다. 유익한 업과 해로운 업도 지배자이다. 왜냐하면 업에 대해 지배력을 가진 자 아무도 없기 때문이다. 그러므로 여기서 업에 의해서 생긴 기능은 유익한 업과 해로운 업을 보여준다. 그것

하)을 참조할 것.

69) juṭṭha는 √dyut(*to shine*)의 과거분사형이다. '조장된, 증장된, 고무된'의 뜻으로 쓰인다.

(業=Inda=지배자)에 의해서 생겼다. 그러므로 이 기능은 ① 지배자(Inda)가 보여준다는 뜻과 ④ 지배자에 의해서 준비되었다는 뜻에서 기능(indriya)이라 한다.

세존께서는 이 모든 것을 있는 그대로 드러내 보이셨고 깨달으셨기 때문에 ② 지배자가 설하셨고 ③ 지배자가 보셨다는 뜻에서 기능이라 한다. 성인 중의 성인이신 세존께서 어떤 것은 대상(gocara)을 통해서 체험하셨고(āsevanā) 어떤 것은 수행(bhāvanā)을 통해서 체험하셨기 때문에 ⑤ 지배자에 의해서 경험되었다는 뜻에서 기능이라 한다."

"6. 더욱이 권력이라 불리는 지배력(issariya)의 뜻에서 이들은 기능(indriya)이다. 눈의 알음알이 등이 일어나는 경우에 눈 등은 권력을 성취한다. 눈 등이 예리하면 눈의 알음알이 등도 예리하고, 눈 등이 둔하면 눈의 알음알이 등도 둔하기 때문이다. 이것이 뜻에 따라 판별한 것이다."

다시 정리해 보면, 기능들[根]은 각각의 영역에서 이들과 결합된 법들(sampayutta-dhammā)을 지배하는(issara) 정신적인 현상이다. 처음의 다섯은 다섯 가지 물질의 감성(pasāda)과 일치하고 (6)~(7)의 남자의 기능과 여자의 기능은 물질의 두 가지 성과 일치한다. (8) 생명의 기능은 두 가지인데 정신의 생명의 기능과 물질의 생명의 기능이다. (9) 마노의 기능은 모든 89가지 마음과 일치한다. (10)~(14)의 다섯 가지 느낌의 기능은 제3장 §2에서 이미 살펴보았다. (15)~(19)의 다섯 가지 정신적인 기능은 아래 §27에서 다시 등장하며 나머지 셋[(20)~(22)]은 아래 §22에서 설명하겠다.

다시 『청정도론』에 나타나는 이 22가지 기능의 역할을 살펴보자.

[청정도론 XVI] "10. '기능의 역할은 무엇인가.'라고 한다면, "눈의 기능은 눈의 알음알이의 요소[眼識界]와 또한 그와 결합된 법들에게 기

능이라는 조건으로 조건이 된다.(Ptn.ii.6)"는 말씀 때문에 눈의 기능 등의 역할은 기능이라는 조건(indriya-paccaya, 제8장 §11의 해설 16 참조)을 통해서 성취되며,70) 자신이 예리하거나 둔할 때 눈의 알음알이의 요소 등의 법들로 하여금 예리하거나 둔하다는 등으로 불리면서 자기의 형태를 따라 일어나도록 하는 것이다.71) 귀·코·혀·몸의 기능도 이와 같다. 마노의 기능의 역할은 함께 생긴 법들을 자기의 지배하에 두는 것(vasavattāpana)이다.

생명기능의 역할은 함께 생긴 법들을 보호하는 것이다. 여자의 기능과 남자의 기능의 역할은 여자·남자의 외관상의 표시·속성·활동·행동거지를 할당하는 것이다.

즐거움·고통·기쁨·불만족의 기능의 역할은 동시에 생겨난 법들을 지배한 뒤 그들에게 각각 자기들의 거친 형태를 나누어주는 것이다. 평온의 기능의 역할은 그들에게 고요하고 수승하고 중립적인 형태를 나누어주는 것이다.

믿음의 기능 등의 역할은 [불신 등] 반대를 극복하고 관련된 법들에게 믿음 등의 형태를 나누어주는 것이다.

구경의 지혜를 가지려는 기능[未知當知根]의 역할은 세 가지 족쇄를

---

70) "비록 눈의 기능 등이 '먼저 생긴 조건(purejāta-paccaya, 제8장 §11의 해설 10 참조)' 등의 조건을 가지지만 여기서는 '기능이라는 조건'으로써 성취하는 역할을 지적하고 있다. 왜냐하면 기능은 특별한 것이고, 논의의 대상이 기능이기 때문이다."(Pm.ii.187)

71) 원문 'tikkhamandādisaṅkhātaṁ(예리하거나 둔하다고 불리는) attākāra-anuvattāpanaṁ(자기의 형태를 따라 일어나도록 하는)'은 좋은 문장이 아니다. 왜냐하면 'tikkhamandādisaṅkhātaṁ(예리하거나 둔하다고 불리는)'이 'attākāraṁ(자기의 형태)'의 형용사이지 'anuvattāpanaṁ(따라 일어나도록 하는)'의 형용사는 아니기 때문이다. 그래서 『빠라맛타만주사』에서는 'tikkhamandādi-saṅkhāta-attākāra-anuvattāpanaṁ'이라고 합성어로 표현하고 있다.(Pm.ii.187) 즉 눈의 기능 등은 자기가 예리할 때는 눈의 알음알이 등도 예리하게 하고, 자기가 둔할 때는 눈의 알음알이 등도 둔하게 일어나도록 하는 역할을 한다는 뜻이다.

끊고 또 관련된 법들로 하여금 그것을 끊는 것과 직면하게 만드는 것이다.

구경의 지혜의 기능[已知根]의 역할은 감각적 쾌락과 악의 등을 줄이고 버리며 함께 생긴 법들을 자기의 지배하에 두는 것이다.

구경의 지혜를 구족한 자의 기능[具知根]의 역할은 모든 일에서 열망을 버리고 또 관련된 법들을 불사인 열반과 직면하게 만드는 것이다. 이와 같이 여기서 역할에 따라 해설을 알아야 한다."

§19. **힘**[力, bala]

19. **nava balāni: saddhābalaṁ, vīriyabalaṁ, satibalaṁ, samādhibalaṁ, paññābalaṁ, hiribalaṁ, ottappabalaṁ, ahirikabalaṁ, anottappabalaṁ.**

9가지 힘이 있으니 (1) **믿음의 힘** (2) **정진의 힘** (3) **마음챙김의 힘** (4) **삼매의 힘** (5) **통찰지의 힘** (6) **양심의 힘** (7) **수치심의 힘** (8) **양심 없음의 힘** (9) **수치심 없음의 힘이다.**[72]

[해설]

이 아홉 가지를 힘(bala)이라 하는 이유는 이들이 이와 반대되는 것들에 의해 흔들리지 않기 때문이고(akampiya) 이들과 함께하는 법들을 강하게(thirabhāva) 만들기 때문이다.[73] 여기서 (1) 믿음 (3) 마음챙김

---

72) 『담마상가니』에 언급되는 힘[力, bala]을 다 합치면 9가지가 된다. 아름다운 마음들과 함께하는 믿음의 힘부터 수치심의 힘까지 일곱 가지 힘은 Dhs §1, §62, §130 등에 나타나고 해로운 마음들과 함께 하는 양심 없음의 힘과 수치심 없음의 힘은 Dhs §365, §398 등에 나타난다. 물론 정진의 힘과 삼매의 힘은 해로운 마음들에도 함께 일어난다.(Dhs §365, §398 등 참조)

73) "paṭipakkhadhammehi akampiyaṭṭhena, sampayuttadhammesu thira-bhāvena ca saddhādīni satta balāni."(VṬ.223)

(5) 통찰지[慧] (6) 양심 (7) 수치심은 유익하거나[善] 결정할 수 없는 것[無記]이고 (8) 양심 없음과 (9) 수치심 없음은 전적으로 해로운 것[不善]이고 (2) 정진과 (4) 삼매는 선·불선·무기 셋에 다 해당된다.

§20. 지배[增上, adhipati]

20. cattāro adhipatī: chandādhipati, vīriyādhipati, cittādhipati, vīmaṁsādhipati.

네 가지 지배가 있으니 (1) **열의의 지배** (2) **정진의 지배** (3) **마음의 지배** (4) **검증의 지배이다.**[74]

[해설]

'지배'로 옮긴 adhipati는 주인을 뜻하는 pati에다 '위로'를 뜻하는 접두어 'adhi-'가 첨가되어 만들어진 단어이다. 그래서 남성명사로 쓰이면 '지배자, 주인, 지배'의 뜻이고 형용사로 쓰이면 '지배하는, 통치하는'이라는 의미가 된다. 중국에서는 증상(增上)으로 옮겼다.

네 가지 지배는 어렵거나 중요한 일을 기도하거나 성취할 때 그들이 속해있는 마음을 지배하는 요소들이다.[75] 지배[增上]와 앞의 기능들[根]의 차이점은 그 정도와 제어하는 범위에 있다. 지배[增上]는 마음을 완전히 장악하여 제어하지만 기능[根]은 그에 관계된 영역에서만 제어

---

74) 이 네 가지는 '열의의 지배를 가진(chandādhipateyya) … 정진의 지배를 가진(vīriyādhipateyya) … 마음의 지배를 가진(cittādhipateyya) … 검증의 지배를 가진(vīmaṁsādhipateyya)'(Dhs §269; Vbh §709) 등으로 논장에서 나타나고 있다. 이 네 가지는 경에서는 네 가지 성취수단[如意足, iddhipādā]으로 정리되어 니까야의 도처에 나타나고 있다.(D18 §22; M16 §26; S51:1 등) 네 가지 성취수단은 『상윳따 니까야』 제6권 「성취수단 상윳따」(S51)의 주제이다. 성취수단에 대한 설명은 『상윳따 니까야』 제6권 해제 §3의 설명과 『초기불교이해』 제21장(317쪽 이하)을 참조하기 바란다.

75) "attādhīnappavattīnaṁ patibhūtā dhammā adhipatī."(VṬ.223)

한다. 그러므로 기능의 경우는 여러 기능들이 한 마음에 같이 생길 수 있지만 지배는 주어진 찰나에 오직 한 가지만이 일어난다. 이런 측면에서 지배는 전 왕국의 유일한 수장이며 모든 대신들의 군주인 왕에 비유할 수 있고 기능은 그 자신의 관할구역만을 통치하고 남의 영역을 간섭할 수 없는 영주들에 비유할 수 있다. 이 네 가지는 §26에서 네 가지 성취수단[如意足]으로 나타나고 있다.(이 둘의 차이점은 §26의 해설을 참조할 것.)

이 네 가지 지배는 각각 열의의 마음부수, 정진의 마음부수, 마음, 통찰지의 마음부수이다. 열의, 정진, 마음은 어리석음에 뿌리박은 2가지와 아라한의 미소짓는 마음을 제외한 52가지 자와나(속행)의 마음에서 지배가 되고 검증은 34가지 세 원인을 가진 자와나의 마음에서 지배가 된다. 한 번에 한 상태만이 지배가 되며 그것도 함께 일어난 마음부수들을 통제할 때만 그렇게 된다. 검증의 지배는 유익한 것[善]일 수도 있고 무기일 수도 있다. 나머지 지배들은 선・불선・무기 셋에 다 해당된다.

§21. 음식[食, āhāra]

21. cattāro āhārā: kabaḷīkāro āhāro, phasso dutiyo, manosañcetanā tatiyā, viññāṇaṁ catutthaṁ.

네 가지 음식이 있으니 (1) **덩어리진 [먹는] 음식**[段食]**과** (2) **감각접촉의 음식**[觸食]**이 두 번째이고** (3) **마노의 의도의 음식**[意思食]**이 세 번째이고** (4) **알음알이의 음식**[識食]**이 네 번째이다.**[76]

---

76) 이 '네 가지 음식(cattāro āhārā)'은 니까야의 여러 곳에서도 동일하게 나타나고 있다. 네 가지 음식에 대한 설명은 『맛지마 니까야』 제1권 「바른 견해 경」(M9) §11의 주해와 『상윳따 니까야』 제2권 「음식 경」(S12:11) §3의 주해를 참조할 것.

[해설]

여기서 '음식(āhāra)'이라는 단어는 '강하게 지탱하는 상태로 떠받쳐 준다(āhārati)'는 문자적인 의미 그대로이다.[77] 경의 방법대로(suttanta-naya) 설명하면 덩어리진 [먹는] 음식은 육체적인 몸을 지탱해주고 감각접촉[觸]은 느낌(vedanā)을 지탱해준다. 마노의 의도(mano-sañcetana)는 삼계에 태어나는 것을 지탱해주는데 의도는 업이며 업은 재생을 일어나게 하기 때문이다. 알음알이는 정신·물질[名色, nāma-rūpa]의 합성체를 지탱해준다. 아비담마의 방법에 의하면 덩어리진 [먹는] 음식은 이 몸에서 네 가지 요인으로 생기는 물질적인 현상을, 나머지 셋은 그 각각과 함께 일어나는 정신적이고 물질적인 현상을 지탱해준다. 여기서 덩어리진 [먹는] 음식은 물질이므로 무기이고 나머지 세 가지 정신적인 음식은 선·불선·무기 셋에 다 해당된다.

§22. 설명

22-1. indriyesu pan'ettha sotāpattimaggañāṇaṁ anaññātaññassāmītindriyaṁ;
arahattaphalañāṇaṁ aññātāvindriyaṁ;
majjhe cha ñāṇāni aññindriyānī ti pavuccanti.
jīvitindriyañ ca rūpārūpavasena duvidhaṁ hoti.

그런데 여기 기능들 가운데 구경의 지혜를 가지려는 기능[未知當知根]은 예류도의 지혜이다. 구경의 지혜를 구족한 기능[具知根]은 아라

『담마상가니』에서 감각접촉의 음식[觸食], 마노의 의도의 음식[意思食], 알음알이의 음식[識食]은 정신[名]의 부분을 다루는 Dhs §70, §126 등에서 '세 가지 음식'으로 설명이 되며 물질에 속하는 덩어리진 [먹는] 음식[段食]은 §644 등에서 설명된다.

77) "ojaṭṭhamakarūpādayo āharantīti āhārā."(VṬ.224)

한과의 지혜이다. 구경의 지혜의 기능[已知根]은 중간의 6가지 [출세간의] 지혜를 이른다. 생명기능[命根]은 2가지이니, 즉 물질적인 것과 정신적인 것이다.

[**해설**]

다른 곳에서는 나타나지 않고 이 22가지 기능에만 포함되어 나타나는 세 기능, 즉 미지당지근(未知當知根)과 이지근(已知根)과 구지근(具知根)은 성자의 경지, 즉 예류도 이상에 든 성자들에게만 존재하는 특수한 능력이다. 그러면 이 각각의 단어의 뜻을 살펴보자.

(1) **구경의 지혜를 가지려는 기능**[未知當知根, anaññātaññassāmīt-indriya]: 이 단어는 an-aññātaṁ+ñassāmi+iti+indriya로 분석된다. aññāta는 ā(향하여)+√jñā(*to know*)의 과거분사로서 '원만하게 안'을 뜻하며 부정접두어 'an-'을 첨가한 an-aññāta는 '원만하게 알지 못한 [것]'을 뜻한다. ñassāmi는 역시 √jñā(*to know*)의 일인칭 미래형 단수 동사로서 '나는 알 것이다.'라는 의미이다. iti는 불변사로서 '~라는'의 뜻으로 앞 문장을 인용했음을 나타낼 때 쓰인다. 그래서 전체적으로는 '구경의 지혜를 증득하지 못한 것을 나는 알게 될 것이다라는 기능'이라는 뜻이며 중국에서는 未知當知根(미지당지근)으로 옮겼다. 이것은 예류도에 든 성자의 지혜이다.

(2) **구경의 지혜의 기능**[已知根, aññindriya]: 이것은 aññā+ indriya로 분석되며 aññā는 위에서 보았듯이 ā+√jñā에서 파생된 여성명사이며 '구경의 지혜[究竟智]'로 옮길 수 있다. 초기경에서는 아라한이 갖추는 완전한 지혜를 뜻하는데 여기 세 가지 기능[根]에서는 예류과에서부터 아라한도까지의 여섯 성자의 경지에서 나타나는 특수한 기능이라고 설명하고 있다.

(3) **구경의 지혜를 구족한 기능**[具知根, aññātāvindriya]: 이 단어는 aññātāvī+indriya로 분석되는데 여기서 aññātāvī는 역시 ā+√jñā에서 파생된 과거분사 aññāta에다 소유를 나타내는 접미어 '-vin'이 붙어 만들어진 단어로 '구경의 지혜를 구족한 자'라는 의미이다. 그래서 중국에서는 具知根(구지근)으로 옮겼으며 이것은 아라한과를 증득한 성자만이 가지는 특수한 기능이다.

22-2. pañcaviññāṇesu jhānaṅgāni, avīriyesu balāni, ahetukesu maggaṅgāni na labbhanti.

tathā vicikicchācitte ekaggatā maggindriyabalabhāvaṁ na gacchati.

dvihetuka-tihetukajavanesv'eva yathāsambhavaṁ adhipati eko va labbhati.

禪의 구성요소들은 다섯 가지 알음알이[前五識]에서 발견되지 않고, 정진이 없는 마음들에서는 힘들이, 원인 없는 마음들에서는 도의 구성요소들이 발견되지 않는다.

그와 마찬가지로 의심이 함께한 마음에서 집중[一境性]은 도[의 구성요소]와 기능[根]과 힘의 위상을 얻지 못한다.

[한 번에] 오직 하나의 지배가 2가지 원인이나 3가지 원인을 가진 속행에서만 상황에 따라 발견된다.

[해설]

다섯 가지 알음알이[前五識]는 단지 그들 각각의 대상과 마주하는 것이다. 그들의 기능과 육체적인 토대가 약하기 때문에 인식과정에서 아주 초보적인 곳에서 작용한다. 그들은 대상을 가까이 주시하는 데 참여하지 못한다. 그러므로 그들과 함께 일어나는 느낌(vedanā)과 집중(ekaggatā)은 禪의 구성요소로서의 지위를 얻지 못한다. 더구나 일으킨 생각(vitakka)은 禪의 구성요소들의 기본이며 전오식에서는 일어나지 않는다. 그것은 이 일으킨 생각이 높은 경지의 禪으로 승화되어 그런 것이 아니라 전오식이 너무 초보적인 것이라 이것이 일어날 수 없기 때문이다.

그와 같이 정진은 마음의 구성 성분들이 힘(bala)의 위상을 얻기 위해 꼭 있어야 하는 마음부수법이다. 그러므로 정진이 없는 16가지 마음에 있어서 집중의 마음부수는 삼매의 힘의 기능을 성취하지 못한다.

원인 없는 마음들은 특별한 목적지로 향하는 길로서의 역할을 하지 못한다. 그러므로 도의 요인(maggaṅga)들은 18가지 원인 없는 마음에서 일어나지 않는다.

의심과 함께하는 마음에서 집중은 결심(adhimokkha)으로 강화되지 못하고 흔들리는 성질을 가진 의심으로 수선스럽게 된다. 그러므로 그것은 도의 구성요소(maggaṅga)나 기능[根, indriya]이나 힘(bala)의 위상을 얻지 못한다.

지배들[增上]은 한 번에 하나씩만 일어난다. 지배라는 성질에는 본래부터 어떤 마음에서든 하나만이 지배의 기능을 할 수 있기 때문이다. 그래서 두 원인이나 세 원인을 가진 속행(자와나)의 과정에서만 적절하게(yathāsambhavaṁ), 다시 말하면 네 가지 지배[增上]의 요소 가운데서 하나가 지배의 역할을 할 때에만 지배는 그 기능을 할 수 있는 것이다.

§23. **요약**

23. cha hetū pañca jhānaṅgā maggaṅgā nava vatthuto
soḷas' indriyadhammā ca baladhammā nav' eritā.
cattāro 'dhipati vuttā tathāhārā ti sattadhā
kusalādisamākiṇṇo vutto missakasaṅgaho.

<도표 7.2> 혼합된 범주의 길라잡이

	해로움만	유익함만	無記만	善과 무기	셋이 함께
6 원인 (hetu)	탐, 진, 치			불탐, 부진, 불치	
7 禪의 구성요소	불만족				尋, 伺, 喜, 樂, 定, 捨
12 道의 구성요소	4 그릇된 道			8 正道	
22 기능 〔根〕	불만족	未知當知	5감각기능, 2性, 色命根, 樂, 苦, 具知	信, 念, 慧, 已知	名命根, 意, 喜, 捨, 정진, 삼매
9 힘〔力〕	無慚, 無愧			信, 念, 慧, 慚, 愧	정진, 삼매
4 지배 〔如意足〕				검증	열의, 정진, 마음
4 음식			물질음식		觸, 의도, 마음

토대가 [되는 법]으로는 6가지 원인과 5가지 禪의 구성요소와 9가지 도의 구성요소와 16가지 기능[根]과 9가지 힘을 서술했고 4가지 지배와 4가지 음식을 설했다. 이와 같이 7가지로 유익한 것 등이 섞인 혼합된 범주의 길라잡이를 설했다.

[해설]

'토대가 되는 법', 즉 구경법(paramattha)들 가운데 고유성질(sabhāva)을 가진 72가지 법의 측면에서 관찰해 보면 禪의 구성요소들은 다섯 가지로 줄어든다. 기쁨, 불만족, 평온은 모두 느낌이고 느낌은 하나의 마음부수이기 때문이다. 도의 요소들이 9가지로 줄어드는 것은 이미 설명했다. 기능[根, indriya]은 16가지가 되는데 (10)~(14)번의 기능은 느낌의 한 마음부수이고 (19)~(22)번의 기능들은 모두 통찰지의 마음부수의 측면들이기 때문이다. 생명기능은 물질과 마음부수에 속하는 두 가지가 있다.

혼합된 범주의 구분은 <도표 7.2>를 참조할 것.

III. 보리분(菩提分)의 길라잡이
bodhipakkhiya-saṅgaha

[해설]

'보리분(菩提分, bodhi-pakkhiya)' 혹은 '보리분법(菩提分法, bodhi-pakkhi-yā dhammā)'은 보디빡키야 담마(bodhi-pakkhiyā dhammā)를 중국에서 菩提(보리, bodhi, 깨달음) + 分(분, pakkhiyā, 편) 法(법, dhammā)으로 옮긴 것으로, 직역하면 '깨달음의 편에 있는 법들'이다. 이 보리분 혹은 보리분법은 부처님의 가르침을 주제별로 정리한 『상윳따 니까야』 「도 상윳따」(S45)부터 시작해서 「성취수단 상윳따」(S51)까지의 일곱 가지 주제로 정리되어 있는 37보리분법(菩提分法, bodhi-pakkhiyā dhammā)을 뜻한다.

37보리분법은 네 가지 마음챙김의 확립[四念處], 네 가지 바른 노력[四正勤], 네 가지 성취수단[四如意足], 다섯 가지 기능[五根], 다섯 가지 힘[五力], 일곱 가지 깨달음의 구성요소[七覺支], 여덟 가지 성스러운 도[八正道]의 7가지 주제로 정리되어 있는 37가지를 말하며 이것을 초기 불전에서부터 '깨달음의 편에 있는 법들', 즉 보리분법이라 부르고 있다.(D27; A5:56; A6:17) 초기불교의 수행은 바로 이 37보리분법으로 집약된다. 그래서 세존께서는 이렇게 강조하신다.

"비구들이여, 수행에 몰두하지 않고 머무는 비구에게 '오, 참으로 나의 마음은 취착이 없어져서 번뇌들로부터 마음이 해탈하기를.'이라는 이러한 소망이 일어날지도 모른다. 그러나 그의 마음은 결코 취착 없이 번뇌들로부터 해탈하지 못한다.

그것은 무슨 이유 때문인가? 수행하지 않았기 때문이라는 것이 그 대답이다. 무엇을 수행하지 않았기 때문인가? 네 가지 마음챙김의 확립[四念處], 네 가지 바른 노력[四正勤], 네 가지 성취수단[四如意足], 다섯 가지 기능[五根], 다섯 가지 힘[五力], 일곱 가지 깨달음의 구성요소[七覺支], 여덟 가지 구성요소를 가진 성스러운 도[八支聖道]이다."(「까뀌 자루 경」(S22:101) §4)

'보리분법(菩提分法, bodhi-pakkhiyā dhammā)' 혹은 '깨달음의 편에 있는 법들'에 대해서 『청정도론』은 이렇게 설명한다.

[청정도론 XXII]: "33. 이 37가지 법은 깨달음의 편에 있다고 한다.

왜냐하면 깨달았다는 뜻에서 깨달음(bodhi)이라고 이름을 얻은 성스러운 도의 편(pakkha)에 있기 때문이다. 편에 있기 때문이라는 것은 '도와주는 상태(upakāra-bhāva)에 서있기 때문'이라는 뜻이다."

여기에 나타나고 있는 '도와주는 상태(upakāra-bhāva)'를 고려해서 중국에서는 37보리분법을 조도품(助道品, 『中邊分別論』 등) 혹은 조도품법(助道品法, 『攝大乘論釋』)으로도 옮긴 것이 아닌가 생각된다.

『위방가 주석서』는 "보리분법이란 네 가지 진리[四諦]를 깨달았다고 말해지는 도를 얻은 자의 지혜의 편에 존재하는 법들이다."(VbhA.347)라고 설명하고 있다.

그리고 『디가 니까야 복주서』는 이렇게 설명을 덧붙이고 있다.

"보리라는 것은 도를 얻은 자의 바른 견해(magga-sammādiṭṭhi)이다. 그가 네 가지 성스러운 진리를 깨달은 뒤에 고유성질(sabhāva)에 의해서 그 [깨달음의] 편에 존재한다고 해서 보리분이라고 하는데, [네 가지] 마음챙김과 [네 가지] 정진(바른 노력) 등의 법들을 말한다."(DAṬ.iii.63)

① 이러한 주석서 문헌들의 설명을 종합하면, 여기서 '보리(菩提, bodhi 깨달음)'는 사성제를 깨달은 도를 얻은 성자(예류부터 아라한까지)의 지혜나 바른 견해를 뜻하고 '보리분법(菩提分法)', 즉 깨달음의 편에 있는 법들은 이러한 깨달음을 성취한 자들의 편에 있으면서 깨달음을 도와주고 장엄하는 37가지 법을 말한다.(Vis.XXII.33; ItA.73; VbhA.347; DAṬ.iii.63 등)

이처럼 주석서 문헌들은 모두 이 37보리분법을 깨달음을 얻은 성자들이 구족하는 출세간적인 것으로 설명하고 있는데, 보리분법(菩提分法, bodhipakkhiyā dhammā)이라는 주제어가 '깨달음의 편에 있는 법들'이나 '깨달은 자들이 구족하는 법들'이라는 뜻이기 때문에 이렇게 설명할 수밖에 없을 것이다.

② 그러나 아직 깨달음을 성취하지 못하였으며, 부처님 가르침을 수행해서 깨달음을 실현하려는 우리들의 입장에서 보면 이 37보리분법은 깨달음을 실현하도록 도와주는 법들로 이해하고 받아들일 수밖에 없다. 그래야 실참수행을 하려는 불자들에게 도움이 되고 의미가 있는 것이다. 『상윳따 니까야』에 모은 37보리분법에 대한 가르침(S45~

S51)은 이런 측면이 절대적으로 강조되고 있다.

한편 주석서 문헌에서는 어떤 하나의 수행 체계가 완성되고 성취된 경지를 '완성된 경지(pūrita)'라 부르고 완성을 위해서 닦아나가는 단계를 '예비단계(pubba-bhāga)'라 한다. 그리고 이 둘에 다 적용되는 가르침을 '혼합된 것(missaka)'이라고 한다.(예를 들면 DA.iii.744; SA.i.36; MA.iii.182 등) 그러므로 37보리분법은 혼합된 도라고 할 수 있다.

본서에서 저자 아누룻다 스님은 이들 일곱 가지 주제를 다음과 같이 간략하게 정리하고 있다.

§24. **네 가지 마음챙김의 확립**[四念處, cattāro satipaṭṭhāna]

24. **bodhipakkhiyasaṅgahe cattāro satipaṭṭhānā: kāyānupassanā-satipaṭṭhānaṁ, vedanānupassanā-satipaṭṭhānaṁ cittānupassanāsati-paṭṭhānaṁ dhammānupassanā-satipaṭṭhānaṁ.**

보리분의 길라잡이에서 네 가지 마음챙김의 확립[四念處]**이 있으니** (1) **몸을 관찰하는 마음챙김의 확립**[身隨觀念處] (2) **느낌을 관찰하는 마음챙김의 확립**[受隨觀念處] (3) **마음을 관찰하는 마음챙김의 확립**[心隨觀念處] (4) **법을 관찰하는 마음챙김의 확립**[法隨觀念處]**이다.**

[해설]

네 가지 마음챙김의 확립[四念處, cattāro satipaṭṭhānā]: 마음챙김의 확립으로 옮긴 sati-paṭṭhāna의 paṭṭhāna는 두 가지 방법으로 설명된다. 하나는 pra(앞으로)+√sthā(*to stand*)에서 파생된 중성명사로 취급해서 '출발, 시작, 개시, 근원' 등의 뜻으로 간주하고 다른 하나는 upa(위로)+√sthā(*to stand*)에서 파생된 중성명사인 upaṭṭhāna(돌봄, 시중듦, 확립 등의 뜻이 있다)가 sati와 합성되면서 첫음절 'u-'가 생략된 것으로 파악한다. 『위바위니 띠까』는 전자로 설명하고 있지만(paṭṭhātīti paṭṭhānaṁ) 경에서 'parimukhaṁ satiṁ upaṭṭhapetvā' (D22, M10, S7:10 등)나 'upaṭṭhita-sati'(D16, M4, A3:113 등) 등으로 나타나고 있고 『청정도론』에서도 후자로 설명하고 있다.(Vis.IV.117) 어쨌든 '마음챙김의 확립'이라는 뜻이며 중국에서는 念處(염처)로 옮겼다. 아래 인용에서 보듯이 『빠띠삼비다막가』(무애해도)와 이를 따르는 『청정도론』에서는 '마음챙김 그 자체가 바로 확립을 뜻한다(satī ti upaṭṭhānaṭṭho, 혹은 sati yeva paṭṭhānaṁ)'라고 설명하고 있고 『위바위니 띠까』도 마찬가지이다.(VṬ.226)

『청정도론』의 정의를 살펴보자.

[청정도론 XXII]: "34. 각각의 대상들에 내려가고 들어가서 확립되기 때문에(upaṭṭhānato) 확립(paṭṭhāna)이라 한다. 마음챙김 그 자체가 확립이기 때문에(sati yeva paṭṭhānaṁ) 마음챙김의 확립[念處]이라고 한다. 몸과 느낌과 마음과 법에서 그들을 더러움[不淨, asubha], 괴로움, 무상, 무아라고 파악하면서, 또 깨끗함, 행복, 항상함, 자아라는 인식(saññā)을 버리는 역할을 성취하면서 일어나기 때문에 네 가지로 분류된다. 그러므로 네 가지 마음챙김의 확립[四念處]이라 한다."

이 사념처는 마음챙김과 위빳사나를 닦는 완전한 수행 체계이다. 그 방법은 『디가 니까야』 제2권 「대념처경」(D22)과 『맛지마 니까야』 제1권 「마음챙김의 확립 경」(M10)으로 자세히 설해졌으며[78] 짧은 경들은 『상윳따 니까야』 제5권 「마음챙김의 확립 상윳따」(S47)로 전승

78) 초기불전연구원에서는 『디가 니까야』 제3권 「대념처경」(D22)과 이 경에 해당하는 『디가 니까야 주석서』를 발췌해서 『네 가지 마음챙기는 공부 — 대념처경과 그 주석서』로 번역 출간하였다. 사념처에 대해서는 이 책의 서문과 『초기불교이해』 제18장 네 가지 마음챙기는 공부(278쪽 이하)를 참조할 것. 그리고 sati를 마음챙김으로 옮긴 이유에 대해서는 『담마상가니』 제1권 §14의 해당 주해를 참조하기 바란다.

되어온다. 사념처는 몸·느낌·마음·법이라는 대상을 마음챙겨 관찰하는 것으로 구분되어 있지만 마음챙겨 관찰하는 것으로서 하나의 본질을 가진다.79)

§25. 네 가지 바른 노력[四正勤, cattāro samma-ppadhāna]

25. cattāro sammappadhānā: uppannānaṁ pāpakānaṁ pahānāya vāyāmo, anuppannānaṁ pāpakānaṁ anuppādāya vāyāmo, anuppannānaṁ kusalānaṁ uppādāya vāyāmo, uppannānaṁ kusalānaṁ bhiyyobhāvāya vāyāmo.

네 가지 바른 노력[四正勤]이 있으니 (1) 이미 일어난 악한 것을 버리려는 노력 (2) 아직 일어나지 않은 악한 것을 일어나지 않게 하는 노력 (3) 아직 일어나지 않은 유익한 것을 일으키려는 노력 (4) 이미 일어난 유익한 것을 증장시키려는 노력이다.

[해설]

'노력'으로 옮긴 padhāna는 pra(앞으로)+√dhā(*to put*)에서 파생된 중성명사로서 '앞으로 내딛는다'는 문자적인 뜻에서 '노력, 애씀, 정진, 정근'을 뜻한다. 이것은 '바른[正]'을 뜻하는 sammā와 합해져 samma-ppadhāna가 되었고 중국에서는 정근(正勤)으로 옮겼다. 바른 노력[正勤]은 정진(viriya)의 마음부수이며 정진 하나가 네 가지 다른 기능을 하고 있다. 이 네 가지 바른 노력[四正勤]은 팔정도의 6번째인 정정진(正精進, sammā-vāyāma)의 내용이며, 오근(五根, pañca-indriya)과 오력(五力, pañca-bala)의 두 번째인 정진(精進, viriya)의 내용이기도 하다. 『청정도론』의 설명을 살펴보자.

---

79) 마음챙김[念, sati]에 대해서는 제2장 §5의 두 번째 해설과 특히 아래 §28의 『청정도론』 인용을 참조할 것.

[청정도론 XXII]: "35. 이것을 통해서 그들이 노력하기 때문에 노력(padhāna)이라 한다. 아름다운(sobhana) 노력을 바른 노력[正勤, sammappadhāna]이라 한다. 혹은 이것을 통해서 바르게 노력하기 때문에 바른 노력[正勤, sammappadhāna]이라 한다. 혹은 오염원(kilesa)의 추함(virūpatta)이 없기 때문에 아름다움이라 하고, 이익과 행복을 생기게 한다는 뜻에서 수승한 상태를 얻게 하고 우위의 상태를 주기 때문에 노력이라 한다. 그래서 바른 노력이다.

이것은 정진(viriya)의 동의어이다. 이것은 이미 일어난 해로운 법들을 버리고 아직 일어나지 않은 해로운 법들을 일어나지 않도록 하는 역할을 하고, 아직 일어나지 않은 유익한 법들을 일어나게 하고 이미 일어난 유익한 법들을 지속하는 역할을 성취하기 때문에 네 가지가 있다. 그러므로 네 가지 바른 노력[四正勤]이라 한다."

§26. 네 가지 성취수단[四如意足, cattāro iddhi-pāda]

26. cattāro iddhipādā: chandiddhipādo, vīriyiddhipādo, cittiddhipādo, vīmaṁsiddhipādo.

네 가지 성취수단[四如意足]이 있으니 (1) 열의의 성취수단 (2) 정진의 성취수단 (3) 마음의 성취수단 (4) 검증의 성취수단이다.

[해설]

'성취수단[如意足]'으로 옮긴 iddhi-pāda에서 iddhi는 √ṛdh(*to prosper*)에서 파생된 여성명사로 '번영, 번창, 성취'를 뜻한다. 몇몇 경에서는 여러 가지 세속적인 번영이 언급되고 있다.(D17/ii.177; M129/iii.176 등) 불교에서는 대부분 신통의 의미로 쓰이고 있다. 이 경우에는 abhiññā(신통지)와 같은 의미이다. pāda는 √pad(*to go*)에서 파생된 남성명사 혹은 중성명사인데 '다리[足]'를 뜻한다. 그래서 전체를 중국에서는 여의족(如意足)으로 옮겼다.

[청정도론 XXII] "36. 앞서 설한 대로 성취한다는 뜻에서 성취(신통, iddhi)라 한다. 성취와 함께한 [열의, 정진 등이] 주가 된다는 뜻에서 또 그것의 결과인 성취(신통)를 얻기 전의 원인이 된다는 뜻에서 성취의 수단(pāda)이기 때문에 성취수단[如意足]이라 한다. 이것은 열의 등으로 네 가지이다. 그러므로 네 가지 성취수단이라 한다. 이처럼 말씀하셨다. "네 가지 성취수단이란 열의의 성취수단, 정진의 성취수단, 마음의 성취수단, 검증의 성취수단이다."(Vbh.223) 이들은 출세간에 속한다. 그러나 "만약에 비구가 열의를 주로 하여 삼매를 얻고, 마음이 한 끝으로 [집중]됨[心一境性, cittassa ekaggatā]을 얻으면 이것은 열의를 통한 삼매라고 한다."(Vbh.216)라는 말씀이 있기 때문에 열의 등을 우선으로 하여 얻은 [감각접촉 등의][80] 법들도 성취수단이 되기 때문에 세간적인 것이라 하기도 한다."

여기서 성취(iddhi)는 부처님의 가르침을 실천하려는 노력으로 성취되는 고귀하거나 출세간적인 상태를 의미한다. 그래서 이런 상태를 성취하는 주요한 수단을 '성취수단[如意足]'이라 한다. 이 네 가지는 §20의 지배[增上]와 일치한다. 그러나 이 네 가지가 어떤 목적이든 성취하기 위한 수단이 될 때는 지배가 되지만 이 넷을 부처님의 가르침의 목적을 성취하는 데 적용할 때는 성취수단이 된다. 그래서 지배는 혼합된 범주에 속했지만 여의족은 깨달음의 편에 있는 법들, 즉 보리분에 속한다. 이 성취수단[如意足]은 세간법에도 출세간법에도 다 적용된다.

80) "phassādayo iddhipādā hontīti attho."(Pm.ii.490)

§27. **다섯 가지 기능**[五根, pañca indriya]

27. pañc'indriyāni: saddhindriyaṁ, vīriyindriyaṁ, satindriyaṁ, samādhindriyaṁ, paññindriyaṁ.

다섯 가지 기능[根]이 있으니 (1) 믿음의 기능 (2) 정진의 기능 (3) 마음챙김의 기능 (4) 삼매의 기능 (5) 통찰지의 기능이다.

§28. **다섯 가지 힘**[五力, pañca bala]

28. pañca balāni: saddhābalaṁ, vīriyabalaṁ, satibalaṁ, samādhibalaṁ, paññābalaṁ,

다섯 가지 힘[力]이 있으니 (1) 믿음[信]의 힘 (2) 정진의 힘 (3) 마음챙김[念]의 힘 (4) 삼매[定]의 힘 (5) 통찰지[慧]의 힘이다.

[해설]

'기능[根, indriya]'과 '힘[力, bala]'은 같은 다섯 가지 구성요소로 이루어져 있다. 그러나 이 둘은 다른 역할을 한다. 기능들[根]은 그 각각의 영역에서 지배하는(issara) 요소이고 힘들[力]은 반대되는 것들에 의해서 흔들리지 않고(akampiya) 이들과 함께하는 법들을 강하게(thirabhāva) 만드는 요소이다. 이 다섯 가지 기능은 그들의 영역에서 각각 결심하고(adhimokkha), 분발하고(paggaha), 확립하고(upaṭṭhāna), 산만하지 않고(avikkhepa), 식별한다(dassana). 이렇게 하면서 이와 반대되는 법들, 즉 우유부단함, 게으름, 부주의함, 동요, 미혹함을 극복한다. 다섯 가지 힘은 이들과 같은 상태인데 흔들리지 않고 이와 반대되는 법들이 이들을 압도하지 못하도록 한다. 『청정도론』에 나타나는 이들에 대한 설명을 살펴보자.

[청정도론 IV]: "47. 여기서 특별히 믿음과 통찰지의 균등함(samatā), 삼매와 정진의 균등함을 권한다. 믿음이 강하고 통찰지가 약한 자는 미신(muddha-ppasanna)이 되고, 근거 없이 믿는다. 통찰지가 강하고 믿음이 약한 자는 교활한(kerāṭika) 쪽으로 치우친다. 약으로 인해 생긴 병처럼 치료하기가 어렵다. 두 가지 모두 균등함을 통해서 믿을 만한 것을 믿는다. 삼매는 게으름(kosajja)으로 치우치기 때문에 삼매가 강하고 정진이 약한 자는 게으름에 의해 압도된다. 정진은 들뜸(uddhacā)으로 치우치기 때문에 정진이 강하고 삼매가 약한 자는 들뜸에 의해 압도된다. 삼매가 정진과 함께 짝이 될 때 게으름에 빠지지 않는다. 정진이 삼매와 함께 짝이 될 때 들뜸에 빠지지 않는다. 그러므로 그 둘 모두 균등해야 한다. 이 둘이 모두 균등하여 본삼매(appanā)를 얻는다."

"48. 다시 삼매를 공부하는 자에게 강한 믿음이 적당하다. 이와 같이 믿고 확신하면서 본삼매를 얻는다. 삼매[定]와 통찰지[慧] 가운데서 삼매를 공부하는 사람에게 [마음의] 하나됨(ekaggatā)이 강한 것이 적당하다. 이와 같이하여 그는 본삼매를 얻는다. 위빳사나를 공부하는 자에게 통찰지가 강한 것이 적당하다. 이와 같이 그는 [무상 · 고 · 무아의 세 가지] 특상에 대한 통찰(paṭivedha)을 얻는다. 그러나 둘이 모두 균등하여 본삼매를 얻는다."

"49. 마음챙김은 모든 곳에서 강하게 요구된다. 마음챙김은 마음이 들뜸으로 치우치는 믿음과 정진과 통찰지로 인해 들뜸에 빠지는 것을 보호하고, 게으름으로 치우치는 삼매로 인해 게으름에 빠지는 것을 보호한다. 그러므로 이 마음챙김은 모든 요리에 맛을 내는 소금과 향료처럼, 모든 정치적인 업무에서 일을 처리하는 대신처럼 모든 곳에서 필요하다. 그래서 말씀하였다. "마음챙김은 모든 곳에서 유익하다고 세존께서는 말씀하셨다. 무슨 이유인가? 마음은 마음챙김에 의지하고,

마음챙김은 보호로 나타난다. 마음챙김이 없이는 마음의 분발(paggaha)과 절제(niggaha)란 없다."라고."

§29. **일곱 가지 깨달음의 구성요소**[七覺支, satta bojjhaṅga]

29. satta bojjhaṅgā: satisambojjhaṅgo, dhammavicayasambojjhaṅgo, vīriyasambojjhaṅgo, pītisambojjhaṅgo, passaddhisambojjhaṅgo, samādhisambojjhaṅgo, upekkhāsambojjhaṅgo.

일곱 가지 깨달음의 구성요소[七覺支]**가 있으니** (1) **마음챙김의 깨달음의 구성요소**[念覺支] (2) **법을 간택하는 깨달음의 구성요소**[擇法覺支] (3) **정진의 깨달음의 구성요소**[精進覺支] (4) **희열의 깨달음의 구성요소**[喜覺支] (5) **편안함의 깨달음의 구성요소**[輕安覺支] (6) **삼매의 깨달음의 구성요소**[定覺支] (7) **평온의 깨달음의 구성요소**[捨覺支]**이다.**

[해설]

일곱 가지 깨달음의 구성요소 가운데서 '법을 간택함[擇法, dhammavicaya]'은 물·심의 현상을 있는 그대로 보는[如實知見, yathābhūtaṁ pajānāti] 통찰지를 지칭한다. 편안함(passaddhi)은 마음과 마음부수의 편안함이다.(제2장 §5의 해설 참조) 여기서 평온(upekkhā)은 느낌에 속하는 평온이 아니고 아름다운 마음부수에 속하는 중립(tatramajjhattatā)을 뜻한다. 법의 간택과 정진과 희열은 마음이 나태하지 못하게 하고 편안함과 삼매와 평온은 마음이 들뜨지 못하게 한다. 마음챙김은 이 두 부류가 서로를 넘어서지 않고 균등하게 일어나도록 하는 역할을 한다.

§30. **여덟 가지 도의 구성요소**[八正道, aṭṭha maggaṅga]

30. aṭṭha maggaṅgāni: sammādiṭṭhi, sammāsaṅkappo, sammā-vācā, sammākammanto, sammāājīvo, sammāvāyāmo, sammāsati, sammāsamādhi.

여덟 가지 도의 구성요소가 있으니 (1) **바른 견해**[正見] (2) **바른 사유**[正思惟] (3) **바른 말**[正語] (4) **바른 행위**[正業] (5) **바른 생계**[正命] (6) **바른 정진**[正精進] (7) **바른 마음챙김**[正念] (8) **바른 삼매**[正定]**이다.**

[해설]

'여덟 가지 도의 구성요소[八正道]'들 가운데 '바른 견해[正見]'는 고·집·멸·도의 사성제(四聖諦)를 바르게 알도록 하는 통찰지(반야)의 마음부수이다. '바른 사유[正思惟]'는 출리(出離, nekkhamma)와 악의 없음(avyāpāda)과 해코지 않음(ahiṁsa)으로 향하는 일으킨 생각[尋, vitakka]이다. '바른 말[正語]', '바른 행위[正業]', '바른 생계[正命]'는 세 가지 절제(virati)와 일치하고 '바른 정진[正精進]'은 위 §25의 4정근과 같고 '바른 마음챙김[正念]'은 위 §24의 4념처와 같고 '바른 삼매[正定]'는 경의 방식대로 분류한 4禪을 뜻한다.(D22/ii.313 참조)

그러면 『청정도론』에 나타난 팔정도의 각각에 대해서 살펴보자.

[청정도론 XVI]: "76. 간략히 설하면[81] 네 가지 진리를 통찰(paṭivedha)하기 위해서 도닦는 수행자의 통찰지의 눈[慧眼, paññā-cakkhu]이 바른 견해[正見, sammā-diṭṭhi]이다. 그 혜안은 열반을 대상으로 삼으며 무명의 잠재성향을 뿌리 뽑는다. 바른 견해의 특징은 바르게 보는 것(sammā-dassana)이다. 이것은 요소[界]를 드러내는 역할을 한다.[82] 무명의 어둠을 쓸어버림으로 나타난다."

---

81) 상세한 설명은 XXII. §3 이하를 참조할 것.

82) "이것은 '궁극적인 것을 드러내는 역할을 한다. 네 가지 진리를 드러내는 역할을 한다.'는 뜻이다(paramatthapakāsana-rasā, catusaccavibhāvana-kiccāti attho)."(Pm.ii.215)

"77. 그런 바른 견해를 가진 자가 마음을 열반(nibbāṇa-pada)으로 기울이는 것(abhiniropana)이 바른 사유[正思惟, sammā-saṅkappa]이다. 이것은 그릇된 사유를 부순다. 바른 사유의 특징은 마음을 대상으로 바르게 기울이도록 하는 것이다. 이것의 역할은 본삼매를 가져오는 것이다. 그릇된 사유를 버림(pahāna)으로 나타난다."

"78. 그렇게 보고 생각하는 자가[83] 그릇된 말을 절제하는 것이 바른 말[正語, sammā-vācā]이다. 이것은 [바른 사유와] 연결되어있고, 그릇된 말버릇을 부순다. 이것의 특징은 껴안는 것[84](pariggaha)이다. 절제하는 역할을 한다. 그릇된 말을 버림으로 나타난다."

"79. 그렇게 절제하는 자가 살생 등을 절제하는 것이 바른 행위[正業, sammā-kammanta]이다. 이것은 [바른 말]과 연결되어있고, 그릇된 행위를 끊어버린다(samucchedika). 이것은 나쁜 행위를 부순다. 이것의 특징은 일어나게 하는 것(samuṭṭhāpana)[85]이다. 절제하는 역할을 한다. 그릇된 행위를 버림으로 나타난다."

"80. 바른 말과 바른 행위가 청정해지도록 그릇된 생업으로부터 절제함이 바른 생계[正命, sammā-ājīva]이다. 이것은 [바른 말과 바른 행위와] 연결되어있고, 음모 등을 끊는다. 이것의 특징은 깨끗이 함(vodāna)이다. 합리적인 생계를 일으키게 하는 역할을 한다. 그릇된 생계를 버림으로 나타난다."

"81. 바른 말, 바른 행위, 바른 생계라 불리는 계의 땅[地]에 굳건히 서있는 자의 노력(vīriya)이 바른 정진[精進, sammā-vāyāma]이다. 이것

83) "앞서 그 특징을 설한 바른 견해로 보고, 바른 사유로 마음을 그 대상인 열반에 둘 때라는 뜻이다."(Pm.ii.215)

84) "거짓말 등은 속이는 역할을 하기 때문에 거칠어서 함께 생긴 법들을 보듬지 못한다. 그러나 바른 말의 고유성질은 그것과 반대되기 때문에 함께 생긴 법들을 사랑으로 보듬는다."(Pm.ii.215)

85) "즉 해야 할 일거리를 가져온다는 뜻이다."(Pm.ii.215)

은 그것에 걸맞고 그것과 연관되었으며 게으름(kosajja)을 물리친다. 이것의 특징은 용감함(paggaha)이다. 일어나지 않은 해로운 것을 일어나지 않게 하는 역할을 한다. 그릇된 정진을 버림으로 나타난다."

"82. 이와 같이 정진하는 자가 그의 마음에 잊지 않음이 바른 마음챙김[正念, sammā-sati]이다. 이것은 그릇된 마음챙김을 흔들어버린다.[86] 이것의 특징은 확립하는 것이다. 잊어버리지 않는(asammussana) 역할을 한다. 그릇된 마음챙김을 버림으로 나타난다."

"83. 이와 같이 그의 마음이 수승한 마음챙김으로 보호될 때 마음이 한 끝으로 [집중]됨[心一境性]이 바른 삼매[正定, sammā-samādhi]이다. 이것은 그릇된 삼매를 없애버린다. 이것의 특징은 마음이 흩어지지 않는 것(avikkhepa)이다. 집중하는 역할(samādhāna)을 한다. 그릇된 삼매를 버림으로 나타난다."

§31. 설명

31. ettha pana cattāro satipaṭṭhānā ti sammāsati ekāva pavuccati. tathā cattāro sammappadhānā ti ca sammāvāyāmo.

여기서 네 가지 마음챙김의 확립[四念處]은 오직 하나의 바른 마음챙김[正念]을 뜻한다. 그와 마찬가지로 네 가지 바른 노력[四正勤]은 바른 정진[正精進]을 뜻한다.

---

86) "몸 등에 대해서 아름다움이라는 측면을 거머쥠으로써 생긴 것이 바로 [아름다움의 인식]이다. 이러한 아름다움의 인식 등이 선행하는 것이 해로움[不善]의 무더기인 그릇된 마음챙김이다. 바른 마음챙김은 그것을 흔들어버린다. 그래서 '그릇된 마음챙김을 흔들어버린다.'고 한 것이다(kāyādīsu subhādi-ākār-upadhāraṇavasena pavattā subhasaññādi-pubbaṅgamā akusalakkhandhā micchāsati, tassā viddhaṁsano micchāsati-vini-ddhunano)."(Pm.ii.216)

그릇된 마음챙김(micchā-sati)에 대해서는 제7장 §17의 해설과 주해도 참조할 것.

§32. **법에 따라**

32. chando cittam upekkhā ca saddhā-passaddhi-pītiyo
sammādiṭṭhi ca saṅkappo vāyāmo viratittayaṁ
sammāsati samādhī ti cuddas' ete sabhāvato
sattatiṁsappabhedena sattadhā tattha saṅgaho.

열의, 마음, 평온, 믿음, 편안함, 희열,
바른 견해, [바른] 사유, [바른] 정진, 세 가지 절제,
바른 마음챙김, [바른] 삼매
— 이 14가지 법은 고유성질에 따라
37가지 분류를 통해 7가지 길라잡이에 포함되었다.

§33. **일어남에 따라**

33. saṅkappapassaddhi ca pīt'upekkhā
chando ca cittaṁ viratittayañ ca
nav'ekaṭhānā viriyaṁ nav' aṭṭha
satī samādhī catu pañca paññā
saddhā duṭhān' uttamasattatiṁsa-
dhammānaṁ eso pavaro vibhāgo.
sabbe lokuttare honti na vā saṅkappapītiyo
lokiye pi yathāyogaṁ chabbisuddhipavattiyaṁ.

[바른] 사유, 편안함, 희열, 평온, 열의, 마음, 세 가지 절제,
이 아홉 가지는 각각 오직 한 번 일어난다.
정진은 아홉 번 일어나며
마음챙김은 여덟 번, 삼매는 네 번, 통찰지는 다섯 번,

믿음은 두 번 일어난다.
— 이것이 이 으뜸가는 37가지 법의 분석이다.
이 모든 것은 [바른] 사유와 희열이 있을 때를 제외하고
출세간의 마음에서 일어난다.
세간적인 마음에서는 적절하게
여섯 가지 청정의 과정에서 일어난다.

[해설]

§32에서 37가지 깨달음의 편에 있는 법은 하나의 마음과 13가지 마음부수라는 14가지 구경법으로 줄어듦을 밝혔다. §33에서는 이들 14가지를 37가지 구성요소와 대조하고 있다. 이들의 관계는 <도표 7.3>을 참조하기 바란다.

'정진'은 사정근의 네 가지와 사여의족, 오근, 오력, 칠각지, 팔정도에 하나씩 모두 9번 나타난다.

'마음챙김'은 사념처의 네 가지와 오근, 오력, 칠각지, 팔정도에 하나씩 모두 8번 나타난다.

'삼매'는 오근, 오력, 칠각지, 팔정도에 하나씩 모두 4번 나타난다.

'통찰지'는 사여의족, 오근, 오력, 칠각지, 팔정도에 하나씩 모두 5번 나타난다.

'믿음'은 오근과 오력에 하나씩 모두 2번 나타난다.

'[바른] 사유(saṅkappa)'는 제2禪과 그 위의 영역에서 일어나는 출세간에서는 일어나지 않는다. 왜냐하면 바른 사유[正思惟, sammā-saṅkappa]는 일으킨 생각[尋, vitakka]의 마음부수이고 제2禪과 그 이상의 경지의 禪과 함께하는 출세간의 도와 과는 일으킨 생각을 넘어섰기 때문이다. 같이하여 '희열[喜, pīti]'은 제4禪과 제5禪과 함께하는 출세간의 도와 과에서는 일어나지 않는다.

<도표 7.3> 37보리분과 마음부수들과의 관계

마음부수들 \ 37보리분		4념처	4정근	4여의족	5근	5력	7각지	8정도	합계
1	정진(精進)		4						9
2	마음챙김(念)	4							8
3	통찰지(慧)								5
4	집중(一境性)								4
5	믿음(信)								2
6	일으킨 생각(尋)								1
7	편안함(輕安)								1
8	희열(喜)								1
9	평온(捨)								1
10	열의(欲)								1
11	마음(心)								1
12	바른 말(正語)								1
13	바른 행위(正業)								1
14	바른 생계(正命)								1

여섯 가지 청정(cha-visuddhi): '여섯 가지 청정'이란 일곱 가지 청정 가운데 처음 여섯 가지 세간적인 청정을 말한다.(일곱 가지 청정에 대해서는 제9장 §22를 참조할 것.) 이 여섯 가지는 수행 과정으로서의 계(계행, sīla)와 정(삼매, samādhi)과 혜(통찰지, paññā)를 확장하여 배대시킨 것이라 할 수 있다. 일곱 번째인 지와 견에 의한 청정[知見淸淨]은 출세간도를 증득하는 것이기 때문에 세간적인 청정에 속하지 않는다. 이 37가지 보리분법(菩提分法)은 여섯 가지 청정의 과정에서 상황에 따라 여러 가지 조합으로 나타난다.

IV. 일체의 길라잡이
sabba-saṅgaha

[해설]

저자는 이제 '일체의 길라잡이(sabba-saṅgaha)'라는 제목으로 다섯 가지 무더기[五蘊, khandha], 열두 가지 감각장소[十二處, āyatana], 열여덟 가지 요소[十八界, dhātu], 네 가지 진리[四諦, sacca], 즉 온·처·계·제의 네 가지 주제를 들고 있다. 이들은 마음과 마음부수와 물질(구체적 물질, nipphanna-rūpa)과 열반의 72가지 구경법 전체와 통합될 수 있는 경장과 논장에서 정형화된 가르침이다. 이들 정형화된 가르침들은 결코 추상적인 존재론을 발전시킬 의도로 조직된 것이 아니라 위빳사나의 지혜(vipassanā-ñāṇa)와 통찰지를 통해 반드시 이해되어야 할 정신·물질의 영역을 보여주기 위한 것이다. 이것은 "비구들이여, 일체를 최상의 지혜로 알지 못하고 철저하게 알지 못하고 탐욕이 빛바래지 못하고 버리지 못하면 괴로움을 멸진할 수 없다."[87]라는 부처님

87) "sabbaṁ, bhikkhave, anabhijānaṁ aparijānaṁ avirājayaṁ appajahaṁ abhabbo dukkhakkhayāya."(S35:26/iii.17)

의 말씀과 일치한다.[88]

§34. **다섯 가지 무더기**[五蘊, pañca-kkhandha]

34. sabbasaṅgahe pañcakkhandhā: rūpakkhandho, vedanākkhandho, saññākkhandho, saṅkhārakkhandho, viññāṇakkhandho.

일체의 길라잡이에서 다섯 가지 무더기[五蘊]**는** (1) **물질의 무더기**[色蘊] (2) **느낌의 무더기**[受蘊] (3) **인식의 무더기**[想蘊] (4) **심리현상들의 무더기**[行蘊] (5) **알음알이의 무더기**[識薀]**이다.**

[해설]

'무더기[蘊]'로 번역한 khandha는 적집(abhisaṁyūhita), 덩어리(abhisaṅkhipita), 더미(rāsi) 등으로 이해할 수 있다. 부처님께서는 존재를 이들 다섯 가지 무더기로 분석하신다. 『상윳따 니까야』 제3권 「무더기[蘊] 경」(S22:48) 등에서 부처님께서는 말씀하신다.

"물질이라고 하는 것은 그 어떤 것이든, 그것이 과거의 것이든 미래의 것이든 현재의 것이든, 안의 것이든 밖의 것이든, 거칠든 미세하든, 저열하든 수승하든, 멀리 있든 가까이 있든 — 이를 일러 물질의 무더기[色蘊]라 한다."(S22:48 §4/iii.47 등)

이것은 나머지 네 가지에도 적용이 된다. 오온과 구경법들과의 관계는 제1장 §2의 해설에서 설명이 되었다.

---

88) 여기서 설명되고 있는 5온・12처・18계・4제와 앞의 혼합된 범주의 22근과 제8장에서 설명되는 12연기는 초기불교 교학의 주제이다. 온・처・계・근・제・연으로 정리되는 이들 초기불교 교학의 주제는 『초기불교이해』 제2편 초기불교의 교학(85쪽 이하)에 상세하게 설명되어 있으므로 참조하기 바란다.

§35. 취착의 [대상인] 다섯 가지 무더기[五取蘊]

35. pañc'upādānakkhandhā: rūpupādānakkhandho, vedanupādāna-kkhandho, saññupādānakkhandho, saṅkhārupādānakkhandho, viññāṇ-upādānakkhandho.

취착의 [대상인] 다섯 가지 무더기[五取蘊]는 (1) 취착의 [대상인] 물질의 무더기[色取蘊] (2) 취착의 [대상인] 느낌의 무더기[受取蘊] (3) 취착의 [대상인] 인식의 무더기[想取蘊] (4) 취착의 [대상인] 심리현상들의 무더기[行取蘊] (5) 취착의 [대상인] 알음알이의 무더기[識取蘊]이다.

[해설]

이것을 '취착의 [대상인] 다섯 가지 무더기[五取蘊]'라고 하는 이유는 이들 다섯 가지는 취착의 대상들을 구성하기 때문이다.[89] 앞에서 인용한 「무더기[蘊] 경」(S22:48)에서 부처님께서는 "어떠한 물질이든 그것이 과거의 것이든 미래의 것이든 현재의 것이든 … 가까운 것이든 번뇌와 함께하고(sāsavaṁ) 취착하기 마련인 것을(upādānīya) 일러 취착의 [대상이 되는] 물질의 무더기라고 부른다."(S22:48 §5/iii.48)라고 말씀하신다. 이것은 나머지 네 가지에도 적용이 된다. 그러면 어떻게 취착하는가? 여러 경에서 '이것은 내 것이다. 이것은 나다. 이것은 나의 자아이다.'(M22 §15 등)라고 정형화하고 있다.

여기서 위 §7에서 나타난 네 가지 취착의 영역에 들어온 오온의 모든 요소들을 취착의 [대상인] 무더기[取蘊]라고 부르고 있다. 이것은 세간에 속하는 물질의 무더기와 네 가지 정신의 무더기를 포함한다. 출세간의 네 가지 정신의 무더기는 취착의 [대상인] 무더기에 포함되

---

89) "취착들의 대상이 되는 무더기들이 '취착의 [대상인] 무더기들'이다(upādānā-naṁ ārammaṇabhūtā khandhā upādānakkhandhā)."(VṬ.i.239)

지 않는다. 그들은 완전히 취착의 영역을 넘어섰기 때문이다. 즉 그들은 탐욕과 사견의 대상이 될 수 없기 때문이다.

§36. **열두 가지 감각장소**[十二處, āyatana]

36. dvādas'āyatanāni: cakkhāyatanaṁ, sotāyatanaṁ, ghānāyata-naṁ, jivhāyatanaṁ, kāyāyatanaṁ, manāyatanaṁ, rūpāyatanaṁ, saddāyatanaṁ, gandhāyatanaṁ, rasāyatanaṁ, phoṭṭhabbāyata-naṁ, dhammāyatanaṁ.

12가지 감각장소[十二處]**는** (1) **눈의 감각장소** (2) **귀의 감각장소** (3) **코의 감각장소** (4) **혀의 감각장소** (5) **몸의 감각장소** (6) **마노의 감각장소** (7) **형색의 감각장소** (8) **소리의 감각장소** (9) **냄새의 감각장소** (10) **맛의 감각장소** (11) **감촉의 감각장소** (12) **법의 감각장소이다.**

[해설]

'감각장소[處, 入]'로 옮긴 āyatana는 ā(이리로)+√yat/yam(*to strech, to move*)에서 파생된 중성명사이다. 중국에서는 '이쪽으로 온다'는 문자적인 의미를 중시하여 입(入)으로 번역하기도 하고 이 단어가 장소(*base, sphere*)의 의미로 쓰이므로 처(處)라고 옮기기도 한다. 보통 12연기에서는 육입(六入)으로, 12처와 공무변처 등의 4처는 처(處)로 옮기고 있다. 역자들은 감각 작용과 관계된 육입이나 12처는 '감각장소'로 옮기고 4처는 '처'로 옮긴다. 먼저 āyatana에 대한 정의부터 『청정도론』을 통해서 살펴보자.

[청정도론 XV]: "4. 일반적으로 설명하면 ① 노력하기 때문에(āyatanato) ② 생긴 [마음과 마음부수]를 펴기 때문에(āyānaṁ tanato) ③ 인도하기 때문에(āyatassa nayanato) 장소[處, āyatana]라 한다고 알

아야 한다.

① 눈과 형색 등에서 마음과 마음부수들은 눈을 문으로 형색을 대상으로 가져서 경험하는 등의 각각의 작용으로 노력한다, 존재한다, 힘쓴다, 애쓴다는 뜻이다.

② 그 눈과 형색 등은 이 생긴(āya) 마음과 마음부수들을 편다(tananti), 확장시킨다는 뜻이다.

③ 비롯함이 없는 윤회를 거듭하면서 겪은 긴(āyata) 윤회의 고통이 끝나지 않는 한 이것은 [긴 윤회의 고통으로] 인도한다(nayanti), 생기게 한다는 뜻이다.

이와 같이 이 모든 법들은 노력하기 때문에, 생긴 [마음과 마음부수들]을 펴기 때문에, 인도하기 때문에 '아야따나(장소), 아야따나'라고 한다."

"5. 다시 ① 머무는 장소(nivāsaṭṭhāna)의 뜻으로 ② 광산(ākara)의 뜻으로 ③ 만나는 장소(samosaraṇa)의 뜻으로 ④ 출산지(sañjāti-desa)의 뜻으로 ⑤ 원인(kāraṇa)의 뜻으로 장소(아야따나)를 알아야 한다.

이 가운데서 세상에서는 ① 잇사라 아야따나[自在天處, Issara-āyatana], 와수데와 아야따나[梵蘇天處, Vāsudeva-āyatana] 등으로 머무는 장소(거주처)의 뜻으로, 아야따나라 한다. ② 수완나 아야따나(suvaṇṇa-āyatana, 금광), 라자따 아야따나(rajata-āyatana, 은광) 등에서는 광산을 뜻한다.

그리고 교법에서는 ③ "아름다운 곳에 새들이 모인다."(A.iii.43)라는 등에서는 만남의 장소를 뜻한다. ④ "남쪽은 소의 산지이다."라는 등에서는 출산지를 뜻한다. ⑤ "그런 원인(āyatana)이 있을 때는 언제든지 그것을 실현하는 능력을 얻는다."(A.i.258)라는 등에서는 원인(kāraṇa)을 뜻한다."90)

"6. 다시 ① 눈 등에는 여러 가지 마음과 마음부수들이 머문다. 그

[마음과 마음부수들]은 그 [눈 등]을 의지하여 머물기 때문에 눈 등은 그들이 머무는 장소이다. 그들은 눈 등에서 일어난다. ② 눈 등을 의지하며 형색들을 대상으로 하기 때문에 눈 등은 그들의 광산이다. ③ 눈 등은 그들이 만나는 장소이다. 그곳에서 토대(vatthu)로, 문(dvāra)으로, 대상(ārammaṇa)으로 만나기 때문이다. ④ 눈 등은 그들의 출산지이다. 그들을 의지처로, 대상으로, 바로 그곳에서 생기기 때문이다. ⑤ 눈 등은 그들의 원인이다. 그들이 없을 때 그 [마음과 마음부수]도 없기 때문이다."

12가지 감각장소[十二處]는 일체(sabba)에 대한 또 다른 시각을 제공한다. 이런 시각에서 보면 일체인 구경법들을 문(dvāra)과 마음의 대상의 측면에서 조망할 수 있다.

(1)~(5)의 감각장소는 다섯 가지 감성(pasāda)의 물질과 일치하고 (7)~(11)의 감각장소는 다섯 가지 대상(gocara)의 물질과 일치한다.

그러나 (6) 마노[意]의 감각장소는 마노의 문(dvāra)보다는 더 큰 범위를 나타낸다. 이것은 89가지 형태의 마음 모두를 포함하는 알음알이의 무더기 전체와 일치한다.

(12) 법의 감각장소[法處]는 법이라는 대상(dhamma-ārammaṇa)과 완전히 합치하지는 않는다. 이것은 처음의 다섯 가지 대상(gocara)과 다섯 가지 감성(pasāda)과 마노의 감각장소[意處]와 일치하는 마음(citta)을 제외한다. 그리고 이것은 개념(paññatti)도 제외한다. 감각장소[處, āyatana]라는 것은 추상적 물질을 포함한 구경법, 즉 고유성질(sabhāva)을 가진 것들에게만 적용되고 개념으로만 존재하는 것들에 대해서는 적용되지 않기 때문이다. 그러므로 법의 감각장소[法處]는 52가지 마음부수와 16가지 미세한 물질(sukhuma-rūpa)과 열반으로 구성된다.(아래

90) 여기에 대해서는 『청정도론』 XI.122를 참조할 것.

〈도표 7.4〉 네 가지 구경법과 5온 · 12처 · 18계

4구경법	5온	12처	18계
물질〔色〕 28	색온(色蘊)	눈의 감각장소〔眼處〕	눈의 요소〔眼界〕
		귀의 감각장소〔耳處〕	귀의 요소〔耳界〕
		코의 감각장소〔鼻處〕	코의 요소〔鼻界〕
		혀의 감각장소〔舌處〕	혀의 요소〔舌界〕
		몸의 감각장소〔身處〕	몸의 요소〔身界〕
		형색의 감각장소〔色處〕	형색의 요소〔色界〕
		소리의 감각장소〔聲處〕	소리의 요소〔聲界〕
		냄새의 감각장소〔香處〕	냄새의 요소〔香界〕
		맛의 감각장소〔味處〕	맛의 요소〔味界〕
		감촉의 감각장소〔觸處〕	감촉의 요소〔觸界〕
		법의 감각장소〔法處〕 (미세한 물질, 마음부수들, 열반)	법의 요소〔法界〕 (미세한 물질, 마음부수들, 열반)
마음부수〔心所〕 52	수온(受蘊)		
	상온(想蘊)		
	행온(行蘊)		
열반 1	없음		
마음〔心〕 89	식온(識蘊)	마노의 감각장소〔意處〕	눈의 알음알이의 요소〔眼識界〕
			귀의 알음알이의 요소〔耳識界〕
			코의 알음알이의 요소〔鼻識界〕
			혀의 알음알이의 요소〔舌識界〕
			몸의 알음알이의 요소〔身識界〕
			마노의 요소〔意界〕
			마노의 알음알이의 요소〔意識界〕

§39 참조)

이 감각장소[處]와 요소[界]는 『청정도론』 XV에서 자세히 설명된다.

§37. 열여덟 가지 요소[十八界, dhātu]

37. aṭṭhārasa dhātuyo: cakkhudhātu, sotadhātu, ghānadhātu, jivhādhātu, kāyadhātu, rūpadhātu, saddadhātu, gandhadhātu, rasadhātu, phoṭṭhabbadhātu, cakkhuviññāṇadhātu, sotaviññāṇadhātu, ghānaviññāṇadhātu, jivhāviññāṇadhātu, kāyaviññāṇadhātu, manodhātu, dhammadhātu, manoviññāṇadhātu.

18가지 요소[十八界]는 (1) 눈의 요소[眼界] (2) 귀의 요소 (3) 코의 요소 (4) 혀의 요소 (5) 몸의 요소 (6) 형색의 요소[色界] (7) 소리의 요소 (8) 냄새의 요소 (9) 맛의 요소 (10) 감촉의 요소 (11) 눈의 알음알이의 요소[眼識界] (12) 귀의 알음알이의 요소 (13) 코의 알음알이의 요소 (14) 혀의 알음알이의 요소 (15) 몸의 알음알이의 요소 (16) 마노의 요소[意界] (17) 법의 요소[法界] (18) 마노의 알음알이의 요소[意識界]이다.

[해설]

'요소[界]'로 옮긴 dhātu는 √dhā(*to put*)에서 파생된 여성명사로 문자적으로는 '놓아진 것'이며 '구성요소, 원소, 성분, 속성'등을 뜻한다. 중국에서는 界로 옮겼고 영어에서는 *element*로 정착되었다. 먼저 『청정도론』의 정의부터 살펴보자.

[청정도론 XV]: "20. ① 세간적인 요소[界, dhātu]는 원인을 통해서 결정되어 갖가지 형태의 윤회의 고통을 나른다. 마치 금, 은 등의 요소를 가진 광석이 금, 은 등을 생기게 하듯이.(XI. §20 참조) 마치 ② 짐꾼이 짐을 나르듯 중생이 이것을 나른다(dhīyante). 운반한다(dhārayanti)는

뜻이다. ③ 이들은 단지 고통을 나르는 것일 뿐이다. 어느 누구도 이들을 제어할 수 없기 때문이다. ④ 이 요소를 통해 중생은 윤회의 고통을 나른다. ⑤ 이처럼 날라져온 고통이 이 요소(dhātu)에 놓여진다, 머문다는 뜻이다. 이와 같이 눈 등에서 각각의 법을 적절하게 나른다(vidahati), 놓아진다(dhīyati)는 등의 뜻에서 요소(dhātu)라 한다."

"21. 더구나 외도들이 주장하는 자아라는 것은 고유성질(sabhāva)로 볼 때 없지만 이 요소들은 그렇지 않다. 이들은 각자 자신의 고유성질을 지니기 때문에 요소[界]라 한다.

세간에서 공작석, 비석 등 여러 가지 색깔을 가진 암석의 요소를 다뚜(요소)라고 부르듯이 이들도 다뚜와 같기 때문에 다뚜(요소)라고 한다. 왜냐하면 이들은 지혜(ñāṇa)와 알아야 할 대상(ñeyya)의 구성 성분(avayava)이기 때문이다. 혹은 체액과 피 등은 몸이라 불리는 것의 성분(요소)이며, 특징이 다르기 때문에 서로서로 차이가 난다. 일반적으로 그들을 일러 다뚜라고 한다.

이와 마찬가지로 다섯 가지 무더기[五蘊]라 불리는 몸의 요소 등에도 다뚜라는 용어가 사용된다고 알아야 한다. 왜냐하면 이들 눈 등도 특징이 달라서 서로서로 한정되어있기 때문이다."

"22. 요소는 영혼이 아닌 것[非命, nijjīva]의 동의어이다. 세존께서 "비구여, 이 사람은 여섯 가지 요소를 가졌다.(M140/iii.239)"라는 등에서 영혼이라는 산냐[壽者想]를 부수기 위해 요소[界]라는 가르침을 설하셨다.[91] 그러므로 이미 설명한 뜻대로 '눈이 곧 이 요소이기 때문에

91) 영혼이라는 산냐(jīvasaññā)는 『금강경』의 수자상(壽者相, jīva-sañjñā)과 똑같은 단어이다. 한편 『담마상가니』의 주석서인 『앗타살리니』는 법(dhamma)을 'nissatta-nijjīvatā'로 정의하고 있는데(DhsA.38) 이것은 '중생(satta)도 아니고 영혼(jīva)도 아님'이라는 말이다. 요소[界]로 옮기고 있는 dhātu도 dhamma와 같은 어근인 √dhṛ(*to hold*)에서 파생된 단어인데 법이나 요소라는 용어가 자아라는 산냐[我相]나 인간이라는 산냐[人相]

눈의 요소[眼界]이고 … 마노의 알음알이[意識]가 곧 이 요소이기 때문에 마노의 알음알이의 요소[意識界]이다.'라는 뜻에 따라 판별을 알아야 한다."

『위바위니 띠까』는 이 요소(dhātu)들은 그들 자신의 고유성질을 가지고(dhārenti, √dhṛ, *to hold*) 있기 때문에 요소라고 부른다[92]고 정의하고 있다. 이 18계는 12처에서 마노의 감각장소[意處]를 다시 마음의 일곱 요소들로 분해해서 얻어진다.(제3장 §21 참조) 전체적으로 감각장소[處]와 요소[界]는 일치한다.(무더기[蘊], 감각장소[處], 요소[界]와 네 가지 구경법과의 상호관계에 대해서는 <도표 7.4>를 참조할 것.)

§38. 네 가지 성스러운 진리[四聖諦, ariyasacca]

38. **cattāri ariyasaccāni: dukkhaṁ ariyasaccaṁ, dukkhasamudayo ariyasaccaṁ, dukkhanirodho ariyasaccaṁ, dukkhanirodhagāminī-paṭipadā ariyasaccaṁ.**

네 가지 성스러운 진리[四聖諦]**는** (1) **괴로움의 성스러운 진리**[苦聖諦] (2) **괴로움의 일어남의 성스러운 진리**[苦集聖諦] (3) **괴로움의 소멸의 성스러운 진리**[苦滅聖諦] (4) **괴로움의 소멸로 인도하는 도닦음의 성스러운 진리**[苦滅道聖諦]**이다.**

[해설]

'진리[諦]'로 옮긴 sacca는 √as(*to be*)에서 파생된 중성명사이다. √as는 '있다, ~이다'를 뜻하는 영어의 be동사와 마찬가지로 범어 일반에서 널리 사용되는 어근이다. 이것의 현재능동분사가 sat이고 여기에

나 중생이라는 산냐[衆生相]나 영혼이라는 산냐[壽者相] 등을 부수기 위한 것임을 명심해야 한다.

92) "attano sabhāvaṁ dhārentīti dhātuyo."(VbhA.77; Moh.179; VṬ.230)

다가 가능분사를 만드는 어미 '-ya'를 첨가하여 satya라는 형용사를 만들었는데 이것의 빠알리어 형태가 sacca이다. 그래서 형용사로 쓰이면 '진실한, 사실인' 등의 의미이다. 중성명사로서는 '진실, 진리, 사실, 실제'라는 의미로 쓰인다. 불교에서는 고·집·멸·도를 네 가지 성스러운 진리라 하여 사성제라 부른다.

한편, 범어 일반에서 많이 쓰이는 또 다른 *be*동사로 √bhū(*to be, to become*)가 있다. 빠알리 삼장에서 보면 *be*동사는 거의 대부분 hoti(√bhū의 3인칭 현재형)이며 √as의 삼인칭 현재형인 atthi보다 훨씬 많이 나타난다. 어원으로 살펴보면 √as는 '이다·아니다'나 '있다·없다'의 존재의 개념에 가깝고 √bhū는 '된다, ~라 한다'는 의미로서 진행의 개념에 가깝다 할 수 있다. 그래서 모든 현상에 대해서 '있다[有]·없다[無]'라는 존재론적 사고를 피하는 불교에서는 기본적으로 진행이나 생성, 그리고 되어감의 개념을 나타내는 √bhū를 더 선호한다고 볼 수 있다. 그러면 『청정도론』에 나타나는 sacca의 설명을 살펴보자.

[청정도론 XVI]: "26. 진리[諦, sacca]라는 단어는 여러 뜻으로 사용된다.

"그는 진리를 말해야 한다. 화를 내어서는 안 된다."(Dhp. {224})는 등에서는 말의 진리라는 뜻으로 사용되었다.

"수행자와 바라문은 진리에 서있다."(Jā.ii.97)는 등에서는 절제의 진리라는 뜻으로 사용되었다.

"왜 스스로 지자라고 말하는 그들은 여러 가지 진리를 말하는가?"(Sn. {885})라는 등에서는 견해의 진리라는 뜻으로 사용되었다.

"진리는 하나뿐이고 두 번째는 없다."(Sn. {884})는 등에서는 궁극적인 뜻에서 진리인 열반과 도의 뜻으로 사용되었다.

"네 가지 진리에 얼마나 많은 유익한 것[善]이 있는가?"(Ps.ii.108)라는 등에서는 성스러운 진리라는 뜻으로 사용되었다.

여기서도 이것은 성스러운 진리의 뜻으로 사용되었다. 이와 같이 뜻을 추적함에 따라 판별을 알아야 한다."

"24. 만약 '무엇이 진리라는 뜻인가'라고 한다면 — 통찰지의 눈[慧眼, paññā-cakkhu]으로 면밀히 조사하는 사람들에게 이것은 환(幻)처럼 변화하는 것이 아니며, 신기루처럼 속이는 것이 아니며, 외도들이 주장하는 자아처럼 고유성질을 얻지 못하는 것이 아니다. 각각 괴롭힘(bādhana), 기원(pabhava), 고요(santi), 출구(niyyana)의 형태이며 진실이고 변화하지 않으며 사실인 것으로서 성스러운 지혜(ariya-ñāṇa)의 영역이다. 불의 특징처럼, 세간의 본질처럼, 진실하고 변화하지 않고 사실인 것이 진리의 뜻이라고 알아야 한다. 그래서 상세하게 말씀하셨다. "비구들이여, '이것이 괴로움이다.'라는 것은 진실이다. 이것은 거짓이 아니다. 이것은 그렇지 않은 것이 아니다."(S56:20/v.430)"

"25. 더욱이 다음과 같이 뜻에 따라 판별을 알아야 한다.

압박 없는(abādhaka) 괴로움 없고 괴로움 떠난 압박 없으니
압박하는 것이 확실하므로 이것을 진리라 한다.
그것을 떠나 따로 괴로움 없고
그것으로부터 생기지 않은 괴로움 없다[苦諦].

애착(visattikā)이 고통의 원인됨이 확실하므로
이것을 진리라 한다[集諦].
열반을 떠나 따로 고요 없고
그것으로부터 생기지 않은 고요 없다.
고요한 상태가 확실하므로 이것을 진리라 한다[滅諦].

길(magga)을 떠나 따로 출구(niyyāna) 없고

출구가 없는 것은 길이 아니다.
진실한 출구이기 때문에 진리라 한다[道諦].
이처럼 지자들은 괴로움 등 네 가지 진리에 예외 없이
진실하고 헛되지 않으며 사실인 진리의 뜻을 설하셨다."

"28. 윤회의 일어남을 설하시면서 세존께서는 그것을 원인과 함께 설하셨고 윤회의 멸함도 그 방법과 함께 설하셨다. 이와 같이 최대의 수치로 일어남과 멸함과 그 둘의 원인인 넷을 설하셨다. 그와 마찬가지로 [괴로움을] 철저하게 알아야 하고(pariññeyya) [원인[集]을] 버려야 하고(pahātabba) [멸을] 실현해야 하고(sacchikātabba) [도를] 닦아야 하는(bhāvetabba) 것으로, 갈애의 토대와 갈애와 갈애의 소멸과 갈애의 소멸로 인도하는 길로, 집착(ālaya)[93]과 집착을 기뻐함과 집착의 소멸과 집착의 소멸로 인도하는 길로 오직 넷을 설하셨다. 이와 같이 모자라지도 넘치지도 않는 것으로써 이것의 판별을 알아야 한다."

93) '집착'으로 옮긴 ālaya는 ā+√lī(*to cling*)에서 파생된 명사로서 유식에서 '아뢰야'로 음역되는 바로 그 단어이다. 초기불전에서도 등장하는 용어로서 '달라붙다'라는 뜻이며 '집착, 욕망, 소유물, 의지처' 등의 의미로 쓰인다. 부처님께서 정각을 성취하시고 그것을 세상에 펴기를 주저하신 이유가 "사람들은 집착을 좋아하고 집착을 기뻐하고 집착을 즐기기 때문"(ālayarāmā kho panāyaṁ pajā ālayaratā ālayasammuditā — M26 §19)이라고 하셨다.

『맛지마 니까야 주석서』는 "중생들은 다섯 가닥의 감각적 쾌락에 집착하기(allīyanti) 때문에 다섯 가닥의 감각적 쾌락을 집착(ālaya)이라 부르고, 108가지 갈애(taṇhā)에 집착하기 때문에 집착이라 부른다."(MA.ii.174)라고 설명하고 있다.

『빠라맛타만주사』는 "집착(ālaya)은 다섯 가닥의 감각적 쾌락, 혹은 모든 대상에 대한 욕망, 혹은 욕계, 색계, 무색계인 이 세 가지 형태의 존재에 대한 욕망이라 불린다."(Pm.ii.195)로 설명하고 있다. 유식에서 모든 유위의 최종의 의지처라는 의미로 알라야 윈냐나(아뢰야식)를 설하는 것은 후대에 달라진 개념이다.

(1) **괴로움의 성스러운 진리**[苦聖諦]:

[청정도론 XVI]: "16. 어원에 따라: 여기서 [둑카(dukkha,괴로움)의] '두(du)'라는 단어는 비열하다(kucchita)라는 뜻으로 사용된다. 왜냐하면 비열한 아이를 두뿟따(dupputta)라고 말하기 때문이다. '카(kha)'라는 단어는 비었다(tuccha)라는 뜻으로 사용된다. 왜냐하면 텅 빈 허공을 카(kha)라고 말하기 때문이다. 첫 번째 진리는 여러 가지 위험이 도사리는 소굴이기 때문에 비열하고, 어리석은 사람들이 상상하는 항상함, 아름다움, 행복, 자아가 없기 때문에 비었다. 그러므로 비열하기(두) 때문에, 비었기(카) 때문에 둑카(괴로움)라고 부른다."

"31. 성스러운 진리를 설하시면서 세존께서는 괴로움의 해설에서 다음과 같은 12가지 법을 설하셨다. "비구들이여, 그러면 무엇이 괴로움인가? 태어남도 괴로움이다. 늙음도 괴로움이다. 병도 괴로움이다. 죽음도 괴로움이다. 근심 · 탄식 · 육체적 고통 · 정신적 고통 · 절망도 괴로움이다. 싫어하는 [대상들과] 만나는 것도 괴로움이다. 좋아하는 [대상들과] 헤어지는 것도 괴로움이다. 원하는 것을 얻지 못하는 것도 괴로움이다. 간략히 설하자면 취착의 [대상인] 다섯 가지 무더기[五取蘊] 자체가 괴로움이다.(Vbh.99)"라고."

(2) **괴로움의 일어남의 성스러운 진리**[集聖諦]: 일어남으로 옮긴 samudaya는 saṁ(함께)+ud(위로)+√i(*to go*)에서 파생된 남성명사로서 '함께 위로 올라오다'이며 '일어남, 생겨남, 발생, 기원, 원인' 등을 뜻한다. 중국에서는 이 사성제의 samudaya를 集(집)으로 옮겼다.

[청정도론 XVI]: "17. [삼우다야(samudaya, 일어남)의] '삼(saṁ)'이라는 단어는 '함께 오다, 함께 모이다' 등에서 결합(saṁyoga)의 뜻을 나타낸다. '우(√u/ud)'라는 단어는 '일어나다, 위로 오르다' 등에서 오르다

(uppatti)의 뜻을 나타낸다. '아야(aya)'라는 단어는 원인(kāraṇa)을 나타낸다. 이 두 번째 진리가 다른 조건들과 결합되면 둑카(dukkha, 괴로움)가 일어나는 원인이 된다. 이와 같이 다른 조건이 결합되면 둑카가 일어나는 원인이 되기 때문에 둑카사무다야(괴로움의 일어남)라고 부른다."

"31. … 일어남의 해설에서 세 가지 갈애를 다음과 같이 설하셨다. "그것은 갈애이니, 다시 태어남을 가져오고 즐김과 탐욕이 함께하며 여기저기서 즐기는 것이다. 즉 감각적 쾌락에 대한 갈애(kāma-taṇhā), 존재에 대한 갈애(bhava-taṇhā), 존재하지 않음에 대한 갈애(vibhava-taṇhā)이다(M9/i.48 ~49; Vbh.101)."라고."

(3) **괴로움의 소멸의 성스러운 진리**[滅聖諦]: 니로다(nirodha)는 ni(아래로)+√rudh(*to obstruct*)에서 파생된 남성명사로서 '아래로 억압하다'는 문자적인 뜻에서 '억압, 억제, 소멸' 등으로 옮긴다.

[청정도론 XVI]: "18. 세 번째 진리(nirodha, 소멸)에서 '니(ni)' 라는 단어는 없음(abhava)을, '로다(rodha)'라는 단어는 감옥을 나타낸다. 그러므로 여기서는 모든 태어날 곳(gati)이 없기 때문에 윤회의 감옥이라 불리는 괴로움의 압박이 없다. 혹은 이것을 증득하면 윤회의 감옥이라 불리는 괴로움의 압박이 없다. 왜냐하면 이것은 그것과 반대되기 때문이다. 그래서 둑카니로다(괴로움의 소멸)라고 부른다. 혹은 생겨남이 없는 소멸의 조건이기 때문에 둑카니로다라고 한다."

"65. 궁극적인 뜻에서 괴로움의 소멸의 성스러운 진리란 열반을 말한다. 이것을 얻고서 갈애가 빛바래고 소멸하기 때문에 빛바래어 소멸함이라 한다. 그 [열반을] 얻고서 그 [갈애를] 버림 등이 있고, 감각적 쾌락의 집착들 가운데 단 하나의 집착도 없기 때문에 버림, 놓아버림, 해탈, 집착 없음이라 했다."(열반에 대해서는 제6장 §31을 참조할 것.)

(4) **괴로움의 소멸로 인도하는 도닦음의 성스러운 진리**[道聖諦]: '인도하는'으로 옮긴 gāmini라는 단어는 √gam(*to go*)에서 파생된 형용사로서 '가는, 이르는, 인도하는'을 뜻하는 gāmin의 여성 단수형이다. 이것이 수식하는 paṭipadā가 여성명사이기 때문이다. paṭipadā는 prati(~에 대하여)+√pad(*to go*)에서 파생된 여성명사로서 '그것을 밟고 지나가는 것'이라는 의미에서 '길, 도, 도닦음' 등을 뜻한다. 일반적으로 道로 옮기는 magga와 동의어로 취급하지만 magga는 주로 출세간의 도를 뜻하고 paṭipadā는 출세간의 도와 일반적인 수행의 길을 모두 다 의미하는 넓은 의미로 쓰인다. 그리고 빠띠빠다는 실제 그것 위로 밟고 지나간다는 의미가 강하므로 역자들은 '도닦음'으로 옮긴다.

[청정도론 XVI]: "19. 네 번째 진리는 소멸[滅, nirodha]을 대상으로 직면해(abhimukha) 있기 때문에 괴로움의 소멸(dukkha-nirodha)로 인도한다. 괴로움의 소멸로 인도하는 길이기 때문에 도닦음(paṭipadā)이라 한다. 그러므로 네 번째 진리를 괴로움의 소멸로 인도하는 도닦음(dukkha-nirodha-gāminī paṭipadā)이라고 부른다."

"31. … 도의 해설에서 "어떤 것이 괴로움의 소멸로 인도하는 도닦음의 성스러운 진리인가? 이것은 오직 성스러운 팔정도[八支聖道]이다. 즉 바른 견해, 바른 사유 … 바른 삼매이다."(Vbh.104)라고 여덟 가지 법을 설하셨다."(팔정도의 각각에 대해서는 위 §30의 해설 참조)

여기서 분명히 해야 할 점은 37보리분법에서는 팔정도는 세간적일 수도 있고 출세간적일 수도 있다. 그러나 사성제에서 팔정도는 전적으로 출세간도에 속한다.

§39. **설명**

39. ettha pana cetasika-sukhumarūpa-nibbānavasena ekūnasattati dhammā dhammāyatanaṁ dhammadhātū ti saṅkhaṁ gacchanti. manāyatanam eva sattaviññāṇadhātuvasena bhijjati.

여기서 [52가지] 마음부수와 [16가지] 미세한 물질과 열반 — 이 69가지 법은 법의 감각장소[法處]와 법의 요소[法界]라고 부른다. 오직 마노의 감각장소[意處]가 일곱 가지 알음알이의 요소[識界]로 나눠졌다.

§40. **요약**

40. rūpañ ca vedanā saññā sesacetasikā tathā
viññāṇam iti pañc'ete pañcakkhandhā ti bhāsitā.
pañc'upādānakkhandhā ti tathā tebhūmakā matā
bhedābhāvena nibbānaṁ khandhasaṅgahanissaṭaṁ.
dvārārammaṇabhedena bhavant'āyatanāni ca
dvārālambataduppannapariyāyena dhātuyo.
dukkhaṁ tebhūmakaṁ vaṭṭaṁ taṇhā samudayo bhave
nirodho nāma nibbānaṁ maggo lokuttaro mato.
maggayuttā phalā c'eva catusaccavinissaṭā
iti pañcapabhedena pavutto sabbasaṅgaho.

물질, 느낌, 인식, 나머지 마음부수들, 알음알이,
이 다섯은 오온이라 부른다.
위의 법들이 삼계에 속할 때 오취온이라 한다.
열반은 [과거, 현재, 미래로] 분별할 수 없기 때문에
무더기[蘊]의 길라잡이에 포함되지 않는다.
문과 대상의 차이에 따라 [12] 감각장소[處]가 있다.

문과 대상과 상응하는 알음알이에 따라 [18]요소[界]가 있다.
삼계에 윤회하는 것이 괴로움이고, 갈애가 그것의 원인이다.
소멸이 열반이고, 도는 출세간이다.
도와 과와 결합된 마음부수들은 사성제에 포함되지 않는다.
이와 같이 일체의 길라잡이가 5가지로 설명되었다.

[해설]

도와 과와 결합된 마음부수들은: 팔정도에 해당하는 여덟 가지 마음부수를 제외한 나머지 출세간도를 구성하는 다른 마음부수법들과 그 마음 자체는 엄밀히 말하면 팔정도에 해당되지 않는다. 그러므로 사성제에 포함되지 않는다. 네 가지 과(果)도 역시 사성제의 구조에서는 제외된다.(VṬ.233)[94]

iti Abhidhammatthasaṅgahe
samuccayasaṅgahavibhāgo nāma
sattamo paricchedo.

이와 같이 아비담맛타상가하에서
범주의 길라잡이라 불리는
제7장이 끝났다.

94) "도와 결합된 29가지 법들과 과에 속하는 37가지 법들은 사성제에 포함되지 않는다. [고·집·멸·도인] 사성제에서 벗어나 있기 때문이다."(PdṬ.372)
출세간도와 과에는 모두 36개의 마음부수와 한 개의 마음이 결합되어 있는데(<도표 2.4> 참조) 이 가운데 팔정도에 해당하는 8가지를 뺀 29가지가 도와 결합된 29가지 법들이다. 과는 도가 아니기 때문에 팔정도에 포함되지 않고 그래서 사성제에도 포함되지 않는다. 그러므로 과와 결합된 37가지 법들은 모두 사성제에 포함되지 않는다.

제8장

paccaya-saṅgaha-vibhāga
조건의 길라잡이

제8장 조건의 길라잡이

paccaya-saṅgaha-vibhāga

[해설]

제7장까지 우리는 찰나생 · 찰나멸을 거듭하는 정신(마음과 마음부수)과 물질에 대한 아비담마의 심도 있는 해석을 살펴보았다. 그리고 제1장을 시작하면서 역자들은 이런 물 · 심의 모든 현상은 서로서로 깊은 관계 속에서 매 찰나 일어나고 사라지는 것을 거듭하며[緣起] 천류(遷流)해가는 과정(*process*)으로 표현했다. 이제 제8장을 통해서 우리는 이 물 · 심의 현상들이 어떤 조건 속에서 생멸을 거듭하며 천류해 가는지를 살펴보게 된다. 이런 조건을 아비담마에서는 paccaya[緣, 조건]라 부르며 마음 · 마음부수 · 물질의 복잡다단한 관계가 24가지 빳짜야로 모두 설명이 된다. 이 24가지 조건[緣, paccaya]은 상좌부 아비담마에서 가장 어려운 분야에 속한다.

그러면 먼저 빳짜야라는 빠알리어의 뜻부터 살펴보자. '조건'으로 옮기고 있는 paccaya는 원래 prati(~를 대하여)+√i(*to go*)의 동명사인데 남성명사로 정착되었다. 먼저 『청정도론』을 통해서 빳짜야의 의미를 살펴보자.

[청정도론 XVII]: "44. 그것을 조건하여(paṭicca) 결과가 오기(eti) 때문에 조건(paccaya)이라 한다. '조건하여'라는 것은 그것이 없이는 안 된다, 거부하지 않고라는 뜻이다. 온다(eti)는 것은 일어난다, 생긴다는 뜻이다. 나아가서 도와준다는 것(upakāraka)이 조건의 뜻이다. …"

"68. 이것이 조건(paccaya)의 뜻이다. 조건하여[緣, paṭicca] 그것으로부터 [결과가] 온다(eti)라고 해서 조건(paccaya)이라 한다. 그것을 거부하지 않고(appaccakkhāya) 있다(vattati)는 뜻이다. 어떤 법이 어떤 법을 거부하지 않고 머물거나 일어나면 이 [두 번째] 법은 그 첫 번째 법의 조건이라고 말한다. 특징에 따라 [설명하면], 빳짜야는 도와준다는 특징을 가진다. 어떤 법이 다른 법이 머물거나 일어나는 데 도움을 주면 이것이 그것의 조건이다. 조건(paccaya), 원인(hetu), 이유(kāraṇa), 근본(nidāna), 근원(sambhava), 기원(pabhava) 등은 뜻으로는 하나이며 글자만 다를 뿐이다."

'조건(paccaya)'을 이해하는 데는 제일 먼저 '조건 짓는 법(paccaya-dhamma)'과 '조건 따라 생긴 법(paccayuppanna-dhamma)'과 '조건 짓는 힘(paccaya-satti)'의 세 가지 개념을 정리해야 한다. 특히 '조건 짓는 법'과 '조건 따라 생긴 법'을 정확히 구분하지 못하면 큰 혼란이 생기게 된다.

먼저 『청정도론』의 정의부터 살펴보자.

[청정도론 XVII]: "4. 연기(緣起, paṭicca-samuppāda)란 조건 짓는 법들(paccaya-dhammā)이고 연기된 법들[緣而生法, paṭicca-samuppanna-dhammā]이란 이 조건 따라 생긴(nibbatta) 법들이다."

그러므로 "무명을 조건으로 하여 [업]형성들[行]이 있다."(S12:1 등)라고 했을 때 무명은 조건 짓는 법이고 [업]형성들[行]은 조건 따라 생긴 법이다. 이렇게 이 둘이 조건 따라 일어나는 관계를 설명한 것이 연기이다. 그러면 조건 짓는 힘(paccaya-satti)은 무엇인가? 조건 짓는 법들이 가지고 있는, 결과를 발생하게 하고 성취시키는 고유한 힘을 말한다.[95] 연기는 조건 짓는 법과 조건 따라 생긴 법만을 설명하지만 조건 짓는 힘까지 취급하는 것이 빳타나(paṭṭhāna, 상호의존관계)라고 주석가들은 설명한다.

『청정도론』에서는 제17장의 제목을 '통찰지의 토양에 대한 해설(paññābhūminiddesa)'로 하고 '연기에 대한 설명(paṭiccasamuppādakathā)'을 부제로 하여 제17장 전체를 12연기를 설명하는 데에 할애하고 있다. 이렇게 12연기를 상세하게 설명하면서 24가지 빳타나(paṭṭhāna)를 이 12연기의 가르침 속에 포함시켜 설명하고 있다.(Vis.XVII.66~100) 그러나 본서의 여기 제8장에서는 '조건의 길라잡이(paccaya-saṅgaha-vibhāga)'라는 제목하에 paṭiccasamuppāda(연기)와 paṭṭhāna(상호의존관계)를 분리하여 설하고 있다. 다시 말하면 조건[緣, paccaya]이라는 주제하에 연기(緣起, paṭiccasamuppāda)와 상호의존관계(paṭṭhāna)를 분리하여 포함시키고 있다. 『청정도론』은 니까야에 나타나는 연기를 설명하는 것이 주목적이고 본서는 아비담마의 요점을 정리하는 것을 목적으로 하기 때문이다.

불교의 목적은 '괴로움을 여의고 행복을 실현하는 것[離苦得樂]'으로 정리된다. 이것은 극복해야 할 괴로움[苦]과 그 원인[集]을 밝히고 괴로움이 없어진 경지이며 궁극적 행복인 열반[滅]과 괴로움을 없애고 열반을 실현하는 길[道]로 정리된 불교의 진리 사성제, 즉 네 가지 성스러운 진리의 내용이기도 하다. 그리고 이것은 다시 괴로움과 괴로움의 발생구조를 체계적으로 밝히는 12연기의 유전문과 괴로움의 소멸구조를 드러내고 있는 12연기의 환멸문과 정확하게 배대가 된다.

이처럼 12연기로 정리되는 연기(緣起, paṭiccasamuppāda)의 가르침이 '괴로움의 발생구조와 소멸구조'를 체계적으로 드러내는 경장의 교학

95) '조건 짓는 힘(paccaya-satti)'에 대해서는 아래 §2의 해설 3과 §11 앞의 II. 상호의존관계의 방법에 대한 해설을 참조할 것.

체계라 한다면 상호의존관계(paṭṭhāna)는 주로 82법으로 정리되는 고유성질을 가진 법들의 상호간의 관계를 24가지 조건의 체계를 통해서 밝히는 논장, 즉 아비담마의 가르침이다. 상호의존관계는 경장에는 나타나지 않고 아비담마에서 제법의 상호의존관계를 밝히는 것으로 체계화한 가르침이다. 그리고 이러한 연기의 가르침과 상호의존관계의 가르침은 상좌부 아비담마에서 가장 난해하고 어려운 부분으로 여기고 있다. 그래서 붓사고사 스님도 연기의 가르침을 설명하면서 이렇게 어려움을 토로하고 있다.

[청정도론 XVII]: "25. … 본질적으로 연기의 주석은 어렵다. 이와 같이 옛 스승들은 말씀하셨다.

> "진리(sacca), 중생(satta), 재생연결(paṭisandhi), 조건(paccaya),
> 이 네 가지 법은 보기 어렵고 가르치기도 아주 어렵다."

그러므로 전승된 가르침을 통달하거나 수행하여 법을 증득한 자가 아니면 연기의 주석은 불가능하다고 생각하면서,

> 그러나 오늘 나는 조건의 구조를 설명하기를 원한다.
> 마치 깊은 바다 속으로 빠져든 사람처럼
> 그 발판을 찾지 못하는구나.
> 그러나 여러 가지 가르침의 방법으로
> 이 교법은 잘 장엄되어 있고
> 옛 스승들의 길은 끊이지 않고 전해 내려오고 있다.
> 그러므로 이 둘을 의지하여 그것의 주석을 시작하리라.
> 주의 깊게 잘 들어라."

§1. 서시

1. yesaṁ saṅkhatadhammānaṁ ye dhammā paccayā yathā
taṁ vibhāgam ih' edāni pavakkhāmi yathārahaṁ.

이제 나는 형성된 법들[有爲法]과 그 조건이 되는 법들과
또 그것들이 어떻게 [서로 관련되어 있는지]
그 분석을 적절하게 설하리라.

[해설]

1. **형성된 법들**(saṅkhata-dhammā): '형성된 법들[有爲法]'이란 조건 따라 생긴 법(paccaya-uppanna-dhamma)을 뜻한다. 다시 말하면 모든 마음, 마음부수법들, 그리고 네 가지 특징(lakkhaṇa, 제6장 §4와 §15 참조)을 제외한 모든 물질들을 의미한다.

2. **그 조건이 되는 법들**(ye dhammā paccaya): '조건(paccaya)'이란 다른 법들이 일어나거나 지속하도록 도와주는 것(upakāraka)을 뜻한다.[96] 다시 말해 조건이 작용하면 그것과 관련된 아직 일어나지 않은 다른 법들은 일어나게 하고 이미 일어난 법들은 존속하도록 지탱하는 것이다. 모든 조건 지어진 현상들뿐만 아니라 열반과 개념(paññatti)들도 이 조건 짓는 법(paccaya-dhamma)들의 범주에 포함된다.

3. **또 그것들이 어떻게 [서로 관련되어 있는지]**(yathā): 이것은 조건 짓는 법과 조건 따라 생긴 법들 사이에 작용하는 24가지 조건 짓는 힘(satti)을 뜻한다.(아래 §2의 해설 3과 §11 앞의 해설을 참조할 것.)

---

96) "paccayā ṭhitiyā uppattiyā ca upakārakā."(VṬ.234)

§2. 간략하게 설하면 — 두 가지 방법

2. paṭiccasamuppādanayo paṭṭhānanayo cā ti paccayasaṅgaho duvidho veditabbo.

tattha tabbhāvabhāvībhāvākāramattopalakkhito paṭiccasamuppāda-nayo. paṭṭhānanayo pana āhaccapaccayaṭṭhitim ārabbha pavuccati. ubhayaṁ pana vomissetvā papañcenti ācariyā.

조건[緣]의 길라잡이는 (1) 연기(緣起, paṭiccasamuppāda)의 방법과 (2) 상호의존관계(paṭṭhāna)의 방법 2가지이다.

그중에서 연기의 방법은 그 [조건 짓는 법]의 성질을 [의지하여 다른] 어떤 성질이 단지 드러나는 것이 그 특징이다. 그러나 상호의존관계의 방법은 조건들의 효능과 관련하여 설한다. 스승들은 두 방법을 혼합하여 논의한다.

[해설]

1. **연기의 방법**(paṭiccasamuppāda-naya):

'연기(緣起)'로 옮긴 paṭiccasamuppāda에서 paṭicca는 prati(~를 대하여)+√i(*to go*)의 동명사로서 문자적으로는 '[그것을] 향하여 가고서'이며 '의지하여'의 뜻을 나타낸다. samuppāda는 saṁ(함께)+ud(위로)+√pad(*to go*)에서 파생된 남성명사로 '함께 위로 간다'는 문자적인 뜻에서 '일어남, 발생, 근원, 기원'의 뜻을 나타낸다. 그래서 전체적으로 paṭiccasamuppāda는 '의지하여 일어남', 즉 '조건'을 뜻하며 중국에서 연기(緣起)로 정착되었다. 이것의 과거분사형인 paṭiccasamuppanna도 많이 나타나는데 이것은 조건 따라 생긴 '결과'를 뜻한다. 이 경우에는 대부분 조건 따라 생긴 법(paṭiccasamuppanna-dhamma)이라는 문맥에서 나타나고 있다. 예를 들면 '느낌을 조건으로 갈애가 있다

[受緣愛, 수연애]에서 갈애[愛]는 paṭicca-samuppanna-dhamma, 즉 조건 따라 생긴 법이다.

연기(緣起)는 초기경에서 아래 §3에서 나타나는 12연기로 정형화되어 나타난다. 『청정도론』의 설명을 한 부분만 살펴보자.

[청정도론 XVII]: "5. … 연기는 늙음・죽음 등의 법들에게 조건이 되는 것이 그 특징이다. 괴로움을 뒤따르는 것(anubandhana)이 역할이며 나쁜 길(kummagga)로서 나타난다고 알아야 한다."

"21. ① 앞의 단어(즉, 緣)로 영원함[常見] 등이 없음을
② 뒤의 단어(즉, 起)로 단멸[斷見] 등의 논파를
③ 두 단어를 [합쳐서] 바른 방법(ñāya)을 밝혔다."

"22. ① 앞의 단어로: 빠띳짜[緣]라는 단어는 조건의 화합(sāmaggi)을 가리킨다. 생기는 법들은 조건의 화합을 의지하여 존재하기 때문에 그 빠띳짜[緣]라는 단어는 영원하다거나(sassata), 원인 없이(ahetu) [생긴다거나], [신이나 창조주 등] 거짓 원인(visama-hetu)으로부터 [생긴다거나], 지배자에 의해서 존재한다는 주장(vasavatti-vāda) 등으로 분류되는 영원함[常見] 등이 없음을 보여준다. 영원하다거나 원인 없이 생긴다는 [견해] 등에게 이 조건의 화합이 무슨 소용이 있겠는가?"

"23. ② 뒤의 단어로: 사뭅빠다[起]라는 단어는 법들이 일어나는 것을 가리킨다. 조건이 화합할 때 법들이 일어나기 때문에 단멸이라거나(uccheda) 허무하다거나(natthika) 지음이 없다(akiriya, 도덕적 행위의 과보가 없다)는 견해가 논파되었다. 그러므로 이 사뭅빠다라는 단어는 단멸이라는 등이 논파되었음을 보여준다. 이전의 조건에 따라 계속해서 법들이 일어날 때 어떻게 단멸하고, 허무하고 지음이 없는 견해가 발붙일 수 있겠는가?"

"24. ③ 두 단어를 [합쳐서]: 각 조건이 화합하여 상속(相續)하는 것을 방해하지 않고 각각의 법들이 생기기 때문에 전체 단어인 빠띳짜사

뭅빠다[緣起]는 중도(中道, majjhimā paṭipadā)를 가리킨다. 이것은 "그가 짓고 그가 [그 과보를] 경험한다. … 다른 사람이 짓고 다른 사람이 [그 과보를] 경험한다."(S12:17/ii.20)라는 견해를 버린다. 일상적으로 사용하던 언어를 고집하지 않는다.[97] 세간에서 통용되는 명칭[98]을 넘어서지 않는다.[99] 이와 같이 전체 단어인 빠띳짜사뭅빠다[緣起]는 바른 방법을 보여준다. 이것이 빠띳짜사뭅빠다라는 단어의 뜻이다."

2. **그 [조건 짓는 법]의 성질을 [의지하여 다른] 어떤 성질이 단지 드러나는 것**(tabbhāva-bhāvī-bhāva-ākāra-matta):

이 특이한 합성어는 초기경에서 추상적으로 정형화되어 나타나는 "이것이 있으면 저것이 있고 이것이 일어나면 저것이 일어난다(imasmiṁ sati idaṁ hoti imassuppādā idaṁ uppajjati)."(M38 §19 등)라는 연기의 대원칙을 묘사하는 말이다.(PdṬ.375) 여기서 '그 [조건 짓는 법]의 성질'로 옮긴 tabbhāva는 tat(그)-bhāva(상태, 성질)로 분석이 되는데 조건 짓는 것(āccaya-dhamma)을 뜻하고 bhāvī는 그 조건 따라 생긴 결과를 뜻하며 bhāva(성질)-ākāra(모양)-matta(단지)는 '단지 드러남' 정도의 의미인데 조건 따라 생긴 법이 단지 일어나는 것을 뜻한

97) "여자, 남자 등이 일상적인 생활 용어이다. 지자들도 '다섯 가지 무더기[五蘊]를 데리고 오라.'거나 '정신 · 물질[名色]을 데리고 오라.'고 하지 않고 여자 혹은 남자라고 말한다. 그러나 법을 잘 모르는 사람들은 이 사람은 남자이고 이 사람은 여자라고 고집한다. 그것은 단지 그러한 형태로 일어나는 법에 대한 개념일 뿐이다. 그래서 연기법을 아는 지자들은 결코 그처럼 고집하지 않는다."(Pm.ii.236)

98) 여기서 '세간에서 통용되는 명칭'으로 옮긴 단어는 janapada-nirutti이다. 『맛지마 니까야』 제4권 「무쟁(無諍)의 분석 경」(M139)에서는 janapada-nirutti를 방언으로, samañña를 표준어로 옮겼다. 여기에 대해서는 M139 §12를 참조하기 바란다.

99) "중생이라는 말을 듣고 '무엇이 중생이지? 그것이 물질인가? 느낌인가?' 등으로 분석하지 않고, 사용되고 있는 명칭에 반대하지 않고 세상 사람들이 하는 것처럼 표준적인 명칭에 따라 세간적인 것을 표현한다."(Pm.ii.236)

다.(VṬ.234, PdṬ.379)

연기의 12가지 구성요소에 적용되면 이 원칙은 예를 들어 무명(avijjā) 등의 어떤 조건들이 존재하면 그 조건들에 의지하여 조건 따라 생긴 법들, 즉 [업]형성들[行, saṅkhārā] 등이 일어난다는 것을 뜻한다.

3. **상호의존관계의 방법**(paṭṭhāna-naya):

'상호의존관계'로 옮겨본 paṭṭhāna는 사념처에서 설명했듯이(제7장 §24의 해설 참조) pra(앞으로)+√sthā(*to stand*)에서 파생된 중성명사이며 '출발, 시작, 개시, 근원' 등을 뜻한다. 그래서 일본에서는 發趣(발취)로 옮겼으며 중국에서는 分, 發, 發願, 處, 行, 趣向(분, 발, 발원, 처, 행, 취향) 등으로 옮겼다. 이것은 어떤 한 현상[法]이 존재하는 원인이나 출발점을 뜻하는데 이 단어가 특히 논장의 칠론 가운데 마지막 권의 제목으로 쓰이면서 보편화되었다. 특히 상좌부에서 정착된 24가지 조건[緣, paccaya]은 이 『빳타나』에서 상세하게 논의된다.100) 한편 CMA는 전자인 연기(緣起, 조건발생, paṭicca-samuppāda)를 *dependant origination*으로, 후자인 빳타나(paṭṭhāna)를 *conditional relations*(조건관계)로 구분하여 옮겼다. 후자는 *correlation*(상관관계)으로 옮기기도 한다.(CEB) 이런 점들을 참조하여 초판에서 '상호의존'으로 옮긴 paṭṭhāna를 개정판에서는 '상호의존관계'로 옮기고 있다.

여기서 '상호의존관계의 방법(paṭṭhāna-naya)'이라는 것은 논장의 마지막인 『빳타나』에서 설해진 방법이다.101) 조건 짓는 법(paccaya-dhamma)과 조건 따라 생긴 법(paccayuppanna-dhamma)과 그들이 일어나는 구조만을 다루는 연기의 방법과는 대조적으로 상호의존관계의 방법은 조건 짓는 힘(paccaya-satti)까지도 취급한다. 여기서 힘(satti,

---

100) "nānappakārāni ṭhānāni paccayā etthātyādinā paṭṭhānaṁ."(VṬ.234)

101) "paṭṭhāne desito nayo paṭṭhānanayo."(PdṬ.375)

Sk. sakti)이라는 것은 결과를 발생하게 하고 성취시키는 힘을 말한다. 마치 고추의 매운 맛은 고추의 고유한 성질이므로 고추가 없이는 존재할 수 없는 것과 같다. 그와 같이 조건 짓는 힘은 조건 짓는 법들에 고유한 성질이므로 이 법들이 없이는 존재할 수 없다. 모든 조건 짓는 법은 그들의 독특한 힘을 가지고 있는데 이 힘이 그들로 하여금 조건 따라 생긴 법들을 일어나게 하는 것이다. 그러므로 24가지 조건은 24가지 각각 다른 조건 짓는 힘을 가지고 있다.[102]

4. **조건들의 효능**(āhacca-paccaya-ṭṭhiti)**과 관련하여**: '조건들의 효능'이라는 번역은 āhacca-paccaya-ṭṭhiti라는 옮기기 쉽지 않은 합성어를 의역한 것이다. āhacca는 ā(이리로)+√hṛ(*to carry*)의 동명사로서 '이리로 가져와서'라는 문자적인 뜻에서 '~에 관해서'라는 뜻으로 쓰였다. paccayaṭṭhiti는 paccaya(조건)+ṭhiti(√sthā, *to stand*의 여성명사로서 '머묾, 머무는 곳, 굳건함, 확립' 등을 뜻함)로 분석되는데 이 둘은 동격관계이다. 그러므로 전체적으로 āhacca-paccaya-ṭṭhiti는 '조건의 확립' 정도로 옮길 수 있겠다.[103] 즉 연기가 단지 조건 짓는 법에 초점을 맞춘 것이라면 상호의존관계(paṭṭhāna)는 그보다는 조건의 특별한 힘을 설명하는 것을 중시한다는 의미이다.

여기서 조건의 확립을 조건의 특이한 점 = 조건의 특이한 힘 = 조건의 효능으로 해석해서 레디 사야도는 이 단어를 "조건의 특이한 힘, 즉

102) 담마빨라(Dhammapāla) 스님은 『청정도론』의 복주서인 『빠라맛타만주사』에서 원인이라는 조건(hetupaccaya)을 주석하면서 원인(hetu)은 [조건 짓는] 법(dhamma) 그 자체가 아니라 [조건 짓는] 법이 가지는 '특별한 힘(sattivisesa)'이라고 설명하고 있다.(tena na idha hetusaddena dhamma-ggahaṇaṁ kataṁ, atha kho dhammassa sattiviseso gahitoti dasseti. — Pm.ii.266~267)

103) '조건의 확립'으로 직역할 수 있고 '조건들의 효능'으로 옮기고 있는 āhacca-paccaya-ṭṭhiti에 대해서는 아래 §11의 표제어인 'II. 상호의존관계의 방법'에 대한 해설의 주해를 참조할 것.

그들의 다양한 효력"으로 설명하면서[104] '조건의 힘(paccaya-satti)'으로 정착시켰다. 아래 §11 앞의 'II. 상호의존관계의 방법'의 해설을 참조할 것.

5. **스승들은 두 방법을 혼합하여 설명한다**: 이것은 이미 설명한 것처럼 『청정도론』에서 나타나고 있다. 『청정도론』의 제17장에서는 24가지 상호의존관계(paṭṭhāna)는 12연기에서 각 요소들 사이의 상호관계를 밝히기 위해서 채용되었다.

I. 연기의 방법

paṭiccasamuppāda-naya

[해설]

연기는 본질적으로 윤회(vaṭṭa)의 연기 구조에 대한 설명이다. 이것은 나고 죽는 윤회의 바퀴를 지탱하여 한 생에서 다른 생으로 돌아가게 하는 조건들을 밝힌 것이다. 주석서에서는 연기를 '조건이 결합함을 반연하여 결과가 균등하게 일어남'[105]으로 정의하고 있다. 이것은 어떤 한 가지 원인도 단독으로 결과를 일어나게 할 수 없다는 뜻이다. 나아가서 결과들의 집합을 일어나게 하는 조건들의 집합이 있다라는 뜻이다. '이것이 있으면 저것이 있고 이것이 일어나면 저것이 일어난다.' 라는 연기의 정형구에서 하나의 법이 다른 것의 조건이라고 했을 때 이것은 조건들의 집합 가운데 주원인을 골라내어 결과의 집합 가운데 가장 중요한 결과와 연관 짓기 위한 것이다.

---

104) "ettha hetu ārammaṇādivasena tathātathā upakārakatāsaṅkhāto paccayasatti viseso āhaccapaccayaṭṭhiti nāma. … paccayasatti visesuddhāravasena āhacca matthakaṁ pāpetvā desitattā āhaccapaccayaṭṭhitī ti vuccati."(PdṬ.375)

105) "paccaya-sāmaggiṇ paṭicca samaṁ phalānaṁ uppādo."(VṬ.234)

§3. 기본 정형구

3. tattha (1) avijjāpaccayā saṅkhārā, (2) saṅkhārapaccayā viññāṇaṁ, (3) viññāṇapaccayā nāmarūpaṁ, (4) nāmarūpapaccayā saḷāyatanaṁ, (5) saḷāyatanapaccayā phasso, (6) phassapaccayā vedanā, (7) vedanāpaccayā taṇhā, (8) taṇhāpaccayā upādānaṁ, (9) upādānapaccayā bhavo, (10) bhavapaccayā jāti, (11) jātipaccayā jarā-maraṇaṁ soka-parideva-dukkha-domanass'-upāyāsā sambhavanti. evam etassa kevalassa dukkhakkhandhassa samudayo hotī ti. ayam ettha paṭiccasamuppādanayo.

여기서

(1) 무명을 조건으로 [업]형성들[行][106]이[無明緣行],

(2) [업]형성들을 조건으로 알음알이가[行緣識],

(3) 알음알이를 조건으로 정신・물질이[識緣名色],

(4) 정신・물질을 조건으로 여섯 감각장소가[名色緣六入],

(5) 여섯 감각장소를 조건으로 감각접촉이[六入緣觸],

(6) 감각접촉을 조건으로 느낌이[觸緣受],

(7) 느낌을 조건으로 갈애가[受緣愛],

(8) 갈애를 조건으로 취착이[愛緣取],

(9) 취착을 조건으로 존재가[取緣有],

(10) 존재를 조건으로 태어남이[有緣生],

(11) 태어남을 조건으로 늙음・죽음과 근심・탄식・육체적 고통・

106) '[업]형성[行]'은 상카라(saṅkhāra)를 옮긴 것이다. 초기불전에 나타나는 상카라(saṅkhāra)의 용례와 우리말로 옮기는 문제에 대해서는 『초기불교 이해』 127쪽 이하와 『담마상가니』 제1권 해제(127쪽)를 참조할 것.(제1장 §4의 해설 4의 주해도 참조할 것.)

정신적 고통 · 절망이 일어난다[生緣老死憂悲苦惱].

이와 같이 모든 괴로움의 무더기[苦蘊]**가 일어난다.**

이것이 여기서 연기의 방법이다.

[해설]

먼저 『청정도론』에 나타나는 12가지 구성요소에 대한 설명부터 살펴보자.

[청정도론 XVII]: "36. 왜 여기서 무명을 첫 번째로 설하셨는가? 상캬학파에서 주장하는 빠까띠(Pakaṭi, Sk. Prakṛti)처럼 이 무명도 원인 없는 이 세상의 근본원인(mūlakāraṇa)인가?107) 그렇지 않다. 원인이 없는 것이 아니다. "번뇌(āsava)가 일어나기 때문에 무명이 일어난다." (M9/i.54)라고 무명의 원인을 설하셨기 때문이다. 그러나 방편(pariyāya)으로 이것이 근본원인이라고 설하신다. 그러면 그것은 무엇인가? 윤회를 설명할 때 출발점(sīsa-bhāva)이 되는 것이다."

"37. 세존께서 윤회를 설명하시면서 두 가지 법 중의 하나를 출발점으로 설하셨다. ① 무명을 출발점으로 하셨다. 이와 같이 설하셨기 때문이다. "비구들이여, '이 이전에는 무명이 없었고, 이 이후에 생겼다.'라는 무명의 시작점은 꿰뚫어 알아지지 않는다고 말해진다. 그러나 '조건이 있기 때문에 무명은 있다.'라고 꿰뚫어 알아진다."(A10:61/v.113)

혹은 ② 존재에 대한 갈애[有愛, bhava-taṇhā]를 출발점으로 하셨다. 이와 같이 설하셨기 때문이다. "비구들이여, '이 이전에는 존재에 대한

---

107) 앞에서도 언급했듯이(XVI. §91 주해 참조) 상캬학파에서는 존재를 뿌루샤(puruṣa, 原人)와 쁘라끄르띠(prakṛti, 自然)의 둘로 이해한다. 여기서 뿌루샤는 나고 죽음이 없는 眞人으로서 세상을 초월하여 존재하며 쁘라끄르띠는 이 세상이 돌아가는 근본원인(pradhāna)이라고 설명하고 있다. 그래서 붓다고사 스님도 여기서 '그러면 불교의 무명도 이런 쁘라끄르띠처럼 윤회의 근본원인이 되는 것인가?'라는 질문을 제기하여 그렇지 않음을 설명하고 있다.

갈애[有愛]가 없었고, 이 이후에 생겼다.'라는 존재에 대한 갈애의 시작점은 꿰뚫어 알아지지 않는다고 말해진다. 그러나 '조건이 있기 때문에 존재에 대한 갈애는 있다.'라고 꿰뚫어 알아진다."(A10:62/v.116)라고."

"38. 세존께서 윤회를 설명하실 때 왜 이 둘을 출발점으로 만들어 시작하셨는가? 이것이 선처와 악처로 인도할 업의 두드러진 원인(visesa-hetu)이 되기 때문이다."

"43. 뜻에 따라: 무명 등의 단어에 대한 뜻에 따라 [판별을 알아야 한다.] 예를 들면, 채우기에 적당하지 않다는 뜻에서 몸으로 짓는 나쁜 행위 등을 찾아서는 안 된다(avindiya). 즉 얻어서는 안 된다는 뜻이다. 찾지 말아야 할 것(avindiya)을 찾는다(vindati)라고 해서 무명(avijjā)이라 한다.

반대로 몸으로 짓는 좋은 행위 등을 찾아야 한다(vindiya). 찾아야 할 것(vindiya)을 찾지 않는다(na vindati)라고 해서 무명(avijjā)이라 한다.

무더기들[蘊]의 더미의 뜻, 장소들[處]의 장소의 뜻, 요소들[界]의 비었음[空]의 뜻, 기능들[根]의 다스린다는 뜻, 진리들[諦]의 진실의 뜻을 알지 못하도록(avidita) 하기 때문에 무명(avijjā)이라 한다.

괴로움 등을 압박 등으로 설한 네 가지 뜻(XVI. §15)을 알지 못하도록 하기 때문에(avidita) 무명(avijjā)이라 한다.

끝이 없는(anta-virahite) 윤회에서 중생을 모든 모태로, 태어날 곳으로, 존재로, 알음알이의 거주처로, 중생의 거처로 내몬다(javāpeti)라고 해서 무명(avijjā)이라 한다.

궁극적인 뜻에서 존재하지 않는 여자, 남자 등으로 달려가며, 존재하는 무더기 등으로 달려가지 않는다(na javati)라고 해서 무명(avijjā)이라 한다.

나아가서 눈의 알음알이 등의 토대와 대상과, 연기(조건)와 조건 따라 생긴 법[緣而生法]을 숨기기 때문에 무명이라 한다."

"44. … 형성된 것을 계속 형성한다(abhisaṅkharonti)고 해서 [업]형성들[行, saṅkhāra]이라 한다. 이것은 두 가지이다. 즉 ㉮ 무명을 조건으로 한 [업]형성들(상카라)과 ㉯ 상카라라는 이름으로 전승되어온 상카라(형성된 것)들이다.

이 가운데서 ㉮ 무명을 조건으로 한 [업]형성들[行]은 공덕이 되는 행위(puñña-abhisaṅkhāra), 공덕이 되지 않는 행위(apuñña-abhisaṅkhāra), 흔들림 없는 행위(āneñja-abhisaṅkhāra)의 세 가지와 몸과 말과 마음으로 짓는 행위(kāya-vacī-cittasaṅkhārā)의 세 가지로 여섯 가지이다.[108] 이들은 모두 세간적인 유익함과 해로움[善·不善]의 의도[cetanā]일 뿐이다."

"48. 알기[識別] 때문에 알음알이[識]이다.

[대상으로] 기울기 때문에 정신[名, nāma]이다.

변형되기 때문에 물질[色, rūpa]이다.

생긴 [마음과 마음부수들을] 펴기 때문에, 긴 윤회의 고통을 인도하기 때문에 감각장소[處, 入, āyatana]라 한다.

닿기 때문에 감각접촉[觸]이라 한다.

느끼기 때문에 느낌[受]이라 한다.

갈증내기 때문에 갈애[愛]라 한다.

취착하기 때문에 취착[取]이라 한다.

생존하고 생존하게 하기 때문에 존재[有]라 한다.

태어나는 것이 태어남[生]이다.

늙어가는 것이 늙음[老]이다.

이로 인해 죽기 때문에 죽음[死]이라 한다.

근심하는 것이 근심이다.

비탄하는 것이 탄식이다.

---

108) 이 여섯 가지는 『청정도론』 XVII.60~61에서 설명되어 있다.

고통스럽게 만들기 때문에 육체적 고통이다. 일어나고 머무는 것의 두 가지 방법으로(dvidhā) 파내기(khanati) 때문에 육체적 고통(dukkha)이다.

나쁜 마음 상태(dummana-bhāva)가 정신적 고통(domanassa)이다.

심한 근심이 절망이다.

일어난다(sambhavati)는 것은 생긴다는 뜻이다."

"51. 특징 등에 따라서:

① 무명은 지혜 없음(aññāṇa)의 특징을 가진다. 미혹하게 만드는(sammohana) 역할을 한다. 숨김(chādana)으로 나타난다. 가까운 원인은 번뇌(āsava)이다.

② [업]형성들[行]은 형성하는(abhisaṅkharaṇa) 특징을 가진다. 쌓는(āyūhana) 역할을 한다. 의도(cetanā)로써 나타난다. 무명이 가까운 원인이다.

③ 알음알이[識]는 아는[識別, vijānana] 특징을 가진다. 앞서가는(pubbaṅgama) 역할을 한다. 재생연결(paṭisandhi)로써 나타난다. [업]형성들[行]이 가까운 원인이다. 혹은 토대(vatthu)와 대상(ārammaṇa)이 가까운 원인이다.109)

④ 정신[名]은 기울이는(namana) 특징을 가진다. 결합하는(sampayoga) 역할을 한다.110) 분리할 수 없음(avinibbhoga)으로 나타난다. 알음알이가 가까운 원인이다. 물질[色]은 변형되는(ruppana) 특징을 가진다. 흩어지는(vikiraṇa) 역할을 한다.111) 결정할 수 없는 것[無記, abyākata]으

---

109) 알음알이[識]의 가까운 원인은 두 가지로 볼 수 있다. 12연기의 측면에서 볼 때는 [업]형성들[行]을 조건으로 알음알이가 일어나기 때문에 [업]형성들이 되겠고, '눈과 색을 조건으로 눈의 알음알이[眼識]가 일어난다.'라는 측면에서는 눈은 토대이고 색은 대상이기 때문에 토대와 대상이 가까운 원인이다.

110) 마음과 마음부수와 더불어 결합한다.

111) "물질은 결합하지 않기 때문에 흩어진다. 그래서 쌀 등을 부수면 흩어지고 가루로 된다."(Pm.ii.254)

로써 나타난다.112) 알음알이가 가까운 원인이다.

⑤ 여섯 감각장소[六入]는 펴는(āyatana) 특징을 가진다. 보는 등의 역할을 한다. 토대(vatthu)와 문(dvāra)의 상태로써 나타난다. 정신 · 물질[名色]이 가까운 원인이다.

⑥ 감각접촉[觸]은 닿는 특징을 가진다. 부딪치는 역할을 한다. [여섯 가지 안의 감각장소[六內入]와 여섯 가지 밖의 감각장소[六外入]와 여섯 가지 알음알이[六識]의 동시발생(saṅgati)으로 나타난다. 여섯 감각장소[六入]가 가까운 원인이다.

⑦ 느낌[受]은 경험하는(anubhavana) 특징을 가진다. 대상의 맛을 받아들이는 역할을 한다. 즐거움과 괴로움으로 나타난다. 감각접촉이 가까운 원인이다.

⑧ 갈애[愛]는 원인(hetu)의 특징을 가진다. 즐기는(abhinandana) 역할을 한다. 만족할 줄 모르는 것(atitta-bhāva)으로 나타난다. 느낌이 가까운 원인이다.

⑨ 취착[取]은 움켜쥐는(gahaṇa) 특징을 가진다. 놓지 않는(amuñcana) 역할을 한다. 강한 갈애와 사견으로 나타난다. 갈애가 가까운 원인이다.

⑩ 존재[有]의 특징은 업과 업의 결과이다.113) 다시 태어남을 만들며(bhāvana), 태어나는(bhavana) 역할을 한다. 유익함[善], 해로움[不善], 결정할 수 없음[無記]으로 나타난다. 취착이 가까운 원인이다.

⑪ 태어남[生]의 특징 등은 진리[諦]의 해설에서 설한 대로 알아야

---

112) 물질[色]의 나타남이 무기(abyākata)라고 한 것은 정신과 구별 짓기 위함이다. 정신[名]은 유익한 마음(kusala), 해로운 마음(akusala)으로 판단을 할 수 있지만 물질은 모두 선 · 불선을 정할 수 없다.(제6장 §6의 해설 참조)

113) 존재[有, bhava]는 두 가지인데 '업으로서의 존재[業有, kammabhava]'와 '재생으로서의 존재[生有, upapattibhava]'이다. 업으로서의 존재의 특징은 업(kamma)이고 재생으로서의 존재의 특징은 업으로부터 생긴 무더기[蘊]이다. 이것은 각각 다시 태어남을 만드는 역할과 다시 태어나는 역할을 하며, 업으로서의 존재는 유익한 것이나 해로운 것으로 나타나고 재생으로서의 존재는 무기로써 나타난다.(『청정도론』 XVII.250 이하 참조)

한다. 이와 같이 여기서 특징 등으로써 판별해서 알아야 한다."

그런데 온도, 흙, 씨앗, 수분이라 불리는 여러 원인으로부터 형상, 색깔, 냄새, 맛 등을 가진 새순이라 불리는 여러 결과가 일어나는 것을 보는 것처럼 사실은 여러 원인으로부터 여러 결과가 있다. 그런데도 불구하고 왜 부처님께서는 연기의 가르침에서 "무명을 조건으로 [업]형성들[行]이 일어난다."라는 방법으로 하나의 원인과 하나의 결과만을 설하셨는가?(Vis.XVII.106 참조) 여기에 대해서 『청정도론』은 "세존께서는 설법하시는 데 능숙함을 얻으셨고 또 교화받을 사람의 근기에 따라 ① 어떤 때는 이것이 가장 중요하기 때문에 ② 어떤 때는 분명하기 때문에 ③ 어떤 때는 이것이 특별하기 때문에 하나의 원인과 결과만을 설하셨다."(Vis.XVII.107)라고 보기를 들면서 설명하고 있다.

이러한 이해를 토대로 이제 12연기의 정형구를 간략하게 고찰해 보자.

(1) **무명을 조건으로 [업]형성들**[行]**이 일어난다**[無明緣行]: 백내장이 형색의 인식을 가리듯이 무명(avijjā)은 어리석음(moha)으로 인해 사물의 고유성질을 인식하는 것을 가린다. 경에 의하면 무명은 사성제를 모르는 것이다. 아비담마에서의 무명은 사성제를 모르는 것, 출생이전을 모르는 것, 사후를 모르는 것, 과거와 미래를 같이 모르는 것, 연기를 모르는 것의 8가지를 말한다.114)

[업]형성들[行]은 세간적인 유익한 마음이나 해로운 마음과 연결된 29가지 의도(cetanā)를 말한다. 8가지 큰 유익한 마음과 색계의 5가지 유익한 禪의 마음은 공덕이 되는 행위(puññābhisaṅkhāra)라 부른다. 12가지 해로운 마음에 있는 의도는 공덕이 되지 않는 행위(apuñña-abhisaṅkhāra)라 한다. 무색계의 4가지 유익한 禪의 마음은 흔들림 없는 행위(āneñjābhisaṅkhāra)라 한다.

---

114) Dhs §1128; VṬ.235.

중생의 정신적인 흐름[相續]이 무명과 합치되면 그의 [업]형성[行]은 미래에 결과를 생산하는 힘으로써 업을 산출한다. 그래서 무명이 업을 형성하는 으뜸가는 조건이라 한다. 무명은 해로운 행위들에서 현저하게 드러나고 세간적인 유익한 행위들에서는 존재의 흐름 속에(bhava-paramparāsu) 숨어있다. 그러므로 세간적인 유익한 [업]형성들과 해로운 [업]형성들은 무명에 조건 지어져 있다고 하는 것이다.

(2) **[업]형성들[行]을 조건으로 알음알이가 일어난다**[行緣識]: 29가지 유익한 [업]형성들[行]이나 해로운 [업]형성들을 반연하여 32가지 과보로 나타난 알음알이(과보의 마음)가 있다. 재생연결의 찰나에 바로 전생에 임종을 맞은 존재의 마지막 속행과정에서 나타났던 특히 강한 하나의 의도적 행위, 즉 [업]형성[行]이 그 업이 익기 적절한 세상에서 19가지 재생연결식 가운데 하나를 일어나게 한다. 그 후 삶의 과정(pavatti)에서 쌓은 다른 업들이 그 환경에 따라서 다른 과보로 나타난 알음알이들을 일어나게 한다.(여기에 대해서는 제5장 §§27~33을 참조할 것.)

(3) **알음알이를 조건으로 정신·물질이 일어난다**[識緣名色]: 위 (2)의 과정에서 알음알이는 전적으로 과보의 마음을 뜻했지만 여기서는 삶의 과정에서 일어나는 과보의 마음뿐 아니라, 여러 전생의 업을 지은 마음들(유익한 마음들과 해로운 마음들)을 모두 다 의미한다. 여기서 정신[名, nāma]은 과보의 마음과 연결된 마음부수들을 뜻하고 물질[色, rūpa]이라는 단어는 업에서 생겨난 물질들을 의미한다.

'다섯 무더기를 가진 존재(pañca-vokāra-bhava)', 다시 말하면 오온이 다 있는 세상의 알음알이는 정신과 물질 둘 다의 조건이 된다. 그러나 '네 무더기를 가진 존재(catu-vokāra-bhava)', 즉 무색계에서 알음알이는 오직 정신의 조건만 된다. 그리고 '한 무더기만을 가진 존재(ekavokārabhava)', 즉 인식이 없는 중생의 세상[無想有情天]에서는 그것은 단지 물질의 조건만 된다.

오온을 모두 다 가진 존재의 재생에서 재생연결의 찰나에 재생연결식이 일어날 때 그와 동시에 다른 세 가지 정신의 무더기[蘊], 즉 느낌의 무더기[受蘊]와 인식의 무더기[想蘊]와 심리현상들의 무더기[行蘊]가 일어난다. 물론 이때 특별하게 응고된 물질들도 함께 일어난다. 이 경우에 인간에게는 몸과 성과 심장토대의 물질의 십원소들이 해당된다. 알음알이는 함께 존재하는 정신과 물질의 요소들 가운데서 가장 으뜸이기 때문에 알음알이를 반연하여 정신·물질이 일어난다고 하는 것이다.

(4) **정신·물질을 조건으로 여섯 감각장소가 일어난다**[名色緣六入]: 여기서 정신·물질은 (3)과 같은 의미이다. 여섯 감각장소 가운데 처음의 다섯은 물질의 감성인 눈, 귀, 코, 혀, 몸의 감성이고 마노의 감각장소[意入]는 32가지 과보의 마음이다.

업에서 생긴 물질들[色]이 일어날 때 이들은 다섯 가지 감각장소가 일어나는 조건이 된다. 물론 이들 다섯 가지 감각장소도 업에서 생긴 물질의 한 형태이다. 관련된 마음부수들[名]이 일어날 때 그들은 과보의 마음, 즉 여기서 말하는 마노의 감각장소[意入]를 일어나게 하는 조건이 된다. 다시 말하면 12연기의 세 번째 구성요소인 과보인 알음알이[識]가 네 번째 구성요소인 정신[名]을 조건 짓고 그 정신은 다시 다섯 번째 구성요소인 여섯 감각장소[六入] 가운데 과보인 알음알이를 조건 짓는다. 이들은 서로 지탱하는 조건(aññamañña-paccaya)으로 서로서로 관련되어 있다.

욕계에서 정신·물질은 여섯 감각장소 모두를 일어나도록 조건 짓고 색계에서는 눈과 귀와 마노의 감각장소들만 일어난다. 무색계에서는 정신[名]만이 마노의 감각장소를 일어나게 한다. 무색계에서는 마노만이 유일한 감각장소인데 다섯 가지 물질로 된 감각장소들은 당연히 존재하지 않는다.

(5) **여섯 감각장소를 조건으로 감각접촉이 일어난다**[六入緣觸]: 여기서 감각접촉[觸, phassa]은 과보의 마음과 연결된 감각접촉을 의미한다. 감각접촉이란 마음과 마음부수들이 대상들과 여섯 감각장소들[六入] 중의 하나에서 '함께 만나는 것(saṅgati)'이다. 눈의 감각장소에서 일어나는 감각접촉을 눈의 감각접촉[眼觸]이라 한다. 그것은 눈과 형색과 눈의 알음알이가 함께 만나는 것을 특징으로 한다. 다른 감각접촉들, 즉 귀의 감각접촉[耳觸] 등도 마찬가지로 그들 각각의 감각장소에서 일어난다. 마노의 감각접촉[意觸]은 32가지 과보의 마음 가운데 10가지 쌍으로 된 다섯 가지 알음알이[前五識]를 제외한 22가지 과보의 마음과 관계된 감각접촉이다. 감각접촉은 감각장소들이 있을 때만 일어날 수 있으므로 감각접촉은 여섯 감각장소를 반연한다고 하는 것이다.

(6) **감각접촉을 조건으로 느낌이 일어난다**[觸緣受]: 감각접촉이 일어날 때 느낌은 같은 감각접촉의 조건에 따라 동시에 일어난다. 감각접촉은 알음알이가 대상과 조우하는 것이고 그 조우는 반드시 특정한 정서적인 색조를 띠는데 이것이 그 감각접촉이 일으키는 느낌인 것이다. 느낌에는 눈의 감각접촉에서 생긴 느낌[眼觸受], 귀의 감각접촉에서 생긴 느낌[耳觸受] 등 여섯 가지가 있다. 그것의 정서적인 특색에 의해서 느낌은 감각장소와 대상에 따라 즐거운 것, 괴로운 것, 중립적인 것으로 나누어진다.

(7) **느낌을 조건으로 갈애가 일어난다**[受緣愛]: 느낌은 갈애를 일으키는 조건이 된다. 갈애에는 형색에 대한 갈애, 소리에 대한 갈애 등 여섯 가지가 있다. 이들 각각은 다시 감각적 쾌락에 대한 갈애[欲愛,

kāma-taṇhā]와 존재에 대한 갈애[有愛, bhava-taṇhā]와 존재하지 않음에 대한 갈애[無有愛, vibhava-taṇhā]의 세 가지가 있다. 여기서 존재에 대한 갈애는 영원하다는 견해[常見, sassata-diṭṭhi]와 결합된 갈애이고 존재하지 않음에 대한 갈애는 단멸한다는 견해[斷見, uccheda-diṭṭhi]와 결합된 갈애이다. 갈애는 여러 가지가 있지만 궁극적으로는 탐욕(lobha)의 마음부수 하나로 줄어든다.(제7장 §38 참조)

비록 갈애는 그 대상에 따라 구분이 되지만 갈애 그 자체는 실제로 대상과의 감각접촉을 통해서 일어난 느낌에 의지한다. 그가 즐거운 느낌[樂受, sukha-vedanā]을 경험하면 그 즐거운 느낌을 맛들이며, 대상이 그 즐거운 느낌을 일어나게 하는 한 그 대상을 갈망한다. 반면에 그가 괴로운 느낌[苦受, dukkha-vedanā]을 경험하면 그 고통에서 벗어나려는 갈애를 가지며 그것을 대체할 즐거운 느낌을 갈구한다. 중립적인 느낌[捨受, 不苦不樂受, adukkhamasukha-vedanā]은 고요한 성질을 가지지만 이것 역시 갈애의 대상이 된다. 그러므로 이런 세 가지 느낌이 여러 가지 형태의 갈애를 일어나게 하는 조건이 되는 것이다.

(8) **갈애를 조건으로 취착이 일어난다**[愛緣取]: 여기서 취착(upādāna)은 제7장 §7에서 설명한 네 가지이다. 감각적 쾌락에 대한 취착은 갈애가 강력해진 것인데 탐욕의 마음부수이다. 나머지 세 가지 취착은 사견의 마음부수의 형태들이다. 이들 각각은 모두 갈애에 조건지어진 것이다. 첫 번째인 감각적 쾌락에 대한 취착의 경우, 대상에 대한 약하거나 초보 단계의 탐욕을 갈애라고 하는 반면 아주 강열한 탐욕은 취착이라고 한다. 나머지 세 가지 경우는 사견에 조건 지어진 탐욕을 갈애라고 하고 그 탐욕의 영향을 받아서 받아들인 견해를 취착이라고 한다.

(9) **취착을 조건으로 존재가 일어난다**[取緣有]: 두 가지 존재[有,

bhava]가 있다. '업으로서의 존재[業有, kamma-bhava]'와 '재생으로서의 존재[生有, upapatti-bhava]'이다. 감각적 쾌락에 대한 취착을 조건으로 존재를 생기게 하는 업을 행하면 그것은 업으로서의 존재[業有]이다. 그것으로부터 생긴 무더기들[蘊]이 재생으로서의 존재[生有]이다. 업유는 29가지 유익한 의도나 해로운 의도, 즉 재생을 있게 하는 모든 유익한 업이나 해로운 업을 말한다. 생유는 32가지 과보의 마음과 이들과 결합된 마음부수들과 업에서 생긴 물질들을 말한다.

취착은 업유의 조건이다. 취착 때문에 중생들은 업으로 축적이 되는 행위를 하기 때문이다. 취착은 역시 생유의 조건이다. 바로 그 취착이 중생들로 하여금 업에 의해 결정되는 상태로 다시 재생의 순환 속으로 들어가게 하기 때문이다.

⑽ **존재를 조건으로 태어남이 일어난다**[有緣生]: 여기서 태어남(jāti)은 같은 세상이나 다른 세상의 새로운 삶에서 세간적인 과보의 마음들과 그들의 마음부수들과 업에서 생긴 물질들이 일어남을 의미한다. 미래의 태어남을 일어나게 하는 가장 본질적인 조건은 유익한 업이나 해로운 업, 즉 현재의 업으로서의 존재[業有]에 달려있다.

⑾ **태어남을 조건으로 늙음 · 죽음** …: 일단 태어남이 있으면 거기에는 반드시 늙음과 죽음, 그리고 태어남과 죽음 사이에 있는 근심 · 탄식 · 육체적 고통 · 정신적 고통 · 절망 등의 모든 다른 종류의 괴로움이 따라오게 된다. 그래서 태어남을 이들의 주된 조건으로 따로 골라내어 언급하는 것이다.

니까야에 언급되는 12연기에 대한 정리는 『초기불교이해』 제15장과 제16장을 참조하기 바라고 12연기에 대한 아비담마적인 해석은 『청정도론』 제17장 전체에서 심도 있게 다루고 있으니 참조하기 바란다.

§4. 분석의 범주

4. tattha tayo addhā, dvādas'aṅgāni, vīsat'ākārā, tisandhi, catu-saṅkhepā, tīṇi vaṭṭāni, dve mūlāni, ca veditabbāni.

세 가지 시기[三世]가 있고, 열두 가지 구성요소[各支]와 스무 가지 형태와 세 가지 연결과 네 가지 포함과 세 가지 회전과 두 가지 뿌리가 있음을 알아야 한다.

[해설]

『청정도론』에서는 다음과 같이 나타난다.

"(1) 원인이 앞서고, 결과가 앞서고, 원인이 앞서는
세 가지 연결이 있고 (2) 네 가지 포함이 있다.
(3) 20가지 형태의 바퀴살(ara)을 가졌고
(4) 세 가지 회전(vaṭṭa)을 가져
이 [윤회의 바퀴는] 쉼 없이 굴러간다."(Vis.XVII.288)

§5. 세 가지 시기[三世]

5. kathaṁ? avijjāsaṅkhārā atīto addhā; jātijarāmaraṇaṁ anāgato addhā; majjhe aṭṭha paccuppanno addhā ti tayo addhā.

어떻게? 무명과 [업]형성들[行]은 과거세에 속한다. 태어남과 늙음·죽음은 미래세에 속한다. 중간에 여덟은 현재세에 속한다. 이와 같이 세 가지 시기[三世]가 있다.

[해설]

본문은 『청정도론』에도 다음처럼 나타나고 있다.

"이것은 과거와 현재와 미래의 삼세에 속한다. 이 가운데서 성전에

서 전승되어온 가르침에 의하면 무명과 [업]형성들, 이 두 가지 구성요소는 과거에 속하고, 느낌부터 존재까지 8가지 구성요소는 현재에 속하며, 태어남과 늙음·죽음, 이 두 가지 구성요소는 미래에 속한다고 알아야 한다."(Vis.XVII.287)

상좌부에서는 연기를 이렇게 삼세양중인과(三世兩重因果, 삼세에 걸친 원인과 결과의 반복적 지속)로 설명한다. 불교 적통임을 자부하는 상좌부뿐만 아니라 북방 불교 가운데 가장 왕성했던 설일체유부 등 아비달마 불교의 대부분의 부파들도 삼세양중인과 혹은 분위연기를 12연기를 설명하는 정설로 삼고 있다.115) 이것이 아비담마/아비달마 불교가 오해받는 부분이기도 하다. 불교의 핵심인 연기를 어떻게 삼세양중인과로만 볼 수 있느냐는 것이다. 그러나 이렇게 단순한 구도로만 상좌부 불교를 비롯한 아비달마 불교를 이해해서 폄하하는 것은 위험한 발상이다. 상좌부 불교에서 설명하는 연기를 제대로 이해하려면 이제부터 설명하려는 4가지 포함과 20가지 형태와 3가지 회전을 이해해야 하고, 나아가서 본 장의 II. 상호의존관계의 방법에서 24가지 조건[緣, paccaya]을 심도 있게 파헤치고 있는 체계인 상호의존관계(paṭṭhāna)를 이해해야 한다. 그리고 북방 아비달마의 연기와 상호의존관계를 이해하려면 6인-4연-5과를 필히 살펴봐야 한다.116) 한편 유식에서는 이세일중인과(二世一重因果)와 10인-4연-5과로 연기의 가르침을 정리하고 있다.117)

---

115) 권오민, 『아비달마 구사론』 제2권 431쪽 참조. 그러나 경량부는 이를 인정하지 않는다.(442쪽 참조)

116) 『아비달마 구사론』 제6권의 2.「분별근품」④-1(권오민, 『아비달마 구사론』 제1권 266쪽 이하) 등을 참조할 것.

117) 『주석 성유식론』 781~782쪽과 『성유식론 외』 327쪽을 참조할 것.
아무튼 초기불교-아비담마/아비달마-유식에서 공히 12연기는 윤회의 발생구조와 소멸구조를 설하는 것으로 인정하고 있다.

상좌부에서 12가지 연기의 구성요소를 삼세로 나누어 설명하는 것은 단지 '윤회'의 발생구조와 소멸구조를 드러내어 설명하기 위한 '방편'으로 파악한다. 이 12가지 구성요소가 과거 · 현재 · 미래의 어떤 특정한 때에만 작용하고 다른 경우에는 작용하지 않는 것을 의미하는 것으로 이해하여 상좌부 불교를 비판하는 것은 옳지 않다. 실제로 12가지 연기의 구성요소는 어느 생에서든 항상 존재하며 서로 연루되고 서로 스며들어 있다는 것은 너무나 당연한 말이다.

상좌부에서는 연기의 가르침을 윤회를 설명하는 방편으로 받아들이고 매 찰나찰나에 중중무진으로 벌어지는 물 · 심의 현상은 24가지 paccaya(조건)로 조직적이면서도 분석적으로 설명하고 있다. 이런 24가지 조건을 상좌부의 일곱 번째 논장인 『빳타나』(發趣論, Paṭṭhāna)에서는 2,500쪽이 넘는 방대한 분량으로 설명하고 있는데 물 · 심의 현상을 『담마상가니』의 122개 마띠까[論母, Mātika]에 준해서만 간략하게 설명해 놓은 것이라고 한다. 만일 개념(paññatti)까지 포함하여 물 · 심의 현상을 모두 설명하려면 이 지구를 다 덮고도 남을 양의 종이가 필요하다고 미얀마 대가 스님들은 말한다. 북방불교의 여래장 연기는 제법의 상호의존관계를 밝히고 있는 상좌부 불교의 빳타나(Paṭṭhāna)를 주로 개념적 존재에 적용한 가르침으로 여겨지며 그래서 연기를 중중무진 연기라고 강조하고 있는 것으로 보아진다.

§6. 열두 가지 구성요소

6. avijjā, saṅkhārā, viññāṇaṁ, nāmarūpaṁ, saḷāyatanaṁ, phasso, vedanā, taṇhā, upādānaṁ, bhavo, jāti, jarāmaraṇan ti dvādas'aṅgāni.

sokādivacanaṁ pan' ettha nissandaphalanidassanaṁ.

무명(無明), [업]형성들[行], 알음알이[識], 정신 · 물질[名色], 여섯 감각장소[六入], 감각접촉[觸], 느낌[受], 갈애[愛], 취착[取], 존재[有], 태어남[生], 늙음 · 죽음[老死]이 열두 가지 구성요소이다.

근심 등의 용어는 [태어남에] 부수하여 일어나는 결과로 보여졌다.

§7. **스무 가지 형태, 세 가지 연결, 네 가지 포함**

7. avijjā-saṅkhāraggahaṇena pan'ettha taṇh'-upādāna-bhavā pi gahitā bhavanti, tathā taṇh'-upādāna-bhavaggahaṇena ca avijjā-saṅkhārā; jātijarāmaraṇaggahaṇena ca viññāṇādiphalapañcakam eva gahitan ti katvā:

> atīte hetavo pañca idāni phalapañcakaṁ
> idāni hetavo pañca āyatiṁ phalapañcakan ti.

vīsat'ākārā, tisandhi, catusaṅkhepā ca bhavanti.

무명과 [업]형성들[行]을 취함으로써 갈애[愛]와 취착[取]과 존재[有]가 포함되었다. 그와 마찬가지로 갈애와 취착과 존재를 취함으로써 무명과 [업]형성들이 포함되었다. 태어남과 늙음 · 죽음을 취함으로써 알음알이 등 다섯 가지 결과도 포함되었다. 그러므로

> 과거에 속하는 다섯 가지 원인이 있고
> 현재에 속하는 다섯 가지 결과가 있고
> 현재에 속하는 다섯 가지 원인이 있고
> 미래에 속하는 다섯 가지 결과가 있다.

이와 같이 20가지 형태가 있고, 3가지 연결이 있고, 4가지 포함이 있다.

<도표 8.1> 12연기의 길라잡이

삼 세	12가지 구성요소	20 형태 및 4가지 포함
과거	1. 무명(無明) 2. 〔업〕형성들〔行〕	다섯 과거의 원인: 1, 2, 8, 9, 10
현재	3. 알음알이〔識〕 4. 정신·물질〔名色〕 5. 여섯 감각장소〔六入〕 6. 감각접촉〔觸〕 7. 느낌〔受〕	다섯 현재의 결과: 3~7
	8. 갈애〔愛〕 9. 취착〔取〕 10. 존재〔有〕	다섯 현재의 원인: 8, 9, 10, 1, 2
미래	11. 태어남〔生〕 12. 늙음・죽음〔老死〕	다섯 미래의 결과: 3~7

○ 세 가지 연결

1. 과거의 원인과 현재의 결과 (行과 識 사이)
2. 현재의 결과와 현재의 원인 (受와 愛 사이)
3. 현재의 원인과 미래의 결과 (有와 生 사이)

○ 세 가지 회전

1. 오염원의 회전 (1.無明, 8.愛, 9.取)
2. 업의 회전 (2.行, 10.有(업유))
3. 과보의 회전 (3~7.識에서 受까지, 10.有(생유), 11.生, 12.老死 등)

○ 두 가지 원인

1. 無明: 과거에서 현재로
2. 愛: 현재에서 미래로

[해설]

마음에서 무명이 모두 제거되지 않고 남아있으면 갈애와 취착이 일어나기 마련이다. 갈애와 취착이 일어나면 그들은 무명에 뿌리를 두고 무명과 함께 일어난다. 나아가서 [업]형성들[行]과 존재[有]는 둘 다 같은 것, 즉 의도(cetanā)를 의미하며 이 의도야말로 다름 아닌 업(kamma)이다. 그러므로 앞의 용어들이 언급되면 뒤의 것도 함께 의미하며 뒤의 용어들이 언급되면 앞의 것도 같이 언급되는 것으로 이해해야 한다. 태어남과 늙음·죽음은 정신·물질[名色]의 특징들이지 구경법이 아니기 때문에 20가지 형태에 따로 언급되지 않는다. 그래서 태어남과 늙음·죽음 대신에 이들이 한정하는 내용인 알음알이, 정신·물질, 감각장소, 감각접촉, 느낌의 다섯으로 표현되어 있다. 이렇게 하여 12가지 연기의 구성요소는 20가지 형태로 확장이 된다.

세 가지 연결(sandhi)은 과거의 원인과 현재의 결과 사이에서(行과 識 사이), 현재의 결과와 현재의 원인 사이에서(受와 愛 사이), 현재의 원인과 미래의 결과 사이에서(有와 生 사이) 행해진다. 이것은 『청정도론』 XVII.289~297에 자세히 설명되어 있다.(여기에 대한 개략적인 분류는 <도표 8.1>을 참조할 것.)

네 가지 포함(saṅkhepā)은 주석서에서 "과거의 원인, 지금의 과보, 지금의 원인, 미래의 과보라는 네 가지 포함"으로 설명된다.(VṬ.240)

§8. 세 가지 회전

8. avijjā-taṇh'-upādānā ca kilesavaṭṭaṁ; kammabhavasaṅkhāto bhav'ekadeso saṅkhārā ca kammavaṭṭaṁ; upapattibhavasaṅkhāto bhav'ekadeso avasesā ca vipākavaṭṭan ti tīṇi vaṭṭāni.

무명과 갈애와 취착은 오염원의 회전에 속하고, 업으로서의 존재[業有]라 불리는 존재의 한 부분과 [업]형성들[行]은 업의 회전에 속하고,

재생으로서의 존재[生有]라 불리는 존재의 한 부분과 나머지는 과보의 회전에 속한다. 이와 같이 세 가지 회전이 있다.

[해설]

오염원과 업과 과보의 세 가지 회전은 존재들이 윤회를 거듭하면서 돌고 도는 방식을 드러낸다. 가장 기본적이면서도 중요한 회전은 오염원의 회전(kilesa-vaṭṭa)이다. 무명으로 눈멀고 갈애로 인해 내몰려서 인간은 여러 가지 해로운 행위와 세간적인 유익한 행위를 한다. 그러므로 오염원의 회전이 업의 회전(kamma-vaṭṭa)을 일어나게 한다. 이 업이 성숙하면 그것은 다시 과보로 익게 되고 그래서 업의 회전은 과보의 회전(vipākavaṭṭa)을 일어나게 한다. 이들 과보 — 즉 자기 자신의 행위들에 대한 즐거운 열매나 괴로운 열매 — 에 대한 반응으로 이미 무명에 휩쓸려 있는 사람은 더 즐거운 경험을 즐기려는 갈애에 압도되어 자기가 이미 가진 즐거움에 집착하고 괴로운 것은 버리려고 애를 쓴다. 그래서 과보의 회전은 또 다른 오염원의 회전을 낳는다.

이와 같이 세 가지 회전은 그것의 토대가 되는 무명이 위빳사나의 지혜와 출세간의 도로 제거될 때까지 쉼 없이 계속 돌아간다. 『청정도론』의 설명을 살펴보자.

[청정도론 XVII]: "298. 세 가지 회전을 가진 존재의 바퀴는 쉼 없이 굴러간다: 여기서 [업]형성들[行]과 존재[有]는 업(kamma)의 회전이고, 무명과 갈애와 취착은 오염원(kilesa)의 회전이고, 알음알이[識]와 정신·물질[名色]과 여섯 감각장소[六入]와 감각접촉[觸]과 느낌[受]은 과보(vipāka)의 회전이다. 세 가지 회전을 가진 존재의 바퀴는 오염원의 회전이 끊어지지 않는 한 쉼이 없다. 왜냐하면 조건이 끊어지지 않았기 때문이다. 계속해서 회전하면서 굴러간다고 알아야 한다."

"299. 이것은 이와 같이 회전한다.

① 진리의 근원에 따라 ② 역할에 따라
③ 차단함에 따라 ④ 비유를 통해서
⑤ 심오함을 통해서 ⑥ 방법의 분류를 통해서
[존재의 바퀴를] 적절하게 알아야 한다."[118]

"281. [업과 오염원과 과보의] 세 가지 회전은 무명을 근본으로 한다. 무명을 꽉 쥠으로써 나머지 오염원의 회전과 업 등이 어리석은 자를 방해한다. 마치 뱀의 머리를 잡음으로써 뱀의 나머지 몸이 그의 팔을 감아말듯이. 무명을 끊어버릴 때 그들로부터 벗어난다. 마치 뱀의 머리를 끊어버릴 때 감긴 팔이 해방되듯이. 이처럼 말씀하셨다. "무명이 남김없이 빛바래어 소멸하기 때문에 [업]형성들[行]이 소멸한다." (S12:1/ii.1)

이와 같이 이것을 꽉 쥐기 때문에 묶임(bandha)이 있고, 놓아버리기 때문에 해탈(mokkha)이 있는 그 중요한 법을 설명하는 것이지 시작을 설명하는 것이 아니다. 이와 같이 이 존재의 바퀴는 그 시작이 알려지지 않았다고 알아야 한다."

§9. 두 가지 뿌리

9. avijjātaṇhāvasena dve mūlāni ca veditabbāni.

무명과 갈애가 두 가지 뿌리라고 알아야 한다.

[해설]

이것은 『청정도론』의 다음 설명과 일치한다.

[청정도론 XVII]: "285. 무명과 갈애, 이 두 가지 법이 존재의 바퀴(bhava-cakka)의 뿌리라고 알아야 한다. 과거로부터 왔기 때문에 무명

118) 이 여섯 가지에 대한 설명은 『청정도론』 XVII.300 이하를 참조할 것

이 그 뿌리이고 느낌이 마지막이며, 미래로 상속하기 때문에 갈애가 그 뿌리이고 늙음과 죽음이 마지막이 되어 이 윤회의 바퀴는 두 가지이다.”

§10. 요약

10. tesam eva ca mūlānaṁ nirodhena nirujjhati
jarāmaraṇamucchāya pīḷitānamabhiṇhaso
āsavānaṁ samuppādā avijjā ca pavattati.
vaṭṭam ābandham icc' evaṁ tebhūmakam anādikaṁ
paṭiccasamuppādo ti paṭṭhapesi mahāmuni.

그 뿌리가 소멸함으로써 회전이 그친다.
늙음 · 죽음과 더불어 혼미함에 의해
끊임없이 압박을 받은 중생들에게
번뇌가 일어남으로써 무명이 일어난다.
뒤얽혀 있고, 시작이 없고, 삼계에 속하는 그 회전을
대성인께서는 연기라고 천명하셨다.

[해설]

「바른 견해 경」(Sammādiṭṭhi Sutta, M9)에서 사리뿟따 존자는 무명의 원인에 대한 질문을 받고 무명은 번뇌들로부터 일어난다(āsavasamudayā avijjāsamudaya)고 대답한다. 그러면 번뇌의 원인은 무엇인가 하고 묻자 번뇌는 무명으로부터 일어난다(avijjā-samudayā āsavasamudaya)고 대답한다.(M9 §66) 번뇌들(제7장 §3 참조) 가운데서 가장 근원적인 것이 바로 무명의 번뇌(avijjā-āsava)이기 때문에 사리뿟따 존자의 말씀은 한 생에서의 무명은 전생의 무명에서 일어난다는 것을 뜻한다. 이것은 결과적으로 윤회는 시작이 없음(anādikaṁ)을 확립하는 것인데 어떤 무명이든 무명이 현전하던 그 전생을 항상 의지하기 때문이다. 그와 동시에 이것은 지금 여기에서 무명과 번뇌들을 끊어버리면 수억 겁의 윤회는 의미가 없어져버림을 뜻한다. 그러므로 이런 번뇌들을 끊기 위해서 지금 여기서 마음챙겨 수행하는 것이야말로 가장 중차대한 일이라 하겠다. 어떻게 수행할 것인가? 아비담마에서는 사마타[止]와 위빳사나[觀]로 정리해서 가르친다. 제9장에서 잘 정리하고 있다.

그래서 『청정도론』은 다음의 문장으로써 연기의 장(제17장)을 마무리 짓는다.

[청정도론 XVII]: "314. 참으로 이 존재의 바퀴는 너무나 깊어서 발판(gādha)을 얻을 수 없고, 갖가지 미로가 있어 통과하기 어렵다. 그러므로 수승한 삼매의 돌 위에서 예리하게 간 지혜의 칼(ñāṇa-asi)로 이것을 끊어버리지 않고서는 벼락처럼 항상 파괴하는 이 윤회의 두려움을 꿈에서라도 건넌 사람은 단 한 사람도 없다. 세존께서 이와 같이 설하셨다.

"아난다여, 이 연기는 참으로 심오하다. 그리고 참으로 심오하게 드러난다. 아난다여, 이 법을 깨닫지 못하고 꿰뚫지 못하기 때문에 이 사람들은 실에 꿰어진 구슬처럼 얽히게 되고 베 짜는 사람의 실타래처럼 헝클어지고 문자 풀과 빱바자 풀처럼 엉키어서 처참한 곳, 불행한 곳, 파멸처, 윤회를 벗어나지 못한다."(D15 §1/ii.55)

그러므로 나와 남의 이로움과 행복을 위해서 도닦으면서 나머지 일은 제쳐두고,

현자는 갖가지 심오한 조건(paccaya)의 형태에 대해
발판을 얻도록 이처럼 마음챙겨 수행해야 한다."

II. 상호의존관계의 방법

paṭṭhāna-nayo

[해설]

아래에 열거되는 24가지 조건(paccaya)은 논장(Abhidhamma Piṭaka)의 칠론 가운데 마지막인 『빳타나』(發趣論)의 주제이다. 『빳타나』는 논장의 첫 번째인 『담마상가니』에서 열거하고 있는 마음과 물질에 관계된 법들의 상호관계를 여러 가지 방법으로 자세하게 해설하고 있다. 거듭 말하지만 상호의존관계(paṭṭhāna)에 대한 아비담마의 가르침을 이해하려면 어느 특정한 관계에서든 반드시 존재하는 세 가지 요소들을 이해해야 한다.

첫째, '조건 짓는 법(paccaya-dhamma)'인데 다른 법의 조건으로 작용하는 법을 말한다. 즉 한 법이 다른 법을 일어나게 하거나 의지하게 하거나 유지하게 하면 그 법은 조건 짓는 법이 된다.

둘째, '조건 따라 생긴 법(paccaya-uppanna-dhamma)'인데 조건 짓는 법에 의해 조건 지어져서 생긴 법을 말한다. 즉 조건 짓는 법이 제공해주는 도움을 받아서 일어나고 유지되는 법을 말한다.

셋째는 '조건 짓는 힘(paccaya-satti)'인데 '조건들의 효능(āhacca-paccayaṭṭhiti)'[119]으로 옮긴 위 §2의 용어를 레디 사야도가 paccaya-

---

119) '조건들의 효능(āhacca-paccayaṭṭhiti)'은 "āhaccapaccayaṭṭhamhi, nedisī paccayaṭṭhiti."(Nāmar-p.62)로 『나마루빠빠릿체다』에 나타나는데 이것이 『아비담맛타상가하』에서 āhaccapaccayaṭṭhiti로 정착된 듯하다.

『위바위니띠까』는 "tiṭṭhati phalaṁ ettha tadāyattavuttitāyāti ṭhiti, āhacca visesetvā pavattā paccayasaṅkhātā ṭhiti āhaccapaccaya-ṭṭhiti."(VṬ.234)로 풀이하고 레디 사야도는 "āhaccapaccayaṭṭhitiṁ ārabbhā.ti ettha hetu ārammaṇādivasena tathātathā upakārakatā-saṅkhāto paccayasatti viseso āhaccapaccayaṭṭhitināma."(PdṬ.375) satti로 정착시켰다.[120] 이 조건 짓는 힘은 조건 짓는 법이 조건 따라 생긴 법에 대해서 조건으로 작용하는 어떤 특별한 방법을 뜻하며 그것을 아비담마에서는 24가지로 설하고 있다.

이러한 상호의존관계의 기본 공식은 'Ⓐ는 Ⓑ에게 Ⓒ로서 조건이 된다.'이다. 여기서 Ⓐ는 조건 짓는 법이고 Ⓑ는 조건 따라 생긴 법이며 Ⓒ는 조건의 힘이다. 그러므로 주어로 표시되는 Ⓐ가 Ⓑ에게 어떤 조건이 되는가를 유념하면서 음미하는 것이 중요하다.

먼저 저자는 『빳타나』의 첫머리에 나타나는 24가지 조건을 나열한다.

§11. 24가지 조건

11. (1) hetupaccayo, (2) ārammaṇapaccayo, (3) adhipatipaccayo, (4) anantarapaccayo, (5) samanantarapaccayo, (6) sahajātapaccayo, (7) aññamaññapaccayo, (8) nissayapaccayo, (9) upanissayapaccayo, (10) purejātapaccayo, (11) pacchājātapaccayo, (12) āsevanapaccayo, (13) kammapaccayo, (14) vipākapaccayo, (15) āhārapaccayo, (16) indriyapaccayo, (17) jhānapaccayo, (18) maggapaccayo, (19) sampayuttapaccayo, (20) vippayuttapaccayo, (21) atthipaccayo, (22) natthipaccayo, (23) vigatapaccayo, (24) avigatapaccayo ti ayam ettha paṭṭhānanayo.

상호의존관계의 방법은 (1) **원인이라는 조건**[因緣, hetupaccaya], (2) **대상이라는 조건**[所緣緣, ārammaṇapaccaya], (3) **지배하는 조건**[增上緣, adhipatipaccaya], (4) **틈 없는 조건**[無間緣, anantarapaccaya], (5) **더욱 틈**

로 설명하고 있다.

120) '조건 짓는 힘(paccaya-satti)'이라는 용어는 아누띠까(복복주서) 이후에 쓰여진 Nettivibhāvinī나 Anudīpanīpāṭha나 Paṭṭhānuddesadīpanīpāṭha나 PdṬ와 같은 후대의 개설서에서만 나타나는 것으로 검색이 된다.

없는 조건[等無間緣, samanantarapaccaya], (6) 함께 생긴 조건[俱生緣, sahajātapaccaya], (7) 서로 지탱하는 조건[相互緣, aññamaññapaccaya], (8) 의지하는 조건[依支緣, nissayapaccaya], (9) 강하게 의지하는 조건[親依支緣, upanissayapaccaya], (10) 먼저 생긴 조건[前生緣, purejātapaccaya], (11) 뒤에 생긴 조건[後生緣, pacchājātapaccaya], (12) 반복하는 조건[數數修習緣, āsevanapaccaya], (13) 업이라는 조건[業緣, kammapaccaya], (14) 과보라는 조건[異熟緣, vipākapaccaya], (15) 음식이라는 조건[食緣, āhārapaccaya], (16) 기능[根]이라는 조건[根緣, indriyapaccaya], (17) 禪이라는 조건[禪緣, jhānapaccaya], (18) 도라는 조건[道緣, maggapaccaya], (19) 결합된 조건[相應緣, sampayuttapaccaya], (20) 결합되지 않은 조건[不相應緣, vippayuttapaccaya], (21) 존재하는 조건[有緣, atthipaccaya], (22) 존재하지 않는 조건[非有緣, natthipaccaya], (23) 떠나간 조건[離去緣, vigatapaccaya], (24) 떠나가지 않은 조건[不離去緣, avigata-paccaya]이다.

이것이 상호의존관계의 방법이다.121)

---

121) 24가지 조건은 복합어(samāsa)로 되어 있다. 이러한 복합어를 어떤 원칙을 가지고 옮길 것인가를 두고 역자들은 여러 고민을 하였고 복합어에 대한 전통적인 설명을 따르려고 노력하였다.

산스끄리뜨어와 빠알리어와 아르다마가디 등 인도 고전어들에는 많은 복합어가 등장한다. 인도의 대문법가 빠니니(Pāṇini)의 문법서인 『아슈따댜이』(Aṣṭadhyayī)를 위시한 산스끄리뜨 문법서는 전통적으로 이 복합어(samāsa)를 여섯 종류로 분류한다. 그리고 이것은 빠알리어 문법서인 깟짜야나 문법서(Kaccāyana-byākaraṇa)나 목갈라나 문법서(Moggallāna-byākaraṇa)나 악가왐사 문법서(Aggavaṁsa 스님이 지은 Saddanītippakaraṇa) 등에도 채용되고 있다. 이 여섯 종류의 복합어를 중국에서는 6합석(六合釋)이라고 옮겼다. 그것은 ① 불변화복합어[隣近釋, Avyayībhāva] ② 격한정복합어[依主釋, 땃뿌루샤, Tatpuruṣa] ③ 동격한정복합어[持業釋, Karmadhāraya] ④ 수사한정복합어[帶數釋, Dvigu] ⑤ 소유복합어[有財釋, 바후워르히, Bahuvrīhi] ⑥ 병렬복합어[相違釋, Dvandva]이다. 이것은 빠알리어로 각각 Abyayībhāva, Tappurisa, Kamma-dhāraya, Digu, Bahubbīhi, Dvanda에 해당한다.

근세 미얀마 최고의 학승이신 레디 사야도도 그의 문법서 『니룻띠디빠니빠타』(Niruttidīpanīpāṭha, 어원을 밝히는 책)에서 예문을 들면서 이 여섯 종류의 복합어[六合釋]를 자세하게 설명하고 있다.(Nd-p.214 이하) 이 가운데서 24가지 조건을 옮기는 데 적용되는 복합어는 동격한정복합어[持業釋, Kamma-dhāraya]가 핵심이라 생각된다. 사야도는 동격한정복합어에는 다음의 아홉 종류가 있다고 하면서 자세하게 그 예문을 들고 있다.(Nd-p. 232~233)

(1) visesanapubbapada(형용사가 앞 단어인 동격복합어, 예 mahāpuriso)
(2) visesanuttarapada(형용사가 뒤 단어인 동격복합어, 예 purisuttamo)
(3) visesanobhayapada(형용사가 앞뒤 단어인 동격복합어, 예 sītuṇhaṁ)
(4) upamānuttarapada(비유하는 것이 뒤 단어인 동격복합어, 예 munisīho)
(5) sambhāvanāpubbapada(강조하는 명사가 앞 단어인 동격복합어, 예 hetupaccayo)
(6) avadhāraṇapubbapada(앞 단어가 뒤 단어의 의미를 한정하는 동격복합어, 예 cakkhudvāraṁ)
(7) nanipātapubbapada(전치사 'na'가 앞 단어인 동격복합어)
(8) kunipātapubbapada(전치사 'ku'가 앞 단어인 동격복합어)
(9) pādipubbapada(전치사 'pā' 등이 앞 단어인 동격복합어)

이 가운데서도 '(1) 형용사가 앞 단어인(visesana-pubbapada) 동격복합어'와 '(5) 강조하는 명사가 앞 단어인(sambhāvanā-pubbapada) 동격복합어'가 24가지 조건을 옮기는 데 적용되는 복합어라 할 수 있다. 예를 들면 24가지 조건 가운데 ④ 틈 없는 조건[無間緣, anantara-paccaya]이나 ⑥ 함께 생긴 조건[俱生緣, sahajāta-paccaya] 등은 '형용사가 앞 단어인 동격복합어'이고 ① 원인이라는 조건[因緣, hetu-paccaya]이나 ② 대상이라는 조건[所緣緣, ārammaṇa-paccaya] 등은 '강조하는 명사가 앞 단어인 동격복합어'라 할 수 있다.

이런 설명을 참조하여 역자들은 24가지 조건(paccaya)을 우리말로 옮기면서 '형용사가 앞 단어인 동격복합어'에 해당하는 경우에는 형용사 그대로를 우리말로 옮겼다. 예를 들면 sahajāta-paccaya는 '함께 생긴'을 뜻하는 sahajāta가 형용사로서 paccaya를 수식하는, '형용사가 앞 단어인 동격한정복합어'의 구조이기 때문에 '함께 생긴 조건'으로 옮겼다.

24가지 조건을 우리말로 옮기면서 가장 고심한 것은 hetu-paccaya나 magga-paccaya처럼 앞 단어가 명사인 경우이다. 이 경우는 '강조하는 것이 앞 단어인 복합어'에 해당한다. 레디 사야도는 이 '강조하는 것이 앞 단어인 복합어'의 보기로 "hetu hutvā paccayo hetupaccayo. evaṁ ārammaṇapaccayo, manussabhūto, devabhūto, dhammo iti saṅkhāto dhammasaṅkhāto, dhammasammato, eva iti saṅkhāto saddo eva-saddo"(Nd-p.232)를 들고 있다. 사야도께서는 여기서 보듯이 이 복합어를 풀이하면서 '~이고'를

[해설]

제법의 상호의존관계를 밝히고 있는 『빳타나』에서 24가지 조건[緣, paccaya]은 여기서 열거한 순서대로 나타나고 있고(Pṭn.i.1) 『청정도론』 등의 주석서들에서도 그러하다.(Vis.XVII.66; DhsA.9 등) 그래서 본서에서도 먼저 이러한 순서로 24가지 조건을 나열하여 제시하였다.

§12. 간략히 적용시키면

12. chadhā nāmaṁ tu nāmassa pañcadhā nāmarūpinaṁ
ekadhā puna rūpassa rūpaṁ nāmassa c' ekadhā.
paññattināmarūpāni nāmassa duvidhā dvayaṁ
dvayassa navadhā cā ti chabbidhā paccayā — kathaṁ?

(1) **정신은 정신에게 6가지로 조건이 된다.**

뜻하는 'hutvā'나 '~라는'을 뜻하는 'iti'를 넣어서 설명하고 있다. 이러한 설명에 따르면 '강조하는 것이 앞 단어인 복합어'에 해당하는 hetu-paccaya는 '원인인'이나 '원인이라는 조건' 등으로 옮겨진다. 이것은 ārammaṇa-paccaya 등의 복합어에도 적용이 된다.

그런데 이렇게 풀어서 옮기면 어색하다는 윤문팀의 의견이 적지 않았고 역자들은 더욱 그러하였다. 그래서 명사로 합성이 된 것은 초판에서 옮긴 대로 '원인의 조건' 등으로 그냥 두려고 하였다. 소유격은 다양한 관계를 나타내는 데 사용되고 있기 때문이다. 그러나 이렇게 '원인의 조건' 등으로 옮기게 되면 '원인이 소유한 어떤 조건'이나 '원인을 만드는 어떤 조건' 등이 그 일차적인 의미가 되어버린다. '원인조건', '도조건', '禪조건' 등으로 옮기자는 의견도 있었지만 이렇게 되면 그 의미가 무엇인지를 두고 더 큰 혼란을 일으킬 수가 있다. 그래서 최종 교정본을 만들면서 '강조하는 것이 앞 단어인 복합어'에 해당하는 경우는 '원인이라는 조건' '도라는 조건' 등으로 통일하였다.

물론 전적으로 이 원칙만을 적용한 것은 아니다. 예를 들면 ③ 지배하는 조건[增上緣, adhipatipaccaya]의 adhipati와 ⑧ 의지하는 조건의 nissaya와 ⑨ 강하게 의지하는 조건의 upanissaya는 명사이지만 각각 '지배하는'과 '의지하는'과 '강하게 의지하는'으로 옮겼는데 '대상으로서 지배하는 조건'이나 '함께 생긴 의지하는 조건'이나 '대상으로서 강하게 의지하는 조건'과 같은 더 부차적인 복합어의 우리말 번역 등의 이유 때문이다.

<도표 8.2> 24가지 조건

1. 원인이라는 조건(因緣)
2. 대상이라는 조건(所緣緣)
3. 지배하는 조건(增上緣)
  (1) 대상으로서 지배하는 조건
  (2) 함께 생긴 것으로서 지배하는 조건
4. 틈 없는 조건(無間緣)
5. 더욱 틈 없는 조건(等無間緣)
6. 함께 생긴 조건(俱生緣)
7. 서로 지탱하는 조건(相互緣)
8. 의지하는 조건(依支緣)
  (1) 함께 생긴 의지하는 조건
  (2) 먼저 생긴 의지하는 조건
    ① 토대로서 먼저 생긴 의지하는 조건
    ② 토대와 대상으로서 먼저 생긴 의지하는 조건
9. 강하게 의지하는 조건(親依支緣)
  (1) 대상으로서 강하게 의지하는 조건
  (2) 틈 없는 것으로서 강하게 의지하는 조건
  (3) 자연적으로 강하게 의지하는 조건
10. 먼저 생긴 조건(前生緣)
  (1) 토대로서 먼저 생긴 조건
  (2) 대상으로서 먼저 생긴 조건
11. 뒤에 생긴 조건(後生緣)
12. 반복하는 조건(數數修習緣)
13. 업이라는 조건(業緣)
  (1) 함께 생긴 업이라는 조건
  (2) 다른 찰나에 생긴 업이라는 조건
14. 과보라는 조건(異熟緣)
15. 음식이라는 조건(食緣)
  (1) 물질적인 음식이라는 조건
  (2) 정신적인 음식이라는 조건
16. 기능(根)이라는 조건(根緣)
  (1) 먼저 생긴 기능이라는 조건
  (2) 물질의 생명기능(命根)이라는 조건
  (3) 함께 생긴 기능이라는 조건
17. 禪이라는 조건(禪緣)
18. 도라는 조건(道緣)
19 결합된 조건(相應緣)
20. 결합되지 않은 조건(不相應緣)
  (1) 함께 생긴 결합되지 않은 조건
  (2) 먼저 생긴 결합되지 않은 조건
  (3) 뒤에 생긴 결합되지 않은 조건
21. 존재하는 조건(有緣)
  (1) 함께 생긴 존재하는 조건
  (2) 먼저 생긴 존재하는 조건
  (3) 뒤에 생긴 존재하는 조건
  (4) 음식으로서 존재하는 조건
  (5) 기능으로서 존재하는 조건
22. 존재하지 않는 조건(非有緣)
23. 떠나간 조건(離去緣)
24. 떠나가지 않은 조건(不離去緣)

(2) **정신은 정신 · 물질에게 5가지로 조건이 된다.**

(3) **다시 정신은 물질에게 1가지로 조건이 된다.**

(4) **물질은 정신에게 1가지로 조건이 된다.**

(5) **개념과 정신 · 물질은 정신에게 2가지로 조건이 된다.**

(6) **[정신 · 물질의] 쌍은 [같은 쌍에게] 9가지로 조건이 된다.**

이와 같이 6가지 조건이 있다. — 어떻게?

[해설]

아누룻다 스님은 먼저 §11에서 24가지 조건을 『빳타나』의 순서에 따라 제시한 뒤 이제 §§12~27에서 이 24가지 조건이 어떻게 여러 다른 종류의 법들 사이의 관계를 드러내는가를 설명하고 있다. 여기서 저자는 논장의 『빳타나』나 『청정도론』 등과 같은 주석서 문헌에 나타나는 24가지 조건의 원래의 순서대로 각 조건들의 설명을 전개해나가는 것이 아니다. 저자는 조건 짓는 법들과 조건 따라 생긴 법들을 먼저 ① 정신[名, nāma]과 ② 물질[色, rūpa]과 ③ 정신 · 물질[名色]의 복합체로 분류하고 이들을 다시 (1) 정신 : 정신 (2) 정신 : 정신 · 물질 (3) 정신 : 물질 (4) 물질 : 정신 (5) 개념과 정신 · 물질 : 정신 (6) 정신 · 물질 : 정신 · 물질이라는 여섯 가지 순열로 조합하여 §§13~27에서 이들 간에 관련된 조건들을 소개하고 있다. 이제 이들을 하나하나 살펴보자.

§13. (1) 정신[名]이 정신[名]에게 — 여섯 가지

13. anantaraniruddhā cittacetasikā dhammā paṭuppannānaṁ cittacetasikānaṁ dhammānaṁ anantara-samanantara-natthi-vigata-vasena; purimāni javanāni pacchimānaṁ javanānaṁ āsevana-vasena; sahajātā cittacetasikā dhammā aññamaññaṁ sampayuttavasenā ti chadhā nāmaṁ nāmassa paccayo hoti.

곧바로 멸한 마음과 마음부수 법들은 현재의 마음과 마음부수 법들에게 '틈 없는 조건', '더욱 틈 없는 조건', '존재하지 않는 조건', ' 떠나간 조건'으로 조건이 된다.

선행하는 속행(자와나)들은 뒤따르는 속행들에게 '반복하는 조건'으로 조건이 된다.

함께 생긴 마음과 마음부수 법들은 서로에게 '결합된 조건'으로 조건이 된다.

이와 같이 정신은 정신에게 여섯 가지로 조건이 된다.

[해설]

1. **틈 없는 조건**[(4) 無間緣, anantara-paccaya]:

2. **더욱 틈 없는 조건**[(5) 等無間緣, samanantara-paccaya]:

이 두 조건은 뜻으로는 하나이다. 문자만 다를 뿐이며 같은 관계를 조금 다른 각도에서 비추어본 것이다. 형식적으로 정의하자면 틈 없는 조건은 조건 짓는 법인 하나의 정신[名]이 조건 따라 생긴 법인 다른 하나의 정신에게 자신이 사라진 바로 다음에 일어나게 하여 어떤 다른 정신도 중간에 끼어들지 못하게 하는 조건이고, 더욱 틈 없는 조건은 조건 짓는 법이 조건 따라 생긴 법을 자신이 사라진 바로 다음에 정해진 정신적인 과정의 순서에 따라서 일어나게 하는 조건이다.

이 두 조건은 어떤 찰나에 사라지는 정신(nāma)들과 바로 다음 찰나에 일어나는 정신들에게 적용이 된다. 그 찰나에 사라지는 것은 조건 짓는 것이고 그다음 찰나에 일어나는 것은 조건 따라 생긴 것이다. 그러나 아라한의 죽음의 마음은(cuti-citta) 이 틈 없는 조건[無間緣]과 더욱 틈 없는 조건[等無間緣]이 되지 않는다. 더 이상 따라 일어날 마음이 없기 때문이다.

구체적으로 말하면, 이 틈 없는 조건과 더욱 틈 없는 조건에서 아라한의 죽음의 마음을 제외한 89가지 마음과 52가지 마음부수는 Ⓐ 조건 짓는 법이 되고 뒤따르는 89가지 마음과 52가지 마음부수는 Ⓑ 조건 따라 생긴 법이 된다.

『청정도론』은 이 두 조건을 다음과 같이 설명하고 있다.

[청정도론 XVII]: "73. [(4) 틈 없는 조건[無間緣, anantara-paccaya]]: 틈 없는 상태로 도와주는 법이 틈 없는 조건이다. 더욱 틈 없는 상태로 도와주는 법이 더욱 틈 없는 조건이다. 이 두 가지 조건은 아주 다양하지만 여기서는 이것이 핵심이다. — 눈의 알음알이[眼識] 뒤에 마노의 요소[意界]가, 마노의 요소 뒤에 마노의 알음알이의 요소[意識界]가 뒤따른다는 등의 마음의 법칙(citta-niyama)은 각자 바로 앞의 마음에 의지하여 성취된다. 그렇지 않은 것이 없다.

그러므로 각자 자기 뒤에 적당한 마음을 일으킬 수 있는 능력을 가진 법이 틈 없는 조건이다. 그래서 말씀하셨다. "틈 없는 조건: 눈의 알음알이의 요소와 또한 눈의 알음알이와 결합된 법들은 마노의 요소[意界]와 또한 그와 관련된 법들에게 틈 없는 조건으로 조건이 된다."(Pṭn .ii.2)라고."

[청정도론 XVII]: "74. [(5) 더욱 틈 없는 조건[等無間緣, samanantara-paccaya]]: 틈 없는 조건이 바로 더욱 틈 없는 조건이다. 물질의 생성(upacaya)과 물질의 상속(santati)처럼, 용어(adhivacana)와 언어(nirutti)의 두 개 조처럼[122] 문자만 다를 뿐 뜻으로는 다른 것이 없다.

---

122) 물질의 생성과 상속에 대해서는 XIV.66과 본서 제6장 §4의 해설 11에서 언급되어있다. 용어(adhivacana)와 언어(nirutti)는 『담마상가니』(Dhs §1306)를 참조할 것. 이들은 각각 말만 다를 뿐 뜻으로는 다른 점이 없다. 'anantara(틈 없음)'와 'samanantara(더욱 틈 없음)'도 또한 그와 같다.

75. 어떤 스승들의 견해에 따르면 뜻으로서 [즉 법에 따라][123] 틈이 없기 때문에 틈 없는 조건이고, 시간상으로 틈이 없기 때문에 더욱 틈 없는 조건이라고 한다. 그러나 이것은 "멸진정에서 출정한 사람의 비상비비상처의 유익한 마음은 과를 증득하는 데 더욱 틈 없는 조건으로 조건이 된다."(Pṭn.iii.92)고 한 내용과 어긋난다."[124]

"76. 그들은 여기서 이렇게 주장한다. '법들을 생기게 하는 능력이 줄어든 것은 아니다. 그러나 수행의 힘으로 방해를 받은 법들이 더욱 틈 없이 뒤따라 일어나지 못한다. 그것이 시간상으로 틈 없는 것이 아님을 증명한다.'라고. 수행의 힘으로 시간상으로 틈 없는 것이 아님을 우리도 얘기한다. 시간상으로 틈 없음이 아니기 때문에 더욱 틈 없는 조건이라는 것은 적당치 않다. 시간상으로 틈이 없어야 더욱 틈 없는 조건이라고 하는 것은 신조(laddhi)일 뿐이다. 그러므로 그런 견해에 국집하지 말고 뜻으로서가 아니라 문자가 다른 것으로서 차이점을 찾아야 한다. 어떻게? 그들에게 틈이 없기 때문에 틈 없는 조건이다. 형태가 없기 때문에(saṇṭhānābhāvato)[125] 더욱 틈이 없다. 그래서 더욱 틈 없는 조건이라 한다."

---

123) 즉 눈의 알음알이[眼識] 뒤에는 마노의 요소[意界]가, 마노의 요소 뒤에는 마노의 알음알이의 요소[意識界]가 오는 등, 법에 따라 틈이 없는 것(dhammena anantaratāya)을 틈 없는 조건이라 한다는 뜻이다. 그러므로 원문의 'atthānantaratāya(뜻으로써 틈이 없음)'는 법으로써 틈이 없다는 뜻이다.(atthena kenaci dhammena anantaratāya — Pm.ii.273)

124) 시간상으로 틈이 없는 것을 더욱 틈 없는 조건이라 한다면 멸진정으로부터 나온 사람의 비상비비상처의 유익한 마음은 과를 증득하는 데 더욱 틈 없는 조건으로 조건이 된다라는 내용과 어긋난다. 왜냐하면 멸진정에 든 자가 그것으로부터 나와서 불환과 또는 아라한과를 증득하는 데는 7일간의 공백이 있기 때문이다. 그러나 삼장에서는 그 유익한 마음이 과를 증득하는 데 더욱 틈 없는 조건으로 조건이 된다고 했다.

125) '형태가 없기 때문에'는 saṇṭhānābhāvato를 옮긴 것이다. 이 정신(nāma)은 물질(rūpa)과 달리 형태가 없기 때문에 더욱 틈이 없어서 더욱 틈 없는 조건이라 한다는 내용이다.

3. **존재하지 않는 조건**[(22) 非有緣, natthi-paccaya]:

4. **떠나간 조건**[(23) 離去緣, vigata-paccaya]:

이 두 조건도 본질적으로는 하나이지만 문자만이 다른 것이다. 존재하지 않는 조건[非有緣]은 사라지는 정신이 다른 정신에게 자신의 바로 다음에 일어날 기회를 주는 조건이다. 떠나간 조건[離去緣]은 어떤 정신이 자신이 사라짐으로 해서 다음의 정신이 일어날 기회를 주는 조건이다. 이 두 조건의 조건 짓는 법과 조건 따라 생긴 법은 위의 틈 없는 조건[無間緣]과 더욱 틈 없는 조건[等無間緣]과 일치한다.

그러므로 이 존재하지 않는 조건과 떠나간 조건에서도 §13의 틈 없는 조건과 더욱 틈 없는 조건에서처럼 아라한의 죽음의 마음을 제외한 89가지 마음과 52가지 마음부수가 Ⓐ 조건 짓는 법이 되고 뒤따르는 89가지 마음과 52가지 마음부수가 Ⓑ 조건 따라 생긴 법이 된다.

[청정도론 XVII]: "98. [(22) 존재하지 않는 조건[非有緣, natthi-paccaya]]: 자기 뒤에 일어나는 정신의 법들에게 일어나는 기회를 제공하면서 도와주는, 바로 틈 없이 소멸한 정신의 법이 존재하지 않는 조건이다. 이처럼 말씀하셨다.

"더욱 틈 없이 소멸한 마음과 마음부수들은 존재하는 마음과 마음부수들에게 존재하지 않는 조건으로 조건이 된다."(Pṭn.ii.51)라고."

[청정도론 XVII]: "99. [(23) 떠나간 조건[離去緣, vigata-paccaya]]: 그 법들이 떠나간 상태로 도와주기 때문에 떠나간 조건이다. 이처럼 말씀하셨다. "더욱 틈 없이 떠나간 마음과 마음부수들은 존재하는 마음과 마음부수들에게 떠나간 조건으로 조건이 된다."(Pṭn.ii.7)라고."

5. **반복하는 조건**[(12) 數數修習緣, āsevana-paccaya]:

조건 짓는 정신이 조건 따라 생긴 정신을 더욱 힘차게 일어나도록 하는 것을 말한다. 예를 들면 학생이 계속 공부하여 그 과목에 대해 더 능숙해지는 것처럼 조건 짓는 법이 자신의 다음에 연속적으로 일어나는 법들에게 큰 능력과 힘을 나누어 주는 것을 말한다. 이 경우에 조건 짓는 법은 전적으로 세속적인 유익[善]하거나 해롭거나[不善] 작용만 하는 자와나(속행)의 마음들이며 마지막 자와나는 제외시킨다. 여기서 맨 마지막에 일어나는 자와나는 조건 따라 생긴 법이 된다.

그러므로 47가지 세간적인 속행의 마음(반복되는 속행들 가운데 마지막 속행은 제외함)과 52가지 마음부수는 Ⓐ 조건 짓는 법이 되고 바로 다음 찰나에 생기는 51가지 속행(첫 번째 속행과 과의 속행은 제외함)의 마음과 52가지 마음부수들은 Ⓑ 조건 따라 생긴 법이 된다.

비록 네 가지 출세간의 도의 마음은 유익한 자와나이지만 이들은 반복하는 조건으로 조건 짓는 법은 되지 못한다. 이들에게는 과(果)의 마음이 뒤따라오는데 이 과의 마음은 과보의 마음이다. 그러므로 이것은 이 조건에 필수적인 반복이 아니다. 비록 과의 마음이 자와나 과정의 흐름[相續]에서 일어날 수 있지만 이들은 과보의 마음이기 때문에 반복하는 조건에 있는 조건 짓는 법의 정의에 완전히 부합하지 않는다. 그러나 도의 마음 바로 앞에서 일어나는 세 원인을 가진 욕계의 유익한 마음들은 반복하는 조건으로 조건 짓는 법이며 뒤의 마음은 조건 따라 생긴 법이다.(<도표 4.4> 참조)

[청정도론 XVII]: "87. [⑿ 반복하는 조건[數數修習緣, āsevana-paccaya]]: 반복한다는 뜻에서 뒤따르는 법들이 능숙하고 힘이 있도록 도와주는 법을 반복하는 조건이라 한다. 책 등에서 반복하여 적용하는 것처럼. 그것은 유익한 [속행], 해로운 [속행], 작용만 하는 [속행]으로 세 가지이다. 이처럼 말씀하셨다.

"① 앞의 유익한 법들은 뒤따르는 유익한 법들에게 반복하는 조건으로 조건이 된다. ② 앞의 해로운 법들은 … ③ 앞의 작용만 하는 무기의 법들은 뒤따르는 작용만 하는 무기의 법들에게 반복하는 조건으로 조건이 된다.[126](Ptn.ii.5)라고."

6. **결합된 조건**[(19) 相應緣, sampayutta-paccaya]:

이것은 조건 짓는 법이 조건 따라 생긴 법을 생기게 해서 서로 결합되어 함께 일어나고 함께 멸하며 동일한 대상을 가지고 동일한 물질적인 토대를 가져서(제2장 §1 참조) 분리할 수 없이 결합되어 있는 조건이다. 즉 어떤 한 찰나에 함께 일어나는 마음·마음부수들 가운데 마음이나 어떤 마음부수를 조건 짓는 법으로 간주하면 나머지는 모두 조건 따라 생긴 법이 된다. 그러므로 여기서는 재생연결 때와 삶의 과정에서 서로 결합되어 일어나는 89가지 마음과 52가지 마음부수가 Ⓐ 조건 짓는 법이고 이때 서로 결합된 89가지 마음과 52가지 마음부수는 Ⓑ 조건 따라 생긴 법이 된다.

[청정도론 XVII]: "94. [(19) 결합된 조건[相應緣, sampayutta-paccaya]: 동일한 토대를 가지고, 동일한 대상을 가지며, 동시에 일어나고, 동시에 소멸함이라 불리고,[127] 결합된 상태로 도와주는 정신의 법들이 결합된 조건이다. 이처럼 말씀하셨다.

"네 가지 정신의 무더기는 서로에게 결합된 조건으로 조건이 된다." (Ptn.ii.6)라고."

126) 이 세 번째는 아라한들에게만 적용된다. 아라한들은 이미 선과 불선을 초월했기 때문이다.

127) "ekavatthuka-ekārammaṇa-ekuppād-ekanirodha-saṅkhātena" 여기에 대해서는 본서 제2장 §1을 참조할 것.

§14. (2) 정신[名]이 정신 · 물질[名色]에게 — 다섯 가지

14. hetu-jhānaṅga-maggaṅgāni sahajātānaṁ nāmarūpānaṁ hetādivasena; sahajātā cetanā sahajātānaṁ nāmarūpānaṁ; nānā-kkhaṇikā cetanā kammābhinibbattānaṁ nāmarūpānaṁ kamma-vasena; vipākakkhandhā aññamaññaṁ sahajātānaṁ rūpānaṁ vipākavasenā ti ca pañcadhā nāmaṁ nāmarūpānaṁ paccayo hoti.

원인과 禪의 구성요소와 도의 구성요소는 함께 생긴 정신 · 물질들에게 '원인이라는 조건'과 '禪이라는 조건'과 '도라는 조건'으로 조건이 된다.

함께 생긴 의도는 함께 생긴 정신 · 물질들에게, 다른 찰나에 생긴 의도는 업에서 생긴 정신 · 물질들에게 '업이라는 조건'으로 조건이 된다.

과보의 무더기들은 서로에게, 또 함께 생긴 물질들에게 '과보라는 조건'으로 조건이 된다.

이와 같이 정신은 정신 · 물질에게 5가지로 조건이 된다.

[해설]

1. **원인이라는 조건**[(1) 因緣, hetu-paccaya]:

이 조건은 조건 짓는 법이 굳건함과 고정됨을 조건 따라 생긴 법들과 나누어 가짐으로써 마치 뿌리와 같은 기능을 하는 조건을 말한다. 이 관계에서 조건 짓는 법은 원인이라고 알려진 해로운[不善] 뿌리인 탐 · 진 · 치와 유익하거나[善] 결정할 수 없는[無記] 뿌리인 불탐 · 부진 · 불치의 여섯 가지 원인을 뜻한다.(제3장 §5참조) 조건 따라 생긴 법은 이들 각 원인에 뿌리박은 마음들과 이와 함께 일어난 마음부수법들과 그리고 이들과 함께 일어나는 물질들이다. 함께 일어난 물질들은 재생연결 때에 일어난 업에서 생긴 물질들과 삶의 과정에서 마음에서 생긴 물질들이다. 마치 나무의 뿌리들이 나무의 생존과 성장과 안정에 토대가 되듯이 이들 원인들도 조건 따라 생긴 법을 생기게 하며 그들을 굳건하고 안정되게 한다.

간추리면, 이 원인이라는 조건에서 탐·진·치와 불탐·부진·불치의 여섯 가지 원인은 Ⓐ 조건 짓는 법이고 ① 삶의 과정에서는 원인을 가진 마음 71가지와 52가지 마음부수들(단 어리석음에 뿌리박은 2가지 마음과 함께 생기는 어리석음은 제외함)과 원인을 가진 마음에서 생긴 물질들이 Ⓑ 조건 따라 생긴 법이고 ② 재생연결 때에는 재생연결식과 함께 생긴 업에서 생긴 물질이 Ⓑ 조건 따라 생긴 법이다.

[청정도론 XVII]: "67. [(1) 원인이라는 조건[因緣, hetu-paccaya]]: 이 가운데서 이것이 원인이고 또 조건이기 때문에 원인이라는 조건(hetupaccaya)이라 한다. 원인이면서 조건인 것이고 원인이라는 조건이기도 하다고 말했다. 대상이라는 조건 등에서도 이 방법이 적용된다. 여기서 원인(hetu)이라는 것은 [5단]논법(vacana)[128]의 각 부분이나 이유(kāraṇa)나 뿌리(mūla)와 동의어이다.

명제(paṭiññā), 원인(hetu) 등으로 세간에서는 [5단]논법의 각 부분을 원인(hetu)이라 부른다. 교법에서는 "원인으로부터 생긴 법들"(Vin.i. 40) 등에서는 이유를, "세 가지 유익한 원인, 세 가지 해로운 원인"(Dhs. §1059) 등에서는 뿌리(mūla)를 원인(hetu)이라 부른다. 이것이 여기서

128) 서양의 논리학이 삼단논법에 바탕한 것이라면 인도의 전통 논리는 오단논법(혹은 오지작법, 종(宗)→인(因)→합(合)→유(喩)→결(結))이다. 전통적으로 오단논법은 다음의 진술로 나타난다.
(1) 산에 불이 있다.(parvato vahnimān): 宗
(2) 연기가 있기 때문이다.(dhūmāt): 因
(3) 연기가 있는 곳엔 언제나 불이 있다(yatra yatra dhūmah tatra tatra vanhih): 合
(4) 아궁이에서처럼(yathā mahānase): 喩
(5) 그러므로 산에 불이 있다(tasmāt tathā): 結

뜻하는 것이다."

"70. … 원인이라는 조건을 가진 법들은 튼튼한 나무처럼 확고하고 안정되어있다. 원인을 가지지 않은 마음들은 뿌리가 깨알만 한 이끼처럼 확고하지 않다. 이와 같이 근본의 뜻에서 돕기 때문에 잘 안주하는 상태를 성취하는 것으로써 도와주는(upakāraka) 법이 원인이라는 조건이라고 알아야 한다."

2. 禪이라는 조건[⒄ 禪緣, jhāna-paccaya]:

이것은 조건 짓는 법이 조건 따라 생긴 법들로 하여금 대상을 깊이 응시하는 데 동참하도록 하는 조건이다. Ⓐ 조건 짓는 법은 한 쌍의 전오식을 제외한[129] 79가지 마음과 함께 일어나는 일곱 가지 禪의 구성요소이며 이들은 일으킨 생각, 지속적 고찰, 희열, 느낌, 집중의 다섯 가지 마음부수로 줄어든다.(제7장 §16및 §23 참조) Ⓑ 조건 따라 생긴 법은 禪의 구성요소들과 연결된 마음과 마음부수들, 즉 한 쌍의 전오식을 제외한 79가지 마음, 52가지 마음부수들, 함께 일어난 물질들이다. 함께 일어난 물질들은 비록 그들 스스로는 대상을 명상하지 못하지만 禪의 구성요소들에 의해서 고도로 깊은 명상을 통해서 일어났기 때문에 조건 따라 생긴 법에 포함되는 것이다.

[청정도론 XVII]: "92. [⒄ 禪이라는 조건[禪緣, jhāna-paccaya]]: 한 쌍의 전오식(前五識)에서 즐거운 느낌과 괴로운 느낌의 둘을 제하고, 명상한다는(upanijjhāyana) 뜻에서 도와주는 유익함 등으로 분류되는 일곱 가지 禪의 구성요소는[130] 모두 禪이라는 조건으로 조건이 된다.

---

129) "한 쌍의 전오식은 [대상에] 들어가는 것만이 있기 때문에(abhinipāta-mattattā) 그들에게 있는 느낌과 집중은 대상을 명상하지 못한다.(upani-jjhāyanākārassa abhāvena) 그래서 禪의 구성요소들에서는 드러나지 않는다(na uddhaṭā)."(Moh.451)

130) 본서 제7장 §16의 禪의 구성요소와 제1장 §18의 해설을 참조할 것.

이처럼 말씀하셨다.

"禪의 구성요소들은 禪과 결합된 법들[131]과 그와 함께 생긴 물질들에게 禪이라는 조건으로 조건이 된다."(Pṭn.ii.6) 그러나 질문 부분에서는 "재생연결의 찰나에 과보로 나타난 무기인 禪의 구성요소들은 그와 결합된 무더기들[蘊]과 업에서 생긴 물질들에게 禪이라는 조건으로 조건이 된다."(Pṭn.iii.107)라고도 설하셨다."

3. **도라는 조건**[⒅ 道緣, magga-paccaya]:

이것은 조건 짓는 법이 조건 따라 생긴 법으로 하여금 특정한 목적지에 도달하도록 하는 수단의 기능을 하게 하는 조건이다. 여기서 Ⓐ 조건 짓는 법은 12가지 도의 구성요소인데 아홉 가지 마음부수[132]로 줄어든다.(제7장 §17및 §23 참조) 여기서 네 가지 그릇된 길의 구성요소는 악처에 떨어지도록 하는 수단이며 팔정도의 구성요소는 선처와 열반으로 향하게 하는 것이다. Ⓑ 조건 따라 생긴 법은 18가지 원인 없는 마음을 제외한 71가지 마음, 이들과 함께하는 52가지 마음부수들, 이들과 함께 일어나는 물질들이다. 비록 과보로 나타나거나 작용만 하는 마음에 있는 도의 구성요소들이 어떤 목적지로도 인도하지는 못하지만 그래도 도의 구성요소들로 분류하는데 그들의 성질 자체는 다른 목적지로 인도하는 능력을 가진 법들과 일치하기 때문이다.

[청정도론 XVII]: "93. [⒅ 도라는 조건[道緣, magga-paccaya]]: 그곳이 어느 곳이든 그곳으로부터 출구가 된다는(niyyāna) 뜻에서 도와 주고, '유익함' 등으로 분류되는 열두 가지 도의 구성요소[133]가 도라는

131) 89가지 마음 중에서 한 쌍의 전오식 10가지를 제외한 나머지 79가지와 52가지 마음부수를 뜻하며 이 법들에게 禪의 구성요소들은 禪이라는 조건으로 조건이 된다.

132) 통찰지, 일으킨 생각, 정어, 정업, 정명, 정진, 마음챙김, 집중, 사견의 9가지 마음부수들이다.

조건이다. 이처럼 말씀하셨다.

"도의 구성요소들은 도와 결합된 법들134)과 그와 함께 생긴 물질들에게 도라는 조건으로 조건이 된다."(Pṭn.ii.6) 그러나 질문 부분에서는 "재생연결 찰나에 과보로 나타난 무기인 도의 구성요소들은 그와 결합된 무더기들과 업에서 생긴 물질들에게 도라는 조건으로 조건이 된다."(Pṭn.iii.176)라고 설하셨다.

이 禪이라는 조건과 도라는 조건은 각각 한 쌍의 전오식(前五識)과 [18가지] 원인 없는 마음에는에는 적용되지 않는다고 알아야 한다."

4. **업이라는 조건**[⒀ 業緣, kamma-paccaya]:

이것은 두 가지가 있다. 함께 생긴 업이라는 조건(sahajāta-kamma-paccaya)과 다른 찰나에 생긴 업이라는 조건(nānākkhaṇika-kamma-paccaya)이다.

(1) 함께 생긴 업이라는 조건에서 Ⓐ 조건 짓는 법은 89가지 마음에 있는 의도(cetanā)들이다. Ⓑ 조건 따라 생긴 법은 이런 의도들과 연결된 마음들, 마음부수들, 함께 생긴 물질들이다. 여기서 의도는 그것과 함께 생긴 법들이 그들의 각각의 역할을 실행하도록 하고, 그것이 일어남과 동시에 적절한 종류의 물질들을 일어나게 해서 함께 생긴 업이라는 조건의 기능을 실행한다.

(2) 다른 찰나에 생긴 업이라는 조건에서 조건 짓는 법과 조건 따라 생긴 법 사이에는 일시적인 간극이 있다. 이 관계에서 조건 짓는 법은 과거의 유익한 의도나 해로운 의도이다. 조건 따라 생긴 법은 과보의 마음들과 그들의 마음부수들, 그리고 재생연결과 삶의 과정에서 업에

---

133) 팔정도의 8가지와 그릇된 견해, 그릇된 사유, 그릇된 정진, 그릇된 삼매가 그것이다. 제7장 §17의 도의 각지를 참조할 것.

134) 도와 결합된 법들은 18가지 원인 없는 마음을 제외한 71가지 마음과 그와 함께 일어나는 52가지 마음부수를 뜻한다.

서 생긴 물질들이다. 여기서 조건 짓는 힘은 그런 의도가 적절한 과보의 마음·마음부수와 업에서 생긴 물질을 낳을 수 있는 가능성이다. 이 조건은 도의 마음과 그 과(果) 사이에서도 역시 얻어진다. 이 경우에는 33가지 마음, 즉 과거의 유익한 마음 21가지[135]와 과거의 해로운 마음 12가지(1~12번)에 있는 의도가 Ⓐ 조건 짓는 법이다. ① 과보의 마음 36가지[136]와 ② 마음부수 38가지[137]와 ③ 이들과 함께 생긴 물질은 Ⓑ 조건 따라 생긴 법이 된다.

[청정도론 XVII]: "88. [⒀ 업이라는 조건[業緣, kamma-paccaya]]: 마음씀(citta-payoga)이라 불리는 행위로 도와주는 법을 업이라는 조건이라 한다. 다른 찰나에 작용하는[138] 유익한 의도나 해로운 의도, 함께 생긴 모든 의도로 두 가지이다. 이와 같이 설하셨다.

"유익한 업이나 해로운 업은 과보의 무더기와, 업을 지었기 때문에 생긴 물질에게 업이라는 조건으로 조건이 된다. 의도는 결합된 법들과 그와 함께 생긴 물질에게 업이라는 조건으로 조건이 된다."(Pṭn.ii.5)

5. **과보라는 조건**[⒁ 異熟緣, vipāka-paccaya]:

이것은 조건 짓는 법이 그것과 함께 일어난 조건 따라 생긴 법을 수동적이고 노력하지 않으며 활동을 못하게 하는 조건이다. 이 관계에 있어서 Ⓐ 조건 짓는 법은 36가지 과보의 마음과 38가지 마음부수들이다. Ⓑ 조건 따라 생긴 법은 같은 과보로 나타난 것들 가운데서 나머

---

135) 31~38, 55~59, 70~73, 82~85번 마음임.

136) 13~27, 39~46, 60~64, 74~77, 86~89번 마음임.

137) 36가지 과보의 마음에 있는 38가지 마음부수들을 말한다. 해로운 과보의 마음에는 해로운 마음부수들이 없기 때문에(<도표 2.4> 참조) 이 과보의 마음에는 13가지 다른 것과 같아지는 마음부수들과 25가지 아름다운 마음부수들만이 포함되어 모두 38가지가 된다.

138) 다른 찰나에 작용하는 의도란 의도와 그것의 과보가 작용하는 찰나가 다르다는 뜻이다.

지 것들과 그와 함께 생긴 물질들이다.

과보로 나타난 것들은 업이 익어서 생산되었으므로 수동적이며 활동하지 않는다. 그러므로 존재지속심(바왕가)은 깊이 잠든 사람의 마음에 과보로 나타나 일어났다가 사라지기를 끝없이 되풀이한다. 이 기간 동안에는 몸과 말과 마음으로 아무런 노력도 하지 않으며 외부 대상을 식별하지 못한다. 그와 같이 오문인식과정에서도 과보의 마음들은 대상을 알려는 노력을 하지 않는다. 자와나(속행) 과정이 되어서야 대상을 분명하게 인식하는 노력과 행위들을 하는 것이다.

[청정도론 XVII]: "89. [(14) 과보라는 조건[異熟緣, vipāka-paccaya]: 노력 없이(nirussāha) 고요한 상태(santa-bhāva)로 노력 없이 고요하도록 도와주는 과보가 과보라는 조건이다. 삶의 과정(pavatti)에서 그것은 그와 함께 생긴 물질들에게, 재생연결의 찰나에는 업에서 생긴 물질에게, 모든 경우에 결합된 법들에게 과보라는 조건으로 조건이 된다.[139] 이처럼 말씀하셨다.

"과보로 나타난 결정할 수 없는 것[無記]인 하나의 무더기[蘊]는 세 가지 무더기와 마음에서 생긴 물질에게 과보라는 조건으로 조건이 된다. … 재생연결의 찰나에 과보로 나타난 무더기인 하나의 무더기는 세 가지 무더기에게 … 세 가지 무더기는 한 가지 무더기에게 … 두 가지 무더기는 두 가지 무더기와 업에서 생긴 물질에게 과보라는 조건으로 조건이 된다. 무더기는[140] 토대에게 과보라는 조건으로 조건이 된다."(Pṭn.i.173)라고."

---

139) 즉 과보라는 조건은 삶의 과정에서 36가지 과보로 나타난 마음에서 생긴 물질에게, 재생연결 중에는 업에서 생긴 물질에게, 삶의 과정과 재생연결의 둘 다에서는 마음과 마음부수들에게 서로서로 조건이 된다.

140) 네 가지 정신적인 과보의 무더기와 그와 결합된 마음부수들을 뜻한다. 즉 36가지 과보로 나타난 마음과 38가지 마음부수가 토대에게 과보라는 조건으로 조건이 된다.

§15. (3) 정신[名]이 물질[色]에게 — 한 가지

15. pacchājātā cittacetasikā dhammā purejātassa imassa kāyassa pacchājātavasenā ti ekadhā va nāmaṁ rūpassa paccayo hoti.

뒤에 생긴 마음과 마음부수들이 먼저 생긴 이 몸에게 '뒤에 생긴 조건'으로 조건이 된다. 이와 같이 정신이 물질에게 한 가지로 조건이 된다.

[해설]

1. **뒤에 생긴 조건**[(11) 後生緣, pacchājāta-paccaya]:

이것은 조건 짓는 법이 그 자신보다 먼저 생긴 조건 따라 생긴 법을 지탱하고 강화하는 조건을 말한다. 이 관계에서 조건 짓는 법은 뒤에 일어난 마음과 마음부수들이고 조건 따라 생긴 법은 이전의 마음과 함께 일어난 업 등의 네 가지 요인에서 생긴 물질들이다. 이 조건은 첫 번째 바왕가와, 재생연결의 찰나에 업에서 생긴 물질들과의 관계와 더불어 시작된다. 마치 빗물이 떨어져서 이미 존재하는 농작물들을 자라게 하고 증가하도록 촉진하는 것처럼 그와 같이 뒤에 일어난 정신(nāma)들이 이미 일어난 물질들을 지탱하여 그들이 유사한 물질들을 계속해서 만들어내도록 한다.

그러므로 이 경우에는 5온이 있는 세상에서 첫 번째 바왕가부터 시작하여 그 후 일어나는 85가지 마음(무색계 과보의 마음 4가지가 제외됨)과 52가지 마음부수가 Ⓐ 조건 짓는 법이고 이러한 세상에서 재생연결식의 머무는 아찰나부터 생기는 물질들이 Ⓑ 조건 따라 생긴 법이 된다.

[청정도론 XVII]: "86. [(11) 뒤에 생긴 조건[後生緣, pacchājāta-paccaya]]: 먼저 생긴 물질에게 지지하는 성질로 도와주는 정신의 법[非色法]이 뒤에 생긴 조건이다. 마치 맛있는 음식을 먹을 것이라는 생각이 새

끼 독수리의 몸을 도와주는 것처럼. 그래서 설하셨다. "뒤에 생긴 마음과 마음부수법들141)이 먼저 생긴 이 몸에게 뒤에 생긴 조건으로 조건이 된다."(Pṭn.ii.5)라고."

§16. (4) **물질[色]이 정신[名]에게 — 한 가지**

16. cha vatthūni pavattiyaṁ sattannaṁ viññāṇadhātūnaṁ; pañc' ārammaṇāni ca pañcaviññāṇavīthiyā purejātavasenā ti ekadhā va rūpaṁ nāmassa paccayo hoti.

여섯 가지 토대는 삶의 과정에서 일곱 가지 알음알이의 요소[識界]에게 '먼저 생긴 조건'으로, 다섯 가지 대상은 다섯 가지 인식과정의 알음알이에게 먼저 생긴 조건으로 조건이 된다. 이와 같이 물질이 정신에게 한 가지로 조건이 된다.

[해설]

1. **먼저 생긴 조건**[⑽ 前生緣, purejāta-paccaya]:

이것은 조건 짓는 법인, 이미 일어났고 머묾(ṭhiti)의 단계에 이른 물질이 조건 따라 생긴 법인 정신들을 자신의 다음에 일어나게 하는 조건이다. 이것은 마치 먼저 이 세상에 생긴 태양이 그 태양이 뜨고 나서 생긴 사람들에게 빛을 주는 것과 같다. 여기에는 (1) 토대로서 먼저 생긴 조건(vatthu-purejātapaccaya)과 (2) 대상으로서 먼저 생긴 조건(ārammaṇa-purejāta)의 두 가지 먼저 생긴 조건이 있다.

(1) 여섯 가지 물질 토대의 각각은 삶의 과정 동안에 먼저 생긴 토대로서 조건 짓는 법이 되어 이것을 물질의 토대로 해서(제3장 §§20~22 참조) 일어나는 마음과 마음부수들, 즉 조건 따라 생긴 법에게 조건이 된

141) 무색계 과보로 나타난 마음 4가지를 제외한 85가지 마음과 52가지 마음부수가 이에 해당된다. 이들은 앞에 생긴 이 몸에게 뒤에 생긴 조건으로 조건이 된다.

다. 심장토대는 재생연결의 찰나에는 정신에게 먼저 생긴 조건이 되지 않는다. 이 경우에는 심장토대와 정신은 함께 생긴 조건과 서로서로 의지하는 조건으로 동시에 일어나기 때문이다. 그러나 재생연결의 찰나에 일어난 심장토대는 재생연결식의 바로 다음에 일어나는 첫 번째 바왕가(존재지속심)에게는 먼저 생긴 조건이 되고, 그 후의 삶의 과정에서는 모든 마노(mano)의 요소[意界]와 마노의 알음알이의 요소[意識界]의 마음들에게 먼저 생긴 조건이 된다.

(2) 다섯 가지 감각 대상(gocara)의 각각은 조건 짓는 법이 되어 이것을 대상으로 취하는 오문인식과정의 마음과 마음부수들에게 대상으로서 먼저 생긴 조건이 된다. 여기에 덧붙여 머묾(ṭhiti)의 단계에 도달한 18가지 구체적 물질(제6장 §3 참조)은 모두 의문인식과정에서는 대상으로서 먼저 생긴 조건이 된다. 그러므로 이 경우에는 18가지 구체적 물질은 Ⓐ 조건 짓는 법이 되고 ① 54가지 욕계 마음과 2가지 신통지의 마음(59, 69번)과 ② 연민과 함께 기뻐함을 제외한 50가지 심소법은 Ⓑ 조건 따라 생긴 법이 된다.

[청정도론 XVII]: "85. [⑽ 먼저 생긴 조건[前生緣, purejātapaccaya]]: 먼저 일어나서 존재하는 상태로 도와주는 법이 먼저 생긴 조건이다. 이것은 오문(五門)에서의 토대와 대상과 심장토대[142]의 11가지이다. 이와 같이 설해졌다.

"① 눈의 감각장소[眼處]는 눈의 알음알이의 요소[眼識界]와 그와 결합된 법들에게 먼저 생긴 조건으로 조건이 된다. ② 귀의 감각장소는 … ③ 코의 감각장소는 … ④ 혀의 감각장소는 … ⑤ 몸의 감각장소는 … ⑥ 형색의 감각장소[色處]는 … ⑦ 소리의 감각장소는 … ⑧ 냄새의

142) 아래의 ①부터 ⑤까지는 토대로서 먼저 생긴 조건이고, ⑥~⑩까지는 대상으로서 먼저 생긴 조건이며, ⑪은 심장토대로서 먼저 생긴 조건이다.

감각장소는 … ⑨ 맛의 감각장소는 … ⑩ 감촉의 감각장소는 몸의 알음알이의 요소[身識界]와 그와 결합된 법들에게 먼저 생긴 조건으로 조건이 된다. 형색 … 소리 … 냄새 … 맛 … 감촉은 마노의 요소[意界]에게 먼저 생긴 조건으로 조건이 된다. ⑪ 그 물질을 의지하여 마노의 요소와 마노의 알음알이의 요소가 있을 때 그 물질은 마노의 요소와 그와 결합된 법들에게 먼저 생긴 조건으로 조건이 되고, 마노의 알음알이의 요소와 그와 결합된 법들에게는 어떤 때는 먼저 생긴 조건으로 조건이 되고 어떤 때는 그렇지 않다."143)(Pṭn.ii.4~5)라고."

§17. (5) 개념과 정신 · 물질[名色]이 정신[名]에게 — 두 가지

17. ārammaṇavasena upanissayavasenā ti ca duvidhā paññatti nāmarūpāni nāmass' eva paccayā honti.

tattha rūpādivasena chabbidhaṁ hoti ārammaṇaṁ. upanissayo pana tividho hoti: ārammaṇūpanissayo,

anantarūpanissayo, pakatūpanissayo cā ti.

tatth' ārammaṇam eva garukataṁ ārammaṇūpanissayo. anantara-niruddhā cittacetasikā dhammā anantarūpanissayo.

rāgādayo pana dhammā saddhādayo ca sukhaṁ dukkhaṁ puggalo bhojanaṁ utu senāsanañ ca yathārahaṁ ajjhattañ ca bahiddhā ca kusalādidhammānaṁ kammaṁ vipākānan ti ca bahudhā hoti pakatūpanissayo.

개념과 정신 · 물질은 정신에게 '대상이라는 조건'과 '강하게 의지하는 조건'이라는 2가지로 조건이 된다.

---

143) 심장토대는 세 가지 마노의 요소와 그와 결합된 법들에게, 또 76가지 마노의 알음알이의 요소 중에서 무색계 과보로 나타난 마음 4가지를 제외한 72가지 마노의 알음알이의 요소와 그와 결합된 마음부수법 52가지에게 삶의 과정에서는 먼저 생긴 조건이 되고 재생연결 중에는 그렇지 않다는 뜻이다.

<도표 8.3> 24가지 조건의 개요

조건	문단	Ⓐ : Ⓑ	Ⓐ : 조건 짓는 법, Ⓑ : 조건 따라 생긴 법
1. 원인이라는 조건	§14	명:명색	Ⓐ: 6가지 원인 Ⓑ: 결합된 심과 심소와 물질
2. 대상이라는 조건	§17	개념·명색:명	Ⓐ: 89심, 52심소, 28물질, 열반, 개념 Ⓑ: 89심과 52심소
3. 지배하는 조건	§19	명색:명색	
(1) 대상으로서 …		명색:명	Ⓐ: 84심, 47심소, 18구체적 물질, 열반 Ⓑ: 28심, 45심소
(2) 함께 생긴 것으로서 …		명:명색	Ⓐ:속행에서의 4가지 지배 Ⓑ: 52심, 51심소, 물질
4. 틈 없는 조건	§13	명:명	Ⓐ:앞의 심과 심소 Ⓑ: 뒤의 심과 심소 ※ 어떤 다른 정신도 중간에 끼어들지 못하게 하는 조건임.
5. 더욱 틈 없는 조건	§13	명:명	Ⓐ:앞의 심과 심소 Ⓑ: 뒤의 심과 심소 ※정해진 정신적인 과정의 순서에 따라 일어나게 하는 조건임.
6. 함께 생긴 조건	§20	명색:명색	① Ⓐ:오온 있는 세상 입태시 4온과 심장토대 Ⓑ:이들 나머지
			② Ⓐ:함께 생긴 4대와 파생물질 Ⓑ: 함께 생긴 나머지 물질
			③ Ⓐ:함께생긴 89심, 52심소, 물질 Ⓑ: 함께생긴 나머지 명색
7. 서로 지탱하는 조건	§21	명색:명색	① Ⓐ: 함께 생긴 89심, 52심소 Ⓑ:함께 생긴 심심소 상호간
			② Ⓐ: 4대 Ⓑ: 함께 생긴 4대 중 나머지 3대
			③ <6. 함께 생긴 조건의 ③과 같음>
8. 의지하는 조건	§22	명색:명색	
(1) 함께 생긴 의지하는 조건		명색:명색	<6. 함께 생긴 조건과 같음>
(2) 먼저 생긴 의지하는 조건		색:명색	
① 토대로서 먼저 생긴 …		색:명색	Ⓐ: 삶의 과정에서 6토대(안이비설신과 심장토대) Ⓑ: 오온 있는 세상의 85심, 52심소
② 토대와 대상으로서 먼저 생긴 의지하는 조건		색:명색	Ⓐ: 함께하는 심심소의 토대와 대상이 되는 심장토대 Ⓑ: 의문전향심, 29욕계 속행, 11여운심, 44심소
9. 강하게 의지하는 조건	§17	개념·명색:명	
(1) 대상으로서 …		명색:명	<3. 지배하는 조건의 (1)과 같음>
(2) 틈 없는 것으로서 …		명:명	틈 없는 조건과 같음
(3) 자연적으로 …		개념·명색:명	Ⓐ: 강력한 이전의 89심, 52심소, 28물질, 일부 개념 Ⓑ: 차후의 89심, 52심소
10. 먼저 생긴 조건	§16	색:명	
(1) 토대로서 먼저 생긴 조건		색:명	8(2)①. 토대로서 먼저 생긴 의지하는 조건과 같음
(2) 대상으로서 먼저 생긴 조건		색:명	Ⓐ: 현존하는 18가지 구체적 물질 Ⓑ: 54욕계 마음, 2신통지, 50심소
11. 뒤에 생긴 조건	§15	명:색	Ⓐ: 뒤에 생긴 85마음, 52심소. Ⓑ: 먼저 생긴 몸의 물질
12. 반복하는 조건	§13	명:명	Ⓐ: 47속행심, 52심소 Ⓑ: 다음 찰나의 51속행심, 52심소

조건	문단	Ⓐ : Ⓑ	Ⓐ : 조건 짓는 법, Ⓑ : 조건 따라 생긴 법	
13. 업이라는 조건	§14	명:명색		
(1) 함께 생긴 …		명:명색	Ⓐ: 89심의 의도 Ⓑ: 89심, 51심소(의도 제외), 함께 생긴 물질	
(2) 다른 찰나에 생긴 …		명:명색	Ⓐ: 과거의 선·불선심의 33가지 의도 Ⓑ: 36과보심, 38심소, 업에서 생긴 물질 9가지. ※ Ⓐ와 Ⓑ에 간극이 있음	
14. 과보라는 조건	§14	명:명색	Ⓐ: 36과보심, 38심소 Ⓑ: Ⓐ중 남은 심심소, 함께 생긴 물질	
15. 음식이라는 조건	§23	명색:명색		
(1) 물질적인 음식이라는 …		색:색	① Ⓐ: 음식의 영양소 Ⓑ: 음식에서 생긴 물질(육신) ② Ⓐ: 깔라빠 내부의 영양소 Ⓑ: 같은 깔라빠의 다른 물질 및 다른 깔라빠의 모든 물질	
(2) 정신적인 음식이라는 …		명:명색	Ⓐ: 감각접촉, 의도, 심 Ⓑ: 89심, 52심소, 함께 생긴 물질	
16. 기능이라는 조건	§24	명색:명색		
(1) 먼저 생긴 …		색:명	Ⓐ: 5가지 감성의 물질 Ⓑ: 10전오식, 7반드시들 심소	
(2) 물질의 생명기능이라는 조건		색:색	Ⓐ: 재생연결과 삶의 과정에서 생긴 물질의 생명기능 Ⓑ: 그 깔라빠의 나머지 9가지 물질	
(3) 함께 생긴 …		명:명색	Ⓐ: 8가지 정신적인 기능 Ⓑ: 89심, 52심소, 8가지 정신적인 기능과 함께 생긴 물질	
17. 禪이라는 조건	§14	명:명색	Ⓐ: 79심의 5가지 禪의 구성요소, Ⓑ:결합된 명색	
18. 도라는 조건	§14	명:명색	Ⓐ: 71심의 9가지 도의 구성요소 Ⓑ:결합된 명색	
19. 결합된 조건	§13	명:명	〈7. 서로 지탱하는 조건의 ①과 같음〉	
20. 결합되지 않은 조건	§25	명색:명색	※ Ⓐ와 Ⓑ는 명과 색이 서로 달라야 함	
(1) 함께 생긴 …		명:색	① Ⓐ: 오온 있는 세상의 75심, 52심소 Ⓑ: 함께 생긴 물질 ② 6. 함께 생긴 조건의 ①과 같음	
(2) 먼저 생긴 …		색:명	〈8(2). 먼저 생긴 의지하는 조건과 같음〉	
(3) 뒤에 생긴 …		명:색	〈11. 뒤에 생긴 조건과 같음〉	
21. 존재하는 조건	§26	명색:명색		
(1) 함께 생긴 존재하는 조건		명색:명색	〈6. 함께 생긴 조건과 같음〉	※ 여기서 Ⓐ와 Ⓑ는 함께 생긴 법일 필요는 없다. 이들은 일시적으로 겹치기만 하면 되고 이때 Ⓐ가 Ⓑ를 어떤 방법으로 도와주면 된다.
(2) 먼저 생긴 존재하는 조건		명색:명색	〈10. 먼저 생긴 조건과 같음〉	
(3) 뒤에 생긴 존재하는 조건		명:색	〈11. 뒤에 생긴 조건과 같음〉	
(4) 음식으로서 존재하는조건		색:색	〈15(1) 물질적인 음식이라는 조건과 같음〉	
(5) 기능으로서 존재하는조건		색:색	〈16(2) 물질의 생명기능인 조건과 같음〉	
22. 존재하지 않는 조건	§13	명:명	〈4. 틈 없는 조건과 같음〉	
23. 떠나간 조건	§13	명:명	〈4. 틈 없는 조건과 같음〉	
24. 떠나가지 않은 조건	§26	명색:명색	〈21. 존재하는 조건과 같음〉	

여기 [대상이라는 조건]에서 대상은 형색 등 여섯 가지가 있다. 강하게 의지하는 조건은 세 가지가 있으니, '대상으로서 강하게 의지하는 조건', '틈 없는 것으로서 강하게 의지하는 조건', '자연적으로 강하게 의지하는 조건'이다.

이 중에서 대상이 선명할 때 그것은 '대상으로서 강하게 의지하는 조건'이 된다.

곧바로 멸하는 마음과 마음부수들은 '틈 없는 것으로서 강하게 의지하는 조건'이 된다.

탐욕 등과 믿음 등의 법과 즐거움, 괴로움, 사람, 음식, 온도, 주거지 등 안과 밖의 것은 유익한 법 등에게 적절하게 ['자연적으로 강하게 의지하는 조건']이 되고 업도 과보에게 [그러하다]. 이처럼 자연적으로 강하게 의지하는 조건에는 여러 가지가 있다.

[해설]

1. **대상이라는 조건**[(2) 所緣緣, ārammaṇa-paccaya]:

이것은 대상인 조건 짓는 법이 조건 따라 생긴 다른 법들로 하여금 자신을 대상으로 하여 일어나도록 하는 것이다. 이 관계에서 여섯 부류의 대상들(제3장 §16 참조)은 조건 짓는 법이고 그에 상응하는 마음들과 마음부수들은 조건 따라 생긴 법이다. 다시 말하면 [과거, 현재, 미래의] 89가지 마음, 52가지 마음부수, 28가지 물질, 열반 및 개념들이 Ⓐ 조건 짓는 법이 되고(3장 §16. 대상의 분석 참조) 이들을 대상으로 하는 89가지 마음과 52가지 마음부수가 Ⓑ 조건 따라 생긴 법이 된다.

[청정도론 XVII]: "71. [(2) 대상이라는 조건[所緣緣, ārammaṇa-paccaya]]: 그다음에 대상의 상태로써 도와주는 법이 대상이라는 조건이다. 이것은 "형색의 감각장소[色處]는 눈의 알음알이의 요소[眼識界]에게 대상이라는 조건으로 조건이 된다."로 시작하고 "그 법을 의지하

여 어떤 마음과 마음부수들이 일어날 때 그 처음 법들은 이 나중 법들에게 대상이라는 조건으로 조건이 된다."(Pṭn.ii.1~2)라고 결론지었기 때문에 어떤 법도 대상이라는 조건이 아닌 것은 없다.

기력 없는 사람이 막대기나 줄을 의지해 일어서고 또 서있듯이 마음과 마음부수 법들도 형색 등의 대상을 의지하여 일어나고 또 머문다. 그러므로 모든 마음과 마음부수들의 대상이 되는 법은 대상이라는 조건이라고 알아야 한다."

2. **강하게 의지하는 조건**[(9) 親依支緣, upanissaya-paccaya]:

강하게 의지하는 조건에는 다음의 세 가지가 있다.

(1) 대상으로서 강하게 의지하는 조건(ārammaṇūpanissaya-paccaya)은 조건 짓는 법이 전적으로 원하는 대상이거나 중요한 대상이어서 조건 따라 생긴 법, 즉 그것을 인지하는 정신으로 하여금 그것에 강하게 의지하여 일어나게 하는 것이다. 구체적인 것은 아래 §19-(1) 대상으로서 지배하는 조건의 설명을 참조하기 바란다.

(2) 틈 없는 것으로서 강하게 의지하는 조건(anantarūpanissaya-paccaya)은 조건 짓는 법과 조건 따라 생긴 법의 관점에서 보면 틈 없는 조건과 동일하다. 그러나 조건의 힘에 있어서는 조금 다르다. 틈 없는 것은 바로 뒤따라 일어나는 정신들로 하여금 바로 앞의 정신들이 사라지자마자 일어나게 하는 힘이다. 틈 없는 것으로서 강하게 의지하는 것은 뒤따라 일어나는 정신들이 바로 앞의 법들의 사라짐에 강하게 의지하고 있기 때문에 뒤따라 일어나는 정신들을 일어나게 하는 힘을 말한다. 다시 말하면 전자는 틈 없이 뒤따르게 하는 힘의 관점에서 본 것이고 후자는 그것을 의지하는 힘의 관점에서 본 것이다. Ⓐ 조건 짓는 법과 Ⓑ 조건 따라 생긴 법은 틈 없는 조건의 경우와 같다.(위 §13 참조)

(3) 자연적으로 강하게 의지하는 조건(pakatūpanissaya-paccaya)은 넓

은 관계인데 조건 짓는 법에는 강한 효력을 가진 모든 과거의 정신들이나 물질들이 포함되고 조건 따라 생긴 법에는 이런 효력에 의해서 차후에 일어난 모든 마음들과 마음부수들이 포함된다. 예를 들면 이전의 갈망은 다음의 살생이나 도둑질이나 음행을 하려는 의도에게 자연적으로 강하게 의지하는 조건이 된다. 이전의 믿음은 보시하고 계를 지키고 수행을 하려는 의도에게, 이전의 건강함은 행복과 노력에게, 발병은 슬픔과 무기력함에게 자연적으로 강하게 의지하는 조건이 된다.

그러므로 강력했던 과거의 89가지 마음과 52가지 마음부수와 28가지 물질과, 온도, 음식, 숙소, 사람 등의 개념적인 것들은 Ⓐ 조건 짓는 법이 되고 나중에 생긴 89가지 마음과 52가지 마음부수는 Ⓑ 조건 따라 생긴 법이 된다.

[청정도론 XVII]: "80. [(9) 강하게 의지하는 조건[親依支緣, upanissayapaccaya]]: 여기서 우선 단어의 뜻은 다음과 같다. 그것을 의지하여 존재하기 때문에 자기의 결과는 그것을 의지한다, 거부하지 않는다. 그러므로 의지함이다. 크게(bhuso) 낙담하는(āyāsa) 것이 절망(upāyāsa)이듯 강하게(bhuso) 의지하는(nissaya) 것이 강하게 의지함(upanissaya)이다. 강력한 원인과 동의어이다. 그러므로 강력한 원인(balava-kāraṇa)으로써 도와주는 법이 강하게 의지하는 조건이라고 알아야 한다.

그것은 ① 대상으로서 강하게 의지함[所緣親依支, ārammaṇa-upanissaya] ② 틈 없는 것으로서 강하게 의지함[無間親依支, anantara-upanissaya] ③ 자연적으로 강하게 의지함[本性親依支, pakata-upanissaya]의 세 가지이다."

"81. 이 가운데서 ① "보시를 하고, 계를 호지하고, 포살의 갈마를 한 뒤 그는 그것을 존중히 여기며 반조한다. 이전에 잘한 일을 존중히 여기며 반조한다. 禪에서 출정하여 禪을 존중히 여기며 반조한다. 유학들은 종성(種姓, gotrabhū)을 존중히 여기며 반조하며 청백(淸白, vodāna)144)의 경지를 존중히 여기며 반조한다. 유학들은 도로부터 나와서 도를 존중히 여기며 반조한다."(Pṭn.iii.97)라고 시작하는 방법으로 대상으로서 강하게 의지하는 조건은 대상으로서 지배하는(ārammaṇa-adhipati) 조건과 함께 구분 없이 사용되었다.

이 가운데서 그 대상을 존중히 여기며 마음과 마음부수들이 일어나면 그것은 그 대상들 가운데서 절대적으로 강한 대상이 된다. 이와 같이 존중히 여기는 뜻에서 대상으로서 지배하는 조건이고, 강한 원인의 뜻에서 대상으로서 강하게 의지하는 조건이라고 이들의 차이점을 알아야 한다."

"82. ② 틈 없는 것으로서 강하게 의지함(anantara-upanissaya)도 "앞서가는 유익한 무더기들[蘊]은 뒤에 오는 유익한 무더기들에게 강하게 의지하는 조건으로 조건이 된다."(Pṭn.iii.97)는 방법으로 틈 없는 조건(anantara-paccaya)과 함께 구분 없이 사용되었다. 그러나 마띠까(Mātika, 論母)의 개요에 따르면 그들의 차이점은 다음과 같다. "눈의 알음알이의 요소와 그와 결합된 법들은 마노의 요소와 그와 결합된 법들에게 틈 없는 조건으로 조건이 된다."(Pṭn.ii.2)라는 방법으로 틈 없음(anantara)을 설하였고, "앞서가는 유익한 법들은 뒤에 오는 유익한 법들에게 강하게 의지하는 조건으로 조건이 된다."(Pṭn.ii.2)라는 방법으로 강하게 의지함(upanissaya)을 설하였기 때문이다.

이것도 뜻으로서는 오직 하나이다. 그렇더라도 자신을 뒤따라 적절한 마음을 일으키는 능력의 측면에서 틈 없음[無間, anantara]이라고 하

---

144) vodāna(깨끗함)는 마음의 이름으로 일래과 이상의 경지에 든 자의 인식과정에서 수순(anuloma)의 다음에 일어나는 네 번째 심찰나의 이름이다. 그래서 '청백의 경지'로 옮겼다. 만약에 준비(parikkama)의 마음이 일어나지 않으면 이 마음은 세 번째 찰나의 것이다. 예류과에 든 자의 경우는 이 찰나의 마음을 고뜨라부(종성)라고 부른다. 제9장 §34의 종성의 마음에 대한 해설을 참조할 것.

고, 뒤의 마음이 일어날 때 앞의 마음의 강한 상태의 측면에서 틈 없는 것으로서 강하게 의지함이라고 알아야 한다."

"83. 원인이라는 조건 등에서는 그 조건들 중 어떤 것이 없이도 마음이 일어날 수 있다.145) 그러나 뒤따르는 마음 없이는 마음의 일어남이란 결코 없다. 그러므로 강한 조건이 된다. 이와 같이 자신을 뒤따라 적절한 마음을 생기게 하기 때문에 틈 없는 조건이고, 강한 원인이 되기 때문에 틈 없는 것으로서 강하게 의지하는 조건이라고 그들의 차이점을 알아야 한다."

"84. ③ 자연적으로 강하게 의지함(pakata-upanissaya)이란 잘된 것으로(pakata) 강하게 의지함(upanissaya)을 말한다. 여기서 잘된 것(pakata)이란 자신의 일생이 흘러가면서[相續] 일으킨 믿음, 계 등이고, 혹은 습관이 된 날씨, 음식 등이다. 혹은 본래부터(pakati) 강하게 의지함(upanissaya)이 자연적으로 강하게 의지함이다. 대상으로서 강하게 의지함과 틈 없는 것으로서 강하게 의지함과 섞이지 않는다는 뜻이다.

"자연적으로 강하게 의지함이란 믿음을 강하게 의지하여 보시를 한다, 계를 지킨다, 포살의 갈마를 행한다, 禪을 일으킨다, 위빳사나를 일으킨다, 도를 일으킨다, 초월지를 일으킨다, 禪의 증득을 일으킨다.

계를 … 들음을 … 관대함을 … 통찰지를 강하게 의지하여 보시를 한다, 계를 지킨다, 포살의 갈마를 행한다, 禪을 일으킨다, 위빳사나를 일으킨다, 도를 일으킨다, 초월지를 일으킨다, 禪의 증득을 일으킨다.

믿음, 계, 들음, 관대함, 통찰지는 각각 믿음에게, 계에게, 들음에게, 관대함에게, 통찰지에게 강하게 의지하는 조건으로 조건이 된다."(Ptn. iii.97)라는 방법으로 여러 가지 측면에서 그것의 분류를 알아야 한다.

이와 같이 이 믿음 등은 자연적인 [잘된 상태]이고 또 강한 원인이라는 뜻에서 강하게 의지함이다. 그래서 자연적으로 강하게 의지함

---

145) 예를 들면 해로운 마음은 탐욕 없음(alobha) 등의 조건 없이도 일어난다.

이라 한다.”

§18. (6) **정신 · 물질[名色]이 정신 · 물질[名色]에게 — 아홉 가지**

18. adhipati-sahajāta-aññamañña-nissaya-āhāra-indriya-vippayutta-atthi-avigatavasenā ti yathārahaṁ navadhā nāmarūpāni nāma-rūpānaṁ paccayā bhavanti.

정신 · 물질이 정신 · 물질에게 9가지 방법으로 적절하게 조건이 된다. 즉 ‘지배하는 조건’, ‘함께 생긴 조건’, ‘서로 지탱하는 조건’, ‘의지하는 조건’, ‘음식이라는 조건’, ‘기능[根]이라는 조건’, ‘결합되지 않은 조건’, ‘존재하는 조건’, ‘ 떠나가지 않은 조건’이다.

§19. **지배하는 조건**

19. tattha garukatam ārammaṇaṁ ārammaṇādhipativasena nāmānaṁ sahajātādhipati catubbidho pi sahajātavasena sahajātā-naṁ nāmarūpānan ti ca duvidho hoti adhipatipaccayo.

‘지배하는 조건’은 두 가지이다. 여기서 (1) 선명한 대상은 정신에게 대상으로서 지배하는 조건이 된다. (2) 네 가지 함께 생긴 것은 함께 생긴 정신 · 물질에게 함께 생긴 것으로서 지배하는 조건이 된다.

[해설]

1. **지배하는 조건**[(3) 增上緣, adhipatipaccaya]: 지배하는 조건 두 가지 가운데서,

(1) 대상으로서 지배하는 조건(ārammaṇa-adhipatipaccaya)은 대상이 조건 짓는 법이 되어서 그것을 대상으로 가지는 정신들을 지배하는 것을 말한다. 이 관계에서는 존중되거나 소중히 간직하고 있거나 강하게

원하는 대상들이 조건 짓는 법이 될 수 있다. 이 조건은 대상으로서 강하게 의지하는 조건(ārammaṇūpanissaya-paccaya)과 조건 짓는 힘만이 조금 다를 뿐 사실상 일치한다. 후자는 마음과 마음부수들을 일어나게 하는 아주 강한 원인이 되는 힘을 가진 반면 전자는 그런 마음과 마음부수들을 강하게 끌어당기고 지배하는 힘을 가졌다.

구체적으로 언급하면, ① 성냄에 뿌리박은 마음 두 가지, 어리석음에 뿌리박은 마음 두 가지, 괴로움이 함께한 몸의 알음알이 한 가지를 제외한 84가지 마음과 ② 성냄, 질투, 인색, 후회, 의심을 제외한 47가지 마음부수와 ③ 18가지 구체적인 물질과 ④ 열반이 여기서 Ⓐ 조건 짓는 법이 된다. 그리고 ① 탐욕에 뿌리박은 마음 8가지, 욕계의 유익한 마음 8가지, 지혜가 있는 욕계의 작용만 하는 마음 4가지, 출세간 마음 8가지(28가지)와 ② 성냄, 질투, 인색, 후회, 의심, 연민, 함께 기뻐함을 제외한 45가지 마음부수가 Ⓑ 조건 따라 생긴 법이 된다.

(2) 함께 생긴 것으로서 지배하는 조건(sahajāta-adhipatipaccaya)은 조건 짓는 법이 자신과 함께 생긴 조건 따라 생긴 법을 지배하는 것이다. 이 관계에서는 열의, 정진, 마음, 검증의 네 가지 지배[增上](제7장 §20 참조)가 조건 짓는 법이다. 이들 가운데서 오직 하나만이 주어진 상황에서 지배하는 조건의 역할을 하며 오직 자와나(속행)의 마음들에서 지배할 수 있다. 함께 생긴 정신과 물질들이 조건 따라 생긴 법이다.

구체적으로 언급하면, ① 지배를 포함하고 있는 52가지 속행146)에 있는 열의 및 정진 ② 지배를 포함하고 있는 3가지 원인을 가진 34가지 속행147)에 있는 검증 ③ 이 52가지 속행의 마음이 여기서 Ⓐ 조건

---

146) 55가지 속행 가운데 어리석음에 뿌리박은 2가지(11, 12번)와 기쁨이 함께하는 미소 짓는 마음(30번)을 제외한 52가지, 즉 1~10, 31~38, 47~54, 55~59, 65~69, 70~73, 78~81, 82~89번 마음을 말한다.(<도표 1.12> 참조)

147) 31~32, 35~36, 47~48, 51~52, 55~59, 65~69, 70~73, 78~81, 82~

짓는 법이다. ① 지배하는 조건을 얻었을 때의 52가지 속행의 마음 ② 지배의 마음부수를 제외한 51가지 마음부수(의심 제외) ③ 지배하는 마음에서 생긴 물질이 Ⓑ 조건 따라 생긴 법이 된다.

[청정도론 XVII]: "72. [(3) 지배하는 조건[增上緣, adhipatipaccaya]: 으뜸간다는(jeṭṭhaka) 뜻에서 도와주는 법이 지배하는 조건이다. 이것은 ① 함께 생긴 것으로서 [지배하는 조건]과 ② 대상으로서 [지배하는 조건으로] 두 가지이다. 이 중에서 "열의라는 지배(chanda-adhipati)는 열의와 결합된 법들과 열의로부터 생긴 물질들에게 지배하는 조건으로 조건이 된다(Pṭn.ii.2)"라는 말씀 때문에 열의(chanda), 정진(vīriya), 마음(citta), 검증(vīmaṁsā)[148]으로 불리는 이 네 가지 법이 지배하는 조건이라고 알아야 한다. 그러나 한꺼번에 일어나는 것은 아니다. 열의를 중요하게 생각하고 열의를 최고로 여겨 마음이 일어날 때는 오직 열의가 지배자이다. 다른 것은 지배자가 되지 않는다. 이 방법은 나머지에도 적용된다.

어떤 법을 중요시 여기고 정신의 법들[非色法]이 일어날 때 그 법은 이 법들에게 대상으로서 지배자가 된다. 그래서 설하셨다. "어떤 법을 중요시 여기고 마음과 마음부수법들이 일어날 때는 그 처음 법들은 이 나중 법들에게 지배하는 조건으로 조건이 된다."(Pṭn.ii.2)라고."

§20. 함께 생긴 조건

20. cittacetasikā dhammā aññamaññaṁ sahajātarūpānañ ca, mahābhūtā aññamaññaṁ upādārūpānañ ca, paṭisandhikkhaṇe vatthuvipākā aññamaññan ti ca tividho hoti sahajātapaccayo.

89번의 34가지 마음을 말한다.

148) 이들에 대해서는 제7장 §26의 네 가지 성취수단[如意足]과 §20의 네 가지 지배[增上]를 참조할 것.

함께 생긴 조건은 세 가지이다. (1) 마음과 마음부수 법들은 서로에게 또 함께 생긴 물질에게 (2) 사대(四大)는 서로에게 또 사대에서 파생된 물질에게 (3) 재생연결의 찰나에 심장토대와 과보의 무더기들은 서로에게 '함께 생긴 조건'이 된다.

[해설]

1. **함께 생긴 조건**[(6) 俱生緣, sahajāta-paccaya]:

이것은 조건 짓는 법이 일어나면서 조건 따라 생긴 법을 그 자신과 동시에 일어나게 하는 조건이다. 이것은 등잔불과 비교할 수 있다. 불꽃이 생기면서 자신과 함께 빛과 색깔과 열이 일어나게 하는 것과 같다. 이 조건은 이 책에서처럼 세 가지로 나누어질 수 있고 더 세분하면 다섯 가지가 된다. ① 각 정신은 마음이든 마음부수든 간에 함께 생긴 정신들에게 ② 각각의 정신은 함께 생긴 물질들에게 ③ 사대(四大)의 각각은 나머지 3대에게 ④ 4대의 각각은 파생된 물질[所造色, upādā-rūpa]에게 ⑤ 재생연결의 찰나에 심장토대는 과보로 나타난 정신들에게, 그리고 역으로 과보로 나타난 정신들은 심장토대에게 함께 생긴 조건이 된다.

본문에 언급되는 세 가지를 구체적으로 살펴보면 다음과 같다.

(1)의 경우에 4가지 무색계 세상과 무상유정천을 제외한 오온이 있는 26가지 세상에 재생연결이 일어날 때에 4가지 정신의 무더기와 심장토대가 Ⓐ 조건 짓는 법이다. 이 때 네 가지 정신의 무더기에 의해서 지탱되는 심장토대와 역으로 심장토대에 의해서 지탱되는 4가지 정신의 무더기는 Ⓑ 조건 따라 생긴 법이 된다.

(2)의 경우에는 서로 지탱하는 사대 각각과 파생된 물질이 Ⓐ 조건 짓는 법이다. 이때 함께 생겨서 서로 지탱되는 나머지 3대와, 함께 생

긴 파생된 물질이 Ⓑ 조건 따라 생긴 법이 된다.

(3)의 경우에는 재생연결 때와 삶의 과정에서 서로 지탱하는 89가지 마음과 52가지 마음부수와 함께 생긴 물질들이 Ⓐ 조건 짓는 법이고 이때 서로 지탱하는 89가지 마음과 52가지 마음부수와 함께 생긴 물질들은 Ⓑ 조건 따라 생긴 법이 된다.

[청정도론 XVII]: "77. [(6) 함께 생긴 조건[俱生緣, sahajātapaccaya]]: 일어나면서 [다른 법들을] 자신과 함께 생기게 하는 성질로써 도와주는 법을 함께 생긴 조건이라 한다. 마치 빛을 내게 하는 등불처럼. 이것은 정신의 무더기[蘊]에 따라 여섯 가지이다. 이처럼 말씀하셨다.

"① 네 가지 정신의 무더기는 서로서로 함께 생긴 조건으로 조건이 된다.

② 네 가지 근본물질[四大]은 서로서로 …

③ 입태하는 순간에 마음과 물질은 서로서로 …

④ 마음과 마음부수법들은 그것에서 생겨난 물질에게 …

⑤ 근본물질은 그것에서 파생된 물질에게 …

⑥ 물질은 정신에게 어떤 때는 함께 생긴 조건으로 조건이 되고 어떤 때는 그렇지 않다."(Pṭn.ii.3) 이것은 심장토대와 관련해서 설했다."149)

§21. 서로 지탱하는 조건

21. **cittacetasikā dhammā aññamaññaṁ, mahābhūtā aññamaññaṁ paṭisandhikkhaṇe vatthuvipākā aññamaññan ti ca tividho hoti aññamaññapaccayo.**

'서로 지탱하는 조건'은 세 가지이다. (1) 마음과 마음부수 법들은 서

149) 즉 심장토대는 재생연결에서는 정신에게 함께 생긴 조건이 되고 삶의 과정에서는 아니라는 뜻이다.

로에게 (2) 사대는 서로에게 (3) 재생연결의 찰나에 심장토대와 과보의 무더기들은 서로에게 '서로 지탱하는 조건'이 된다.

[해설]

1. **서로 지탱하는 조건**[(7) 相互緣, aññamañña-paccaya]:

이것은 실제로 함께 생긴 조건(위 §13)에 종속되는 유형의 조건이다. 그러므로 이 조건에도 (1) 네 가지 정신의 무더기 (2) 네 가지 근본물질 (3) 입태하는 순간의 정신과 물질이라는 세 가지 유형이 있다. 일반적인 함께 생긴 조건에서는 조건 짓는 법이 조건 따라 생긴 법으로 하여금 단순히 자신과 함께 일어나게 하지만 조건 짓는 힘에 있어서 상호관계는 요구되지 않는다. 그러나 서로 지탱하는 조건에서 조건 짓는 법들 각각은 같은 찰나에 같은 방법으로 그것이 조건 짓는 바로 그 법들에 대해서 조건 따라 생긴 법이 된다. 그러므로 서로 지탱하는 조건의 관계에서 조건 짓는 법은 그것의 힘(satti)을 조건 따라 생긴 법에게 주기도 하고, 조건 따라 생긴 법의 힘을 받기도 한다. 이것은 각각의 다리가 나머지 두 다리를 상호간에 도와서 삼발이가 바로 서는 것에 비유할 수 있다.

[청정도론 XVII]: "78. [(7) 서로 지탱하는 조건[相互緣, aññamañña-paccaya]]: 서로 일어나게 하고(uppādana) 지탱하는(upatthambhana) 성질로써 도와주는 법을 서로 지탱하는 조건이라 한다. 마치 서로서로 받쳐주는 삼발이처럼. 정신의 무더기[蘊]에 따라 세 가지이다. 이처럼 말씀하셨다.

"(1) 네 가지 정신의 무더기는 서로 지탱하는 조건으로 조건이 된다.

(2) 네 가지 근본물질은 서로 지탱하는 조건으로 조건이 된다.

(3) 입태하는 순간에 정신과 물질은 서로 지탱하는 조건으로 조건이 된다."(Pṭn.ii.3)라고."

§22. **의지하는 조건**

22. cittacetasikā dhammā aññamaññaṁ sahajātarūpānañ ca mahābhūtā aññamaññaṁ upādārūpānañ ca cha vatthūni sattannaṁ viññāṇadhātūnan ti ca tividho hoti nissayapaccayo.

'의지하는 조건'은 세 가지이다. (1) 마음과 마음부수 법들은 서로에게 또 함께 생긴 물질에게 (2) 사대는 서로에게 또 사대에서 파생된 물질에게 (3) 여섯 가지 토대는 일곱 가지 알음알이의 요소[識界]에게 '의지하는 조건'이 된다.

[해설]

1. **의지하는 조건**[(8) 依支緣, nissaya-paccaya]:

이것은 조건 짓는 법이 조건 따라 생긴 법에게 의지하는 의지처나 기초로서 이바지하여 이들로 하여금 일어나게 하는 조건이다. 조건 짓는 법과 조건 따라 생긴 법의 관계는 땅이 나무나 농작물을 지탱하고 화폭이 그림을 지탱하는 것과 같다. 일반적으로 (1) 함께 생긴 의지하는 조건(sahajāta-nissaya-paccaya)과 (2) 먼저 생긴 의지하는 조건(purejāta-nissaya-paccaya)의 두 가지 중요한 의지하는 조건을 설한다.

(1) 함께 생긴 의지하는 조건(sahajāta-nissaya-paccaya)은 함께 생긴 조건과 모든 면에서 일치한다.

(2) 먼저 생긴 의지하는 조건(purejāta-nissayapaccaya)은 다시 두 가지 유형으로 나누어진다.

① 하나는 단순히 토대로서 먼저 생긴 의지하는 조건(vatthu-purejāta-nissayapaccaya)인데 토대로서 먼저 생긴 조건(§16 참조)과 일치한다.

② 다른 하나는 토대와 대상으로서 먼저 생긴 의지하는 조건(vatthārammaṇa-purejāta-nissaya-paccaya)이다. 이것은 마음이 심장토대를 의지하여 일어나면서 그와 동시에 심장토대를 자신의 대상으로 삼는 특별한 경우를 언급한 것이다. 그러므로 이런 경우에 심장토대는 한 마음에게 토대와 동시에 대상이 되는 것이다. 이 조건에 관해 『빳타나』에서는 "그는 안의 토대가 무상하고 괴로움이고 무아라고 통찰한다. … 그것을 즐기고 그것에 기뻐한다. 그것을 대상으로 하여 탐욕이 일어나고 사견이 일어나고 의심이 일어나고 들뜸이 일어나고 불만족이 일어난다."(Ptn.i.182~183)라고 언급하고 있다.150)

이제 이 세 유형의 의지하는 조건에 있는 Ⓐ 조건 짓는 법과 Ⓑ 조건 따라 생긴 법을 살펴보자.

① 토대로서 먼저 생긴 의지하는 조건의 경우에는 삶의 과정에서 눈·귀·코·혀·몸·마노의 여섯 가지 안의 감각장소가 Ⓐ 조건 짓는 법이고 5온이 있는 세상에서 일어나는 85가지 마음(무색계 과보의 마음 4가지 제외)과 52가지 마음부수는 Ⓑ 조건 따라 생긴 법이 된다.

② 토대와 대상으로서 먼저 생긴 의지하는 조건의 경우에는 함께 일어나는 마음과 마음부수들의 토대이면서 대상의 역할을 하는 심장토대가 Ⓐ 조건 짓는 법이다. 그리고 ① 의문전향의 마음, 29가지 욕계 속행의 마음, 11가지 여운의 마음 ② 질투, 인색, 후회, 정어, 정업, 정명, 연민, 함께 기뻐함의 8가지를 제외한 44가지 마음부수는 Ⓑ 조건 따라 생긴 법이 된다.

---

150) 어떤 아비담마 전통에서는 이 '토대와 대상으로서 먼저 생긴 의지하는 조건(vattārammaṇa-purejāta-nissaya-paccaya)'을 죽음의 마음이 일어나기 직전의 17번째 심찰나에 일어나는 심장토대에만 국한시킨다. 즉 마지막 자와나 과정이 심장토대를 대상으로 삼는 그 경우에만 국한시킨다. 레디 사야도는 『빠라맛타디빠니 띠까』에서 이 좁은 해석에 반대하여 자세하게 논박하고 있는데(PdṬ.402 이하) CMA도 그의 입장을 수용하고 있고 (CMA. 374쪽 참조) 역자들도 이를 따랐다.

[청정도론 XVII]: "79. [(8) 의지하는 조건[依支緣, nissayapaccaya]: 머무는 곳(adhiṭṭhāna)으로써, 또 의지함으로써 도와주는 법을 의지하는 조건이라 한다. 마치 땅이 나무에게 머무는 곳이 되고, 천[綿, 면]의 바탕이 그림을 그리는 데 의지함이 되는 것처럼. 그것은 "네 가지 정신의 무더기는 서로서로 의지하는 조건으로 조건이 된다."(Ptn.ii.3)라고 함께 생긴 조건에서 설한 방법대로 알아야 한다.

그러나 여섯 번째 부분은[151] 이와 같이 분석하셨다. "눈의 감각장소[眼處]는 눈의 알음알이의 요소[眼識界]에게 … 귀의 감각장소는 … 코의 감각장소는 … 혀의 감각장소는 … 몸의 감각장소는 몸의 알음알이의 요소[身識界]와 그와 함께 생긴 법들에게 의지하는 조건으로 조건이 된다. 그 물질[152]을 의지하여 마노의 요소[意界]와 마노의 알음알이의 요소[意識界]가 있을 때 그 물질은 마노의 요소와 마노의 알음알이의 요소와 그것으로부터 생긴 법들에게 의지하는 조건으로 조건이 된다."[153](Ptn.ii.4)라고."

---

151) 함께 생긴 조건(sahajātapaccaya)에서 설한 것 중에 맨 마지막의 '물질은 정신에게 어떤 때는 함께 생긴 조건으로 조건이 되고 어떤 때는 그렇지 않다.'는 것을 제외한 처음 다섯 가지는 의지하는 조건도 되는 것으로 알아야 한다. 여섯 번째 부분은 다르기 때문에 '눈의 장소[眼處]는 눈의 알음알이의 요소[眼識界]와 그와 결합된 7가지 마음부수에게 의지하는 조건이 된다.'라고 언급한다.(*cf.* Moh.445)

152) 마노의 요소[意界]와 마노의 알음알이의 요소[意識界]가 의지하는 '그 물질(yaṁ rūpaṁ … taṁ rūpaṁ)'을 전통적으로 주석서들에서는 심장토대(hadayavatthu)라고 해석한다. 그러나 아비담마 칠론에서는 심장토대라는 용어로 명시하여 나타나는 곳은 없다. 그래서 요즘 일부 서양학자들은 전오식을 제외한 모든 마음들이 의지하는 물질적 토대는 굳이 심장이라 하지 않아도 된다고 주장한다. 그들은 은근히 현대 과학이 밝혀내고 있듯이 뇌야말로 모든 마음의 의지처가 된다고 보는 입장이며 그 근거를 『빳타나』(발취론)의 바로 이 문장에서 찾고 있다. 제6장 §20의 해설 2와 제6장 §3의 해설 5를 참조할 것.

153) 즉 심장토대는 세 가지 마노의 요소[意界]와 76가지 마노의 알음알이의 요

§23. **음식이라는 조건**

23. kabaḷīkāro āhāro imassa kāyassa, arūpino āhārā sahajātānaṁ nāmarūpānan ti ca duvidho hoti āhārapaccayo.

'음식이라는 조건'은 두 가지이다. (1) 덩어리진 [먹는] 음식은 이 몸에게 (2) 정신적인 음식은 함께 생긴 정신 · 물질에게 '음식이라는 조건'이 된다.

[해설]

1. **음식이라는 조건**[⒂ 食緣, āhāra-paccaya]:

이것은 조건 짓는 법이 조건 따라 생긴 법이 존재할 수 있도록 유지하고 그들의 성장과 발전을 지원하는 조건이다. 이것은 오래된 집을 지탱하여 붕괴하지 못하도록 막아주는 동량과 같다. 음식의 본질적인 역할은 떠받치거나 증강하는 것(upatthambhana)이다.

음식이라는 조건은 물질적인 음식이라는 조건(rūpa-āhāra-paccaya)과 정신적인 음식이라는 조건(nāma-āhāra-paccaya)의 두 가지이다.

(1) 물질적인 음식이라는 조건(rūpa-āhāra-paccaya)은 덩어리진 [먹는] 음식(kabaḷīkāra āhāra)에 있는 영양소가 이 육신에게 조건 짓는 법이 된다. 음식을 섭취하면 그것의 영양소는 새로운, 물질에서 생긴 영양소를 만든다. 그것은 네 가지 요인에서 생긴 물질의 무리(깔라빠)들을 증강시키고 그들이 강하고 신선하여 흐름[相續]을 통해서 계속해서 일어나도록 한다. 네 가지 요인에서 생긴 깔라빠들의 안에 있는 영양소도 자신의 깔라빠와 함께 존재하는 물질들과 몸 안에 있는 다른 깔라빠

소[意識界]와 그와 결합된 52가지 마음부수에게 의지하는 조건이 된다는 뜻이다.

들에 존재하는 안에 있는 물질들을 증강시키는 조건으로 이바지한다.

이것은 다음의 두 가지로 정리할 수 있다. ① 음식에 들어있는 영양소는 Ⓐ 조건 짓는 법이 되고 음식에서 생긴 물질은 Ⓑ 조건 따라 생긴 법이 된다. ② 네 가지 요인에서 생긴 깔라빠에 포함되어 있는 영양소는 Ⓐ 조건 짓는 법이 되고 같은 깔라빠에 있는 영양소를 제외한 물질들과 몸 안에 있는 다른 깔라빠들에 존재하는 안에 있는 물질은 Ⓑ 조건 따라 생긴 법이 된다.

(2) 정신적인 음식이라는 조건(nāma-āhāra-paccaya)은 감각접촉의 음식[觸食, phassa-āhāra]과 마노의 의도의 음식[意思識, mano-sañcetanā-āhāra]과 알음알이의 음식[識食, viññāṇa-āhāra]의 세 가지이다.(제6장 §3의 해설 7과 제7장 §21 참조) 이들은 함께 생긴 정신과 물질에게 조건이 된다. 즉 이 경우에는 감각접촉[觸食]과 마노의 의도[意思識]와 마음[識食]은 Ⓐ 조건 짓는 법이 되고 89가지 마음과 52가지 마음부수와 이 세 가지 정신적인 음식들과 함께 생긴 물질들이 Ⓑ 조건 따라 생긴 법이 된다.

[청정도론 XVII]: "90. [(15)음식이라는 조건[食緣, āhāra-paccaya]]: 물질과 정신에게 지지하는(upatthambhaka) 성질로 도와주는 네 가지 음식이 음식이라는 조건이다. 이처럼 말씀하셨다.

"덩어라진 [먹는] 음식은 이 몸에게 음식이라는 조건으로 조건이 된다. 정신적인 음식은 결합된 법들과 그와 함께 생긴 물질들에게 음식이라는 조건으로 조건이 된다."(Pṭn.ii.5) 『빳타나』의 질문 부분(Pañhā-vāra)에서 "과보로 나타난 무기(無記)인 음식은 재생연결의 찰나에 그와 결합된 무더기들과 업에서 생긴 물질들에게 음식이라는 조건으로 조건이 된다."(Pṭn.iii.106)라고도 설하셨다."

§24. 기능[根]이라는 조건

24. pañca pasādā pañcannaṁ viññāṇānaṁ, rūpajīvitindriyaṁ upādinnarūpānaṁ, arūpino indriyā sahajātānaṁ nāmarūpānan ti ca tividho hoti indriyapaccayo.

'기능[根]이라는 조건'은 세 가지이다. (1) 다섯 가지 감성은 다섯 가지 알음알이[識]에게 (2) 물질의 생명기능[命根]은 업에서 생긴 물질에게 (3) 정신적인 기능들은 함께 생긴 정신 · 물질에게 '기능이라는 조건'이 된다.

[해설]

1. **기능**[根]**이라는 조건**[⒃ 根緣, indriya-paccaya]:

기능이라는 조건은 조건 짓는 법이 조건 따라 생긴 법에 대하여 어떤 특별한 부문에서나 기능에서만 제어하는 작용을 하는 조건이다. 이 조건은 각 지방의 자치단체장들과 같다. 그들은 자기들의 고유한 지역을 통치하는 것을 제어하는 자유는 있지만 다른 지역을 통치하려 할 수는 없다. 기능이라는 조건은 (1) 먼저 생긴 기능이라는 조건과 (2) 물질의 생명기능[命根]이라는 조건과 (3) 함께 생긴 기능이라는 조건의 세 가지가 있다.

(1) 먼저 생긴 기능이라는 조건: 다섯 가지 감성의 각각은 그 각각에 해당하는 알음알이[前五識]와 마음부수들에게 먼저 생긴 기능이라는 조건이 된다. 감성의 감각기관은 자신을 토대로 하는 알음알이의 능력을 제어하기 때문이다. 예를 들면 좋은 눈은 예리한 시력을 생기게 하고 나쁜 눈은 나쁜 시력을 생기게 한다.

이 경우에는 다섯 가지 감성이 Ⓐ 조건 짓는 법이고 한 쌍의 전오식 10가지와 이들과 함께하는 마음부수인 7가지 반드시들은 Ⓑ 조건 따라 생긴 법이다.

(2) 물질의 생명기능[命根]이라는 조건: 업에서 생긴 물질의 깔라빠들(제6장 §17참조)에 있는 물질의 생명기능[命根]은 같은 깔라빠에 속해 있는 나머지 아홉 가지(명근의 구원소는 나머지 8가지에게) 물질에게 기능이라는 조건으로 조건이 된다. 이것은 그들의 생명을 유지함으로써 그들을 제어하기 때문이다. 이 경우에는 재생연결 때와 삶의 과정에서의 물질의 생명기능이 Ⓐ 조건 짓는 법이고 이 물질의 생명기능과 함께 생긴 업에서 생긴 물질(제6장 §10 참조) 9가지가 Ⓑ 조건 따라 생긴 법이다.

(3) 함께 생긴 기능이라는 조건: 22가지 기능[二十二根] 가운데 15가지 정신적인 기능(제7장 §18 참조)은 각각 관련된 정신들과, 함께 생긴 물질들에게 함께 생긴 기능이라는 조건이 된다. 15가지 정신적인 기능을 고유성질을 가진 법들로 정리하면 생명기능, 마음, 느낌, 믿음, 정진, 마음챙김, 집중, 통찰지의 8가지가 된다. 그러므로 이 여덟 가지 정신적인 기능이 Ⓐ 조건 짓는 법이고 89가지 마음과 52가지 마음부수와 이 정신적인 기능들과 함께 생긴 물질들이 Ⓑ 조건 따라 생긴 법이다.

22가지 기능[根] 가운데서 여자의 기능과 남자의 기능이라는 두 가지 성의 기능은 기능이라는 조건에서 조건 짓는 법이 되지 못한다. 그들은 조건의 역할을 가지지 못했기 때문이다. 조건은 생산하고 떠받치고 유지하는 세 가지 역할을 가진다. 그러나 성의 기능들은 이 세 역할 가운데서 아무것도 실행할 수 없다. 그렇지만 이들은 기능[根]으로 분류가 된다. 이들은 성의 구조와 외관, 특징, 몸의 기질을 제어하여 전체적인 인간됨을 여성이나 남성으로 향하게 하기 때문이다.(PdṬ.49)

[청정도론 XVII]: "91. [(16) 기능이라는 조건[根緣, indriya-paccaya]]:

지배한다는(adhipati) 뜻에서 도와주는 20가지 기능[根]이 기능이라는 조건이다. 여자의 기능[女根]과 남자의 기능[男根]은 제외된다. 이 중에서 눈의 기능 등은 정신에게만 조건이 되고 나머지는 정신과 물질에게 조건이 된다. 이처럼 말씀하셨다.

"① 눈의 기능은 눈의 알음알이의 요소에게 … 귀의 기능은 … 코의 기능은 … 혀의 기능은 … 몸의 기능은 몸의 알음알이의 요소와 그와 결합된 법들154)에게 기능이라는 조건으로 조건이 된다. ② 물질의 생명기능은 업에서 생긴 물질들에게 기능이라는 조건으로 조건이 된다. ③ 정신적인 기능들은 결합된 법들과 그와 함께 생긴 물질들에게 기능이라는 조건으로 조건이 된다."(Pṭn.ii.5~6)

그러나 질문의 부분에서 "과보로 나타난 무기인 기능들은 재생연결의 찰나에 그와 결합된 무더기와 업에서 생긴 물질들에게 기능이라는 조건으로 조건이 된다."(Pṭn.iii.107)라고도 설하셨다."

§25. 결합되지 않은 조건

25. okkantikkhaṇe vatthu vipākānaṁ, cittacetasikā dhammā sahajātarūpānaṁ sahajātavasena, pacchājātā cittacetasikā dhammā purejātassa imassa kāyassa pacchājātavasena, cha vatthūni pavattiyaṁ sattannaṁ viññāṇadhātūnaṁ purejātavasenā ti ca tividho hoti vippayuttapaccayo.

'결합되지 않은 조건'은 세 가지이다. (1) 재생연결의 찰나에 심장토대는 과보의 무더기들에게, 또 마음과 마음부수는 함께 생긴 물질에게 함께 생긴 [결합되지 않은 조건]이 된다. (2) 뒤에 생긴 마음과 마음부

154) 결합된 법들이란 7가지 공통되는 마음부수를 말한다.

수는 먼저 생긴 이 몸에게 뒤에 생긴 [결합되지 않은 조건]이 된다. (3) 여섯 가지 토대는 삶의 과정에서 일곱 가지 알음알이의 요소[識界]에게 먼저 생긴 [결합되지 않은 조건]이 된다.

[해설]

1. **결합되지 않은 조건**[⒇ 不相應緣, vippayutta-paccaya]:

이것은 조건 짓는 법이 현재의 물질을 돕는 정신에 있거나 현재의 정신을 돕는 물질에 있는 조건이다. 이 관계에서는 조건 짓는 법과 조건 따라 생긴 법은 반드시 다른 유형이어야 한다. 즉 하나가 정신이면 다른 하나는 물질이고, 하나가 물질이면 다른 하나는 정신이어야 한다. 이것은 물과 기름을 섞어놓더라도 서로 섞이지 않고 분리되어 남아있는 것과 같다.

그러므로 재생연결의 찰나에 심장토대와 정신의 무더기들[蘊]은 동시에 일어나지만 그들을 물질과 정신으로 구별 짓는 어떤 독특한 특징들 때문에 각각은 서로에게 결합되지 않은 조건이 된다. 다시 정신의 무더기들은 재생연결의 찰나에 업에서 생긴 다른 종류의 물질에게, 삶의 과정에서는 마음에서 생긴 물질에게 결합되지 않은 조건으로서 조건이 된다.

결합되지 않은 조건도 역시 ① 함께 생기고 ② 먼저 생기고 ③ 뒤에 생긴 세 가지 유형으로 구성된다.

이 세 가지 조건 짓는 법과 조건 따라 생긴 법을 좀 더 구체적으로 살펴보면 다음과 같다.

(1) 함께 생긴 결합되지 않은 조건은 다시 두 가지 경우로 고찰이 된다. ① 오온이 있는 세상에서 재생연결 때와 삶의 과정에서 75가지 마음(네 가지 무색계 과보의 마음과 한 쌍의 전오식을 제외한 것임. 아라한의 죽음의 마음도 제외됨.)과 52가지 마음부수가 Ⓐ 조건 짓는 법이고 함께 생긴 물질

들이 Ⓑ 조건 따라 생긴 법이 된다. ② 4가지 무색계 세상과 무상유정천을 제외한 오온이 있는 26가지 세상에 재생연결이 일어날 때에 4가지 정신의 무더기와 심장토대가 Ⓐ 조건 짓는 법이다. 이 때 네 가지 정신의 무더기에 의해서 지탱되는 심장토대와 역으로 심장토대에 의해서 지탱되는 네 가지 정신의 무더기는 Ⓑ 조건 따라 생긴 법이 된다.(이 ②는 함께 생긴 조건의 ③과 같음.)

(2) 뒤에 생긴 결합되지 않은 조건의 조건 짓는 법과 조건 따라 생긴 법은 §15에서 설명한 '뒤에 생긴 조건'과 같다.

(3) 먼저 생긴 결합되지 않은 조건의 조건 짓는 법과 조건 따라 생긴 법은 §22에서 설명한 '의지하는 조건'의 (2)와 같다.

[청정도론 XVII]: "95. [(20) 결합되지 않은 조건[不相應緣, vippayutta-paccaya]]: 동일한 토대 등을 가지지 않는 상태로 정신의 법들을 도와주는 물질과, 물질들을 도와주는 정신들이 결합되지 않는 조건이다. 이것은 함께 생기고, 뒤에 생기고, 먼저 생긴 것의 세 가지이다. 이와 같이 설하셨기 때문이다.

"함께 생긴 유익한 무더기들[蘊]은 마음에서 생긴 물질들에게 결합되지 않은 조건으로 조건이 된다. 뒤에 생긴 유익한 무더기들은 먼저 생긴 이 몸에게 결합되지 않은 조건으로 조건이 된다."(Ptn.iii.108)

결정할 수 없는 것[無記]에 대한 구절에서 함께 생긴 [결합되지 않은 조건]을 설명할 때 "재생연결의 찰나에 과보로 나타난 무기인 무더기들[蘊]은 업에서 생긴 물질들에게 결합되지 않은 조건으로 조건이 된다. 무더기들은 토대(vatthu)에게, 토대는 무더기들에게 결합되지 않은 조건으로 조건이 된다."(Ptn.iii.109)라고도 설하셨다.

먼저 생긴 [결합되지 않은 조건]은 눈의 기능 등의 토대에 의해서[155] 알아야 한다. 이처럼 말씀하셨다. "먼저 생긴 눈의 감각장소는 눈의 알음알이의 요소에게 … 몸의 감각장소는 몸의 알음알이의 요소에게 결합되지 않은 조건으로 조건이 된다. 토대는 과보로 나타난 무기인 무더기들과 작용만 하는 무기인 무더기들에게 결합되지 않은 조건으로 조건이 된다. 토대는 유익한 무더기들에게 … 토대는 해로운 무더기들에게 결합되지 않은 조건으로 조건이 된다."(Pṭn.iii.109)라고."

§26. 존재하는 조건과 떠나가지 않은 조건

26. sahajātaṁ purejātaṁ pacchājātañ ca sabbathā
kabaḷīkāro āhāro rūpajīvitam icc' ayan ti.

pañcavidho hoti atthipaccayo avigatapaccayo ca.

함께 생긴 것, 먼저 생긴 것, 뒤에 생긴 것,
덩어리진 [먹는] 음식, 물질의 생명기능이라는 것으로

'존재하는 조건'과 '떠나가지 않은 조건'은 모두 다섯 가지이다.

[해설]

1. **존재하는 조건**[(21) 有緣, atthi-paccaya]:
2. **떠나가지 않은 조건**[(24) 不離去緣, avigata-paccaya]:

이 두 조건은 뜻으로는 하나이며 단지 문자만 다를 뿐이다. 여기서는 떠나가지 않은 조건을 중심으로 살펴본다. 이 관계에서 조건 짓는 법은 자신과 함께 생긴 조건 따라 생긴 법과 더불어 존재하는 시간 동안에 조건 따라 생긴 법을 일어나게 하거나 유지되도록 도와준다. 그

155) 먼저 생긴 조건(purejāta-paccaya)에는 대상으로서 먼저 생긴 것과 토대로서 먼저 생긴 것의 두 가지가 있는데 결합되지 않은 조건(vippayutta)에 해당되는 것은 여섯 가지 토대로서 먼저 생긴 조건이다. 심장토대를 앞의 다섯 가지 토대와 분리해서 보면 '먼저 생긴 조건은 눈의 기능 등과 [심장]토대로써 알아야 한다.'라고 해석할 수도 있다.

러나 조건 짓는 법과 조건 따라 생긴 법이 함께 생긴 것일 필요는 없다. 여기서 요구되는 것은 일시적으로 겹치기만 하면 되고 이렇게 겹칠 때에 조건 짓는 법이 조건 따라 생긴 법에게 어떤 방법으로 도와주면 된다. 그러므로 존재하는 조건은 먼저 생긴 조건과 뒤에 생긴 조건과 함께 생긴 조건을 다 포함한다.

다섯 가지 유형의 존재하는 조건 가운데 (1) 함께 생긴 존재하는 조건의 조건 짓는 법과 조건 따라 생긴 법은 §20에서 설명한 '함께 생긴 조건'과 같다.

(2) 먼저 생긴 존재하는 조건의 조건 짓는 법과 조건 따라 생긴 법은 §16에서 설명한 '먼저 생긴 조건'과 같다.

(3) 뒤에 생긴 존재하는 조건의 조건 짓는 법과 조건 따라 생긴 법은 §15에서 설명한 '뒤에 생긴 조건'과 같다.

(4) 음식으로서 존재하는 조건의 조건 짓는 법과 조건 따라 생긴 법은 §23에서 설명한 '음식이라는 조건'의 (1)과 같다.

(5) 기능으로서 존재하는 조건의 조건 짓는 법과 조건 따라 생긴 법은 §24에서 설명한 '기능이라는 조건'의 (2)와 같다.

본서에서는 오직 다섯 유형의 존재하는 조건만을 언급하고 있지만 이 다섯은 차례대로 부속적인 유형을 포함하게 되므로 존재하는 조건은 아주 많은 다른 조건들을 포함하게 된다. 이것은 모든 관계들을 네 가지 주요한 조건하에 모든 법들 상호간의 관계, 즉 제법의 상호의존 관계를 통합시키는 다음 §27에서 분명하게 알 수 있다.

[청정도론 XVII]: "96. [(21) 존재하는 조건[有緣, atthi-paccaya]]: 현재라는 특징을 가진 현존하는 상태로써 그러한 상태에 있는 법에게 지지하는 상태(upatthambhakatta)로 도와주는 법이 존재하는 조건이다. 그것은 정신의 무더기[蘊], 네 가지 근본물질[四大], 정신·물질[名色],

마음・마음부수, 네 가지 근본물질, 감각장소[處], 토대, 이 일곱 가지로 마띠까[論母]에 설해졌다. 이처럼 말씀하셨다.

"① 네 가지 정신의 무더기는 서로서로 존재하는 조건으로 조건이 된다.

② 네 가지 근본물질은 서로서로 …

③ 재생연결의 찰나에 정신과 물질은 서로서로 …

④ 마음과 마음부수들은 마음에서 생긴 물질에게 …

⑤ 네 가지 근본물질은 파생된 물질들에게 …

⑥ 눈의 감각장소[眼處]는 눈의 알음알이의 요소[眼識界]에게 … 몸의 감각장소는 … 형색의 감각장소는 … 감촉의 감각장소는 몸의 알음알이의 요소와 그와 결합된 법들에게 존재하는 조건으로 조건이 된다. 형색의 감각장소[色處]는 … 감촉의 감각장소[觸處]는 마노의 요소[意界]와 그와 결합된 법들에게 존재하는 조건으로 조건이 된다.

⑦ 그 [심장토대의] 물질을 의지하여 마노의 요소[意界]와 마노의 알음알이의 요소[意識界]가 있기 때문에 그 물질은 마노의 요소와 마노의 알음알이의 요소와 그와 결합된 법들에게 존재하는 조건으로 조건이 된다."(Pṭn.ii.6)라고."

[청정도론 XVII.100]: "100. [(24) 떠나가지 않은 조건[不離去緣, avigata-paccaya]]: 그 찰나에 존재하는 조건의 법들이 떠나가지 않은 상태로 도와주기 때문에 떠나가지 않은 조건이라고 알아야 한다. 이 두 개 조는 설법의 능숙함에 의해서, 혹은 교화받을 중생의 근기에 따라서 [각각] 설하셨다. 마치 『담마상가니』의 마띠까(논모)에 원인을 가지지 않은 것과 [원인을 가진 것]의 두 개 조를 설하시고 다시 [원인과 결합된 것과] 원인과 결합되지 않은 것을 설하신 것처럼."156)

---

156) 이것은 『담마상가니』 두 개 조의 마띠까 가운데 '원인의 모둠(hetu-goccha

§27. **조건의 통합**

27. āramman'-ūpanissaya-kamma-atthipaccayesu ca sabbe pi paccayā samodhānaṁ gacchanti.

sahajātarūpan ti pan' ettha sabbatthā pi pavatte cittasamuṭṭhānānaṁ paṭisandhiyaṁ kaṭattā rūpānañ ca vasena duvidhaṁ hoti veditabbaṁ.

모든 조건은 ① 대상이라는 조건과 ② 강하게 의지하는 조건과 ③ 업이라는 조건과 ④ 존재하는 조건 속에 통합된다.

여기서 함께 생긴 모든 물질들은 2가지가 있으니 삶의 과정에서는 마음에서 생긴 것들이고, 재생연결 시에는 이미 지은 업에서 생긴 것들이라고 알아야 한다.

[**해설**]

레디 사야도는 모든 조건들이 이 넷에 포함되는 방법을 다음과 같이 설명하고 있다.157)

지배하는 조건은 두 가지이므로 대상으로서 지배하는 조건은 항상 대상이라는 조건과 강하게 의지하는 조건에 포함되고 때로는 존재하는 조건에도 포함된다. 반면에 함께 생긴 것으로서 지배하는 조건은 존재하는 조건에 포함된다.

-ka)'에서 "원인을 가진 법들(sahetukā dhammā, ma2-2-a), 원인을 가지지 않은 법들(ahetukā dhammā, ma2-2-b)"과 "원인과 결합된 법들(hetusampayuttā dhammā, ma2-3-a), 원인과 결합되지 않은 법들(hetuvippayuttā dhammā, ma2-3-b)"이라는 두 개의 마띠까를 말한다. 이 마띠까에 해당하는 『담마상가니 주석서』에서도 "이 두 가지는(ma2-2와 ma2-3) 뜻으로는 다른 것이 없으며 가르침을 장엄하는 것(desanā-vilāsa)과 깨달은 분들의 성향(ajjhāsaya)에 따라서 [다르게] 말씀하신 것이다."(DhsA.47)라고 설명하고 있다.

157) PdṬ.51~52.

주요한 유형의 의지하는 조건, 즉 함께 생긴 의지하는 조건과 토대로서 먼저 생긴 의지하는 조건의 둘은 존재하는 조건의 영역에 포함된다. 특별한 경우인 토대와 대상으로서 먼저 생긴 조건에서는 심장토대가 자신을 토대로서 지탱하고 있는 같은 마음의 문[意門]의 마음들의 대상이 되는데 이것은 대상이라는 조건과 존재하는 조건에 포함되며 만일 심장토대가 대상으로서 특별한 중요성을 가지게 되면 강하게 의지하는 조건에도 포함된다.

먼저 생긴 조건의 두 가지 주요한 유형 가운데 토대로서 먼저 생긴 조건은 존재하는 조건에 포함되고 대상으로서 먼저 생긴 조건은 대상이라는 조건과 존재하는 조건에 포함되며 강하게 의지하는 조건에도 포함될 수 있다.

두 가지 유형의 업이라는 조건 가운데 함께 생긴 업이라는 조건은 그 찰나에 존재하는 조건에 포함되며 다른 찰나에 생긴 업이라는 조건은 업이라는 조건에 포함되며 만일 아주 강하다면 강하게 의지하는 조건에 포함될 수 있다.

결합되지 않은 조건은 존재하는 조건에 포함된다. 그러나 심장토대가 토대도 되고 동시에 대상도 되면 그것은 존재하는 조건과 대상이라는 조건에 포함되며 강하게 의지하는 조건에도 포함될 수도 있다.

나머지 조건들 가운데서 다음의 11가지는 존재하는 조건에 항상 포함된다. 즉 원인이라는 조건, 함께 생긴 조건, 서로 지탱하는 조건, 과보라는 조건, 음식이라는 조건, 기능이라는 조건, 禪이라는 조건, 도라는 조건, 결합된 조건, 떠나가지 않은 조건, 뒤에 생긴 조건이다.

그러므로 '강하게 의지하는 조건'은 다른 찰나에 존재하는 법들의 상호의존관계, 즉 선후관계를 드러내는 것이고 '존재하는 조건'은 같은 찰나에 존재하는 법들의 상호의존관계, 즉 동시관계를 규정한 것이다.

그리고 '대상이라는 조건'은 모든 법들은 대상이 됨을 설명하고 있고 '[다른 찰나에 생긴] 업이라는 조건'은 업과 과보와의 관계를 드러내는 것이다.

북방 아비달마를 대표하는 『아비달마 대비바사론』과 『아비달마 구사론』 등은 조건[緣]을 인연(因緣), 등무간연(等無間緣), 소연연(所緣緣), 증상연(增上緣)의 네 가지 조건[四緣]으로 규정하는데 이 가운데 등무간연은 선후관계를, 소연연은 대상과의 관계를, 증상연은 동시관계를 나타낸다. 그러므로 이 셋은 각각 본 『아비담맛타상가하』의 여기서 정리하고 있는 대상이라는 조건과 강하게 의지하는 조건과 존재하는 조건에 해당한다 할 수 있다. 그리고 원인과 결과의 관계를 설명하는 인연은 업과 과보와의 관계를 드러내는 업이라는 조건과 비교해 볼 수 있다.

주요한 조건에 포함되는 여러 가지 유형의 조건들은 <도표 8.4>에 도식적으로 나타나 있다.

§28. 요약

28. iti tekālikā dhammā kālamuttā ca sambhavā
ajjhattañ ca bahiddhā ca saṅkhatāsaṅkhatā tathā.
paññattināmarūpānaṁ vasena tividhā ṭhitā
paccayā nāma paṭṭhāne catuvīsati sabbathā ti.

이처럼 법들이 삼세에 속하거나 시간과 관련이 없거나 간에
안의 것이거나 밖의 것이거나 간에
형성된 것이거나 형성되지 않은 것이거나 간에
그것들은 개념과 정신과 물질의 세 가지이다.
조건은 상호의존관계(paṭṭhāna)에서 모두 24가지이다.

<도표 8.4> 조건의 통합

관계	통합	조건
선후관계	강하게 의지하는 조건	9. 강하게 의지하는 조건 4. 틈 없는 조건 5. 더욱 틈 없는 조건 3.(1) 대상으로서 지배하는 조건 12. 반복하는 조건 22. 존재하지 않는 조건 23. 떠나간 조건 ※ 8.(2)② 토대와 대상으로서 먼저 생긴 의지하는 조건 ※ 10.(2) 대상으로서 먼저 생긴 조건 ※ 13.(2) 다른 찰나에 생긴 업이라는 조건 ※ 20. 결합되지 않은 조건
동시관계	존재하는 조건	21. 존재하는 조건 24. 떠나가지 않은 조건 10.(1)과(2) 먼저 생긴 조건 13.(1) 함께 생긴 업이라는 조건 20. 결합되지 않은 조건 1. 원인이라는 조건 6. 함께 생긴 조건 7. 서로 지탱하는 조건 14. 과보라는 조건 15. 음식이라는 조건 16. 기능이라는 조건 17. 禪이라는 조건 18. 도라는 조건 19. 결합된 조건 11. 뒤에 생긴 조건 ※ 3.(1)과 (2) 지배하는 조건 ※ 8.(1)과 (2)①과 ② 의지하는 조건
대상과의 관계	대상이라는 조건	2. 대상이라는 조건 3.(1) 대상으로서서 지배하는 조건 8.(2)② 토대와 대상으로서 먼저 생긴 의지하는 조건 10.(2) 대상으로서 먼저 생긴 조건 ※ 20. 결합되지 않은 조건
업과 과보 관계	업이라는 조건	13.(2) 다른 찰나에 생긴 업이라는 조건

※ 표시는 때때로 일어나는 것을 뜻함

개념[施設]의 분석

paññatti-bhedo

[해설]

이상으로 네 가지 구경법을 분류하여 여러 방식으로 상호간의 결합과 조합에 대해 고찰하고 다시 이들의 상호의존관계(paṭṭhāna)를 조건(paccaya)을 통해서 살펴보았다. 그러나 아직 개념(paññatti)에 대해서는 논의하지 않았다. 비록 개념들은 속제에 속하고 승의제에는 속하지 않지만 『뿍갈라빤냣띠』(人施設論, Puggalapaññatti)를 통해서 아비담마에 포함되어 있다. 그러므로 이 제8장의 마지막 부분에서 저자는 간략하게 개념들에 대해 논의하고 있다.

먼저 '개념'으로 옮긴 paññatti라는 용어부터 음미해 보자. 빤냣띠(paññatti)는 pra(앞으로)+√jñā(*to know*)의 사역형 동사 paññāpeti에서 파생된 여성명사이다. '[남들이] 잘 알게 하다'는 뜻에서 '선언하다, 선포하다, 알리다, 지적하다, 지목하다' 등의 의미로 쓰인다. 그래서 빤냣띠는 '알게 하는 것'이라는 의미에서 '명칭, 개념, 서술, 술어, 용어' 등을 뜻한다. 중국에서는 施設, 假, 假名, 假建立, 假施設, 假立, 假說, 像, 制, 名, 立, 虛假, 言說(시설, 가, 가명, 가건립, 가시설, 가립, 가설, 상, 제, 명, 립, 허가, 언설) 등으로 다양하게 번역하였는데 역자들은 주로 '施設(시설)'을 채용하고 있다.

§29. **간략히 설하면**

29. tattha rūpadhammā rūpakkhandho va; cittacetasikasaṅkhātā cattāro arūpino khandhā, nibbānañ cā ti pañcavidham pi arūpan ti ca nāman ti ca pavuccati.

tato avasesā paññatti pana paññāpiyattā paññatti, paññāpanato paññattī ti ca duvidhā hoti.

여기서 물질은 물질의 무더기[色蘊]이다. 마음과 마음부수라 불리는 4가지 정신의 무더기와 열반은 5가지 비물질로서 정신[名, nāma]이라 부른다. 그 나머지는 개념[施設]으로서 2가지이니, '알려진 개념'과 '알게 하는 개념'이다.

[해설]

1. **정신[名, nāma]이라 부른다**: 네 가지 비물질의 무더기[蘊]가 기운다(namana)는 뜻에서 '정신(nāma)'이라 부른다. 그들은 인지하기 위해서 대상으로 기울기 때문이다. 그들은 기울게 한다(nāmana)는 뜻에서 정신(nāma)이라 불린다. 그들은 서로서로를 대상으로 기울게 하기 때문이다. 열반은 기울게 한다는 뜻에서만 정신이라 불린다. 열반은 흠 없는 법들, 즉 출세간의 마음과 마음부수들을 대상으로서 지배하는 조건으로 삼아 자신에게로 기울게 하기 때문이다.(DhsA.392)[158]

2. **그 나머지는 개념[施設]으로서**: 두 가지 개념이 있다. '뜻으로서의 개념[意施設, attha-paññatti]'과 '이름으로서의 개념[名施設, nāma-paññatti]'이다. 전자는 개념들이 전달하는 뜻을 말하며 후자는 그 뜻을 전달하는 이름이나 명칭을 말한다. 예를 들면 네 발과 부드러운 털을 가지고 특정한 생김새와 특징이 있는 동물에 대한 인식은 개라는 뜻으로서의 개념이다. '개'라는 명칭은 그것에 상응하는 이름으로서의 개념

158) 여기서 정신(nāma)은 √nam(*to bend*)에서 파생된 중성명사이고 namana는 이 동사에다 진행의 의미가 있는 '-na' 어미를 첨가하여 만든 중성명사로서 '기울어짐'을 뜻하고 nāmana는 이 동사의 사역형을 취해서 '-na' 어미를 붙여서 만든 중성명사로 '기울어지게 함'을 뜻한다. 이렇게 어원으로서 nāma라는 단어를 설명하고 있다.

이다. 뜻으로서의 개념[意施設, attha-paññatti]'이 본문에 나타나는 '알려진(paññāpiyatta) 개념'이고 이름으로서의 개념[名施設, nāma-paññatti]이 '알게 하는(paññāpana) 개념'이다.(VṬ.253)

§30. **알려진 개념**(paññāpiyatta paññatti)

30. kathaṁ? taṁtaṁ bhūtavipariṇāmākāram upādāya tathā tathā paññattā bhūmipabbatādikā, sasambhārasannivesākāram upādāya geharathasakaṭādikā, khandhapañcakam upādāya purisapuggalādikā, candāvaṭṭanādikam upādāya disākālādikā, asamphuṭṭhākāram upādāya kūpaguhādikā, taṁtaṁ bhūtanimittaṁ bhāvanāvisesañ ca upādāya kasiṇanimittādikā cā ti evam ādippabhedā pana paramatthato avijjamānā pi atthacchāyākārena cittuppādānam ārammaṇabhūtā taṁtaṁ upādāya upanidhāya kāraṇaṁ katvā tathā tathā parikappiyamānā saṅkhāyati, samaññāyati, voharīyati, paññāpīyatī ti paññattī ti pavuccati. ayaṁ paññatti paññāpiyattā paññatti nāma.

어떻게? 각각의 근본물질의 변화의 형태를 말미암아 땅, 산 등이라고 알려진 개념이 있다. 재료의 구성의 형태에 따라 그렇게 알려진 집, 수레, 짐마차 등의 용어가 있다. 오온에 따라 남자, 개인 등의 용어가 있다. 달의 운행 등에 따라 방향, 시간 등의 용어가 있다. 부딪힘이 없는 형태를 말미암아 우물, 동굴 등의 용어가 있다. 각각의 근본물질에 대한 표상과 수행의 특별함에 따라 까시나의 표상 등의 용어가 있다.

이와 같이 분류되는 것들이 비록 궁극적인 것(구경법)으로는 존재하지 않지만 [궁극적인 것의] 그림자(chāyā)로서 마음이 일어나는 대상이 된다. 각각의 형태에 따라서, 그것을 고려하여, 그것을 이유로 그와 같이 생각되고, 간주되고, 불리고, 사용되고, 알려지기 때문에 개념이라 부른다. 이런 개념을 '알려진 개념'이라 한다.

[해설]

'알려진 개념'은 '뜻으로서의 개념[意施設, attha-paññatti]'과 같다.(VṬ. 253) 여기서 저자는 여러 유형의 뜻으로서의 개념을 열거하고 있다.

땅, 산 등은 '형태의 개념(saṇṭhāna-paññatti)'이다. 이들은 사물의 외형이나 지형에 해당하기 때문이다.

집, 마차, 마을 등은 '집합의 개념(samūha-paññatti)'이다. 이들은 사물의 집단이나 무리에 해당하기 때문이다.

남자, 개인 등은 '중생의 개념(satta-paññatti)'이다. 이들은 중생에 해당하기 때문이다.

동, 서 등의 개념은 '방위의 개념(disā-paññatti)'이다. 이들은 위치나 방향에 해당하기 때문이다.

아침, 낮, 주, 달 등의 개념은 '시간의 개념(kāla-paññatti)'이다. 이들은 시간의 단위나 기간에 해당하기 때문이다.

우물, 동굴 등은 '공간의 개념(ākāsa-paññatti)'이다. 이들은 인지할 수 있는 물질이 없는 공간의 영역에 해당하기 때문이다.

까시나의 표상은 '표상의 개념(nimitta-paññatti)'이다. 이들은 선정수행을 통해서 얻어지는 정신적인 표상에 해당하기 때문이다.(이상 VṬ. 253~254와 PdṬ.410 참조)

§31. 알게 하는 개념(paññāpanata paññatti)

31. paññāpanato paññatti pana nāmanāmakammādināmena paridīpitā, sā vijjamānapaññatti, avijjamānapaññatti, vijjamānena avijjamānapaññatti, avijjamānena vijjamānapaññatti, vijjamānena vijjamānapaññatti, avijjamānena avijjamānapaññatti cā ti chabbidhā hoti.

tattha yadā pana paramatthato vijjamānaṁ rūpavedanādiṁ etāya paññāpenti tadā'yaṁ vijjamānapaññatti. yadā pana paramatthato avijjamānaṁ bhūmipabbatādiṁ etāya paññāpenti, tadā'yaṁ avijjamāna-paññattī ti pavuccati. ubhinnaṁ pana vomissakavasena sesā yathākkamaṁ chaḷabhiñño, itthisaddo, cakkhuviññāṇaṁ, rājaputto ti ca veditabbā.

'알게 하는 개념'은 이름과 명명법으로써 표현되었다.

이것은 여섯 가지이다. 즉 ① 진실한 개념 ② 진실하지 않은 개념 ③ 진실한 것을 통한 진실하지 않은 개념 ④ 진실하지 않은 것을 통한 진실한 개념 ⑤ 진실한 것을 통한 진실한 개념 ⑥ 진실하지 않은 것을 통한 진실하지 않은 개념이다.

(1) 궁극적인 것들로 존재하는 물질이나 느낌 등을 알게 할 때 이것은 진실한 개념이다. (2) 궁극적인 것들로 존재하지 않는 땅, 산 등을 알게 할 때 이것은 진실하지 않은 개념이라 부른다. 나머지는 둘을 혼합함으로써 각각 (3) '6신통을 가진 자' (4) '여인의 목소리' (5) '눈의 알음알이[眼識]' (6) '왕의 아들'로써 알아야 한다.

[해설]

'알게 하는 개념'이란 '이름으로서의 개념[名施設, nāma-paññatti]'을 말한다.(VṬ.253) 저자는 여섯 가지 예를 들고 있다.

1. **진실한 개념:** 물질, 느낌 등은 구경법들이다. 그러므로 이들을 지칭하는 개념들은 ① '진실한 개념'이다.

2. **진실하지 않은 개념:** 땅이나 산 등은 구경법이 아니며 정신작용에 의해서 구성된 인습적인 존재이다. 이런 개념들은 구경법들에 기초하고 있지만 이들이 전달하는 뜻 자체는 구경법들이 아니다. 이들은 그들 자신의 고유성질(sabhāva)을 통해서 실재하는 사물들에 대응하지

못하기 때문에 ② '진실하지 않은 개념'이다.

3. **나머지는 … 알아야 한다**: 여기서 '6신통을 가진 자'는 ③ '진실한 것을 통한 진실하지 않은 개념'이다. 6신통(제9장 §21의 해설 참조)은 궁극적인 측면에서는 존재하지만 '가진 자'는 마음이 만들어낸 개념이다.

'여인의 목소리'는 ④ '진실하지 않은 것을 통한 진실한 개념'이다. 목소리는 궁극적으로 실재하지만 여인은 구경법들이 모여서 이루어진 개념이다.

'눈의 알음알이'는 ⑤ '진실한 것을 통한 진실한 개념'이다. 눈의 감성과 여기에 의지하는 눈의 알음알이는 둘 다 궁극적으로 실재하기 때문이다.

'왕의 아들'은 ⑥ '진실하지 않은 것을 통한 진실하지 않은 개념'이다. 왕도 아들도 궁극적으로는 실재하지 않기 때문이다.

§32. **요약**

32. vacīghosānusārena sotaviññāṇavīthiyā
pavattānantaruppannā manodvārassa gocarā
atthā yassānusārena viññāyanti tato paraṁ
sāyaṁ paññatti viññeyyā lokasaṅketanimmitā ti.

말소리를 따라 귀의 알음알이의 인식과정이 [일어나고]
곧바로 마노의 문[意門]의 영역이 일어난다.
그것을 뒤이어서 뜻들은 그다음에 알아진다.
이렇게 [생긴] 개념은
세상의 인습에 의해 만들어진 것이라고 알아야 한다.

iti Abhidhammatthasaṅgahe
paccayasaṅgahavibhāgo nāma
aṭṭhamo paricchedo.

이와 같이 아비담맛타상가하에서
조건의 길라잡이라 불리는
제8장이 끝났다.

제9장

kammaṭṭhāna-saṅgaha-vibhāga

명상주제의 길라잡이

제9장 명상주제의 길라잡이

kammaṭṭhāna-saṅgaha-vibhāga

[해설]

제8장까지 아비담마의 모든 주제를 남김없이 설했다. 그러나 이것으로 아비담마는 끝나지 않는다. 이런 아비담마의 가르침을 통해 해탈의 도정으로 직접 가는 길이 남아있기 때문이다.

본서를 시작하면서, 상좌부에서는 부처님의 가르침을 교학(pariyatti, 배움), 수행(paṭipatti, 도닦음), 통찰(paṭivedha, 꿰뚫음)의 세 가지 측면으로 설명한다고 하였다.(제1장 §1의 해설 2 참조) 상좌부에서는 특히 아비담마를 배우는 것을 pariyatti라 부른다. '교학(배움)'이라는 뜻이다. 이런 교학의 문에 들어섰으면 저 언덕으로 실제로 나아가야 한다. 이것을 paṭipatti, 즉 '수행(도닦음)'이라 한다. 이 수행(도닦음)은 주로 삼매를 닦는 용어로 쓰인다. 도를 닦아 번뇌를 꿰뚫어 열반을 성취하는 것을 paṭivedha, 즉 '꿰뚫음'이라 한다. 이것은 무상 · 고 · 무아의 세 가지 특상을 꿰뚫는 것으로 통찰지[慧, paññā]를 뜻하는 용어이다.

제8장까지를 통해서 우리는 배움(pariyatti)의 문에 들어섰다. 이제 도닦음(paṭipatti)과 꿰뚫음(paṭivedha)이 남아있다. 『아비담맛타상가하』의 마지막 장에는 이런 수행에 대한 가르침을 명상주제(kammaṭṭhāna)라는 제목하에 설명하고 있다.

'명상주제'로 옮긴 kammaṭṭhāna는 kamma와 ṭhāna의 합성어이다. √kṛ(*to do*)에서 파생된 중성명사인 kamma는 업(業)으로 옮겨지나 여기서는 넓은 의미로 쓰여서 행위 일반을 뜻하여 작업으로 옮길 수 있다. √sthā(*to stand*)에서 파생된 중성명사인 ṭhāna는 '장소, 지역'이다. 그래서 kammaṭṭhāna는 '행위의 장'이 되며 kamma를 작업이나 일로 해석하면 '작업장, 직장, 일터'를 뜻한다. 수행자들, 특히 스님들의 일터라는 뜻이다. 세상 사람들이 생계나 자기 성취를 위해 직장에 가서 일을 하듯 수행자들은 여기서 제시하는 40가지 삼매의 주제와 10가지 위빳사나를 직장으로 삼아 도를 이루기 위해 일(수행)을 해야 한다는 의미가 들어있다. 『청정도론』에서는 삼매(사마타)를 성취하는 40가지 명상주제를 깜맛타나(명상주제)로 부르고 10가지 위빳사나는 위빳사나의 지혜(vipassana-ñāṇa)로 부른다. 여기서는 이 둘을 합하여 '명상주제'라는 제목하에서 설명하고 있다.

§1. 서시

1. samathavipassanānaṁ bhāvanānam ito paraṁ
kammaṭṭhānaṁ pavakkhāmi duvidham pi yathākkamaṁ.

지금부터 사마타와 위빳사나의 수행을 위해
두 가지 명상주제를 차례로 설하리라.

[해설]

1. **두 가지 명상주제**(kammaṭṭhāna):

다시 정리해보면 '명상주제'로 옮긴 kammaṭṭhāna는 kamma(행위, 일, 작업)와 ṭhāna(장소)의 합성어로 실행하는 곳(*field of action*) 혹은 일터(작업장, 직장, *work place*)로 직역된다. 이것은 수행자들의 일터라 할 수 있으며 『청정도론』에서는 주로 삼매 수행의 대상으로 정리된 40가지 명상주제를 뜻하는 전문용어로 정착이 되었고 위빳사나 수행에서는 물질의 명상주제(rūpa-kammaṭṭhāna)와 정신의 명상주제(arūpa-kammaṭṭhāna, Vis.XX.81 등)라는 용어로 나타난다. 여기 『아비담맛타상가하』에서는 사마타 수행(samatha-bhāvanā)의 명상주제(§2 이하)와 위빳사나 수행(vipassanā-bhāvanā)의 명상 주제(§22 이하)라는 두 가지 명상주제로 정리하고 있다.

불교에서는 두 가지 수행 방법을 인정하고 있다. 그것은 사마타[止, samatha]와 위빳사나[觀, vipassanā]이다.

적지 않은 초기불전에서 세존께서 직접 사마타와 위빳사나를 분명하게 정의하고 계신다. 먼저 언급해야 할 경이 『앙굿따라 니까야』 제1권 「명지(明知)의 일부 경」(A2:3:10)이다. 이 경에서 부처님께서는 사마타를 마음(citta)과 마음의 해탈(심해탈, ceto-vimutti), 즉 삼매[定, samādhi]와 연결 지으시고, 위빳사나를 통찰지(paññā, 반야)와 통찰지를 통한 해탈(혜해탈, paññā-vimutti), 즉 통찰지[慧, paññā]와 연결 지으신다. 그리고 「삼매 경」 1/2/3(A4:92~94)에 의하면 사마타는 마음의 개발을 뜻하는 삼매와 동의어이고, 위빳사나는 통찰지와 동의어이다. 그리고 이 경들에서 부처님께서는 사마타는 마음을 [하나의 대상에] 고정시키고 고요하게 하는 삼매를 개발하는 수행(삼매, 定, samādhi)이며, 위빳사나는 유위제법[行]을 명상하고 관찰하여 무상·고·무아를 통찰하는 수행(통찰지, 慧, paññā)이라고 분명하게 밝히고 계신다.

이처럼 사마타로써 삼매[定, samādhi]를, 위빳사나로써 통찰지[慧, 般若, paññā]를 표현하기도 하지만[159] 구분하여 말하자면 사마타 특히 사마타 수행(samatha-bhāvanā)은 바른 삼매[160]를 얻기 위한 수단이나 바

---

159) "사마타는 삼매이고 위빳사나는 통찰지이다(samatho samādhi, vipassanā paññā)."(DA.iii.983)

160) 초기불전에서는 4禪을 바른 삼매[正定]로 정의하고 있다.(D22/ii.313; M141

른 삼매와 관련된 수행으로, 위빳사나 특히 위빳사나 수행(vipassanā-bhāvanā)161)은 통찰지를 성취하기 위한 수단이나 통찰지와 관련된 수행으로 보면 될 것이다.

특히 위빳사나는 부처님의 가르침에만 존재하는 독특한 수행 체계로 부처님께서 발견하시고 가르치신 진리를 직접 실현하는 방법으로 제시하신 것이다. 고요함(samatha)을 닦는 것은 사마디[三昧, samādhi]나 요가(yoga)라는 이름으로 여러 『우빠니샤드』와 『요가수뜨라』에서 언급되고 정리되어 있듯이 인도의 다른 교파에서도 찾아볼 수 있다. 그러나 불교에서는 이런 사마디(삼매)나 요가 수행 그 자체를 목적으로 삼지 않을 뿐 아니라 이것만으로는 구경의 경지에 이르지 못한다고 강조하고 있다. 불교에서도 물론 삼매 혹은 사마타 수행을 강조하여 설하고 있다. 그러나 그것 자체는 결코 목적이 아니다. 고요함만으로는 생사윤회의 근본인 번뇌를 끊지 못하기 때문이다. 번뇌는 위빳사나의 지혜(vipassanā-ñāṇa)로써만 끊을 수 있다.162) 통찰의 힘이 아니고서는 번뇌의 뿌리를 자르거나 꿰뚫지(paṭivedha) 못하며 뿌리를 자르지 못하면 번뇌는 다시 일어나기 때문이다.

그런데 삼매의 도움 없이 통찰지는 일어나지 않는다. "삼매란 유익한 마음이 한 끝으로 [집중]됨[善心一境性, kusalacittekaggatā]"(Vis.III.2)이며 이런 삼매를 개발하는 대표적 수단이 사마타 수행이다. 그러므로 사마타는 위빳사나를 성취하기 위한 아주 중요한 수단이다. 사마타 수

/iii.252 등) 중국에서도 三昧와 禪定과 定은 별도의 구분 없이 일반적으로 쓰이면 동의어로 취급하였다.

161) 주석서 문헌들에서는 사마타(samatha)와 위빳사나(vipassanā)라는 용어와 더불어 사마타 수행(samatha-bhāvanā)과 위빳사나 수행(vipassanā-bhāvanā)이라는 용어도 많이 나타나고 있다.

162) 『청정도론』은 "통찰지는 유익한 마음(善心)과 연결된 위빳사나의 지혜(vipassanā-ñāṇa)이다."(Vis.XIV.2)라고 통찰지(반야)를 정의하고 있다.

행을 거치지 않아도 위빳사나 수행은 가능하다. 그러나 이 경우에도 유익한 마음의 하나됨, 즉 삼매가 없는 것은 아니다. 깊은 위빳사나를 행할 때 매 찰나마다 근접삼매에 해당하는 삼매가 성취되는데 이것을 아비담마에서는 찰나삼매(刹那三昧, khaṇika-samādhi, 아래 §29의 해설 참조)라 하여 중요시한다.

초기불전에서도 바른 삼매, 즉 네 가지 禪을 두루 닦아 그 힘으로 여러 신통지를 얻는 것을 ① '마음의 해탈[心解脫, ceto-vimutti]'이라 하고 있고 통찰지를 통해서 해탈을 성취하는 것을 ② '통찰지를 통한 해탈[慧解脫, paññā-vimutti]'이라 부르고 있다. 이 둘을 모두 닦아 무색계선을 증득하여 해탈한 경우를 ③ '양면해탈(兩面解脫, ubhatobhāga-vimutti)'이라 부른다.[163]

한편 사마타와 위빳사나라는 용어는 초기불전에서도 거의 대부분 함께 붙어서 나타나며 부처님께서는 이 둘을 부지런히 닦을 것을 강조하셨다.[164] 중국에서도 지관(止觀) 수행이 크게 성행하였으며[165] 우리

---

163) 마음의 해탈[心解脫]에 대해서는『맛지마 니까야』제1권「원한다면 경」(M6) §19의 주해를 참조하고 양면해탈과 통찰지를 통한 해탈에 대해서는『맛지마 니까야』제2권「끼따기리 경」(M70) §§14~16의 주해들을 참조할 것. 이 셋에 대해서는『디가 니까야』제2권「대인연경」(D15) §36의 주해와『초기불교이해』407쪽 이하도 참조할 것. 마른 위빳사나를 닦은 자는『맛지마 니까야』제2권「끼따기리 경」(M70) §16의 주해와『청정도론』XI.112의 주해 등을 참조할 것.

164) 『앙굿따라 니까야』제2권「삼매경」1/2/3(A4:92~94)을 참조할 것.

165) 예를 들면 육조 혜능 스님의 전법제자요『증도가』의 저자로 유명한 영가 현각(永嘉 玄覺, 665~713) 스님의 주요 저술에『선종 영가집』(禪宗 永嘉集)이 있다. 이 책은 우리말을 창제한 직후인 1464년에 세조가 친히 원문에 우리말로 토를 달고 혜각 존자 신미(信眉) 스님 등이『선종영가집 언해』로 번역할 정도로 한국불교에 큰 영향을 미쳤다. 이 책은 전체 10장으로 구성되어 있는데 그 가운데 수행의 핵심이 되는 제4장의 제목이 사마타(奢摩陀)이고 제5장의 제목은 비발사나(毘鉢舍那)이며 제6장은 우필차(優畢

나라에서는 보조국사께서 삼매와 통찰지를 함께 닦는 정혜쌍수(定慧雙修)를 주창하셨다.

상좌부 불교의 가장 큰 매력과 힘이라면 이런 두 유형의 수행에 대한 분명한 방법론과 여러 단계의 명상주제를 체계적으로 분명하게 제시하고 있다는 점일 것이다. 이것을 집대성해서 상좌부 불교 부동의 준거로 자리 잡고 있는 것이 다름 아닌 『청정도론』이다. 본 장에서 저자는 『청정도론』에서 체계화된 사마타와 위빳사나의 주제를 간결하게 제시하고 있다. 그래서 이 제9장은 『청정도론』의 길라잡이라 불러도 된다. 역자들은 중요한 부분은 가능한 한 많이 『청정도론』을 인용하고 있으며 그렇지 않은 부분은 『청정도론』의 해당 단락을 제시하고 있다.

2. **사마타**(samatha)**와 위빳사나**(vipassanā):

'사마타(samatha)'는 √śam(*to be quiet*)에서 파생된 남성명사로서 원의미는 '고요함, 맑음' 등이다. 모든 해로운 상태[不善法]가 가라앉고 그친다는 의미에서 중국에서는 止(지)로 옮겼다.166) 이 단어로써 삼매

叉)이다. 여기서 우필차는 평온으로 옮겨지는 초기불교의 중요한 용어인 upekkhā의 음역이다. 이처럼 사마타와 위빳사나는 이미 중국에서 깊이 있게 이해되었다. 『선종 영가집』(혜업 스님 번역, 불광출판사, 1991)을 참조할 것.

『초기불교이해』 제26장 사마타와 위빳사나[止觀]의 주해에서 재인용함.

166) 사마타(samatha)는 논장의 칠론 가운데 처음인 『담마상가니』에서 특히 많이 나타나고 있다. 『담마상가니 주석서』는 문맥에 따라 사마타를 다음과 같이 크게 세 가지로 설명한다.

첫째, 가장 넓은 뜻에서 주석서는 다음과 같이 사마타를 설명한다.
"세 가지 사마타가 있으니 ① 마음의 사마타(citta-samatha), ② 대중공사를 가라앉힘(adhikaraṇa-samatha), ③ 모든 형성된 것들이 가라앉음(sabba-saṅkhāra-samatha)이다.
① 여기서 여덟 가지 증득(samāpatti)에서 마음이 한끝으로 [집중]됨이 마음의 사마타이다. 이것이 드러나면 마음의 움직임과 마음의 떨림이 고요하

(samādhi)를 표현하기도 한다. 수행의 측면에서 사마타는 8가지 禪의 경지[等持, samāpatti] — 네 가지 색계禪(아비담마에서는 5禪으로 나눔)과 네 가지 무색계禪 — 에서 마음이 한끝으로 [집중]됨[心一境性, cittassa ekaggatā]으로 정의한다.(DhsA.144 등) 이런 경지들은 마음이 한끝으로 집중되어서 마음의 떨림이나 동요가 가라앉았고 끝이 났기 때문에 고요함(사마타)이라 불리는 것이다.167)

게 되고(sammati) 가라앉게 된다(vūpasammati). 그래서 마음의 사마타라 부른다.
② 직접 대면하는 율 등의 일곱 가지 방법을 가진 사마타를 대중공사를 가라앉힘이라 한다. 이것이 드러나면 이런저런 대중공사가 고요하게 되고 가라앉게 되기 때문에 대중공사를 가라앉힘이라 한다.
③ 모든 형성된 것들[諸行, sabbe saṅkhārā]은 열반이 드러나면 고요하게 되고 가라앉게 된다. 그래서 이것을 모든 형성된 것들이 가라앉음이라 부른다. 여기서는 ① 마음의 사마타를 의미한다."(DhsA.144)

둘째, 『담마상가니』에서 사마타는 본삼매의 경지 혹은 색계와 무색계 마음과는 관계가 없는 욕계의 아름다운 마음에서도 언급되고 있다. 이런 경우의 사마타는 삼매와 관계가 없다. 이러한 사마타를 주석서는 다음과 같이 설명한다.
"감각적 쾌락에 대한 욕구(kāmacchanda) 등의 반대되는 법들(paccanīka-dhammā)을 가라앉힌다(sameti)고 해서 '사마타[止, samatha]'이다." (DhsA.131)

셋째, 『담마상가니』에서는 해로운 마음들에서도 사마타가 언급이 되고 있는데 이 경우를 주석서는 다음과 같이 설명이 한다.
"다른 작용들에 대해서 산란함을 가라앉혔기 때문에 사마타이다(aññesu kiccesu vikkhepasamanato samatho)."(DhsA.249)
예를 들면 감각적 쾌락과 관련된 마음이 일어날 때의 사마타는 마음이 감각적 쾌락 외의 다른 작용들에 대해서 마음이 흔들리는 것을 방지하는 역할을 하기 때문에 사마타라 한다는 의미이다.
이 해로운 마음들과 관계된 사마타와 주석서의 설명은 다른 문헌에는 나타나지 않는 것으로 여겨진다.

본서를 비롯한 후대 아비담마 문헌에서는 이 가운데 "여덟 가지 증득에서 마음이 한끝으로 [집중]됨(aṭṭhasu samāpattīsu cittekaggatā)"(DhsA.144)으로 정의되는 '마음의 사마타(citta-samatha)'를 일반적으로 사마타라 부른다.

'위빳사나(vipassanā)'는 vi(분리해서)+√dṛś(*to see*)에서 파생된 여성 명사로서 '분리해서 본다'는 문자적인 뜻 그대로 그냥 보는 것(*sight*)에 머무르지 않고 더 깊이 보는 것(*in-sight*)을 의미한다. 그래서 중국에서는 觀(관)으로 옮겼고 어원에 더 충실하여 內觀(내관)으로 옮기기도 하였으며 毘婆舍那, 毘鉢舍那(비파사나, 비발사나) 등으로 음역되기도 하였다. 영어로는 *insight*로 정착되었다.

『맛지마 니까야』 제4권 「지복한 하룻밤 경」(M131)부터 「로마사깡기야 존자와 지복한 하룻밤 경」(M134)까지의 네 경은 부처님이 읊으신 '지복한 하룻밤(bhaddekaratta)'이라 부르는 다음 게송에 대한 설명과 관계된 것이다.

"과거를 돌아보지 말고 미래를 바라지 말라.
과거는 떠나갔고 미래는 오지 않았다.
현재 일어나는 현상들[法]을 바로 거기서 통찰한다.
정복당할 수 없고 흔들림이 없는
그것을 지혜 있는 자 증장시킬지라.
오늘 정진하라. 내일 죽을지 누가 알리오?
죽음의 무리와 더불어 타협하지 말지라.
이렇게 노력하여 밤낮으로 성성하게 머물면
지복한 하룻밤을 보내는 고요한 성자라 하리."(M131 §3 등)

여기서 '통찰한다'로 옮긴 원문은 다름 아닌 vipassati인데 위빳사나와 같은 어원인 vi+√dṛś(*to see*)에서 파생된 동사이다. 이처럼 위빳사나는 바로 지금 여기서 일어나는 물·심의 현상에 대해 무상·고·

---

167) "tattha aṭṭhasu samāpattīsu cittekaggatā cittasamatho nāma. tañhi āgamma cittacalanaṁ cittavipphanditaṁ sammati vūpasammati, tasmā so cittasamatho ti vuccati."(DhsA.144; *Expos.*, 191)

무아의 세 특상을 꿰뚫는 것[洞察, paṭivedha]을 뜻한다. 그래서 『담마상가니 주석서』는 "무상 등을 통해서 법들을 통찰한다(vipassati)고 해서 위빳사나이다."168)라고 설명하고 있다. 이것은 사물의 있는 그대로의 본성을 드러내는 것으로 향하는 통찰지[慧, 般若, paññā]의 마음부수의 기능이기도 하다. 그리고 이런 현상을 마음·마음부수·물질로 나누어 이들을 체계적이고 분석적으로 관찰하는 것이 바로 아비담마라는 것을 우리는 이미 배웠다. 이처럼 위빳사나가 아비담마요 아비담마가 위빳사나인 것이다.

한편 『위바위니 띠까』에서는 사마타를 "[다섯 가지] 장애들을 고요하게 한다는 뜻으로(nīvaraṇānaṁ samanaṭṭhena)"(VṬ.256), 위빳사나를 "무상 등의 다양한 방법으로 본다는 뜻으로(aniccādi-vividhākarāto dassanaṭṭhena)"(*Ibid.*) 설명하고 있다.

I. 사마타의 길라잡이
samatha-saṅgaha

[해설]

『청정도론』의 제3장에서 제13장까지는 사마타를 닦는 방법을 자세하게 다루고 있다. 『청정도론』에서는 사마타 수행을 이렇게 요약하고 있다.

[청정도론 III]: "28. … 계를 깨끗이 하여 청정해진 계에 머무는 [비구는] ① 열 가지 장애(palibodha) 가운데 어떤 장애가 있으면 그것을 끊고 ② 명상주제를 주는 선우(kalyāṇa-mitta)를 친근하고 ③ 40가지 명상주제 가운데 자기의 기질(carita)에 맞는 어떤 명상주제를 들고 ④ 삼매를 닦기에 적당하지 않은 사원을 떠나 적당한 사원에 살면서 ⑤

168) "aniccādivasena dhamme vipassatīti vipassanā."(DhsA.148)

사소한 장애를 끊고 ⑥ 닦는 모든 절차를 놓치지 않고 삼매를 닦아야 한다. 이것이 여기서 간략하게 [설명한 것이다].”

I.1. 기본 개념들

§2. 명상주제(kammaṭṭhāna)

2. tattha samathasaṅgahe tāva dasa kasiṇāni, dasa asubhā, dasa anussatiyo, catasso appamaññāyo, ekā saññā, ekaṁ vavatthānaṁ, cattāro āruppā cā ti sattavidhena samathakammaṭṭhānasaṅgaho.

여기 사마타의 길라잡이에서 먼저 사마타를 닦기 위한 명상주제는 7가지이다. 그것은 (1) 열 가지 까시나 (2) 열 가지 더러움[不淨] (3) 열 가지 계속해서 생각함[隨念] (4) 네 가지 무량함 (5) 한 가지 인식 (6) 한 가지 구분 (7) 네 가지 무색의 경지이다.

[해설]

40가지 명상주제는 본서 <도표 9.1>에 잘 정리되어 있으므로 참조하기 바란다. 『청정도론』은 40가지 명상주제를 다음의 열 가지 측면에서 자세히 분석하고 있다.

[청정도론 III]: “103. … ‘40가지 명상주제 가운데 자기의 기질에 맞는 어떤 명상주제를 들고’라고 앞서 설했다.

여기서는 이제 ① 숫자의 설명에 따라 ② 근접삼매와 본삼매를 가져오는 것에 따라 ③ 禪의 종류에 따라 ④ 극복함에 따라 ⑤ 확장함과 확장하지 않음에 따라 ⑥ 대상에 따라 ⑦ 장소[地]에 따라 ⑧ 취하는 것에 따라 ⑨ 조건에 따라 ⑩ 기질에 맞는 것에 따라 — 이 열 가지 측면에 따라 명상주제의 판별을 알아야 한다."

이 열 가지를 토대로 40가지 명상주제를 자세하게 설명하는 것이 『청정도론』 정품(III장~XIII장)의 큰 줄거리이다. 이렇게 설명의 주제를 정하고 나서 『청정도론』은 40가지 명상주제를 다음과 같이 전체적으로 보이고 있다.

[청정도론 III]: "105. ① 여기서 땅의 까시나, 물의 까시나, 불의 까시나, 바람의 까시나, 푸른색의 까시나, 노란색의 까시나, 붉은색의 까시나, 흰색의 까시나, 광명의 까시나, 한정된 허공의 까시나 — 이것이 열 가지 까시나(kasiṇa)이다.

② 부풀었고, 검푸르고, 문드러지고, 끊어지고, 뜯어 먹히고, 흩어지고, 난도질당하여 뿔뿔이 흩어지고, 피가 흐르고, 벌레가 버글거리고, 해골이 됨 — 이것이 열 가지 더러움[不淨, asubha]이다.

③ 부처님을 계속해서 생각함(anussati), 법을 계속해서 생각함, 승가를 계속해서 생각함, 계를 계속해서 생각함, 관대함을 계속해서 생각함, 천신을 계속해서 생각함, 죽음을 계속해서 생각함, 몸에 대한 마음챙김, 들숨날숨에 대한 마음챙김, 고요함(upasama)을 계속해서 생각함 — 이것이 열 가지 계속해서 생각함[隨念, anussati]이다.

④ 자애, 연민, 함께 기뻐함, 평온이 네 가지 거룩한 마음가짐[梵住, brahma-vihāra]이다.

⑤ 공무변처, 식무변처, 무소유처, 비상비비상처가 네 가지 무색의 경지(āruppa)이다.

⑥ 음식에 대해 혐오하는 인식(paṭikūla-saññā)이 한 가지 인식이다.

⑦ 사대(四大)를 구분(vavatthāna)하는 것이 한 가지 구분(vavatthāna)이다.

이와 같이 숫자의 설명에 따라 해설을 알아야 한다."

§3. 기질의 분석(carita-bheda)

[해설]

'기질'로 옮긴 carita는 원래 √car(*to move*)의 과거분사로 '옮기는, 가는' 등의 뜻인데 중성명사로 쓰이면 '행동, 성향, 처신, 기질' 등의 뜻으로 쓰인다. 여기서는 인간이 가지는 성벽이나 기질을 뜻한다. 사람의 기질은 그들의 전생의 업이 다양하기 때문에 다르다. 주석가들은 재생연결식의 생산업에 의해 기질이 결정된다고 한다. 『청정도론』에서는 모두 여섯 가지 기질[169]로 분류하고 있는데 본서도 그것을 따르고 있다.

3. rāgacaritā, dosacaritā, mohacaritā, saddhācaritā, buddhicaritā, vitakkacaritā cā ti chabbidhena caritasaṅgaho.

기질의 길라잡이는 여섯 가지이니 (1) 탐하는 기질 (2) 성내는 기질 (3) 어리석은 기질 (4) 믿는 기질 (5) 지적인 기질 (6) 사색하는 기질이다.

[해설]

『청정도론』에서 이 여섯 가지 기질은 다시 탐하는 기질, 성내는 기질, 어리석은 기질로 줄어들 수 있다고 하면서 이렇게 설명한다.

[청정도론 III]: "75. 탐하는 기질의 사람에게 유익한 [업]이 일어날 때에 믿음이 강해진다. 믿음은 탐욕에 가까운 특성을 가졌기 때문이다. 해로운 법(不善法) 가운데에 탐욕은 사랑스럽다. 그것은 혐오스럽지 않다. 유익한 법(善法) 가운데 믿음도 그와 같이 [사랑스럽고 혐오스럽지가 않다]. 탐욕이 그것의 대상으로 감각적 쾌락을 찾듯이 믿음도 계 등의 덕을 [찾는다]. 탐욕이 이롭지 못한 것을 버리지 않듯이 믿음도 이

---

169) 여섯 가지 기질은 『청정도론』(Vis.III.74~102)에 자세히 설명되어 있다.

로운 것을 버리지 않는다. 그러므로 믿는 기질을 가진 자는 탐하는 기질을 가진 자와 비슷하다."

"76. 성내는 기질의 사람에게 유익한 [업]이 일어날 때에 통찰지가 강해진다. 통찰지는 성냄에 가까운 특성을 가졌기 때문이다. 해로운 법 가운데 성냄은 사랑스럽지 않은 것이고 대상을 거머쥐지 않는다. 유익한 법 가운데 통찰지도 그와 같다. 성냄이 사실이 아닌 허물만 찾듯이 통찰지는 사실인 허물만 찾는다. 성냄이 중생을 비방하는 형태로 일어나듯이 통찰지는 형성된 것들[行]을 비방하는 형태로 일어난다. 그러므로 지적인 기질을 가진 자는 성내는 기질을 가진 자와 비슷하다."

"77. 어리석은 기질을 가진 자가 아직 일어나지 않은 유익한 법들을 일어나게 하기 위해 노력할 때 주로 장애가 되는 사색(vitakka)이 일어난다. 이 사색은 어리석음에 가까운 특성을 가졌기 때문이다. 어리석음이 혼란으로 인하여 들떠있듯이 사색도 여러 측면으로 생각함 때문에 들떠있다. 어리석음이 [대상에] 깊이 들어가지 못하기 때문에 동요하듯이 사색도 경솔하게 추측하기 때문에 그와 같다. 그러므로 사색하는 기질을 가진 자는 어리석은 기질을 가진 자와 비슷하다."

"87. 그런데 이 사람은 탐하는 기질을 가졌다고 어떻게 알겠는가? 이것이 [아는] 방법이다.

① 행동거지에 따라 ② 일하는 것에 따라
③ 먹는 것에 따라 ④ 보는 것 등에 따라
⑤ 법(심리현상)이 일어나는 것에 따라
기질들을 분류해야 한다."

§4. 수행의 분석(bhāvanā-bheda)

[해설]

'수행'으로 옮긴 바와나(bhāvanā)는 √bhū(*to become*)의 사역형 동

사 bhāveti에서 파생된 여성명사이다. '되게 하다'라는 문자적인 뜻에서 '개발, 수행'을 뜻하고 특히 불교의 수행을 통칭하는 전문용어로 정착되었다. 그래서 수행으로 옮긴다. §1에서 보았듯이 이 용어는 사마타와 위빳사나에 다 적용이 되어 사마타 수행과 위빳사나 수행(samatha-vipassanā bhāvanā)으로 언급이 되지만 여기서는 사마타 수행에만 국한시켜서 사용하고 있다.

4. parikammabhāvanā, upacārabhāvanā, appanābhāvanā cā ti tisso bhāvanā.

세 단계의 수행이 있으니 (1) **준비단계의 수행** (2) **근접[삼매]의 수행** (3) **본[삼매]의 수행이다.**

[해설]

'준비단계의 수행'으로 옮긴 parikamma-bhāvanā에서 parikamma는 pari(둘레로)+√kṛ(*to do*)에서 파생된 중성명사이다. '둥글게 만들다'라는 문자적인 의미에서 '준비, 정돈' 등의 뜻으로 쓰인다. 여기서는 근접삼매가 일어나기 이전 초보단계의 수행이라는 의미에서 준비단계의 수행이라 옮겼다. 다섯 가지 장애가 억압되고 닮은 표상(paṭibhāga-nimitta)이 일어나는 순간 직전까지의 단계를 말한다.

'근접[삼매]'로 옮긴 upacāra에 대해서는 제4장 §14를 참조할 것. 『위바위니 띠까』에 의하면 이것은 다섯 가지 장애가 억압되고 닮은 표상이 출현할 때 일어나 禪의 경지로 들어가는 인식과정에서 종성(種姓, gotrabhū)의 마음이 일어나는 찰나까지를 뜻한다.170)

그리고 이 종성의 마음 바로 다음에 일어나는 마음이 '본[삼매]'로

170) "nīvaraṇavikkhambhanato paṭṭhāya gotrabhūpariyosānākāmāvacara-bhāvanā upacārabhāvanā."(VṬ.257)

옮긴 appanā[安止]이며(제4장 §14 참조) 이것이 본[삼매] 수행의 출발이다. 이것은 색계禪들과 무색계禪들의 경지에서 일어난다.

여기서 저자는 수행(bhāvanā)이라는 제목하에 이 세 가지를 들고 있지만 『청정도론』에서는 bhāvanā라는 표현은 쓰지 않고 단지 근접삼매(upacāra-samādhi)와 본삼매(appanā-samādhi)의 두 가지 삼매를 설하고 있다. 『청정도론』에 나타나는 근접삼매와 본삼매의 차이점을 살펴보자.

[청정도론 IV]: "32. 삼매는 두 종류인데 근접삼매(upacāra-samādhi)와 본삼매(appanā-samādhi)이다. 이 두 가지로 마음이 삼매에 든다. 근접의 경지(upacāra-bhūmi)와 획득(paṭilābha-bhūmi)의 경지에서 든다. [다섯 가지] 장애들을 버리므로 마음은 근접의 경지에서 삼매에 들고, 禪의 구성요소들이 나타나므로 획득의 경지에서 삼매에 든다."

"33. 두 종류의 삼매의 차이점은 이와 같다. 근접삼매에서 [禪의] 구성요소들은 견고하지 않다. 구성요소들이 견고하지 않기 때문에 근접이 일어날 때 마음은 때로는 표상을 대상으로 삼았다가 때로는 존재지속심으로 들어갔다 한다. 마치 어린아이를 일으켜 세워놓으면 계속해서 땅바닥에 넘어지는 것과 같다. 그러나 본삼매의 구성요소들은 견고하다. 그들이 견고하기 때문에 본삼매가 일어나면 마음은 존재지속심의 흐름을 끊고는 밤과 낮이 다하도록 계속되고 유익한 속행의 흐름으로 일어난다. 마치 건강한 사람이 자리에서 일어나 하루 종일 서있을 수 있는 것과 같다."

§5. **표상의 분석**(nimitta-bheda)

[해설]

'표상'으로 옮긴 니밋따(nimitta)는 ni(아래로)+√mā(*to measure*)에서

파생된 중성명사로 간주한다. 이것은 다양한 뜻을 가지고 있는데 ① '신호, 표시, 징조, 조짐' 등의 뜻으로도 쓰이고(*sign*) ② '외관, 흔적, 자국, 특성, 성질' 등의 뜻으로도 쓰이며(*mark*) ③ '영상, 잔영, 표상' 등의 뜻으로도 쓰인다(*image*). 여기서는 영상이나 잔영의 뜻이다. 거울 속에 사물의 영상이 그대로 드러나듯이 수행자도 까시나 등의 명상주제를 통해서 이런 영상을 마음속에서 일으키는 것 — 구체적으로 말하자면 가시화시키는 것(*visualization*) — 이것이 사마타 수행의 핵심이다.

아래 『청정도론』의 인용에서도 보듯이 물론 여기서 이런 영상은 대상과 똑같지는 않다. 예를 들면 들숨날숨에 대한 마음챙김[出入息念]을 닦으면 사람마다 다른 여러 형태의 니밋따가 일어난다고 『청정도론』은 말하고 있다. 호흡은 있는 그대로 가시화할 수 없는 것이므로 다르게 나타날 수밖에 없을 것이다. 그래서 역자들은 nimitta를 표상으로 옮겼는데 한자의 표상(表相)이나 표상(表象)을 염두에 두었다.

표상은 사마타 수행 중에서 가장 핵심이 되는 단어라 해도 과언이 아니다. 표상은 아래 §§16~17에서도 다시 거론되고 있다. 그만큼 중요한 주제이다. 이런 표상을 일으키려는 쉼 없는 노력이 사마타 수행의 요체이며 이것이 준비단계의 수행이다. 표상이 일어나지 않으면 삼매에 들 수 없다. 삼매란 이 표상에 마음이 하나로 집중된 것(cittassa ekagga-tā)이기 때문이다. 물론 표상을 일으키려는 갈망이나 표상에 대한 애착을 가지는 것은 금물이다. 집착이 없는 간절한 노력이 요구된다.

5. parikammanimittaṁ, uggahanimittaṁ, paṭibhāganimittañ cā ti tīṇi nimittāni ca veditabbāni.

세 가지 표상이 있다고 알아야 하니, (1) 준비단계의 표상 (2) 익힌 표상 (3) 닮은 표상이다.

[해설]

(1) 여기서 말하는 '준비단계의 표상(parikamma-nimitta)'은 준비단계의 수행을 할 때 사용되는 집중의 대상을 말한다. 예를 들면 땅의 까시나에 대해서 집중을 닦는 자에게는 그 흙으로 만든 원반이 준비단계의 표상이고 부푼 시체를 놓고 집중을 닦는 사람에게는 그 부풀어 오른 시체가 준비단계의 표상이며 들숨날숨을 대상으로 집중하는 자에게는 윗입술과 코 안에 닿는 숨이 준비단계의 표상이다.

(2) '익힌 표상'의 원어는 uggaha-nimitta인데 uggaha는 ud(위로)+√grah(*to grasp, to seize*)에서 파생된 형용사로서 '위로 잡다'는 뜻에서 '잡은, 습득한, 배운' 등의 의미로 쓰인다. 이 익힌 표상은 육체적인 눈에 나타나는 대상과 똑같이 마음에 인지된 대상의 복사판이다. 예를 들면 물의 까시나를 거듭거듭 주시하면 습득한 표상은 움직이는 것처럼 나타난다. 만약 물에 거품과 포말이 섞여있으면 습득한 표상은 그와 같은 모습으로 나타난다. 까시나에 결점이 나타난다. 그러나 닮은 표상은 마치 허공에 달려있는 보석으로 만든 부채와 보석으로 만든 거울의 원반처럼 움직임 없이 나타난다.(Vis.V.4.)

이 익힌 표상은 생겼다가 없어지기도 하고 또 애써 집중하면 다시 생기는 것을 수없이 반복하게 된다. 물론 선근이 많은 사람은 한 번에 바로 닮은 표상을 얻어 근접삼매를 이루고 본삼매에 바로 진입할 수도 있지만 그건 백만 명, 천만 명에 한 명 있을까 말까 한 행운일 것이다. 수행자가 그런 행운을 꿈꾸고 삼매를 닦는다면 일확천금의 요행을 바라는 범부와 다를 바가 없다. 그러므로 이 익힌 표상이 없어지지 않고 닮은 표상으로 승화되도록 노력하고 정진하는 것이 사마타 수행의 가장 중요한 포인트일 것이다.

(3) '닮은 표상'으로 번역한 paṭibhāga-nimmita의 paṭibhāga는 prati(~에 대하여)+√bhaj(*to divide*)에서 파생된 형용사나 남성명사로 '닮은, 유사한' 등의 뜻으로 쓰인다. 여기서는 익힌 표상을 뚫고 나타나는, 결점 없이 가시화된, 마음에 나타난 표상이라고 할 수 있다. 예를 들면 땅의 까시나를 대상으로 사마타를 닦는 사람에게 나타나는 익힌 표상은 흙의 원반과 같이 나타난다. 그래서 그 흙의 원반에 흠이 있거나 하면 익힌 표상에도 그런 흠이 나타나고 흙의 색깔처럼 좀 우중충한 색깔을 띤다. 그러나 이 닮은 표상은 그런 흠 없이 뚜렷하고 훤하게 완전한 형태로 나타난다고 한다.

그러면 『청정도론』을 통해서 익힌 표상과 닮은 표상의 차이를 알아보도록 하자.

[청정도론 IV]: "30. 이렇게 수행하면서 눈을 감고 마음으로 전향할 때도 눈을 뜨고 바라볼 때처럼 영역에 나타나면 그때서야 비로소 익힌 표상이 일어났다고 한다. 그것이 일어난 후로는 그곳에 더 이상 앉으면 안 된다. 자기의 거처로 들어가서 그곳에서 앉아 닦아야 한다. 발 씻는 것 때문에 [수행이] 산만하게 됨을 피하기 위해 한 개의 밑창을 가진 신발과 걸을 때 갖고 다니는 지팡이를 미리 준비해야 한다. 만약 얕은 삼매가 어떤 부적합함 때문에 흩어져버리면 신발을 신고 지팡이를 들고 그곳으로 가서 표상을 취한 뒤 돌아와 편안하게 앉아서 닦아야 한다. 지속적으로 반복해야 하고 사유(takka)와 일으킨 생각[尋, vitakka]으로 자극을 주어야 한다."

"31. 이렇게 닦을 때 서서히 장애(nīvaraṇa)들이 억압되고 오염원들이 가라앉는다. 근접삼매를 통해 마음은 삼매에 든다. 닮은 표상이 일어난다. 앞의 익힌 표상과 닮은 표상의 차이점은 이와 같다.

익힌 표상에는 까시나의 결점(kasiṇa-dosa)이 나타난다. 닮은 표상은 마치 익힌 표상을 뚫고 나오는 것처럼 그보다 백 배, 천 배 더 청정하게 나타난다. 마치 상자로부터 꺼낸 맑은 거울처럼, 잘 닦은 조가비의 접시처럼, 구름으로부터 나온 밝은 달처럼, 먹구름을 배경으로 한 학처럼. 그러나 그것은 색깔도 형태도 없다. 만약 그것이 색깔과 형태를 가지면 그것은 눈으로 볼 수 있게 되고, 거친 것이고, [위빳사나를 통해] 명상할 수 있고, [무상 · 고 · 무아의] 세 가지 특상에 제압된다.

그러나 이것은 그렇지 않다. 다만 이것은 삼매를 얻은 자의 인식[想, saññā]에서 생긴 것이고 나타남(upaṭṭhāna)의 한 형태일 뿐이다. 그러나 이것이 일어난 후부터 반드시 장애(nīvaraṇa)들은 억압되고 오염원(kilesa)들은 가라앉으며 근접삼매를 통해 마음이 삼매에 든다."

"34. 근접삼매와 함께하는 닮은 표상을 일으키기란 아주 어렵다. 그러므로 가부좌한 그 자리에서 그 표상을 확대시켜 본삼매에 이를 수 있다면 그것은 좋다. 만약 이를 수 없다면 부지런히 그 표상 보호하기를 마치 전륜성왕이 될 태아를 보호하듯 해야 한다. 이와 같이,

> 표상을 보호하는 자는 이미 얻은 근접삼매를 잃지 않는다.
> 보호하지 않는 자의 경우 이미 얻은 것도 잃어버린다."

"35. 이제 이것이 보호하는 방법이다.

> ① 숙소 ② 탁발 가는 마을 ③ 담론 ④ 사람
> ⑤ 음식 ⑥ 기후 ⑦ 자세
> 이 일곱 가지가 부적당하면 피해야 하고
> 일곱 가지가 적당하면 그것을 의지해야 한다.
> 이와 같이 도닦을 때 머지않아 본삼매를 얻는다."

계속해서 『청정도론』 IV.36~41은 이 일곱 가지를 설명하고 있으니 참조하기 바란다.

I.2. 40가지 명상주제

§6. 까시나(kasiṇa)

[해설]

'까시나(kasiṇa)'는 산스끄리뜨 kṛtsna에 해당하는 빠알리어인데 '전체의, 모든'을 뜻하는 형용사이다. 중국에서는 一切, 全, 具, 圓滿, 悉, 普, 滿足, 無邊, 盡, 總, 遍(일체, 전, 구, 원만, 실, 보, 만족, 무변, 진, 총, 편)으로 옮겼다. 이것이 사마타를 닦는 열 가지 대상을 기술하는 말로 정착된 것이다.

그러면 왜 이런 것을 까시나라고 불렀을까? 『청정도론』에서도 전체(sakala)라는 뜻에서 까시나라 부른다고 설명한다.(Vis.IV.119) 『청정도론』의 복주서인 『빠라맛타만주사』의 저자 담마빨라 스님은 "전체라는 뜻이란 앞서 설한 방법대로 인위적으로 만들었거나 혹은 자연적으로 된 흙의 원반에 대해 그것의 전체를 대상으로 삼는다는 뜻이다. 그 원반의 어느 한 부분만을 대상으로 삼지 않는다는 뜻이다."[171]라고 주석을 달고 있다. 그리고 40가지 명상주제 가운데서 이 열 가지 까시나만 확장을 할 수 있는데[172] 모든 곳(sakala)에 제한 없이(appamāṇa) 확장된다고 해서 까시나라고 한다.[173] 까시나에는 모두 다음의 열 가지가 있다.

---

171) "sakalaṭṭhenāti heṭṭhā vuttanayena kate vā akate vā paricchijja gahite pathavībhāge pathavīmaṇḍale sakalārammaṇakaraṇaṭṭhena. na hi tassa ekadesamārammaṇaṁ karīyati."(Pm.i.175)

172) Vis.III.109.

173) "pathavī yeva kasiṇaṁ ekadese aṭṭhatvā anantassa pharitabbatāya sakalaṭṭhenā ti pathavīkasiṇaṁ."(VṬ; Cf. Vis.V.39)

6. kathaṁ? pathavīkasiṇaṁ, āpokasiṇaṁ, tejokasiṇaṁ, vāyokasiṇaṁ, nīlakasiṇaṁ, pītakasiṇaṁ, lohitakasiṇaṁ, odātakasiṇaṁ, ākāsakasiṇaṁ, ālokakasiṇañ cā ti imāni dasa kasiṇāni nāma.

어떻게? 열 가지 까시나가 있으니 (1) 땅의 까시나 (2) 물의 까시나 (3) 불의 까시나 (4) 바람의 까시나 (5) 푸른색의 까시나 (6) 노란색의 까시나 (7) 붉은색의 까시나 (8) 흰색의 까시나 (9) 허공의 까시나 (10) 광명의 까시나이다.[174]

---

174) 『청정도론』에서는 (9) 허공의 까시나 (10) 광명의 까시나 대신에 (9) 광명의 까시나 (10) 한정된 허공의 까시나 순서로 나타난다.(Vis.III.105)

초기불전에도 열 가지 까시나가 언급되고 있다.(M77 §24; D33 §3.3.(2); D34 §2.3.(2); A10:25; A10:29; A10:26 등) 이 열 가지 가운데 앞의 8가지는 본서와 동일한데 아홉 번째로 허공의 까시나(ākāsa-kasiṇa)가 설해지고 열 번째로 알음알이의 까시나(viññāṇa-kasiṇa)가 설해지고 있다.

그런데 허공(ākāsa) 가운데 까시나를 제거한 허공(kasiṇugghāṭimam-ākāsa)이나 무한한 허공(ākāsānañca)은 무색계禪의 대상이지 색계선의 대상인 까시나가 될 수 없다. 그래서 『청정도론』에서는 이 허공의 까시나를 '한정된 허공의 까시나(paricchinn-ākāsa-kasiṇa)'라고 밝히고 있다. 그리고 주석서가 설명하고 있듯이 알음알이의 까시나는 허공(ākāsa)에 대해서 일어나는 고귀한 알음알이와도 같으며 거기 [허공에 대해] 준비(parikamma)를 만들고서 생긴 식무변처의 증득과도 같기 때문에 이것도 무색계禪에 해당한다. 그래서 까시나에는 포함되지 않는다.(DhsA.186)

한편 주석서에서 명상주제는 38가지로 언급되기도 한다.(MA.i.195 등) 38가지로 정리한 것은 경에 나타나는 10가지 까시나 가운데 마지막의 이 두 가지 까시나(허공의 까시나와 알음알이의 까시나)를 제외한 것이다. 이 두 가지 까시나는 네 가지 무색의 증득 가운데 처음의 둘인 공무변처의 증득과 식무변처의 증득에 포함되기 때문에 주석서 문헌에서는 이를 제외하고 38가지 명상주제라고 언급하고 있다.
그러나 『청정도론』과 본서에서는 이 둘을 한정된 허공의 까시나(paricchinn-ākāsa-kasiṇa)와 광명의 까시나(āloka-kasiṇa)로 대체해서 모두 40가지 명상주제로 정리하고 있다.
까시나의 제거(kasiṇa-ugghāṭi) 등에 대한 더 자세한 것은 『청정도론』의 공무변처의 설명에 해당하는 Vis.X.7 등을 참조하고 한정된 허공의 까시나

[**해설**]

『청정도론』을 인용하여 이 열 가지를 알아보자.

1. **땅의 까시나**:

[청정도론 IV]: "24. … 그는 스승 곁에서 파악한 명상주제의 절차를 놓치지 않고 네 가지 까시나의 결점(kasiṇa-dosa)을 경계하면서 까시나를 만들어야 한다. 푸르고 노랗고 붉고 흰 색깔의 혼합으로 인해 땅은 네 가지 결점을 가진다. 그러므로 푸른색 등의 흙으로 만들지 말고 강가 강의 흐름에 있는 흙과 같은 새벽 색깔의 흙으로 까시나를 만들어야 한다. 사미 등이 다니는 사원의 중앙에서 그것을 만들어서는 안 된다. 사원 모서리의 가려진 곳이나 산 속 굴이나 풀로 만든 토굴에서 만들어야 한다. 들고 다닐 수 있는 [휴대용]으로 만들거나 고정되게 만든다."

"25. 이 가운데서 휴대용 까시나는 네 개의 막대기 위에다 누더기나 가죽이나 가는 거적을 묶어서 그곳에 풀과 뿌리와 자갈과 모래가 제거된 반죽이 잘 된 흙으로 이미 설한 크기의 원반을 발라서 만들어야 한다. 그것을 준비할 때는 땅에다 펴놓고 보아야 한다.

고정된 까시나는 연꽃받침 모양으로 땅속에 막대기를 박고 덩굴로 묶어 만들어야 한다. 만약 좋은 흙이 부족하면 안에 다른 흙을 넣고 그 윗부분에 깨끗이 걸러진 새벽 색깔의 흙으로 한 뼘과 손가락 네 마디의 직경을(약 30㎝ 정도) 가진 원반을 만들어야 한다. 이 크기에 관하여 [앞서] 체만 하거나 찻잔만 하다(§22)라고 설했다. 한계를 가진 것이다. 한계를 가지지 않은 것이 아니다 등으로 설한 것은 한정된 상태를 보여주기 위한 것이다."

2. **물의 까시나**:

[청정도론 V]: "3. … 네 가지 까시나의 결점을 경계하면서 푸르고,

에 대한 설명은 『청정도론』 V.24~26을 참조하기 바란다.

노랗고, 붉고, 흰 색깔 가운데 어느 한 색깔을 가진 것을 물이라고 취해서는 안 된다. 물은 땅에 떨어지기 전에 허공으로부터 깨끗한 천으로 걸러 받은 것이거나 그와 같이 깨끗하고 흐리지 않은 것이어야 한다. 사발이나 항아리에 물을 가득 채우고 앞서 설한 사원 모서리의 가려진 곳에 그것을 내려놓고 편안하게 앉아서, 색깔을 반조해서도 안 되고, 특징을 마음에 잡도리해서도 안 된다.

색깔은 그것의 토대인 [물]과 동일한 색깔을 가진 것으로 이해하고 [물의 요소가] 가장 현저하기 때문에 [물이라는] 개념(paññatti)에 마음을 두면서 암부(ambu), 우다까(udaka), 와리(vāri), 살릴라(salila) 등 물(apo, 아뽀)의 이름 중 분명한 것으로 '아뽀(apo), 아뽀' 하면서 [물의 까시나를] 닦아야 한다."

3. **불의 까시나**:

[청정도론 V]: "6. … 이것이 만드는 방법이다. 축축한 심재를 쪼개어 말린 뒤 여러 조각으로 자른다. 적당한 나무 아래나 천막으로 가서 그릇을 굽기 위해 만든 모양으로 무더기를 만들고 불을 지핀다. 골풀로 만든 돗자리나 가죽 혹은 천 조각에 한 뼘과 손가락 네 마디의 크기만한 구멍을 낸 뒤 그것을 앞에다 걸어놓고 앞서 설한 방법대로 앉는다. 아래의 풀과 막대기나 위의 연기에 마음을 두지 말고 중간의 시뻘건 불꽃에서 표상을 취해야 한다."

"7. 푸르다거나 노랗다는 식으로 색깔을 반조해서는 안 된다. 열의 특징을 마음에 잡도리해서도 안 된다. 색깔은 그것의 토대인 [불]과 동일한 색깔을 가진 것으로 이해하고 [불의 요소가] 가장 현저하기 때문에 [불이라는] 개념(paññatti)에 마음을 두면서 빠와까(pāvaka), 깐하와따니(kaṇhavattani), 자따웨다(jātaveda), 후따사나(hutāsana) 등 불(aggi, 악기, 아그니)의 이름 중 분명한 것으로 '떼조(tejo), 떼조' 하면서 [불의 까시나를] 닦아야 한다."

4. **바람의 까시나**:

[청정도론 V]: "10. 사람의 머리 부분까지 자란 짙은 잎사귀를 가진 사탕수수나, 대나무나, 나무나, 손가락 네 마디 길이의 숱 많은 머리털을 가진 사람의 머리가 바람에 스치는 것을 보고 '바람이 이 부분에 닿았다.'라고 마음챙김을 확립한다. 혹은 창문의 틈이나 벽의 구멍으로 들어와서 몸의 한 부분에 닿을 때 그곳에 마음챙김을 확립하여 와따(vāta), 마루따(māluta), 아닐라(anila) 등 바람(vata, 와따)의 이름 중 분명한 것으로 '와따(vata), 와따' 하면서 [바람의 까시나를] 닦아야 한다."

5. **푸른색의 까시나**:

[청정도론 V]: "13. … 청련이나 기리깐니까 등의 꽃을 가져와서 수술이나 줄기가 보이지 않는 오직 그 꽃들만으로 광주리나 바구니에 가득 채워서 펴야 한다. 혹은 푸른 천으로 꾸러미를 만들어 [광주리나 혹은 바구니에] 채워야 한다. 혹은 북의 표면처럼, 푸른 천으로 그 언저리를 덮어 씌워야 한다. 혹은 청동의 푸른색이나 잎의 푸른색이나 염료의 푸른색 가운데 어떤 재료로 땅의 까시나에서 설한 방법대로 휴대용을 만들거나 벽에 까시나의 원반을 만들어 다른 색깔과 구분해야 한다. 그다음에 땅의 까시나에서 설한 방법대로 '닐라(nīla, 푸른색), 닐라' 하면서 마음에 잡도리해야 한다."

6~8. **노란색의 까시나, 붉은색의 까시나, 흰색의 까시나**는 위 푸른색의 까시나와 같은 방법으로 그런 색깔을 가진 꽃 등을 까시나로 삼는다.

9. **광명의 까시나**:

[청정도론 V]: "21. 광명의 까시나에서는 "광명의 까시나를 배우는 자는 벽의 틈새나 열쇠 구멍이나 열려있는 창문을 통해 들어오는 광명

에서 표상을 취한다."라는 말씀 때문에 전생에 수행하여 덕을 쌓은 자는 벽의 틈새 등을 통해 햇빛이나 달빛이 들어와 벽이나 마루에 드리워진 빛의 원반을 보거나, 잎이 무성한 나의 가지 사이나 나뭇가지를 빽빽하게 꽂아서 만든 막사 사이로 들어와서 땅에 드리워진 빛의 원반을 볼 때 표상이 일어난다."

"22. 나머지 [전생에 닦지 않은 자도] 위에서 설한 빛의 원반을 '오바사(obhāsa, 빛), 오바사'라고 하거나 '알로까(āloka, 광명), 알로까' 하면서 닦아야 한다. 이렇게 할 수 없을 때는 항아리 속에 등불을 켠 뒤 항아리 입구를 막는다. 그다음 항아리에 구멍을 내고 구멍이 벽을 향하도록 놓는다. 그러면 그 구멍으로 등불의 빛이 나와서 벽에 빛의 원반을 만든다. 그것을 '알로까, 알로까' 하면서 닦아야 한다. 이것은 다른 것보다 오래 지속된다."

10. **허공의 까시나**:

[청정도론 V]: "24. 한정된 허공의 까시나에서도 "허공의 까시나를 배우는 자는 벽의 틈새나 열쇠 구멍이나 열려있는 창문과 같은 허공에서 표상을 취한다."라는 말씀 때문에 전생에 수행하여 덕을 쌓은 자는 벽의 틈새 등의 가운데서 어떤 것을 볼 때 표상이 일어난다."

"25. 나머지 [전생에 닦지 않은 자는] 이엉을 잘 인 초막이나 한 조각의 가죽이나 돗자리 등의 어떤 곳에 한 뼘과 손가락 네 마디 넓이의 구멍을 만들고 [위에서 말한] 벽의 틈새 등의 구멍에서 '아까사(ākāsa, 허공), 아까사' 하면서 닦아야 한다."

§7. **더러움**[不淨, asubha]

7. uddhumātakaṁ, vinīlakaṁ, vipubbakaṁ, vicchiddakaṁ, vikkhāyitakaṁ, vikkhittakaṁ, hatavikkhittakaṁ, lohitakaṁ, puḷavakaṁ, aṭṭhikañ cā ti ime dasa asubhā nāma.

열 가지 더러움[不淨]은 (1) 부푼 것 (2) 검푸른 것 (3) 문드러진 것 (4) 끊어진 것 (5) 뜯어 먹힌 것 (6) 흩어진 것 (7) 난도질당하여 뿔뿔이 흩어진 것 (8) 피가 흐르는 것 (9) 벌레가 버글거리는 것 (10) 해골이 된 것이다.

[해설]

이 '더러움[不淨]의 수행'은 우리에게 부정관(不淨觀)으로 알려진 수행이다. 열 가지로 정리해서 설하고 있는데 모두 시체의 썩은 정도나 흩어진 정도를 가지고 열 가지로 나눈 것이다. 이 부정관은 특히 탐욕이 많은 사람에게 적합한 수행법이라고 잘 알려져 왔다.[175] 그리고 명상주제 가운데 가장 무섭고 어려운 주제라고 한다. 『청정도론』을 통해서 살펴보자.

[청정도론 VI]: "56. … 만약 때 아닌 때에 부푼 것의 표상이 있는 곳에 가서 주위의 표상을 주시한 뒤 표상을 취하기 위해 눈을 뜨고 쳐다보는 순간 시체가 벌떡 일어나 있거나 덮치거나 쫓아오는 것처럼 나타나면 그는 무시무시하고 소름 끼치는 대상을 보고 마음이 산만하여 미친 사람처럼 될 것이다. 무서움과 공포에 붙잡혀 모골이 송연하게 된다. 성전에서 설한 서른여덟 가지 명상주제 가운데서 어떤 것도 이처럼 무서운 주제는 없다. 이 명상주제에서 禪을 잃는 사람도 있다. 왜 그런가? 명상주제가 지나치게 무섭기 때문이다."

『청정도론』은 열 가지를 다음과 같이 설명하고 있다.(Vis.VI.1~10)

---

175) "이 [열 가지 더러움] 가운데 어떤 하나에서 禪을 얻은 자는 탐욕을 완전히 억압했기 때문에 마치 탐욕을 여읜 [아라한]처럼 탐욕이 없는 자가 된다. …"(Vis.VI.83)

1. **부푼 것**: 마치 바람에 의해 풀무가 팽창하듯이 생명이 끝난 후부터 서서히 팽창하고 부어서 부풀었기 때문에 부푼(uddhumāta)이다. 부푼이 바로 부푼 것(uddhumātaka)이다. 혹은 부푼(uddhumāta)은 혐오스러워서 넌더리난다(kucchita). 그러므로 부푼 것(uddhumātaka)이다. 이것은 이러한 상태에 놓여있는 시체의 동의어이다.

2. **검푸른 것**: 퇴색되어 가는 것이다. … 이것은 살덩이가 많은 곳에는 붉은색이, 고름이 모여 있는 곳에는 흰색이다. 그러나 마치 검푸른 곳에 검푸른 천으로 쌓여 있는 것처럼 대부분 검푸른 시체의 동의어이다.

3. **문드러진 것**: 끊어져 나간 곳에 고름과 함께 흘러내리는 것이다. … 이것은 이러한 상태에 놓여 있는 시체의 동의어이다.

4. **끊어진 것**: 두 동강으로 끊어지면서 벌어져 있는 것이다. … 이것은 중간이 끊어진 시체의 동의어이다.

5. **뜯어 먹힌 것**: 개와 재칼 등에게 여기저기 여러 가지로 뜯어 먹힌 것이다. … 이것은 이러한 상태에 놓여 있는 시체의 동의어이다.

6. **흩어져 있는 것**: 여러 군데 흩어져 있는 것이다. … 이것은 여기 손이 있고, 저기 발이 있고, 저 너머 머리가 있고, 이와 같이 각각 여기저기 흩어져 있는 시체의 동의어이다.

7. **난도질당하여 뿔뿔이 흩어진 것**: 끊어지고 앞서 설한 방법대로 흩어져 있는 것이다. 이것은 마치 까마귀 발자국의 형태처럼 사지가 칼로 난도질되어 앞서 설한 방법대로 흩어져 있는 시체의 동의어이다.

8. **피가 흐르는 것**: 피를 뿌리고, 흩뿌리고, 여기저기서 흘러내리는

것이 피가 흐르는 것이다. 이것은 흘러내리는 피가 묻어있는 시체의 동의어이다.

9. **벌레가 버글거리는 것**: 벌레라고 하는 것은 구더기이다. 구더기들을 뿌리기 때문에 벌레가 버글거리는 것이다. 이것은 구더기가 가득 찬 시체의 동의어이다.

10. **해골이 된 것**: 뼈다귀(aṭṭhi)가 바로 해골(aṭṭhika)이다. 혹은 뼈다귀는 혐오스러워서 넌더리나기 때문에 해골이다. 이것은 뼈다귀가 연이어진 것과 하나의 뼈다귀의 동의어이다.

[청정도론 VI]: "87. 비록 이 대상이 혐오스럽지만 그 대상에서 '기필코 이 도로써 늙음과 죽음에서 벗어나리라.'라고 이익을 보고, 또 장애의 열기를 버림을 통해서 그에게 희열과 기쁨이 일어난다. 마치 '이제 급료를 많이 받을 것이다.'라고 이익을 보기 때문에 [시든] 꽃을 치우는 청소부에게 그 쓰레기 더미를 대상으로 희열과 기쁨이 일어나고, 생긴 병으로 고통받는 환자에게 토해내게 하고 설사하게 하는 치료에 대한 희열과 기쁨이 일어나듯이.

88. 이 더러운 것[不淨]이 비록 열 가지이지만 특징은 하나이다. 이것은 열 가지이지만 더럽고 악취가 나고 넌더리나고 혐오스러운 상태가 그 특징이다. 이 특징과 함께 이 더러운 것은 시체에만 나타나는 것이 아니라 마치 쩨띠야(Cetiya) 산에 머물던 마하띳사(Mahā-Tissa) 장로가 여인의 이빨을 볼 때처럼(Vis.I.55), 상가락키따(Saṅgharakkhita) 장로의 시자인 사미가 코끼리 등에 앉아있던 왕을 볼 때처럼 살아있는 몸에서도 나타난다. 시체와 마찬가지로 이 살아있는 몸도 더러운 것이다. 단지 더러움[不淨]의 특징이 외부의 장식으로 가려졌기 때문에 나타나지 않을 뿐이다."

<도표 9.1> 40가지 명상주제

	명상주제	기질	닦음			표상			禪의 경지
까시나	땅	모두 다	준비	근접	본	준비	익힌	닮은	초선 ~ 5선
	물	모두 다	준비	근접	본	준비	익힌	닮은	초선 ~ 5선
	불	모두 다	준비	근접	본	준비	익힌	닮은	초선 ~ 5선
	바람	모두 다	준비	근접	본	준비	익힌	닮은	초선 ~ 5선
	푸른색	성내는	준비	근접	본	준비	익힌	닮은	초선 ~ 5선
	노란색	성내는	준비	근접	본	준비	익힌	닮은	초선 ~ 5선
	붉은색	성내는	준비	근접	본	준비	익힌	닮은	초선 ~ 5선
	흰색	성내는	준비	근접	본	준비	익힌	닮은	초선 ~ 5선
	허공	모두 다	준비	근접	본	준비	익힌	닮은	초선 ~ 5선
	광명	모두 다	준비	근접	본	준비	익힌	닮은	초선 ~ 5선
더러움	부푼 것	탐하는	준비	근접	본	준비	익힌	닮은	초선만 가능
	검푸른 것	탐하는	준비	근접	본	준비	익힌	닮은	초선만 가능
	문드러진 것	탐하는	준비	근접	본	준비	익힌	닮은	초선만 가능
	끊어진 것	탐하는	준비	근접	본	준비	익힌	닮은	초선만 가능
	뜯어 먹힌 것	탐하는	준비	근접	본	준비	익힌	닮은	초선만 가능
	흩어진 것	탐하는	준비	근접	본	준비	익힌	닮은	초선만 가능
	난도질	탐하는	준비	근접	본	준비	익힌	닮은	초선만 가능
	피가 흐르는 것	탐하는	준비	근접	본	준비	익힌	닮은	초선만 가능
	벌레 버글거림	탐하는	준비	근접	본	준비	익힌	닮은	초선만 가능
	해골이 된 것	탐하는	준비	근접	본	준비	익힌	닮은	초선만 가능
계속해서생각함	부처님	믿는	준비	근접	×	준비	익힌	×	없음
	법	믿는	준비	근접	×	준비	익힌	×	없음
	승가	믿는	준비	근접	×	준비	익힌	×	없음
	계	믿는	준비	근접	×	준비	익힌	×	없음
	보시	믿는	준비	근접	×	준비	익힌	×	없음
	천신	믿는	준비	근접	×	준비	익힌	×	없음
	고요함	지적인	준비	근접	×	준비	익힌	×	없음
	죽음	지적인	준비	근접	×	준비	익힌	×	없음
	몸	탐하는	준비	근접	본	준비	익힌	닮은	초선
	들숨날숨	미혹·사색	준비	근접	본	준비	익힌	닮은	초선 ~ 5선
무량	자·비·희	성내는	준비	근접	본	준비	익힌	×	초선 ~ 4선
	평온(捨)	성내는	준비	근접	본	준비	익힌	×	5선만 가능
	음식 혐오 인식	지적인	준비	근접	×	준비	익힌	×	없음
	사대의 구분	지적인	준비	근접	×	준비	익힌	×	없음
무색계	공무변처	모두	준비	근접	본	준비	익힌	×	제1 무색계선
	식무변처	모두	준비	근접	본	준비	익힌	×	제2 무색계선
	무소유처	모두	준비	근접	본	준비	익힌	×	제3 무색계선
	비상비비상처	모두	준비	근접	본	준비	익힌	×	제4 무색계선

§8. 계속해서 생각함[隨念, anussati]

8. buddhānussati, dhammānussati, saṅghānussati, sīlānussati, cāgānussati, devatānussati, upasamānussati, maraṇānussati, kāyagatāsati, ānāpānassati cā ti imā dasa anussatiyo nāma.

열 가지 계속해서 생각함[隨念]은 (1) 부처님을 계속해서 생각함 (2) 법을 계속해서 생각함 (3) 승가를 계속해서 생각함 (4) 계를 계속해서 생각함 (5) 보시를 계속해서 생각함 (6) 천신을 계속해서 생각함 (7) 고요함을 계속해서 생각함 (8) 죽음을 계속해서 생각함 (9) 몸에 대한 마음챙김 (10) 들숨날숨에 대한 마음챙김[出入息念]이다.

[해설]

'계속해서 생각함'으로 옮긴 anussati는 anu(따라서)+√smṛ(*to remem-ber*)에서 파생된 여성명사이다. '따라서 기억함'이라는 문자적인 의미 그대로 '계속해서 생각함'으로 옮겼다. 경에서 anussati는 전생을 기억하는 지혜[宿命通, pubbenivāsānussati-ñāṇa, D2 §93 등]의 문맥에서도 나타나는데 이때는 '기억'으로 옮겼다. 이처럼 anussati는 [이전에 있었던 것을] 따라서(anu) 기억한다(sarati)는 기억의 의미가 강하지만 여기서도 기억으로 옮겨버리면 수행의 의미가 퇴색되므로 '계속해서 생각함'으로 옮기고 있다. 중국에서는 想念, 憶念, 隨念(상념, 억념, 수념)으로 옮겼다. sati는 마음챙김으로 옮기고 있는데 여기에 대해서는 제2장 §5의 두 번째 해설을 참조하기 바란다.

이 열 가지 계속해서 생각함[隨念]은 『청정도론』의 제7장과 제8장에 아주 자세히 설명되어 있다. 이 가운데서도 특히 『청정도론』 제8장에서는 들숨날숨에 대한 마음챙김[出入息念 혹은 安般念]을 모든 명상주제들 가운데 으뜸이라고 격찬하면서 경을 따라서 16단계로 나누어 자세히 설명하고 있다. 이 출입식념은 사마타에도 적용되고 이를 발판으로 해서 위빳사나 수행까지 연결되는 아주 중요한 수행법이다.

그러면 『청정도론』을 통해서 10가지 계속해서 생각함의 정의만 간략하게 살펴보자.

[청정도론 VII]: "1. … 거듭거듭(punappunaṁ) 일어나기 때문에 마음챙김(sati)이 바로 '계속해서 생각함[隨念, anussati]'이다. 혹은 일어나야 할 곳에서만 일어나기 때문에 바른 믿음으로 출가한 선남자에게 어울리는(anurūpā) 마음챙김(sati)이 '계속해서 생각함(anussati)'이다.

① 부처님에 대해서 일어난 계속해서 생각함[隨念, anussati]이 부처님을 계속해서 생각함(buddhānussati)이다. 부처님의 공덕을 대상으로 한 마음챙김의 동의어이다.

② 법에 대해 일어난 계속해서 생각함이 법을 계속해서 생각함(dhammānussati)이다. 잘 설해졌음 등의 법의 공덕을 대상으로 한 마음챙김의 동의어이다.

③ 승가에 대해서 일어난 계속해서 생각함이 승가를 계속해서 생각함(saṅghānussati)이다. 잘 도를 닦음 등의 승가의 공덕을 대상으로 한 마음챙김의 동의어이다.

④ 계에 대해서 일어난 계속해서 생각함이 계를 계속해서 생각함(sīlānussati)이다. 훼손되지 않음 등의 계의 공덕을 대상으로 한 마음챙김의 동의어이다.

⑤ 보시에 대해서 일어난 계속해서 생각함이 보시를 계속해서 생각함(cāgānussati)이다. 아낌없이 보시함 등의 공덕을 대상으로 한 마음챙김의 동의어이다.

⑥ 천신들에 대해서 일어난 계속해서 생각함이 천신을 계속해서 생각함(devatānussati)이다. 신들을 증명(sakkhi)으로 삼은 뒤 믿음 등 자

기의 덕을 대상으로 한 마음챙김의 동의어이다.

⑦ 죽음에 대해서 일어난 계속해서 생각함이 죽음을 계속해서 생각함(maraṇānussati)이다. 생명기능(命根)이 끊어짐을 대상으로 한 마음챙김의 동의어이다.

⑧ 머리털 등으로 분류되는 물질적인 몸에 속하기 때문에 '몸에 대한(kāya-gatā)'이다. 혹은 몸에 갔기 때문에 '몸에 대한'이다. 그것은 몸에 대한 것(kāyagatā)이고 또 그것은 마음챙김(sati)이기 때문에 몸에 대한 마음챙김(kāyagatāsati)이다. 그러므로 'kāyagatasati'라 말할 만 하지만 [gata라고] 단음으로 만들지 않고 [장음을 취하여 gatā로 만들어] 'kāyagatāsati'라고 했다. 머리털 등 몸의 각 부분의 표상을 대상으로 한 마음챙김의 동의어이다.

⑨ 들숨날숨에 대해서 일어난 계속해서 생각함이 들숨날숨에 대한 마음챙김[出入息念, ānāpānasati]이다. 들숨과 날숨의 표상을 대상으로 한 마음챙김의 동의어이다.

⑩ 고요함(upasama)에 대해서 일어난 계속해서 생각함이 고요함을 계속해서 생각함(upasamānussati)이다. 모든 괴로움이 고요하게 가라앉음을 대상으로 한 마음챙김의 동의어이다."176)

§9. 네 가지 무량함[四無量, appamañña]

9. mettā, karuṇā, muditā, upekkhā cā ti imā catasso appamaññāyo nāma, brahmavihārā ti pi pavuccanti.

(1) **자애** (2) **연민** (3) **함께 기뻐함** (4) **평온 — 이 네 가지 무량함은 거룩한 마음가짐**[梵住]**이라고도 부른다.**

---

176) 여기서 보듯이 본서와 『청정도론』에서 10가지 계속해서 생각함을 나열하는 순서가 다르다. 『청정도론』에서 열 번째에 언급되고 있는 '고요함을 계속해서 생각함'이 본서에서는 일곱 번째에 나타나고 있다.

[해설]

'네 가지 무량함[四無量, cattasso appamaññā]' 혹은 '네 가지 거룩한 마음가짐[四梵住, cattāro brahma-vihāra]'에 대한 자세한 설명은 제2장 §7의 해설을 참조할 것. 이런 네 가지 고결한 마음가짐을 닦는 수행은 『청정도론』 제9장에 자세히 설명되어 있다. 여기서는 중요한 것 몇 가지만 간략하게 발췌해본다.

[청정도론 IX.] "106. 가장 수승하다(seṭṭha)는 뜻과 흠 없는(niddosa) 상태로 거룩한 마음가짐의 상태를 알아야 한다. 이것은 중생들에 대한 바른 마음가짐으로 가장 수승하기 때문이다. 마치 범천들이 흠 없는 마음으로 살듯이 이런 거룩한 마음가짐들과 함께하는 수행자들도 범천들과 동등하게 되어 머물기 때문에 가장 수승하다는 뜻과 흠 없는 상태를 통해서 거룩한 마음가짐이라 부른다."

"108. 이 가운데서 자애는 악의가 많은 자를, 연민은 잔인함이 많은 자를, 함께 기뻐함은 따분함이 많은 자를, 평온은 애욕이 많은 자를 청정으로 인도하는 도이다. …."

"110. 이 모든 것은 무량한 영역에서 일어난다. 왜냐하면 무량한 중생이 그들의 영역이고, 한 중생이나 이만큼의 지역에 자애 등을 닦아야 한다고 분량을 정하지 않고 전체를 가득 채움으로 일어나기 때문이다. 그래서 설하였다.

청정으로 인도하는 도 등에 따라 넷이고
복리 등의 형태에 따라 그들의 순서가 있고
무량한 영역에서 일어나기 때문에
무량함이라 부른다."(Vis.IX.107)

"111. 이와 같이 무량한 영역을 가진다는 점에서 이들은 동일한 특징을 가지지만 앞의 셋은 [4종선과 5종선에서 각각] 세 가지 禪과 네 가지 禪만을 가진다. 무슨 이유인가? 기쁨(samanassa)[177]으로부터 분리되지 않았기 때문이다. 무슨 이유로 그들이 기쁨으로부터 분리되지 않는가? 불만족(domanassa)에서 생긴 악의 등으로부터 벗어났기 때문이다.

그러나 마지막인 [평온]은 나머지 한 가지 禪도 가진다. 무슨 이유인가? 평온한 느낌(upekkhā-vedanā)과 관련되어 있기 때문이다. 중생들에 대해 중립적인 상태로 일어나는 평온의 거룩한 마음가짐은 평온한 느낌 없이 존재하지 않는다."

그 외 네 가지 무량함을 닦는 자세한 방법은 『청정도론』 제9장을 참조하기 바란다.[178]

§10. 한 가지 인식(saññā)

10. āhāre paṭikūlasaññā ekā saññā nāma.

음식에 대해 혐오하는 인식이 한 가지 인식이다.

---

177) 본 문단에서는 세 가지 용어가 나타난다. 여기서 기쁨으로 옮긴 somanassa는 정신적인 즐거운 느낌[樂受]이고, 불만족으로 옮긴 domanassa는 정신적인 괴로운 느낌[苦受]이고, 평온한 느낌으로 옮긴 upekkhā-vedanā는 괴롭지도 즐겁지도 않은 느낌[不苦不樂受, adukkhamasukha-vedanā)이다. 여기에다 sukha(즐거움), dukkha(괴로움, 고통)를 합하여 아비담마에서는 모두 다섯 가지 느낌을 설한다. 자세한 것은 제2장 §2의 해설 2를 참조하기 바란다.

178) 여기서 관심을 가져야 할 것은 <도표 9.1>에서 보듯이 초선의 본삼매를 증득할 때에는 네 가지 무량함[四無量]을 제외하고는 모두 닮은 표상이 현전하여 그것을 대상으로 하고 있다는 점이다. 그러면 네 가지 무량함은 닮은 표상이 아닌 무엇을 대상으로 하는가? 『청정도론』은 "한계를 부숨이 바로 표상이다(sīmāsambhedo yeva nimittaṁ)."라고 설명하고 있다.(Vis.VI.81)

예를 들면 연민[悲]을 닦고자 하는 자는 "자기 자신과 좋아하는 사람과 무관한 사람과 원한 맺힌 사람, 이 네 사람에 대해 한계를 부순 뒤 그 표상을 반복하고 닦고 많이 [공부]지어서 자애에서 설한 방법대로 세 가지 禪과 네 가지 禪으로 본삼매를 증장해야 한다."(Vis.IX.81)

[**해설**]

'음식(āhāra)'에 대해서는 이미 많이 나왔으며 그중에서도 제6장 §3의 해설 7과 제7장 §21을 참조하면 되겠다. 경에서 언급되는 네 가지 음식 가운데 여기서는 덩어리진 [먹는] 음식[段食, kabaḷīkāra-āhāra], 즉 먹는 음식만을 의미한다. 그래서 『청정도론』에서는 이렇게 설명한다.

[청정도론 XI]: "4. 이런 네 가지 음식 가운데서 먹고(asita) 마시고(pīta) 씹고(khāyita) 맛본 것(sādita)으로 분류되는 먹는 음식만이 여기서 뜻하는 음식이다. 그런 음식에 대해 혐오하는 모습을 취함으로써 일어난 인식이 음식에 대해 혐오하는 인식이다."

"5. 이 음식에 대해 혐오하는 인식을 닦고자 하는 자는 명상주제를 배워 그 배운 것의 한 구절에 대해서도 의심이 없도록 하여 한적하게 혼자 머물면서 먹고 마시고 씹고 맛본 것으로 분류되는 먹는 음식에 대해 열 가지 형태로 혐오스러움을 반조해야 한다. 즉 ① [탁발]가는 것으로써 ② 구하는 것으로써 ③ 먹는 것으로써 ④ 분비물로써 ⑤ 저장되는 곳으로써 ⑥ 소화되지 않은 것으로써 ⑦ 소화된 것으로써 ⑧ 결과로써 ⑨ 배출하는 것으로써 ⑩ 묻은 것으로써 반조해야 한다."

"25. 그가 이와 같이 열 가지 형태로 혐오스러움을 반조하고 추론(takka)으로 치고(āhata), 일으킨 생각(vitakka)으로 칠 때 그에게 먹는 음식은 혐오스러운 상태로써 분명해진다. 그는 그 표상을 거듭거듭 반복하고 닦고 많이 [공부]짓는다. 그가 이와 같이 할 때 장애들이 억압된다.

음식은 고유성질로는 심오하기 때문에 본삼매에는 이르지 못하고 근접삼매로 마음이 삼매에 든다. 그러나 혐오스러운 상태를 취하는 것으로써 인식이 분명해지기 때문에 이 명상주제는 '음식에 대해 혐오하는 인식'이라는 명칭을 가진다."

§11. **한 가지 구분**(vavatthāna)

11. catudhātuvavatthānaṁ ekaṁ vavatthānaṁ nāma.

사대(四大)를 구분하는 것이 한 가지 구분이다.

[해설]

네 가지 근본물질을 뜻하는 '사대(四大, catudhātu)'와 '요소[界, dhātu]'에 대해서는 제6장 §2의 해설 1을 참조할 것. '구분'으로 옮긴 vavatthā-na는 vi(분리해서)+ava(아래로)+√sthā(*to stand*)에서 파생된 중성명사이다. '결정, 정돈, 정의, 구분, 분석' 등으로 옮겨지는 단어로 4부 니까야에는 나타나지 않고 『무애해도』와 『밀린다빤하』 등에서 나타나며 『청정도론』 등의 주석서 문헌에서 많이 쓰인다.

'사대를 구분하는 수행(catudhātuvavatthāna)'은 『디가 니까야』 제2권 「대념처경」(D22)과 『맛지마 니까야』 제1권 「마음챙김의 확립 경」(M10)과 「코끼리 발자국 비유의 긴 경」(M28)과 제4권 「요소의 분석 경」(M140) 등의 초기경에서부터 부처님께서 수행 방법 가운데 하나로 비구들에게 많이 설하셨던 가르침이다. 『청정도론』에서는 「대념처경」(D22)의 "비구들이여, 마치 솜씨 좋은 백정이나 그 조수가 소를 잡아서 각을 뜬 다음 큰 길 네거리에 이를 벌여놓고 앉아 있는 것과 같다. 비구들이여, 이와 같이 비구는 이 몸을 처해진 대로 놓여진 대로 요소[界]별로 고찰한다. '이 몸에는 땅의 요소[地界], 물의 요소[水界], 불의 요소[火界], 바람의 요소[風界]가 있다.'라고."(D22 §6) 하는 말씀을 통찰지가 예리한 자를 위한 간략한 가르침으로 인용하여 설명하고 있다.

그리고 『청정도론』은 "도반들이여, 그러면 무엇이 내적인 땅의 요소입니까? 몸 안에 있고 개개인에 속하고 딱딱하고 견고하고 업에서 생긴 것은 무엇이든 이를 일러 내적인 땅의 요소라 합니다. 예를 들면 머리털・몸털 … 위 속의 음식・똥과 그 외에도 몸 안에 있고 개개인에 속하고 딱딱하고 견고하고 업에서 생긴 것은 무엇이든 이를 일러 내적인 땅의 요소라 합니다. …”(「코끼리 발자국 비유의 긴 경」 M28 §6)라는 말씀을 통찰지가 예리하지 않은 자들을 위한 상세한 가르침으로 인용하고 있다.

『청정도론』은 다음과 같이 설명한다.

[청정도론 XI]: “45. 상세하게 전승되어 온 것은 다음과 같다고 알아야 한다. 통찰지가 둔한 수행자가 이 명상주제를 닦고자 하면 스승의 곁에서 42가지 형태로 상세하게 요소들을 배운 뒤 앞서 설한 종류의 거처에서 머물면서 모든 소임을 다 해 마치고 한적한 곳에 혼자 머물러 ① 부위와 함께 간략히 함으로써 ② 부위와 함께 분석함으로써 ③ 특징과 함께 간략히 함으로써 ④ 특징과 함께 분석함으로써 — 이와 같은 네 가지 방법으로 명상주제를 닦아야 한다.”

“46. 어떻게 부위와 함께 그들을 간략히 함으로써 닦는가? 여기 비구는 20가지 부분에서 딱딱한 특징을 가진 것은 땅의 요소라고 구분한다. 12가지 부분에서 점착하는 특징을 가진 물이라 불리는 액체를 물의 요소라고 구분한다. 4가지 부분에서 익게 하는 열을 불의 요소라고 구분한다. 6가지 부분에서 팽창하는 특징을 가진 것은 바람의 요소라고 구분한다. 이와 같이 구분할 때 요소들은 분명해진다. 그들에 계속해서 전향하고 마음에 잡도리할 때 앞서 설한 방법대로 근접삼매가 일어난다.”

그리고 나서 『청정도론』은 XI.47 이하에서 이 42가지를 상세하게 분석하고 있다. 이렇게 해서 근접삼매가 일어나도록 수행해야 한다고 설하고 있으며 그 외에도 여러 가지 방법으로 사대를 구분하여 근접삼매가 일어나도록 해야 한다고 자세하게 설하고 있다.

§12. 네 가지 무색(無色, āruppa)의 경지

12. ākāsānañcāyatanādayo cattāro āruppā nāmā ti sabbathā pi samathaniddese cattāḷīsa kammaṭṭhānāni bhavanti.

네 가지 무색의 경지는 공무변처 등이다. 이와 같이 사마타의 설명에 모두 40가지 명상주제가 있다.

[해설]

네 가지 무색의 경지에 대해서는 제1장 §22의 해설을 참조하기 바란다. 『청정도론』은 네 가지 무색의 경지에 대한 수행을 다음과 같이 설명하고 있다.

[청정도론 X]: "1. 네 가지 무색의 경지(āruppa)[179] 가운데 이제 공

179) '무색의 경지'로 옮긴 'āruppa'는 'arūpa(무색)'의 워릇디(2차 곡용형)인 산스끄리뜨 'ārūpya'의 빠알리식 표기이다. 그래서 원래 의미는 'arūpa(무색)에 속하는 것'이다. 즉 '무색의 영역 혹은 경지'라는 뜻이다. 『아비담맛타상가하』 등과 후대 주석서에서는 arūpa-avacāra(무색계)의 동의어로 쓰이고 있다.
굳이 이 둘을 정확하게 구분 짓자면 'arūpāvacāra(무색계)'는 무색계 마음(citta)과 무색계 세상(bhūmi, loka) 둘 다에 다 적용되지만 'āruppa'는 무색계 마음, 즉 무색의 상태에만 적용되는 용어라 해야 할 것이다. 예를 들면 욕계의 중생이 무색계선의 경지에 들면 욕계에 있으면서도 무색계 마음이 일어난 것이고 그의 마음은 'arūpāvacāra-citta'라 해도 되고 'āruppa-citta'라 해도 된다. 그래서 이 둘을 구분해서 옮기기 위해서 'āruppa'는 무색의 경지로 옮긴다.
색계가 예외 없이 네 가지 선(四禪 혹은 아비담마의 五禪)과 연결되어 있듯이 무색계는 예외 없이 공무변처 등의 사처(四處)와 연결되어 있다. 그래서 무색의 경지는 무색계선과 동의어이다. 실제로 VIII.40과 본서 본 장 §28 등에서는 'aruppajjhāna(무색계선)'라는 용어가 나타난다.

무변처(空無邊處, ākāsānañcāyatana)를 닦고자 하는 자는 "물질에 근거하여 몽둥이를 들고, 무기를 들고, 싸우고, 투쟁하고, 분쟁하고, 논쟁하고, 중상모략하고, 거짓말하는 것이 생기지만, 무색계에서는 이들이 전혀 없다.

그는 이와 같이 숙고하면서 물질들을 염오하고 그것에 대해 욕망을 빛바래고 소멸하기 위해 도를 닦는다."(M60 §31/i.410)라는 말씀 때문에 몽둥이를 드는 등과 눈병, 귓병 등 수천 가지 괴로움을 통해 거친 물질에서 위험을 보고, 그것을 극복하기 위해 한정된 허공의 까시나를 제외하고 땅의 까시나 등 아홉 가지 까시나 가운데 어떤 하나에서 제4선을 일으킨다."

"2. 비록 그가 색계의 제4선으로 거친 물질을 초월했지만 까시나의 물질도 그 [거친 물질]과 비슷하기 때문에 그것도 또한 초월하고자 한다."

"25. 식무변처를 닦고자 하는 자는 공무변처의 증득에 대해 다섯 가지 자유자재를 얻어야 한다. 그는 '이 [공무변처의] 증득은 색계선이라는 가까운 적이 있고, 식무변처처럼 고요하지 않다.'라고 공무변처에서 위험을 보고 집착을 종식시킨 뒤 식무변처를 고요하다고 마음에 잡도리한다. 그 허공을 가득 채우면서 일어난 알음알이[識]에 대해 '알음알이, 알음알이' 하면서 계속해서 전향하고, 마음에 잡도리하고, 반조하고, 추론으로 치고, 일으킨 생각으로 쳐야 한다. '끝없다(ananta), 끝없다.'라고 마음에 잡도리해서는 안 된다."

"26. 그가 이와 같이 그 표상인 [알음알이에] 계속해서 마음을 가져갈 때 장애들이 억압되고, 마음챙김이 확립되고, 근접삼매로 마음이 삼매에 든다. 그는 그 표상을 거듭거듭 반복하고 닦고 많이 [공부]짓는다. 그가 이와 같이 할 때 허공을 대상으로 공무변처의 마음이 본삼매에 들듯이 허공에 닿은 알음알이를 대상으로 식무변처의 마음이 본삼매에 든다. 본삼매에 드는 방법은 이미 설한 방법대로 알아야 한다."

"33. 무소유처를 닦고자 하는 자는 식무변처의 증득에 대해 다섯 가지 자유자재를 얻어야 한다. 그는 '이 [식무변처의] 증득은 공무변처라는 가까운 적이 있고, 무소유처처럼 고요하지 않다.'라고 식무변처에서 위험을 보고 집착을 종식시킨 뒤 무소유처를 고요하다고 마음에 잡도리한다. 그는 식무변처의 대상이었던 공무변처의 알음알이의 부재, 비어버림, 멀리 떠나버린 상태를 마음에 잡도리해야 한다."

"34. 어떻게? 그 알음알이를 마음에 잡도리하지 않고, '없다, 없다.'거나, '비었다, 비었다.'거나, '멀리 떠나버렸다, 멀리 떠나버렸다.'라고 계속해서 전향하고, 마음에 잡도리하고, 반조하고, 추론으로 치고, 일으킨 생각으로 쳐야 한다."

"40. 비상비비상처를 닦고자 하는 자는 무소유처의 증득에 대해 다섯 가지 자유자재를 얻어야 한다. 그는 '이 무소유처는 식무변처라는 가까운 적이 있고, 비상비비상처처럼 고요하지 않다.'라거나, "인식은 병이고, 인식은 종기이고, 인식은 화살이다 … 이것은 고요하고 이것은 수승하나니 그것은 곧 비상비비상처이다."(M102/ii.231)라고 이와 같이 무소유처에서 위험을, 더 높은 것에서 이익을 보면서 무소유처에 대한 집착을 종식시킨 뒤 비상비비상처를 고요하다고 마음에 잡도리한다. 그는 그 부재를 대상으로 일어난 무소유처의 증득이 '고요하다(santā), 고요하다.'라고 계속해서 전향하고, 마음에 잡도리하고, 반조하고, 추론으로 치고, 일으킨 생각으로 쳐야 한다."

"58.이 가운데서 물질인 [까시나의] 표상을 초월했기 때문에 첫 번째(공무변처)이고, 허공을 초월했기 때문에 두 번째(식무변처)이고, 허공을 대상으로 일어난 알음알이를 초월했기 때문에 세 번째(무소유처)이고, 허공을 대상으로 일어난 알음알이의 부재를 초월했기 때문에 네 번째(비상비비상처)이다. 모든 곳에서 대상을 극복했기 때문에 이 무색계의 증득은 네 가지가 있다고 알아야 한다.

그러나 현자들은 이들의 구성요소를 초월함을 인정하지 않는다. 색계의 증득에서는 구성요소를 초월함이 있지만 여기서는 구성요소를 초월함이 없다. 이 모든 경우에 禪의 구성요소는 둘 뿐이니 곧, 평온[捨]과 마음이 한 끝으로 [집중]됨[心一境性]이다."

"63. 여기서 까시나를 제거한 뒤 남겨진 허공은 오물의 장소에 있는 천막과 같다고 보아야 한다. 물질의 표상을 혐오스러워하여 허공을 대상으로 한 공무변처의 마음은 오물을 역겨워하여 천막에 매달린 사람과 같다고 보아야 한다.

허공을 대상으로 한 공무변처를 의지하여 생긴 식무변처의 마음은 천막에 매달려 있는 사람을 의지한 사람과 같다고 보아야 한다.

공무변처의 마음을 대상으로 삼지 않고 그것의 부재를 대상으로 한 무소유처의 마음은 그 두 사람의 불안한 상태를 고려하여 그 천막에 매달려 있는 사람을 의지하지 않고 밖에 서있는 사람과 같다고 보아야 한다.

알음알이의 부재라 불리는 밖의 장소에 서있는 무소유처의 마음을 의지하여 일어난 비상비비상처의 마음은 천막에 매달려 있는 사람과 그에 기대어 있는 사람의 불안한 상태를 고려하면서, 밖에 서있는 사람은 잘 서있다고 생각하고서는 그 사람에 기대어 서있는 사람과 같다고 보아야 한다."

I.3. 적합함의 분석
sappāya-bheda

§13. **적합함의 분석**(sappāya-bheda)

13. caritāsu pana dasa asubhā kāyagatāsatisaṅkhātā koṭṭhāsa-bhāvanā ca rāgacaritassa sappāyā.

catasso appamaññāyo nīlādīni ca cattāri kasiṇāni dosacaritassa.

ānāpānaṁ mohacaritassa vitakkacaritassa ca,

buddhānussati ādayo cha saddhācaritassa.

maraṇa-upasama-saññā-vavatthānāni buddhicaritassa.

sesāni pana sabbāni pi kammaṭṭhānāni sabbesam pi sappāyāni, tatthā pi kasiṇesu puthulaṁ mohacaritassa, khuddakaṁ vitakka-caritass'evāti.

ayam ettha sappāyabhedo.

기질에 관해서 설명하자면, 탐하는 기질에는 열 가지 더러움과 몸에 대한 마음챙김이라 부르는 32부분들에 대한 수행이 적합하다.

성내는 기질에는 4가지 무량함과 푸른색 등 4가지 까시나가 적합하다.

어리석은 기질과 사색하는 기질에는 들숨날숨에 대한 마음챙김이 적합하다.

믿는 기질에는 여섯 가지 계속해서 생각함[隨念]이 적합하다.

지적인 기질에는 죽음을 계속해서 생각함, 고요함을 계속해서 생각함, 음식에 대해 혐오하는 인식, 사대를 구분함이 적합하다.

모든 기질에는 나머지 명상주제가 적합하다. 까시나의 경우에 어리석은 기질에는 큰 것이 적합하고, 사색하는 기질에는 작은 것이 적합하다.

이것이 적합함의 분석이다.

[해설]

이것은 『청정도론』 제3장과 제4장에서 자세하게 설해졌다.

I.4. 수행의 분석
bhāvanā-bheda

§14. 세 단계에 따라서

14. bhāvanāsu pana sabbatthā pi parikammabhāvanā labbhat' eva.

buddhānussatiādīsu aṭṭhasu saññāvavatthānesu cā ti dasasu kammaṭṭhānesu upacārabhāvanā va sampajjati, natthi appanā.

sesesu pana samatiṁsakammaṭṭhānesu appanābhāvanā pi sampajjati.

40가지 명상주제 가운데 모든 곳에서 준비단계의 수행을 얻는다.

부처님을 계속해서 생각함 등 8가지 계속해서 생각함과, 음식에 대해 혐오하는 인식과, 사대의 구분 — 이 10가지 명상주제에서는 근접[삼매]의 수행을 성취할 뿐 본[삼매의 수행]은 성취하지 못한다.

나머지 30가지 명상주제에서는 본[삼매]의 수행도 성취한다.

[해설]

부처님을 계속해서 생각함 등, 위에서 언급된 열 가지 수행 도중에 마음은 여러 가지 많은 특질과 주제를 관찰하는 데 관여하게 된다. 그러므로 이런 수행에는 아주 강한 일으킨 생각[尋, vitakka]이 개입되게 되고 이것은 삼매를 증득하는 데 필요 불가결한 유익한 마음부수인 올곧음과 반대되기 때문에(uju-vipaccanīkato) 본삼매를 성취하지 못한다.

(VṬ.260) 『청정도론』은 이렇게 설하고 있다.

[청정도론 VII]: "66. 부처님의 덕은 심오하기 때문에, 혹은 갖가지 부처님의 덕을 계속해서 생각함에 전념하기 때문에 이 禪은 본삼매에 이르지 못하고 근접에만 이른다. 이처럼 이것은 부처님의 덕들을 계속해서 생각함을 통해 일어나기 때문에 부처님을 계속해서 생각함[佛隨念]이라 부른다."180)

§15. **禪에 따라서**

15. tatthā pi dasa kasiṇāni ānāpānañ ca pañcakajjhānikāni.

dasa asubhā kāyagatāsati ca paṭhamajjhānikā.

mettādayo tayo catukkajjhānikā.

upekkhā pañcamajjhānikā. iti chabbīsati rūpāvacarajjhānikāni kammaṭṭhānāni.

cattāro pana āruppā āruppajjhānikāti.

ayam ettha bhāvanābhedo.

이 중에서 10가지 까시나와 들숨날숨에 대한 마음챙김으로 제5선을 얻는다.

10가지 더러움[不淨]과 몸에 대한 마음챙김으로 초선을 얻는다.

자애 등 처음 세 가지 무량함으로 제4선을 얻는다.

평온으로 제5선을 얻는다. 그러므로 이 26가지 명상주제는 색계禪을 일으킨다.

네 가지 무색의 경지는 무색계禪을 일으킨다.

여기서 이것이 수행의 분석이다.

---

180) 같은 설명이 법, 승, 계 등의 다른 계속해서 생각함[隨念]에도 나타난다.

[해설]

열 가지 더러움[不淨]과 몸에 대한 마음챙김은 더러움을 관찰하는 일으킨 생각[尋, vitakka]의 실행을 필요로 한다. 그러므로 이들은 초선을 넘어선 禪들을 일으키지는 못한다.(Vis.VI.86; VIII.141) 이런 禪들은 일으킨 생각이 없기 때문이다. 처음의 세 가지 무량함은 항상 기쁨(somanassa)과 연결되어 있다. 그러므로 기쁨과 함께하는 네 번째 禪까지만 얻을 수 있다. 평온[捨]의 무량함은 중립적인 느낌과 더불어 일어난다. 그러므로 평온이 함께하는 제5선의 경지에서 얻어진다.

I.5. 대상의 분석
gocara-bheda

§16. **표상**(nimitta)

16. nimittesu pana parikammanimittaṁ uggahanimittañ ca sabbatthā pi yathārahaṁ pariyāyena labbhant' eva.

paṭibhāganimittaṁ pana kasiṇa-asubha-koṭṭhāsa-ānāpānesv'eva labbhati, tattha hi paṭibhāganimittam ārabbha upacārasamādhi appanāsamādhi ca pavattanti.

표상 가운데 준비단계의 표상과 익힌 표상은 일반적으로 적절하게 모든 대상에서 얻는다.

그러나 닮은 표상은 까시나와 더러움과 몸의 부분과 들숨날숨에서만 얻는다.

닮은 표상을 통해서 근접삼매와 본삼매를 얻는다.

§17. 표상의 나타남

17-1. katham? ādikammikassa hi pathavīmaṇḍalādīsu nimittaṁ uggaṇhantassa tam ārammaṇaṁ parikammanimittan ti pavuccati. sā ca bhāvanā parikammabhāvanā nāma.

어떻게? 초심자가 흙의 원반 등에서 표상을 익힐 때 그 대상을 준비단계의 표상이라 하고 그 수행을 준비단계의 수행이라 한다.

17-2. yadā pana taṁ nimittaṁ cittena samuggahitaṁ hoti, cakkhunā passantass' eva manodvārassa āpātham āgataṁ tadā tam ev'ārammaṇaṁ uggahanimittaṁ nāma. sā ca bhāvanā samādhiyati.

마음으로 그 표상을 잘 취하여 마치 눈으로 그것을 보는 것처럼 마음의 문의 영역에 들어오면 그때 그것을 익힌 표상이라 하고 그 수행은 삼매에 들게 된다.

17-3. tathāsamāhitassa pan'etassa tato paraṁ tasmiṁ uggahanimitte parikammasamādhinā bhāvanam anuyuñjantassa yadā tappaṭibhāgaṁ vatthudhammavimuccitaṁ paññattisaṅkhātaṁ bhāvanāmayam ārammaṇaṁ citte sannisannaṁ samappitaṁ hoti, tadā taṁ paṭibhāganimittaṁ samuppannan ti pavuccati.

이와 같이 삼매에 들 때 그는 그 익힌 표상에 [의지하여] 준비단계의 삼매를 통해 수행에 전념한다. 그렇게 할 때 그 [익힌 표상과] 닮았고, 토대가 되는 법과 [까시나의 결점]을 벗어났고, 개념(paññatti)이라 부르는, 수행에서 생긴 대상이 마음에 잘 확립하고 안주한다. 그때 닮은 표상이 일어났다고 한다.

[해설]

1. **'토대가 되는 법과 [까시나의 결점]을 벗어났고'는** vatthu-dhamma-vimuccitaṁ을 주석서를 참조하여 의역한 것이다. vatthu-dhamma-vimuccita는 '토대가 되는 법을 벗어난'으로 직역이 된다. 본서 제7장 §1에서는 본서의 제6장까지에서 설해진 네 가지 구경법 가운데 추상적 물질 10가지를 제외한 72가지를 '토대가 되는 법(vatthu-dhamma)'이라 부른다.(제7장 §1 참조) 삼매 수행의 대상은 구경법이 아니라 개념(paññatti)이기 때문에 여기서 제일 먼저 '토대가 되는 법을 벗어난'이라고 언급한 것이다.

그런데 『위바위니 띠까』는 "토대가 되는 법인 구경법으로부터 벗어났거나 까시나의 원반에 생긴 까시나의 결점(kasiṇamaṇḍalagata-kasiṇa-dosa)으로부터 벗어난 것(vinimutta)을 말한다."181)라고 이것을 까시나의 결점을 벗어난 것으로도 해석하고 있어서 역자들도 이것을 살려서 넣었다. CMA는 '*(an object) which is freed of the flaws of the original objects*'로 이 복주서의 설명대로만 영역하고 있다. 까시나의 결점에 대해서는 위 §5의 해설 (3)에서 인용한 『청정도론』 IV.31에서 언급한 까시나의 결점을 참조하기 바란다.

2. **개념(paññatti)이라 부르는**: 여기서 유념해야 할 점은 이런 표상은 모두 '개념(paññatti)'의 영역에 속하는 것이며 궁극적인 것(paramattha)이 아니라는 점이다. 토대가 되는 법인 구경법에 속하는 마음, 마음부수, 물질은 찰나생·찰나멸을 거듭하므로 위빳사나의 대상이다. 구경법은 시간과 관계없는 개념적인 대상 하나에 마음을 지속적으로

---

181) "vatthudhammavimuccitanti paramatthadhammato vimuttaṁ vatthu-dhammato vā kasiṇamaṇḍalagatakasiṇadosato vinimuttaṁ."(VṬ.263)

모으는(cittassa ekaggatā) 삼매 혹은 사마타의 대상은 되지 못한다.

개념은 시간을 벗어난 것(kāla-vimutta)이기 때문에(제3장 §17의 해설 3 참조) 삼매에 들면 이런 개념인 표상에 마음을 오래 모을 수가 있는 것이다. 그러나 이런 개념에 몰입된 삼매로는 무상·고·무아의 삼특상을 꿰뚫지 못한다. 삼특상을 꿰뚫지 못하면 번뇌는 삼매에 의해 계속 억압되어 있을 뿐 뿌리 뽑히지는 않는다. 그래서 삼특상을 꿰뚫어 아는 통찰지가 필요하다. 통찰지 없이 삼매만으로는 번뇌가 다한[漏盡, khīṇāsava] 구경의 해탈을 성취하지 못하는 것이다. 그 외의 설명은 위 §5의 『청정도론』의 인용을 참고할 것.

§18. 禪의 증득

18-1. tato paṭṭhāya paripanthavippahīnā kāmāvacarasamādhisaṅkhātā upacārabhāvanā nipphannā nāma hoti.

tato paraṁ tam eva paṭibhāganimittaṁ upacārasamādhinā samāsevantassa rūpāvacarapaṭhamajjhānam appeti.

그 후에 [다섯 가지] 장애들을 버린 욕계 삼매라 부르는 근접[삼매]의 수행을 성취했다고 한다.

그 후에 근접삼매를 통해 닮은 표상을 계속해서 반복할 때 색계 초선을 성취한다.

18-2. tato paraṁ tam eva paṭhamajjhānaṁ āvajjanaṁ, samāpajjanaṁ, adhiṭṭhānaṁ, vuṭṭhānaṁ, paccavekkhaṇā cā ti imāhi pañcahi vasitāhi vasībhūtaṁ katvā vitakkādikam oḷārikaṅgaṁ pahānāya vicārādisukhumaṅg'upattiyā padahato yathākkamaṁ dutiyajjhānādayo yathāraham appenti.

그 후에 전향과 입정과 머묾과 출정과 반조의 다섯 가지 자유자재함을 통해 그 초선에 대해 자유자재함을 얻는다. 그다음에 일으킨 생각 등 거친 구성요소를 버리고 지속적 고찰 등 미세한 구성요소를 일으키기 위해 노력하면서 순서대로 적절하게 제2선 등에 든다.

[해설]

1. **다섯 가지 자유자재함**(vasitā): '자유자재함'으로 옮긴 vasitā는 √vaś(*to desire, to command*)의 형용사 vasī/vasi에다 추상명사형 어미 '-tā'를 붙여서 만든 용어로 '지배, 힘, 능력'을 뜻한다. 그리고 vasī에 bhūta나 bhāva 등을 붙여 vasībhūta나 vasībhāva 등으로 나타나기도 한다. 원하는 곳에서 원하는 시간에 원하는 기간만큼[182] 禪의 경지를 자유자재로 누릴 수 있는 힘을 말하며 (1) 전향에 자유자재함 (2) 입정에 자유자재함 (3) 머묾에 자유자재함 (4) 출정에 자유자재함 (5) 반조에 자유자재함의 다섯 가지 자유자재함이 있다.

(1) 전향에 자유자재함(āvajjana-vasitā): 일으킨 생각[尋, vitakka]이나 지속적 고찰[伺, vicāra] 등 다른 禪의 구성요소들로 빠르고 쉽게 자신의 의지에 따라 전향할 수 있는 능력을 말한다.

(2) 입정에 자유자재함(samāpajjana-vasitā): 증득의 과정에서 많은 존재지속심(바왕가)을 일으키지 않고 다른 禪의 경지로 빠르고 쉽게 자신의 의지에 따라 들어갈 수 있는 능력을 말한다.

(3) 머묾에 자유자재함(adhiṭṭhāna-vasitā): 그 禪에 들기 전에 결정한(adhiṭṭhāna) 기간만큼 그 禪에 머물 수 있는 능력을 말한다.

(4) 출정에 자유자재함(vuṭṭhāna-vasitā): 그 禪으로부터 빠르고 쉽게 나올 수 있는 능력을 말한다.

---

182) "yattha-icchakaṁ(원하는 곳에서) yad-icchakaṁ(원하는 시간에) yāvad-icchakaṁ(원하는 기간만큼)"(Ps.i.100; Vis.IV.131.)

(5) 반조에 자유자재함(paccavekkhaṇā-vasitā): 그 禪에서 나오자마자 그 禪을 반조하는 능력을 말한다.

『청정도론』은 이 다섯 가지 자유자재함 이외에도 수행자는 닮은 표상(paṭibhāga-nimitta)의 크기를 점차적으로 확장(vaḍḍhana) 시켜서 전 우주를 다 에워싸는 것처럼 나타나도록 하는 데 숙달되도록 가르치고 있다.[183]

18-3. icc' evaṁ pathavīkasiṇādīsu dvāvīsatikammaṭṭhānesu paṭibhāganimittam upalabbhati.

avasesesu pana appamaññā sattapaññattiyaṁ pavattanti.

이와 같이 땅의 까시나 등 22가지 명상주제 가운데서 닮은 표상을 얻는다.

나머지 [18가지] 명상주제 가운데서 무량함은 중생이라는 개념을 대상으로 일어난다.

§19. 무색의 증득

19. ākāsavajjitakasiṇesu pana yaṁ kiñci kasiṇaṁ ugghāṭetvā laddham ākāsaṁ anantavasena parikammaṁ karontassa paṭhamāruppam appeti.

tam eva paṭhamāruppaviññāṇaṁ anantavasena parikammaṁ

183) "이것이 확장하는 방법이다. 옹기와 케이크와 밥과 덩굴과 천 조각을 확장하듯이 그 표상을 확장해서는 안 된다. 농부가 갈아야 할 땅을 쟁기로 한정한 뒤 그 한정한 범위 내에서 갈고, 혹은 비구들이 경계선을 그을 때 먼저 표식을 주시한 뒤 긋는 것처럼 이미 얻은 표상을 차례대로 손가락 한 마디, 두 마디, 세 마디, 네 마디 정도를 마음으로 한정한 뒤 한정한 만큼 확장해야 한다. 한정하지 않은 채 확장해서는 안 된다. 그다음 한 뼘, 두 뼘, 툇마루, 주변의 공간, 절의 한계, 마을, 읍, 지방, 왕국, 바다의 한계를 차례대로 한정하여 확장하면서 혹은 전 우주를 한정하면서 혹은 그보다 더 한정한 뒤 확장할 수 있다."(『청정도론』IV.127)

karontassa dutiyāruppam appeti.

tam eva paṭhamāruppaviññāṇābhāvaṁ pana natthi kiñcī ti parikammaṁ karontassa tatiyāruppam appeti.

tatiyāruppaṁ santam etaṁ paṇītam etan ti parikammaṁ karontassa catutthāruppam appeti.

허공의 까시나를 제외한 나머지 까시나 중 그것이 어떤 것이든 그것을 제거하고 얻어진 허공에 대해 무한하다고 준비하면서 첫 번째 무색의 본삼매에 든다.

그 첫 번째 무색의 알음알이에 대해 무한하다고 준비하면서 두 번째 무색의 본삼매에 든다.

그 첫 번째 무색의 알음알이가 없어진 것에 대해 "아무것도 없다."라고 준비하면서 세 번째 무색의 본삼매에 든다.

세 번째 무색에 대해 "이것은 고요하고, 이것은 수승하다."라고 준비하면서 네 번째 무색의 본삼매에 든다.

[**해설**]

무색의 증득에 대해서는 위 §12 네 가지 무색의 해설을 참조할 것.

§20. 다른 명상주제들

20. avasesesu ca dasasu kammaṭṭhānesu buddhaguṇādikam ārammaṇam ārabbha parikammaṁ katvā tasmiṁ nimitte sādhukam uggahite tatth'eva parikammañ ca samādhiyati, upacāro ca sampajjati.

나머지 10가지 명상주제 가운데 부처님의 덕 등을 대상으로 하여 준비하고 그 표상을 잘 취할 때 거기서 준비단계의 수행을 통해 선정에 들고 근접삼매를 성취한다.

§21. 신통지(神通智, abhiññā)

[해설]

'신통지'로 옮긴 abhiññā는 abhi(넘어서, 대해서)+√jñā(*to know*)에서 파생된 여성명사이다. '넘어서 안다'는 문자적인 뜻에서 보통의 여섯 가지 감각기능으로써는 알 수 없는 것을 '넘어서 아는 것'이라는 의미로 쓰였다. 이런 '넘어서 안다'는 뜻은 동사 abhijānāti의 기본 의미인데 부처님께서는 전생을 포함한 이전에 있었던 사실을 회상하여 말씀하실 때 'abhijānāmi ahaṁ(나는 잘 알고 있노라.)'이라는 표현을 쓰시는데 지금 눈에 보이거나 귀에 들리는 것이 아닌 이전의 것을 기억해서 안다는 의미를 나타낸다.

한편 접두어 'abhi-'를 중국에서는 승(勝)의 의미로 이해했는데 그래서 abhiññā를 승혜(勝慧)로 옮길 수도 있겠고 범속한 앎을 넘어선 지혜라는 의미에서 초범지(超凡智)로 옮기기도 한다. 아빈냐를 중국에서는 勝通, 妙通, 智通, 神力, 神境通, 神通, 神通力, 通慧, 通達(승통, 묘통, 지통, 신력, 신경통, 신통, 신통력, 통혜, 통달) 등으로 옮겼다. 역자들은 신통지(神通智)로 옮긴다. 그리고 중국에서는 여섯 가지 신통지(chaḷ-abhiññā)를 육신통(六神通)이라고 옮겼다. 육신통의 정형구는 아래에서 설명한다.

21. abhiññāvasena pavattamānaṁ pana rūpāvacarapañcama-jjhānaṁ abhiññāpādakā pañcamajjhānā vuṭṭhahitvā adhiṭṭheyyādikam āvajjetvā parikammaṁ karontassa rūpādīsu ārammaṇesu yath-āraham appeti.

abhiññā ca nāma:

iddhividhaṁ dibbasotaṁ paracittavijānanā
pubbenivāsānussati dibbacakkhū ti pañcadhā

ayam ettha gocarabhedo.
niṭṭhito ca samathakammaṭṭhānanayo.

신통의 토대가 되는 제5선으로부터 출정하여, 결의 등으로 전향한 뒤에 준비하면, 그는 [그렇게 준비한] 대로 형색 등을 대상으로 하여 신통지로써 일어난 색계 제5선에 든다.

신통지는 다섯 가지가 있다. 그것은 (1) 신통변화[神足通] (2) 천이통 (3) 타심통 (4) 숙명통 (5) 천안통이다.

여기서 이것이 대상의 분석이다.
사마타의 명상주제의 방법을 마쳤다.

[해설]

1. **제5선으로부터 출정하여**: 먼저 신통지의 기초는 항상 제5선, 즉 경에서 분류하는 제4선이라는 것을 유념해야 한다. 『청정도론』을 통해 신통을 얻는 과정을 살펴보자.

[청정도론 XII]: "57. 그는 신통의 경지와 기초와 다리와 근본이 되는 법들을 성취하여 신통지의 기초가 되는 禪(제4선)184)에 들었다가 출정한다. 만약 백 사람이 되기를 원하면 '백 사람이 되리라, 백 사람이 되리라.'고 준비를 한 다음 다시 신통지의 기초가 되는 禪에 들었다가 출정하여 결의한다. 결의하는 마음과 함께 동시에 백 사람이 된다. 천

184) 기초가 되는 禪(pādakajjhāna)은 신통지에서 가장 중요한 개념이다. 모든 종류의 신통은 모두 이 기초가 되는 선에 들었다가 나와야 가능하기 때문이다. 넷으로 분류한 색계 제4선이 항상 모든 종류의 초월지의 기초가 되는 선이다.

사람이 되는 등에서도 같은 방법이다. 만약 이와 같이하여 성취하지 못할 때는 다시 준비를 짓고 두 번째로 입정하였다가 출정하여 결의해야 한다. 『상윳따 니까야 주석서』에서 한 번이나 두 번 입정해야 한다고 설했기 때문이다."

"58. 여기서 기초가 되는 禪(제4선)의 마음은 [닮은] 표상을 그 대상으로 가지지만 준비의 마음(앞의 세 가지 禪)은 백 사람을 그 대상으로 가지거나 천 사람을 그 대상으로 가진다. 이런 백이나 천의 사람들은 개념으로 설한 것이 아니라 형색을 가진 것으로 설한 것이다. 이 결의하는 마음도 그와 마찬가지로 백 사람을 그 대상으로 가지거나 천 사람을 그 대상으로 가진다. 그 [결의하는 마음]은 앞서 설한 본삼매처럼 고뜨라부[種姓, gotrabhu] 바로 다음에 오직 한 번 일어나는데 그것은 색계의 제4선에 속한다."

2. **신통지는 다섯 가지가 있으니**: 초기경에는 이 다섯 가지에다 번뇌를 소멸하는 지혜[漏盡通]를 더하여 여섯 가지로 정형화되어서 많이 나타난다.(D2; M6; M73 등) 이를 중국에서는 육신통이라 불렀다. 경에 나타나는 다섯 신통의 정형구를 보자.

(1) 신통변화[神足通, 신통변화의 지혜, iddhi-vidha]의 정형구

"그는 신통변화[神足通]로 마음을 향하게 하고 기울게 한다. 하나인 채 여럿이 되기도 하고 여럿이 되었다가 하나가 되기도 한다. 나타났다 사라졌다 하고 벽이나 담이나 산을 아무런 장애 없이 통과하기를 마치 허공에서처럼 한다. 땅에서도 떠올랐다 잠겼다 하기를 물속에서처럼 한다. 물 위에서 빠지지 않고 걸어가기를 땅 위에서처럼 한다. 가부좌한 채 허공을 날아가기를 날개 달린 새처럼 한다. 저 막강하고 위력적인 태양과 달을 손으로 만져 쓰다듬기도 하며 심지어는 저 멀리 범천의 세상에까지도 몸의 자유자재함을 발한다. 그는 이런 원인이 있

을 때는 언제든지 이런 것을 실현하는 능력을 얻는다."(M6 §14 등)

(2) 천이통(天耳通, 신성한 귀의 지혜, dibba-sota)의 정형구

"그는 신성한 귀의 요소[天耳界, 天耳通]로 마음을 향하게 하고 기울게 한다. 그는 청정하고 인간을 넘어선 신성한 귀의 요소로 천상이나 인간의 소리 둘 다를 멀든 가깝든 간에 다 듣는다. 그는 이런 원인이 있을 때는 언제든지 이런 것을 실현하는 능력을 얻는다."(M6 §15 등)

(3) 타심통(他心通, 남의 마음을 아는 지혜, paracitta-vijānana)의 정형구

"그는 [남의] 마음을 아는 지혜[他心通]로 마음을 향하게 하고 기울게 한다. 그는 자기의 마음으로 다른 중생들과 다른 인간들의 마음을 꿰뚫어 안다. 탐욕이 있는 마음은 탐욕이 있는 마음이라고 꿰뚫어 알고 탐욕을 여읜 마음은 탐욕을 여읜 마음이라고 꿰뚫어 안다. 성냄이 있는 마음은 성냄이 있는 마음이라고 꿰뚫어 알고 성냄을 여읜 마음은 성냄을 여읜 마음이라고 꿰뚫어 안다. 어리석음이 있는 마음은 어리석음이 있는 마음이라고 꿰뚫어 알고 어리석음을 여읜 마음은 어리석음을 여읜 마음이라고 꿰뚫어 안다. 수축된 마음은 수축된 마음이라고 꿰뚫어 알고 흩어진 마음은 흩어진 마음이라고 꿰뚫어 안다. 고귀한 마음은 고귀한 마음이라고 꿰뚫어 알고 고귀하지 않은 마음은 고귀하지 않은 마음이라고 꿰뚫어 안다. 위가 있는 마음은 위가 있는 마음이라고 꿰뚫어 알고 위가 없는 마음은 위가 없는 마음이라고 꿰뚫어 안다. 삼매에 든 마음은 삼매에 든 마음이라고 꿰뚫어 알고 삼매에 들지 않은 마음은 삼매에 들지 않은 마음이라고 꿰뚫어 안다. 해탈한 마음은 해탈한 마음이라고 꿰뚫어 알고 해탈하지 않은 마음은 해탈하지 않은 마음이라고 꿰뚫어 안다. 그는 이런 원인이 있을 때는 언제든지 이런 것을 실현하는 능력을 얻는다."(M6 §16 등)

(4) 숙명통(宿命通, 전생을 기억하는 지혜, pubbenivāsa-anussati)의 정형구

"그는 전생을 기억하는 지혜[宿命通]로 마음을 향하게 하고 기울게 한다. 그는 수많은 전생의 갖가지 삶들을 기억한다. 즉 한 생, 두 생, 세 생, 네 생, 다섯 생, 열 생, 스무 생, 서른 생, 마흔 생, 쉰 생, 백 생, 천 생, 십만 생, 세계가 수축하는 여러 겁, 세계가 팽창하는 여러 겁, 세계가 수축하고 팽창하는 여러 겁을 기억한다. '어느 곳에서 이런 이름을 가졌고, 이런 종족이었고, 이런 용모를 가졌고, 이런 음식을 먹었고, 이런 행복과 고통을 경험했고, 이런 수명의 한계를 가졌고, 그곳에서 죽어 다른 어떤 곳에 다시 태어나 그곳에서는 이런 이름을 가졌고, 이런 종족이었고, 이런 용모를 가졌고, 이런 음식을 먹었고, 이런 행복과 고통을 경험했고, 이런 수명의 한계를 가졌고, 그곳에서 죽어 여기 다시 태어났다.'라고. 이처럼 한량없는 전생의 갖가지 모습들을 그 특색과 더불어 상세하게 기억해낸다. 그는 이런 원인이 있을 때는 언제든지 이런 것을 실현하는 능력을 얻는다."(M6 §17 등)

(5) 천안통(天眼通, 신성한 눈의 지혜, dibba-cakkhu)의 정형구

"그는 중생들의 죽음과 다시 태어남을 [아는] 지혜[天眼通]로 마음을 향하게 하고 기울게 한다. 그는 청정하고 인간을 넘어선 신성한 눈[天眼]으로 중생들이 죽고 태어나고, 천박하고 고상하고, 잘생기고 못생기고, 좋은 곳[善處]에 가고 나쁜 곳[惡處]에 가는 것을 보고, 중생들이 지은 바 그 업에 따라가는 것을 꿰뚫어 안다. '이들은 몸으로 못된 짓을 골고루 하고 말로 못된 짓을 골고루 하고 또 마음으로 못된 짓을 골고루 하고, 성자들을 비방하고, 그릇된 견해를 지니어 사견업(邪見業)을 지었다. 이들은 죽어서 몸이 무너져 죽은 뒤 처참한 곳, 불행한 곳, 파멸처, 지옥에 태어났다. 그러나 이들은 몸으로 좋은 일을 골고루 하고 말로 좋은 일을 골고루 하고 마음으로 좋은 일을 골고루 하고 성자들

을 비방하지 않고 바른 견해를 지니고 정견업(正見業)을 지었다. 이들은 몸이 무너져 죽은 뒤는 좋은 곳[善處], 천상 세계에 태어났다.'라고. 이와 같이 그는 청정하고 인간을 넘어선 신성한 눈으로 중생들이 죽고 태어나고, 천박하고 고상하고, 잘생기고 못생기고, 좋은 곳[善處]에 가고 나쁜 곳[惡處]에 가는 것을 보고, 중생들이 지은 바 그 업에 따라가는 것을 꿰뚫어 안다. 그는 이런 원인이 있을 때는 언제든지 이런 것을 실현하는 능력을 얻는다."(M4 §29 등)

이들 다섯 가지 신통은 모두 세속적인 것이며 제5선에서 자유자재함(vasitā)을 의지해서 생긴다. 한편 경에서 여섯 번째로 언급하고 있는 누진통(漏盡通, 번뇌를 소멸하는 지혜, āsavakkhaya-ñāṇa)은 사마타, 즉 禪의 힘으로 얻어지는 것이 아니고 위빳사나를 통한 통찰의 힘으로 얻어지는 것이라서 여기서는 제외된다.

참고로 경에 나타나는 누진통의 정형구는 다음과 같은 두 가지이다.

(1) "그는 모든 번뇌가 다하여 아무 번뇌가 없는 마음의 해탈[心解脫]과 통찰지를 통한 해탈[慧解脫]을 바로 지금·여기에서 스스로 최상의 지혜로 실현하고 구족하여 머문다."(D2; M6; M73 등)

(2) "그는 모든 번뇌를 소멸하는 지혜[漏盡通]로 마음을 향하게 하고 기울게 한다. 그는 '이것이 괴로움이다.'라고 있는 그대로 꿰뚫어 안다. '이것이 괴로움의 일어남이다.'라고 있는 그대로 꿰뚫어 안다. '이것이 괴로움의 소멸이다.'라고 있는 그대로 꿰뚫어 안다. '이것이 괴로움의 소멸로 인도하는 도닦음이다.'라고 있는 그대로 꿰뚫어 안다. '이것이 번뇌다.'라고 있는 그대로 꿰뚫어 안다. '이것이 번뇌의 일어남이다.'라고 있는 그대로 꿰뚫어 안다. '이것이 번뇌의 소멸이다.'라고 있는 그대로 꿰뚫어 안다. '이것이 번뇌의 소멸로 인도하는 도닦음이다.'라고 있는 그대로 꿰뚫어 안다.

이와 같이 알고 이와 같이 보는 그는 감각적 쾌락의 번뇌로부터 마음이 해탈한다. 존재의 번뇌로부터 마음이 해탈한다. 무명의 번뇌로부터 마음이 해탈한다. 해탈했을 때 해탈했다는 지혜가 있다. '태어남은 다했다. 청정범행은 성취되었다. 할 일을 다 해 마쳤다. 다시는 어떤 존재로도 돌아오지 않을 것이다.'라고 꿰뚫어 안다."(D2 §97; A3:58; M4; M27 등)

II. 위빳사나의 길라잡이
vipassanā-saṅgaha

[해설]

상좌부 불교를 특징짓는 두 단어를 들라면 아비담마와 위빳사나일 것이다. 아비담마는 위빳사나를 위한 이론체계이고 위빳사나는 아비담마에 생명을 불어넣어 살아 숨쉬게 만드는 활력소이다. 위빳사나라는 말은 단순히 상좌부 불교에서 통용되고 있는 수행의 테크닉을 지칭하는 것이 아니다. 위빳사나는 아비담마의 가르침을 내 몸과 마음속에 속속들이 스며들게 해서 어느 한 부분도 놓치지 않고 그것이 무상이요 괴로움이요 무아라고 철견하도록 다그치는 체계이다. 그래서 고귀한 해탈열반으로 향하게 하며 그 해탈까지도 예리한 통찰지(반야)로써 관찰할 것을 가르치는 체계이다.

그러면 아누룻다 스님의 지침에 따라 위빳사나를 하나하나 들여다 보기로 하자. 본서에서 저자는 §§22~27을 통해 먼저 위빳사나에서 키워드가 되는 용어들, 즉 7가지 청정(visuddhi), 삼특상(ti-lakkhaṇa), 관찰[隨觀, anupassanā], 10가지 위빳사나의 지혜(vipassanā-ñāṇa), 세 가지 해탈(vimokkha), 세 가지 해탈의 관문(mukkha)을 나열해 보이고 나서 §§28~44에서는 칠청정(七淸淨)의 단계대로 위빳사나의 길라잡이를 전개하고 있다. 이것은 참으로 『청정도론』 전체를 꿰뚫는 고결한 안목이다. 먼저 일곱 가지 청정[七淸淨]부터 제시한다.

II.1. 기본 용어들

§22. 일곱 가지 청정의 단계(visuddhi-bheda)

22. vipassanākammaṭṭhāne pana sīlavisuddhi, cittavisuddhi, diṭṭhi-visuddhi, kaṅkhāvitaraṇavisuddhi, maggāmaggañāṇadassana-visuddhi, paṭipadāñāṇadassanavisuddhi, ñāṇadassanavisuddhi cā ti sattavidhena visuddhisaṅgaho.

위빳사나의 명상주제에 청정의 길라잡이는 일곱 가지이다. 즉 (1) **계의 청정**[戒淸淨] (2) **마음의 청정**[心淸淨] (3) **견해의 청정**[見淸淨] (4) **의심을 극복함에 의한 청정**[渡疑淸淨] (5) **도와 도 아님에 대한 지와 견에 의한 청정**[道非道知見淸淨] (6) **도닦음에 대한 지와 견에 의한 청정**[行道知見淸淨] (7) **지와 견에 의한 청정**[知見淸淨]**이다.**

[해설]

이 '일곱 단계의 청정[七淸淨, sattavidha visuddhi]'이 처음 언급되고 있는 경은 『맛지마 니까야』 제1권 「역마차 교대 경」(M24)이다. 여기서 뿐나 만따니뿟따 존자는 사리뿟따 존자에게 다음과 같이 설명하여 그의 감탄을 자아내게 한다.

"도반이여, 그와 같이 계의 청정은 마음의 청정을 위한 것입니다. 마음의 청정은 견해의 청정을 위한 것입니다. 견해의 청정은 의심을 극복함에 의한 청정을 위한 것입니다. 의심을 극복함에 의한 청정은 도와 도 아님에 대한 지와 견에 의한 청정을 위한 것입니다. 도와 도 아님에 대한 지와 견에 의한 청정은 도닦음에 대한 지와 견에 의한 청정을 위한 것입니다. 도닦음에 대한 지와 견에 의한 청정은 지와 견에 의한 청정을 위한 것입니다. 지와 견에 의한 청정은 취착 없는 완전한 열반을 위한 것입니다. 도반이여, 이 취착 없는 완전한 열반을 위해 세존의 문하에서 청정범행을 닦는 것입니다."(M24 §15)

이 경을 통해서도 알 수 있듯이 이 일곱 단계의 청정은 차례대로 얻어지고 각 단계는 바로 다음 단계를 떠받쳐주고 있다. 첫 번째는 삼학(三學, ti-sikkhā) 가운데 계(戒, 계행, sīla)에, 두 번째는 정(定, 삼매, samādhi)에, 나머지 다섯은 혜(慧, 통찰지, paññā)에 배대가 된다. 처음 여섯 가지는 세간의 도이고 마지막은 출세간의 도이다.

§23. **삼특상**(三特相, tilakkhaṇa)

23. aniccalakkhaṇaṁ, dukkhalakkhaṇaṁ, anattalakkhaṇañ cā ti tīṇi lakkhaṇāni.

3가지 특상이 있으니 무상의 특상, 고의 특상, 무아의 특상이다.

[해설]

일곱 가지 청정을 드러내 보인 뒤 저자는 위빳사나의 핵심 용어인 '삼특상(tilakkhaṇa)'을 제시한다. 사마타의 키워드가 표상(nimitta)이라면 위빳사나의 키워드는 무상·고·무아이다. 위빳사나란 다름 아닌 이 삼특상을 통찰 혹은 꿰뚫는 것(paṭivedha)이기 때문이다. 우리는 무상·고·무아라는 단어에 너무 익숙하다 보니 이 용어들의 중요성에 둔감해진 측면이 있다. 위빳사나는 우리가 개념[施說, paññatti] 수준에서 생각하는, 인생도 무상하고 자연도 무상하고 물도 흐르고 바위도 언젠가는 부서지고 내가 누리는 즐거움도 변하기 마련이고 인간은 죽기 마련이고 … 우리 마음은 너무나 빨리 변하니 무상하고 등의 차원으로 무상 · 고 · 무아를 통찰하고 그런 것에서 초연하라는 수준의 가르침이 결코 아니다.

손가락 한 번 튀기는 사이에도 수많은 마음과 마음부수들과 물질의 깔라빠들이 일어나고 사라지는 것 등을 통찰하라는 가르침이다. 거기에는 '인생무상, 삶의 회의'라는 등의 감상은 도저히 끼어들 수 없으며 서릿발보다도 더 냉엄하고 머리칼을 쪼개는 것보다 더 날카롭고 번뜩이는 반야, 저 통찰지가 매 찰나에 흐르고 있다. 그래서 이런 통찰지를 벼락(혹은 다이아몬드=금강석, vajira)에 비유하기도 하고 머리카락을 쪼개는 취모검(吹毛劍)에 비유하기도 하는 것이다. 아비담마의 아찰나를 다투는 전광석화 같은 통찰지가 지금 여기 나의 정신 · 물질 속에서, 위에서 아래로 아래에서 위로 안에서 밖으로 밖에서 안으로 번뜩여야 참다운 위빳사나 수행자라 할 것이다.

여기서 '특상'으로 옮긴 lakkhaṇa를 역자들은 대부분 '특징'으로 옮겼다. 그러나 무상 · 고 · 무아의 세 가지 특징은 정형화되어서 ti-lakkhaṇa라는 용어로 불리고 있으므로 보통의 특징과는 구분할 필요가 있어서 '특상'이나 '삼특상'으로 옮기고 있다. 그러면 『청정도론』에 나타나는 삼특상의 정의를 살펴보자.

[청정도론 XXI]: "6. 이 가운데서 ① 무상이란 다섯 가지 무더기[五蘊]가 무상한 것이다. 왜 그런가? 일어나고(uppāda) 사라지고(vaya) 변하는 성질(aññathatta-bhāva)을 가졌기 때문이다. 혹은 있다가 없어지기 때문이다(hutvā abhāvato). 일어나고 사라지고 변하는 것이 무상의 특상이다. 혹은 있다가 없어짐이라 불리는 형태의 변화(ākāra-vikāra)가 [무상의 특상이다]."

"7. ② "무상한 것은 괴로움이다."(S22:15/iii.22 등)라는 말씀 때문에 그 다섯 가지 무더기가 괴로움이다. 왜 그런가? 끊임없이 압박받기 때문(abhiṇha-paṭipīḷanā)이다. 끊임없이 압박받는 형태가 괴로움의 특상이다."

"8. ③ "괴로운 것은 무아이다."(S22:15/iii.22 등)라는 말씀 때문에 그 다섯 가지 무더기는 무아이다. 왜 그런가? 지배력을 행사할 수 없기 때문(avasa-vattanato)이다. 지배력을 행사할 수 없는 형태가 무아의 특상이다."

§24. **세 가지 관찰**[隨觀, anupassanā]

24. **aniccānupassanā, dukkhānupassanā, anattānupassanā cā ti tisso anupassanā.**

세 가지 관찰이 있으니 (1) **무상의 관찰** (2) **고의 관찰** (3) **무아의 관찰이다.**

[해설]

삼특상의 중요성을 알았으면 이를 관찰해야 한다. 이를 관찰하는 것을 anupassanā라 하며 '관찰[隨觀]'로 옮겼다. 관찰로 옮긴 anupassa-nā는 anu(따라서)+√dṛś(*to see*)에서 파생된 여성명사이다. '따라서 본다'는 문자적인 뜻을 살려 '관찰[隨觀]'로 옮겼다. '내관(內觀)'으로 옮기기도 하는 위빳사나(vipassanā, vi+√dṛś)와 같은 어근에서 파생되었다. 위빳사나는 10/11/16가지 위빳사나를 통해서[185] 아비담마에 기초하여 물・심의 모든 현상을 관찰하는 체계 전체를 나타내는 용어로 정

---

185) 여기서 10가지는 <도표 9.2>에서 도와 도 아님에 대한 지와 견에 의한 청정[道非道知見淸淨]과 도닦음에 대한 지와 견에 의한 청정[行道知見淸淨]에 속하는 열 가지 위빳사나의 지혜를 말한다. 여기에다 종성의 지혜를 더하면 11가지가 된다. 여기에다 다시 계의 청정과 마음의 청정과 견해의 청정과 의심을 극복함에 의한 청정[渡疑淸淨]과 마지막의 지와 견에 의한 청정의 다섯을 더하면 모두 16가지가 된다.

착이 되었고 아누빳사나, 즉 관찰은 여기서처럼 삼특상 등을 관하는 것을 나타내는 용어로 정착되었다. 특히 『청정도론』은 '다섯 가지 무더기[五蘊]에 대해서 무상하고 괴로움이고 무아라고 명상함을 굳건히 하기 위해서'(Vis.XX.18) 『빠띠삼비다막가』(무애해도)를 인용하여 40가지 관찰(anupassanā, Vis.XX.18~19)을 강조하고 있다. 특히 『청정도론』 제20장과 제21장은 오온, 즉 정신·물질의 무상·고·무아를 관찰하는 것을 도와 도 아님에 대한 지와 견에 의한 청정[道非道知見淸淨]과 도닦음에 대한 지와 견에 의한 청정[行道知見淸淨]의 핵심 내용으로 드러내고 있다.

그리고 『청정도론』은 18가지로 물질과 정신을 관찰하는 것(anupassanā)을 중요한 위빳사나(mahāvipassanā)라고 부르고 있다.(Vis.XX.89~92) 그러므로 매 단계에서 정신·물질적인 현상을 관찰하는 것[隨觀, anupassanā]이 바로 위빳사나[內觀, vipassanā]인 것이다.

거듭 강조하지만 무상·고·무아의 삼특상을 관찰하는 것은 위빳사나의 시작일 뿐 아니라 위빳사나의 전부라 해도 과언이 아니다. 10가지 위빳사나의 지혜를 중점적으로 설명하는 『청정도론』 제20장 도와 도 아님에 대한 지와 견에 의한 청정[道非道知見淸淨]과 제21장 도닦음에 대한 지와 견에 의한 청정[行道知見淸淨]을 보면 아래에 나타나는 열 단계의 위빳사나의 지혜는 거친 물질에서 출발해서 점점 미세한 마음의 현상이 무상·고·무아임을 관찰해 들어가는 것이다. 이런 단계를 거쳐 해탈에 이르게 된다. 그러므로 당연히 이런 해탈도 아래 §27에 나타나듯이 표상 없음, 원함 없음, 공의 관찰을 통해 성취되는데 이 셋은 각각 무상, 고, 무아의 관찰을 통해서 성취되는 것이다. 이처럼 아누빳사나와 위빳사나, 즉 수관(隨觀 = 관찰, anupassanā]과 내관(內觀, vipassanā)은 불가분의 관계에 있다.

§25. **열 가지 위빳사나의 지혜**(vipassanā-ñāṇa)

25. (1) sammasanañāṇaṁ, (2) udayabbayañāṇaṁ, (3) bhaṅga-ñāṇaṁ, (4) bhayañāṇaṁ, (5) ādīnavañāṇaṁ, (6) nibbidāñāṇaṁ, (7) muñcitukamyatāñāṇaṁ, (8) paṭisaṅkhāñāṇaṁ, (9) saṅkhār'upekkhā-ñāṇaṁ, (10) anulomañāṇañ cā ti dasa vipassanāñāṇāni.

열 가지 위빳사나의 지혜가 있으니 (1) 명상의 지혜 (2) 생멸의 지혜 (3) 무너짐의 지혜 (4) 공포의 지혜 (5) 위험의 지혜 (6) 염오의 지혜 (7) 해탈하기를 원하는 지혜 (8) 깊이 숙고하는 지혜 (9) 형성된 것들[行]에 대한 평온의 지혜 (10) 수순하는 지혜이다.

[해설]

이렇게 삼특상에 대한 관찰이 점점 깊어지고 예리해지는 것이 위빳사나의 향상이다. 위빳사나에는 열 가지 경지가 있다. 이런 열 가지 단계의 위빳사나에서 생긴 지혜를 '위빳사나의 지혜(vipassanā-ñāṇa)'라 한다. 이 가운데 명상의 지혜(sammasana-ñāṇa)와 생멸의 지혜에 대한 논의의 일부는 『청정도론』 20장 도와 도 아님에 대한 지와 견의 청정에서 자세히 설명되고 나머지 9가지 위빳사나의 지혜는 제21장에서 논의된다. 이 열 가지는 아래 §§32~33에서 설명될 것이다.

§26. **세 가지 해탈**(vimokkha)

26. suññato vimokkho, animitto vimokkho, appaṇihito vimokkho cā ti tayo vimokkhā.

세 가지 해탈이 있으니 (1) 공한[空] 해탈 (2) 표상 없는[無相] 해탈 (3) 원함 없는[無願] 해탈이다.

[해설]

이런 위빳사나의 지혜가 익으면 해탈이 있게 된다. 그것이 vimokkha이다. '해탈'로 옮긴 vimokkha는 vi(분리해서)+√muc(*to release*)에서 파생된 남성명사이며 문자적으로는 '저리로 벗어나다'이다. '해방, 석방, 분리' 등을 뜻하며 중국에서 해탈(解脫)로 정착시킨 중요한 용어이다. 같은 어근에서 파생되어 똑같이 해탈로 옮기는 vimutti와는 동의어이나 쓰이는 문맥은 다르다. 위목카는 여기서처럼 공한 해탈 등의 세 가지 해탈로 나타나고 경에서는 8해탈(D33 §3.1 (11) 등)로 나타난다. 위뭇띠는 심해탈(citta-vimutti)과 혜해탈(paññā-vimutti) 등으로 나타나며 경에서는 해탈을 뜻하는 용어로 거의 대부분 vimutti가 나타나고 있다.[186] 세 가지 해탈은 아래 §35의 해설을 참조할 것.

§27. **세 가지 해탈의 관문**(vimokkha-mukkha)

27. suññatānupassanā, animittānupassanā, appaṇihitānupassanā cā ti tīṇi vimokkhamukhāni ca veditabbāni.

세 가지 해탈의 관문을 알아야 하나니 (1) **공의 관찰**[隨觀] (2) **표상 없음의 관찰** (3) **원함 없음의 관찰이다.**

[해설]

이런 세 가지 해탈을 성취하기 위해서는 공(空), 무상(無相, 표상 없음), 무원(無願, 원함 없음)을 관찰해야 한다. 그래서 이것을 '해탈의 관문(mukkha)'이라 한다. 세 가지 해탈의 관문은 아래 §35에서 설명된다.

---

186) 초기불전에 나타나는 여러 가지 해탈(vimutti, vimokkha)에 대해서는 『초기불교이해』 제27장 해탈이란 무엇인가(404쪽 이하)를 참조하고 심해탈·혜해탈·양면해탈에 대해서는 407쪽 이하를 참조할 것.

II.2. 청정의 분석
visuddhi-bheda

[해설]

앞에서 위빳사나의 키워드들을 먼저 보여주고 이제 일곱 단계의 청정(칠청정)을 통해 위빳사나 수행의 요점을 제시하고 있다. 이 일곱 단계의 청정의 분석은 『청정도론』의 대요를 가장 간략하게 요약한 것이라 할 수 있다. 이런 측면에서 이것을 '청정도론 길라잡이'라 불러도 된다.

§28. 계의 청정[戒淸淨, sīla-visuddhi]

[해설]

'계의 청정'은 『청정도론』 제1장에서 자세하게 설명되고 있다. 먼저 『청정도론』을 통해 계가 어떻게 정의되고 있는지 살펴보자.

[청정도론 I]: "17. 무엇이 계인가? 살생 등을 절제하는 자나, 소임을 충실하게 실천하는 자의 의도(cetanā) 등의 법들이 계이다. 『빠띠삼비다막가』(무애해도)에서 이와 같이 설하셨기 때문이다. "무엇이 계인가? ① 의도(cetanā)가 계이다 ② 마음부수(cetasika)가 계이다 ③ 단속(saṁvāra)이 계이다 ④ 범하지 않음(avītikkama)이 계이다."(Ps.i.44)

여기서 ① 의도가 계라는 것은 살생 등을 절제하는 자나 소임을 충실하게 실천하는 자에게 있는 의도이다. ② 마음부수가 계라는 것은 살생 등을 절제하는 자의 절제(virati)[187]이다. 그리고 의도가 계라는 것은 살생 등을 버린 자의 [열 가지 유익한 업의 길 가운데] 일곱 가지[188]의 의도이다. 마음부수가 계라는 것은 "탐욕스러움을 버리고 탐

187) 본서 제2장 §6 참조

욕스러움을 여읜 마음으로 머문다."(D2/i.71)라는 방법으로 설한 탐욕 없음, 악의 없음, 바른 견해의 법이다."

"18. ③ 단속이 계라는 것은 여기서 다섯 가지 단속을 뜻한다고 알아야 한다. 계목을 통한 단속, 마음챙김을 통한 단속, 지혜를 통한 단속, 인욕을 통한 단속, 정진을 통한 단속이다.

여기서 "그는 이 계목을 통한 단속을 갖추었고, 잘 갖추었다."(Vbh. 246)라고 한 것은 계목을 통한 단속이다. "그는 눈의 기능[眼根]을 보호한다. 눈의 기능의 단속을 실행한다."(D2/i.70)라는 것은 마음챙김을 통한 단속이다. 세존께서 아지따에게 설하셨다.

> "세상에는 흐름(sota)들이 있나니
> 마음챙김이 그들을 저지한다.
> 흐름들의 단속을 나는 말하노니
> 통찰지가 그들을 저지한다."(Sn. {1035})

이것은 지혜를 통한 단속이다. 필수품을 수용하는 것도 이것과 관련된다.

그러나 "그는 추위와 더위를 견딘다."(M2 §15/i.10)라는 방법으로 언급할 때 이것은 인욕을 통한 단속이다.

"그는 감각적 쾌락에 대한 생각을 품지 않는다."(M2 §20/i.11)라는 방법으로 언급하신 것은 정진을 통한 단속이다. 생계의 청정도 이것과 관련된다.

이 다섯 가지 단속과, 악(pāpa)을 두려워하는 선남자들이 마주치는

---

188) 열 가지 유익한 업의 길[十善業道, kusala-kamma-patha]은 몸의 세 가지와 말의 네 가지와 마노[意]의 세 가지로 짓는 업이다. 이 가운데서 마노[意]의 세 가지를 제외한 일곱 가지를 뜻한다. 마노[意]로 짓는 세 가지는 바로 다음에 나타나는 마음부수(心所)에 속하는 것으로 설명하고 있다. 유익한 업의 길에 대해서는 『청정도론』 XXII.62와 본서 제5장 §22를 참조할 것.

경계로부터 자신을 절제하는 것, 이 모두가 단속으로서의 계라고 알아야 한다. ④ 범하지 않음이 계라고 한 것은 받아가진 계를 몸과 말로 범하지 않는 것이다. 이것이 '무엇이 계인가?'라는 질문에 대한 대답이다."

"19. 나머지 질문 가운데서,

II 무슨 뜻(aṭṭha)에서 계라 하는가? 계행(sīlana)이라는 뜻에서 계이다. 그러면 무엇을 계행이라 하는가? 안정시킴(samādhāna)이다. 계를 잘 지녀 몸의 업 등이 흩어짐이 없음을 뜻한다. 혹은 지탱함(upadhāraṇa)이다. 유익한 법들의 기초로 토대(ādhāra)가 된다는 뜻이다. 어원을 아는 자들은 이 두 가지 뜻을 인정한다. 그러나 다른 자들은 '머리라는 뜻이 계라는 뜻이다, 차다는 뜻이 계라는 뜻이다.'라는 방법으로 여기서 그 뜻을 설명한다."

"20. III 계의 특징, 역할, 나타남, 가까운 원인은 무엇인가?

비록 계가 여러 가지가 있지만
계행(sīlana)이 그것의 특징이다.
마치 형색이 여러 가지가 있지만
보이는 성질이 그 특징이듯이.

푸른색, 노란색 등 여러 가지로 구별하더라도 형색의 감각장소[處]는 보이는 성질이 그 특징이다. 왜냐하면 그것을 푸른색 등으로 구별하더라도 보이는 성질을 넘지 않기 때문이다. 그와 마찬가지로 계를 의도 등 여러 가지로 구별하더라도 몸의 업 등을 안정시킴과 유익한 법들의 토대로 설한 계행이 그것의 특징이다. 의도 등 여러 가지로 구별하더라도 안정시킴과 토대의 상태를 넘지 않기 때문이다."

28. kathaṁ? pātimokkhasaṁvarasīlaṁ, indriyasaṁvarasīlaṁ,

ājīvapārisuddhisīlaṁ, paccayasannissitasīlañ cā ti catupārisuddhi-sīlaṁ sīlavisuddhi nāma,

어떻게? 네 가지 청정한 계가 계의 청정이니

(1) **계목(戒目)의 단속에 관한 계**

(2) **감각기능[根]의 단속에 관한 계**

(3) **생계의 청정에 관한 계**

(4) **필수품에 관한 계이다.**

[해설]

위 『청정도론』의 인용에서 알 수 있듯 계(sīla)는 계행(sīlana), 즉 계를 실천하는 것이 그 특징이다. 그러면 어떻게 계를 실천하는가? 그것을 설명하는 것이 바로 이 '네 가지 청정한 계'이다. 이것은 『청정도론』 제1장 계의 해설(sīla-niddesa)의 핵심이다. 그래서 저자는 이 넷을 계의 청정[戒淸淨]으로 규정한 것이다. 그러면 『청정도론』을 통해 이들을 조금 자세히 살펴보자.

(1) **계목(戒目)의 단속에 관한 계**(pātimokkha-saṁvara-sīla): 아래 『청정도론』의 인용(Vis.I.43)뿐만 아니라 상좌부 전통에서는 pāti를 √pā(*to protect*)로 이해한다.[189] 그런데 북방 전통에서 pātimokkha는 prātimokṣa로 정착이 되었으며(BHD *s.v.* prātimokṣa) 그래서 중국에서 바라제목차(婆羅提木叉)로 음역이 되었다. 북방 전통에서는 pātimokkha를 praṭi(각각, ~에 대하여)+√muc(*to release*)의 사역형 동명사에서 파생된 중성명사로 이해한 것이다. 이렇게 이해한 어원의 뜻을 살려서 중국에서는 별해탈(別解脫) 혹은 별해탈율의(別解脫律儀)라고 옮겼다.

---

189) "yo naṁ pāti rakkhati, taṁ mokkheti moceti āpāyikādīhi dukkhehīti pātimokkhanti"(VbhA.316 등; VinAṬ.iii.35; MAṬ.i.256 등)

이것은 수행자들을 단속하는 기본적인 계의 항목이다. 그래서 계의 목차, 즉 '계목(戒目)'이라고 옮긴다. 이 계목은 비구 스님들의 경우 227가지(북방은 250가지)로 되어 있는데 중한 정도에 따라 여러 등급으로 나누어져 있다. 비구, 비구니, 사미, 사미니 등의 계목에 제정되어 있는 규칙을 완전하게 준수하는 것이 계목의 단속에 관한 계이다.

[청정도론 I]: "43. … 여기서 계목이란 학습계율(sikkhāpada-sīla)을 뜻한다. 이것은 이것을 보호하고(pāti) 지키는(rakkhati) 사람을 해탈케 하고(mokkheti), 악처 등의 고통으로부터 벗어나게 한다. 그러므로 계목(pāṭimokkha)이라고 한다. 단속하는 것(saṁvaraṇa)이 단속(saṁvara)이다. 몸과 말로 범하지 않는 것의 동의어이다. 빠띠목카삼와라(pāti-mokkha-saṁvara, 계목의 단속)라는 합성어는 계목이 바로 단속이라고 풀이된다. … "

"98. 이와 같이 이 네 가지 계 가운데 계목의 단속은 믿음(saddhā)으로 성취되어야 한다. 왜냐하면 학습계율을 제정하는 것은 제자들의 영역을 벗어난 [부처님의 영역]이기 때문에 이것은 참으로 믿음으로 성취되어야 한다. 학습계율을 먼저 제정해 달라는 제자들의 요청을 [부처님께서] 거절하신 것이 여기서 증거가 된다. 그러므로 [부처님께서] 제정하신 대로 학습계율을 전부 믿음으로 받아 지녀 목숨도 고려하지 않고 잘 성취해야 한다."

(2) **감각기능[根]의 단속에 관한 계**(indriya-saṁvara-sīla): 이 계는 비구가 마음챙김(sati)을 유지하면서 감각의 대상들을 대해야 하며 마음이 즐거운 대상에 달려가거나 싫어하는 대상을 향하여 적대감을 가지고 동요하게 해서는 안 되는 것을 의미한다.

[청정도론 I]: "100. 계목의 단속을 믿음으로 성취하듯이 감각기능

의 단속은 마음챙김으로 성취해야 한다. 감각기능의 단속은 마음챙김으로 성취되기 때문이다. 왜냐하면 마음챙김에 의해 감각기능들이 확고히 머물 때 탐욕 등의 침입을 받지 않기 때문이다. 그러므로 "비구들이여, 시뻘겋게 불타오르고 불꽃을 튀기고 빛을 내는 쇠꼬챙이로 차라리 눈의 기능[眼根]을 파괴할지언정 눈으로 인식할 수 있는 형색들에 대해 [세세한] 부분상을 통해서 표상(nimitta)을 취해서는 안 된다." (S35:235)라는 방법으로 설하신 불의 가르침을 기억하여 형색 등의 대상에서 마음챙김을 놓아버리지 않고 표상 등을 취하는 것을 방어하여 이 [감각기능의 단속을] 잘 성취해야 한다. 표상 등을 취하는 것은 형색 등을 대상으로 눈 등의 문에서 일어난 알음알이에게 탐욕 등이 침입하게 한다."

(3) **생계의 청정에 관한 계**(ājīva-pārisuddhi-sīla): 이 계는 비구가 생필품을 얻는 방법에 대해서 다루고 있다. 비구는 청정함과 정직에 삶을 바친 출가자에게 적합하지 않은 방법으로 생필품을 얻어서는 안 된다.

[청정도론 I]: "111. 감각기능의 단속을 마음챙김으로 성취하듯이 생계의 청정은 정진(vīriya)으로 성취해야 한다. 왜냐하면 바르게 정진하는 자가 그릇된 생계를 버릴 수 있기 때문에 이것은 참으로 정진으로 성취된다. 그러므로 부적당하고 그릇된 구함을 버리고 정진으로 탁발을 행함 등을 통해서 바른 구함으로 이것을 성취해야 한다. 청정한 필수품만을 수용하고 청정하지 못한 필수품은 독사처럼 피해야 한다."

"113. 옷 등 다른 필수품에 대해서 그의 생계를 청정하게 하는 비구는 옷과 탁발음식에 대해 암시, 표시, 넌지시 말함, 귀띔을 해서는 안 된다. 그러나 거처에 관해서는 두타행을 받아 지니지 않은 자의 경우 암시, 표시, 넌지시 말함이 허용된다."

<도표 9.2> 일곱 가지 청정[七淸淨]

청정	수행
Ⅰ 계의 청정	네 가지 청정한 계: 『청정도론』 I~II장
Ⅱ 마음의 청정	근접삼매와 본삼매: 『청정도론』 III~XIII장
Ⅲ 견해의 청정	특징 등으로써 정신과 물질을 파악하는 것: 『청정도론』 XVIII장
Ⅳ 의심을 극복함에 의한 청정	정신과 물질들의 조건을 파악하는 것: 『청정도론』 IXX장
Ⅴ 도와 도 아님에 대한 지와 견에 의한 청정	1. 명상의 지혜 2. 생멸의 지혜(약한 단계) 위빳사나의 오염원을 장애라고 파악함으로써 도와 도 아님의 특징을 정의하는 것
Ⅵ 도닦음에 대한 지와 견에 의한 청정	2. 생멸의 지혜(성숙된 단계) 3. 무너짐의 지혜 4. 공포의 지혜 5. 위험의 지혜 6. 염오의 지혜 7. 해탈하기를 원하는 지혜 8. 깊이 숙고하는 지혜 9. 형성된 것들[行]에 대한 평온의 지혜 10. 수순하는 지혜 『청정도론』 XXI장
Ⅵ과 Ⅶ 사이에	11. 종성의 지혜: 『청정도론』 XXII장
Ⅷ 지와 견에 의한 청정	네 가지 도에 대한 지혜: 『청정도론』 XXII장

(4) **필수품에 관한 계**(paccaya-sannissita-sīla): 불교에서는 출가 생활에 필요한 '네 가지 필수품(catu-parikkhāra, catu-paccaya)'을 인정한다. 그것은 의복(cīvara), 탁발음식(piṇḍapāta), 거처(senāsana),[190] 병구완을 위한 약품(gilāna-paccaya-bhesajja-parikkhāra)이다.(M2 §§13~17 참조) 필수품에 관한 계는 이런 필수품을 사용하는 목적을 항상 반조(paccavekkhaṇa)해 보고 사용해야 하는 것을 강조하고 있다.

[청정도론 I]: "123. 생계의 청정을 정진으로 성취하듯이 필수품에 관한 계는 통찰지로 성취해야 한다. 왜냐하면 통찰지를 가진 자가 필수품에 대해 위험(ādīnava)과 이익(ānisaṁsa)을 볼 수 있기 때문에 이것은 참으로 통찰지로 성취된다. 그러므로 필수품에 대한 탐욕을 버리고 법답게 바르게 구한 필수품에 대해 앞서 설한 방법대로 통찰지로 반조한 뒤에 수용하여 그것을 성취해야 한다.

"125. 네 가지 수용(paribhoga)이 있다. ① 훔친 것의 수용(theyya-paribhoga) ② 빚낸 것의 수용(iṇa-paribhoga) ③ 상속자의 수용(dāyajja-paribhoga) ④ 주인의 수용(sāmi-paribhoga)이다.

(1) 계행이 나쁜 자가 승가 가운데 버젓이 앉아서 [필수품을] 수용할 때 그 수용을 훔친 것의 수용이라 한다.

(2) 계를 지니는 자가 반조하지 않고 수용하는 것을 빚낸 것의 수용이라 한다. 그러므로 옷은 수용할 때(입을 때)마다 반조해야 한다. 음식은 덩이마다 반조해야 한다. 그렇게 할 수 없는 자는 음식을 먹기 전에, 먹고 난 후, 초야(初夜)에, 중야(中夜)에, 후야(後夜)에[191] 반조해야 한

---

190) 문자적으로는 침구(sena)와 좌구(āsana)를 뜻한다.

191) '초야(初夜)', '중야(中夜)', '후야(後夜)'는 각각 purima-yāma, majjhima-yāma, pacchima-yāma를 직역해본 것이다. 요즘 시간으로는 각각 초저녁과 한밤중과 이른 새벽에 해당된다 할 수 있다.

다. 만약 그가 반조하지 않은 채 날이 새면 빚낸 것을 수용하는 자의 위치에 놓인다. 숙소는 수용할 때마다 반조해야 한다. 약품을 얻을 때와 수용할 때에도 마음챙김을 가져야 한다. 비록 이와 같더라도 얻을 때에는 마음챙기고 수용할 때에 마음을 챙기지 않는 자의 경우 범한 것(āpatti)이 된다. 그러나 얻을 때에 마음을 챙기지 않더라도 수용할 때에 마음을 챙기는 자의 경우 범한 것이 아니다."

"127. (3) 일곱 종류의 유학(有學, sekkha)들이 필수품을 수용하는 것을 상속자의 수용이라 한다. 그들은 세존의 아들들이다. 그러므로 그들은 아버지가 가진 필수품들의 상속자가 되어 그 필수품들을 수용한다. 그들은 세존의 필수품들을 수용하는 것인가? 아니면 재가자들의 필수품을 수용하는 것인가? 비록 재가자들이 주었지만 세존께서 허락하셨기 때문에 세존의 소유물이다. 그러므로 세존의 필수품들을 수용한다고 알아야 한다. 「법의 상속자 경」(M3)이 여기서 그 증거가 된다.

(4) 번뇌 다한 자(khīṇāsava)들이 수용하는 것을 주인의 수용이라 한다. 그들은 갈애의 예속을 벗어났기 때문에 주인이 되어 이것들을 수용한다."

§29. **마음의 청정**[心淸淨, citta-visuddhi]

29. upacārasamādhi, appanāsamādhi, cā ti duvidho pi samādhi cittavisuddhi nāma.

근접삼매와 본삼매 — 이 두 가지 삼매를 마음의 청정이라 한다.

[해설]

먼저 '마음의 청정[心淸淨, citta-visuddhi]'을 왜 삼매(samādhi)라 하는가부터 간단히 살펴보자. samādhi는 cittassa ekaggatā(마음이 한 끝으로 [집중]됨)이기 때문이다. 주석서들에서는 구체적으로 kusala-citta

-ssa ekaggatā, 즉 유익한 마음이 한 끝으로 [집중]됨을 삼매라 정의하고 있다. 마음을 집중하고 제어하고 다스려서 자유자재함을 얻는 것이 삼매이기 때문에 마음의 청정을 삼매라 부른다.

거듭 강조하지만 상좌부 불교에서는 위빳사나를 성취하기 위한 두 가지 다른 길을 인정하고 있다. 하나는 '사마타의 길(samatha-yāna)'이라 부르는데 위빳사나를 개발하기 위한 토대이다. 수행자는 어느 수준까지의 근접삼매와 본삼매에 이르는 사마타 수행을 먼저 닦아야 한다고 가르친다. 이런 사마타의 길을 따르는 수행자(samatha-yānika)는 먼저 근접삼매나 색계의 禪 혹은 무색계의 禪을 증득한 뒤 禪에서 일어나는 정신과 물질적인 현상을 정신·물질[名色]로 정의하고 그들의 조건들에 대해 참구한다.(§§30~31 참조) 그런 후에 그는 이 禪의 구성요소들을 무상·고·무아라고 관찰한다.(§32 참조) 이런 수행자가 먼저 근접삼매나 본삼매를 얻는 것을 마음의 청정이라 부른다.

또 다른 접근 방법은 '순수한 위빳사나의 길(suddha-vipassanā-yāna)'이다. 여기서는 위빳사나를 위한 토대로 사마타를 채택하지 않는다. 대신에 수행자는 계를 청정히 하고 자기 자신 안에서 벌어지는 정신과 물질[名色]의 변화에 대한 관찰로 바로 들어간다. 이런 관찰이 힘과 정확함을 얻게 되면 마음은 어떤 법칙을 따라서 항상 변하는 정신·물질의 흐름[相續]에 자연스럽게 집중되는데 이것은 근접삼매에 필적하는 것이다. 정신과 물질에 대한 이러한 매 찰나의 마음의 집중을 '찰나삼매(khaṇika-samādhi)'라고 부른다.[192] 이것은 근접삼매와 동등한 정도

---

192) 『빠라맛타만주사』는 다음과 같이 설명한다.
"찰나적인 마음이 한 끝으로 [집중]됨(khaṇikacittekaggatā)이란 한 찰나만 지속되는(khaṇamattaṭṭhitika) 삼매이다. 왜냐하면 그것도 대상에 간단없이 하나의 형태로 일어나면서 반대되는 것, [즉 다섯 가지 장애]에 의해 억압되지 않고 마치 본삼매에 든 것처럼 마음을 흔들림 없이 고정시키기 때문

의 마음의 고요와 안정을 갖추고 있기 때문에 순수한 위빳사나의 길을 따르는 수행자(vipassanā-yānika)는 이것을 마음의 청정으로 간주한다. 『청정도론』에서는 이런 위빳사나만을 닦는 자를 '마른 위빳사나를 닦는 자(sukkha-vipassaka)'라 표현하고 있는데 禪의 습기(濕氣, 촉촉함, sineha)가 없이 위빳사나를 닦기 때문이다.(AAT.i.118, Pm.ii.306)

§30. **견해의 청정**[見淸淨, diṭṭhi-visuddhi]

30. lakkhaṇa-rasa-paccupaṭṭhāna-padaṭṭhāna-vasena nāmarūpa-pariggaho diṭṭhivisuddhi nāma,

특징과 역할과 나타남과 가까운 원인으로써 정신과 물질을 파악하는 것을 견해의 청정이라 한다.

[해설]

이 '견해의 청정[見淸淨]'은 『청정도론』 제18장에 자세히 설명되어 있다. 『청정도론』은 "정신과 물질을 있는 그대로 보는 것(yāthāva-dassana)이 견해의 청정이다."(Vis.XVIII.2)라고 견해의 청정을 정의하고 있다. 본서의 저자 아누룻다 스님은 여기서 있는 그대로 본다는 것을 특징과 역할과 나타남과 가까운 원인으로 파악하는 것이라고 정의하고 있다. 이 특징 등의 네 가지는 이미 제1장 §3의 해설 1에서 설명하였으니 참조하기 바란다.

그래서 이 경지는 정신과 물질을 구분하는 지혜(nāmarūpa-vavatthāna-ñāṇa)라고 부르기도 한다.(Ps.i.19, Vis.XVIII.37) 나라는 존재를 이렇게 정신·물질로 해체해서 보고 영원한 자아가 있다는 그릇된 견해를 청정하게 하는 데 도움을 주기 때문에 견해의 청정이라 한다. 『청정도론』 제18장에서는 4대와 18계와 12처와 5온을 통해서 정신과 물질을

이다."(Pm.i.342 = Vis.VIII.232에 대한 주석)

있는 그대로 보는 것을 자세히 설명하고 있다. 그래서 『청정도론』은 강조한다.

[청정도론 XVIII]: "24. … 이와 같이 마치 칼로 상자를 열듯이, 쌍으로 된 종려의 구근을 둘로 쪼개듯이 18가지 요소(18계), 12가지 감각장소(12처), 5가지 무더기(오온)라는 이 삼계에 속하는 모든 법들을 정신과 물질의 두 가지로 구분한다. 그는 정신・물질뿐인 이 너머에 달리 중생이라든지 인간이라든지 신이라든지 혹은 범천이라든지 하는 것이 없다는 결론에 도달한다."

견해의 청정은 해체해서 보기이다.193) 이러한 『청정도론』의 인용에서 보듯이 나라는 존재는 오온으로 해체해서 보고, 세상은 안과 밖의 12처로 해체해서 보거나 18계로 해체해서 보는 것이 견해의 청정의 핵심이다.

이렇게 온처계로 정신물질로 해체해서 보면 거기에는 법들의 상속만이 있을 뿐 신도 인간도 중생도 자아도 영혼도 없다. 이런 것은 모두 개념(paññatti)일 뿐 실재(paramattha)가 아니다. 이처럼 견해의 청정은 해체해서 보기이며 해체해서 보기야말로 불교가 불교인 진정한 이유이다. 자아니 인간이니 중생이니 영혼이니 하는 존재론적 고정관념(아상・인상・중생상・수자상)을 가지면 보살이 아니라고 강조하는 『금강경』을 소의경전으로 하고, 온・처・계・제・연으로 해체해서 조견오온개공(조견오온개공)해야 도일체고액(도일체고액)하고 구경열반을 실현한다는 『반야심경』을 조석으로 외는 것이 한국 불교이다. 그러면서도 한국 불교에는 『금강경』과 『반야심경』이 이렇게도 척파하는

193) 초기불교의 핵심은 해체해서 보기이다. 그래서 불교 적통을 자부하는 상좌부는 스스로를 '해체를 설하는 자들(vibhajja-vādi)'이라고 불렀다.(VinA.i.61 등) 해체 혹은 해체해서 보기에 대해서는 『초기불교이해』 26쪽 이하, 77쪽 이하, 313쪽 이하 등을 참조하기 바란다.

참나니 진아니 대아니 자아니 하는 것을 주창하는 분들이 많다. 그 이유가 무엇일까? 해체해서 보지 않기 때문이다.

『청정도론』 제18장은 다음과 같이 끝맺음 한다.

[청정도론 XVIII]: "37. 이와 같이 여러 가지 방법으로 정신・물질을 구분하기 때문에 중생이라는 인식[衆生想]을 극복한 뒤 미혹이 없는 경지에 확립되어 정신・물질을 있는 그대로 봄을 견해의 청정[見淸淨]이라고 알아야 한다. 그리고 이것은 정신・물질의 구분(vavatthāna)과 형성된 것들[行]의 한계를 정함(pariccheda)과 동의어이다."

이렇게 아비담마를 배워 내 안에서 벌어지는 물・심의 현상[法]에 적용시키는 것이 견해의 청정이요 위빳사나의 출발이다.

§31. **의심을 극복함에 의한 청정**[渡疑淸淨]
kaṅkhāvitaraṇa-visuddhi

31. tesam eva ca nāmarūpānaṁ paccayapariggaho kaṅkhāvitaraṇavisuddhi nāma.

바로 그 정신과 물질들의 조건을 파악하는 것을 의심을 극복함에 의한 청정이라 한다.

[해설]

이 청정은 『청정도론』 제19장에서 자세히 다루었다. 『청정도론』은 "이 정신과 물질에 대한 조건을 파악함으로써 삼세에 대한 의심을 극복하여 확립된(ṭhita) 지혜를 의심을 극복함에 의한 청정이라 한다."(Vis.XIX.1)고 정의하고 있다. 이것은 수행을 하는 과정에서 지금의 나를 구성하고 있는 정신・물질이 우연히 생긴 것도 아니며, 어떤 가상적인 원인에 의해서 생긴 것도 아니고, 신이 창조한 것은 더욱더 아니며, 전생의 무명과 갈애와 취착과 업에 의해서 생긴 것이라고 연기의 가르침을 적용시켜 나간다. 그리고 이런 원칙을 과거와 미래에 대해서도 적용시켜 나간다. 그래서 이 청정을 조건을 파악하는 지혜(paccayapariggahaṇa-ñāna, Vis.XIX.1)라고도 부른다.

『청정도론』 제19장은 특히 업에 대한 정확한 이해를 모든 정신과 물질에 적용시켜서 의심을 여의는 것을 강조하고 있다.(Vis.XIX.13 이하, 본서 제5장 §§18~33 참조) 그래서 『청정도론』은 나를 이루는 오온, 즉 정신과 물질의 원인과 조건을 정확히 파악하여 모든 의심이 없어지면 그를 작은 수다원(cūḷa-sotāpanna)이라 부른다고 격찬하고 있다.

[청정도론 XIX.27]: "위빳사나를 수행하는 자가 이 지혜를 갖출 때 부처님의 교법에서 안식(安息, assāsa)을 얻은 자, 발판(patiṭṭha)을 얻은 자, 태어날 곳[行處, gati]이 정해진 자라고 하며, '작은 수다원(cūḷa-sotāpanna)'이라 부른다."

§32. 도와 도 아님에 대한 지와 견에 의한 청정[道非道知見淸淨] magga-amagga-ñāṇadassana-visuddhi

[해설]

이 청정은 『청정도론』 제20장에 아주 상세히 설명되어 있다. 이 청정은 '명상의 지혜(sammasana-ñāṇa)'라고 불리는데 여기에는 예비단계로서의 '생멸의 지혜(udayabbaya-ñāṇa)'도 간략히 언급되고 있다. 『청정도론』 제20장은 "깔라빠에 대한 명상이 위빳사나의 시작이다."(Vis.XX.2)라고 밝히면서 이 명상의 지혜부터가 바로 위빳사나의 시작이라고 하고 있다. 그래서 이 명상의 지혜는 10가지 위빳사나의 지혜 가운데 첫 번째 지혜이다. 그러면 문맥에 따라 하나하나 살펴보자.

32-1. tato paraṁ pana tathāpariggahitesu sappaccayesu tebhūmakasaṅkhāresu atītādibhedabhinnesu khandhādinayam ārabbha kalāpavasena saṅkhipitvā aniccaṁ khayaṭṭhena, dukkhaṁ bhayaṭṭhena, anattā asārakaṭṭhenā ti addhānavasena santativasena khaṇavasena vā sammasanañāṇena lakkhaṇattayaṁ sammasantassa tesv'eva paccayavasena khaṇavasena ca udayabbayañāṇena udayabbayaṁ samanupassantassa ca.

그다음에 그가 그와 같이 삼계의 형성된 것들[行]을 조건과 함께 파악할 때 과거 등으로 분류되는 무더기[蘊] 등을 통해 그들을 무리(kalāpa)별로 모은다. 부서진다는 뜻에서 무상이고, 두렵다는 뜻에서 괴로움이고, 실체가 없다는 뜻에서 무아라고 기간(addhāna)과 흐름[相續, santati]과 찰나(khaṇa)를 통해 명상의 지혜로써 세 가지 특상을 명상한다. 그다음에 조건과 찰나를 통해 생멸의 지혜로써 그 [형성된 것들이] 일어나고 사라지는 것을 관찰한다.

[해설]

1. **그들을 무리**(kalāpa)**별로 모은다**: 이 문장은 '명상의 지혜(sammasana-ñāṇa)'를 준비하는 것을 보여준다. 즉 수행자가 먼저 모든 물질을 "그것이 과거의 것이든 미래의 것이든 현재의 것이든, 안의 것이든 밖의 것이든, 거칠든 미세하든, 저열하든 수승하든, 멀리 있든 가까이 있든"(M22 §27) 그 모두를 물질의 무더기[色蘊], 혹은 물질의 깔라빠라고 간주하는 것을 말한다. 그런 다음에 같은 방법으로 느낌과 인식과 심리현상들[行]과 알음알이를 모두 각각의 무더기로 간주한다. 이렇게 무리별로 모아서 이들을 무상 · 고 · 무아라고 관찰하는 것이다.

2. **기간**(addhāna)**과 흐름**[相續, santati]**과 찰나**(khaṇa)**를 통해**: 여

기서 '기간을 통해서'라는 것은 한 정해진 시간 동안의 기간을 말한다. 수행자는 한 생에 존재하는 모든 형성된 것들은 모두 무상하고 괴로움이고 무아라고 관찰하는 것부터 시작하여 점점 그 기간을 줄여나간다. 즉 처음에는 한 평생을, 그다음은 초년 중년 말년의 세 단계로, 그다음은 매 10년의 단위로, 매 년의 단위로, 매달의 단위로, 보름의 단위로, 하루의 단위로, 시간의 단위로 등 이렇게 하여 한 걸음 옮길 때마다 모든 형성된 것들은 무상 · 고 · 무아라고 관찰한다. 이것을 본서의 저자는 기간을 통해서 무상 · 고 · 무아를 관찰하는 것이라고 설명한다. (『청정도론』 XX. 46~67 참조) '흐름[相續, santati]을 통해서'라는 것은 연속적인 정신 · 물질의 흐름을 통해서라는 뜻이다. '찰나(khaṇa)를 통해서'라는 것은 찰나적인 정신 · 물질을 통해서라는 뜻이다.

3. **명상의 지혜**(sammasana-ñāṇa)**로써 세 가지 특상을 명상한다**: 이것은 오온의 무리별로 모아져 형성된 것들을 삼특상으로 관찰하는 것을 나타낸다. 모든 형성된 것들은 부서진다는 뜻에서(khayaṭṭhena) 무상이다. 그들은 그들이 일어난 곳에서 부서지고 그들의 동일성을 유지하는 다른 상태로 옮겨가지 못하기 때문이다. 그들은 두렵다는 뜻에서(bhayaṭṭhena) 괴로움이다. 무상한 것은 어떤 안정된 보호를 제공해 주지 못하므로 두려운 것이기 때문이다. 그들은 심재(心材, 실체)가 없다는 뜻에서(asāraṭṭhena) 무아이다. 그들은 어떤 자아나 본질이나 내적인 주재자라는 핵이 없기 때문이다. 『청정도론』 XX.1~92는 명상의 지혜를 상세하게 다루고 있으니 참조하기 바란다.

4. **생멸의 지혜**(udayabbaya-ñāṇa): 이것은 형성된 것들의 일어나고 사라짐을 관찰하는 지혜이다. 『청정도론』 20장은 "태어난 정신 · 물질의 생기는 특징, 태어남, 일어남, 새로 생기는 모습을 '일어남(udaya)'이라 하고 변하는 특성, 파괴, 부서짐이 '사라짐(vaya)'이다."

(Vis.XX.95)라고 생멸의 지혜를 정의하고 있다. 생멸의 지혜는 '조건을 통해서(paccaya-vasena)' 닦아진다. 조건들이 일어날 때 형성된 것들이 어떻게 일어나며 조건들이 멸할 때 어떻게 멸하는지를 관찰하면 생멸의 지혜가 생기기 때문이다. 이것은 역시 '찰나를 통해서(khaṇa-vasena)' 닦아진다. 수행자가 지금 여기의 이 순간에서 그 찰나에 존재하는 정신・물질이 실제로 생기고 소멸되는 것을 직접 관찰[隨觀]하기 때문이다.(『청정도론』 XX.93~99 참조)

32-2. obhāso pīti passaddhi, adhimokkho ca paggaho
sukhaṁ ñāṇam upaṭṭhānam upekkhā ca nikanti cā ti.

obhāsādi-vipassan'upakkilesaparipanthapariggahavasena maggāmaggalakkhaṇavavatthānaṁ maggāmaggañāṇadassana-visuddhi nāma.

그때 그에게 (1) **광명** (2) **희열** (3) **편안함** (4) **결심** (5) **분발** (6) **행복** (7) **지혜**[智] (8) **확립** (9) **평온** (10) **욕구가 일어난다.**

광명 등 위빳사나의 경계를 장애라고 파악함으로써 도와 도 아님의 특징을 정의하는 것을 도와 도 아님에 대한 지와 견에 의한 청정이라 한다.

[해설]

1. **위빳사나의 경계**: 이들 열 가지를 『청정도론』에서도 '위빳사나의 경계(vipassanā-upakkilesa)'[194]라고 부르고 있다. 『청정도론』을 통

---

194) 여기서 '경계'로 옮긴 빠알리어는 upakkilesa인데 오염원으로 옮기는 kilesa에다가 '위로'를 뜻하는 접두어 'upa-'를 첨가하여 만들어진 단어이다. 이것이 해로운 마음부수법들과 연결이 되면 '오염원'이나 '더러움' 등으로 옮겨야 하겠지만 여기서는 열심히 위빳사나를 닦는 자에게 나타나는 현상이므로 수행 중에 일어나는 경계라는 의미에서 '경계'로 옮겼다.

해서 이들 열 가지에 대해서 알아보자.

[청정도론 XX]: "105. 이 초보적인 위빳사나로 위빳사나를 시작한 자에게 열 가지 경계(결함, upakkilesa)가 일어난다. 위빳사나의 경계는 진리를 통찰함에 이른 성스러운 제자와 그릇되게 수행하는 자와 명상 주제를 놓아버린 게으른 사람에게는 일어나지 않는다. 오직 바르게 수행하고 지속적으로 명상주제와 함께하는 위빳사나를 시작한 선남자에게 일어난다. 무엇이 그 열 가지 경계인가? ① 광명 ② 지혜 ③ 희열 ④ 경안 ⑤ 행복 ⑥ 결심 ⑦ 분발 ⑧ 확립 ⑨ 평온 ⑩ 욕구이다."

"107. 여기서 (1) 광명(obhāsa)이란 위빳사나로 인해 생긴 광명이다. 그것이 일어날 때 수행자가 '이전에 나에게 이와 같은 광명이 일어난 적이 없다. 확실히 나는 도에 이르렀고, 과에 이르렀다.'고 생각하여 도가 아닌 것을 도라고, 과가 아닌 것을 과라고 여긴다. 그가 도가 아닌 것을 도라고, 과가 아닌 것을 과라고 여길 때 위빳사나의 과정에서 벗어났다고 한다. 그는 자기의 근본 명상주제를 놓아버리고 광명을 즐기면서 앉아있다."

"114. (2) 지혜(ñāṇa)란 위빳사나의 지혜이다. 그가 물질과 정신을 고찰하고 조사할 때 인드라의 벼락과 같은 활기차고, 예리하고, 빛나고, 아주 맑은 지혜가 일어난다."

"115. (3) 희열(pīti)이란 위빳사나 마음과 함께한 희열이다. 그때 그에게 작은 희열, 순간의 희열, 넘치는 희열, 격앙된 희열, 충만한 희열이라는 이 다섯 가지 희열이 온몸을 가득 채우면서 일어난다."[195]

"116. (4) 편안함[輕安, passaddhi]이란 위빳사나의 편안함이다. 그가 밤에 머무는 장소나 혹은 낮 동안에 머무는 장소에 앉아있을 때 몸과 마음에 불안함이 없고, 무거움이 없고, 뻣뻣함이 없고, 일에 적합하지

---

195) 다섯 가지 희열은 『청정도론』 IV.94~99를 참조할 것.

않음이 없고, 병이 없고, 구부러짐이 없다. 오히려 그의 몸과 마음이 편안하고, 가볍고, 부드럽고, 일에 적합하고, 능숙하고, 올곧게 된다. 이러한 편안함 등으로 몸과 마음이 도움을 받아 인간을 넘어선 즐거움을 누린다."

"117. (5) 행복(sukha)이란 위빳사나와 [함께한 마음부수들의] 행복이다. 그때 그에게 온 몸에 넘쳐흐르는 아주 수승한 행복이 일어난다."

"118. (6) 결심[信解, adhimokkha]이란 믿음이다. 위빳사나와 함께한 것으로 마음과 마음부수들이 확신에 가득하여 깊은 믿음이 그에게 일어난다."

"119. (7) 분발(paggaha)이란 정진이다. 위빳사나와 함께한 것으로 너무 느슨하지도 너무 무리하지도 않게 열심히 분발하는 정진이 그에게 일어난다."

"120. (8) 확립(upaṭṭhāna)이란 마음챙김이다. 위빳사나와 함께한 것으로 잘 확립되었고, 기초가 튼튼하며, 고정되고, 동요가 없는 산의 왕과 같은 마음챙김이 그에게 일어난다. [물질이든 정신이든] 그것이 어떤 것이든 수행자가 그곳으로 전향하고, 의식적으로 반응하고, 마음에 잡도리하고, 반조하면 그것은 마음챙김 때문에 그에게 들어오고 나타나서 확립된다. 마치 천안통을 가진 자에게 다른 세상이 나타나는 것처럼."

"121. (9) 평온(upekkhā)이란 위빳사나의 평온과 전향의 평온이다. 그때 그에게 모든 형성된 것들에 대해 중립적인 강한 위빳사나의 평온이 일어나고, 의문(意門)에는 전향의 평온이 일어난다. 그가 어느 곳이든 그곳으로 전향할 때 전향의 평온은 빛나고 예리하게 작용한다. 마치 인드라의 벼락처럼, 낙엽이 담긴 자루를 향해 던진 시뻘겋게 달구어진 창처럼 [바로 대상을 취한다.]"

"122. (10) 욕구(nikanti)란 위빳사나에 대한 욕구이다. 이와 같이 광명 등으로 그의 위빳사나가 장엄될 때 그것에 집착하면서 미세하고 고요한 형태의 욕구가 일어난다. 그는 그 욕구가 경계인지 파악할 수가 없다."

2. **도와 도 아님의 특징을 정의하는 것을** …: 이런 굉장한 경계들이 수행자에게 일어날 때 만일 그에게 판단력이 부족하면 자기가 이제 출세간도나 과에 도달한 것이라는 착각이 들 것이다. 그러면 그는 위빳사나 수행을 그만두어 버리고 이런 경계들을 즐기며 자기가 이런 것들에 집착하고 있는 줄도 모르고 앉아있을 것이다. 그러나 만일 그가 도와 도 아님을 분별하는 지혜를 가지고 있다면 이런 상태들을 단지 위빳사나가 성숙해가면서 생긴 자연적인 부산물로 알아차리게 될 것이다. 그는 이런 경계들도 무상한 것으로 괴로움으로 무아로 관찰[隨觀]하고 여기에 집착하지 않고 계속 위빳사나 수행을 해나갈 것이다. 이런 열 가지 오염원은 도가 아니라고 꿰뚫어 알아 이런 오염원에서 벗어나서 관찰하는 것이 도와 도 아님에 대한 지와 견의 청정이다.

『청정도론』은 이렇게 결론짓는다.

[청정도론 XX]: "127. 그는 이런 광명을 "이것은 내 것이 아니다. 이것은 내가 아니다. 이것은 나의 자아가 아니다."(M22 §16 등)라고 면밀히 관찰한다. 지혜를 … 욕구를 "이것은 내 것이 아니다. 이것은 내가 아니다. 이것은 나의 자아가 아니다."라고 면밀히 관찰한다. 이와 같이 면밀히 관찰할 때 광명 등에 대해 흔들리지 않고 동요하지 않는다. 그래서 옛 스승들은 말씀하셨다.

"통찰지를 가진 그는
이 열 가지 경우를 결택(決擇)하여
법이라고 [여기면서] 일어난 들뜸에 대해 능숙해지고
더 이상 산만하지 않게 된다."(Ps.ii.102)"

"128. 그가 이와 같이 산만함이 없이 이 30가지 경계(결함)의 얽

힘[196])을 푼다. 그러고는 다음과 같이 도와 도 아님을 구분한다. '광명 등의 법들이 도가 아니라, 경계에서 벗어난 [일어나고 사라짐의 관찰 등으로 위빳사나의] 과정에 들어있는 위빳사나의 지혜가 도이다.'라고."

§33. 도닦음에 대한 지와 견에 의한 청정[行道知見清淨]

paṭipadā-ñāṇadassana-visuddhi

33. tathā paripanthavimuttassa pana tassa udayabbayañāṇato paṭṭhāya yāvānulomā tilakkhaṇaṁ vipassanāparamparāya paṭipajjantassa nava vipassanāñāṇāni paṭipadāñāṇadassanavisuddhi nāma.

이와 같이 장애로부터 벗어날 때 그는 생멸의 지혜부터 수순에 이르기까지 세 가지 특상에 대하여 위빳사나의 연속으로써 도를 닦는다. 그 아홉 가지 위빳사나의 지혜를 도닦음에 대한 지와 견에 의한 청정이라 한다.

[해설]

이 '도닦음에 대한 지와 견의 청정'은 『청정도론』 제21장에 상세히 설명되어 있다. 그러면 이 9가지 위빳사나의 지혜에 대해서 『청정도론』을 통해 살펴보자.

1. **생멸의 지혜**(udayabbaya-ñāṇa): 무상 · 고 · 무아를 관찰하는 것을 말한다.

[청정도론 XXI]: "2. '그런데 무슨 목적으로 생멸의 지혜를 다시 수행해야 하는가?'라고 만약 묻는다면 — [답한다.] [세 가지] 특상을 관찰하기 위해서이다. 이전의 도와 도 아님에 대한 지와 견에 의한 청정

196) '30가지 경계(결함)의 얽힘(upakkilesa-jaṭa)'은 『청정도론』 XXI.125에서 보듯이 열 가지 오염원 각각에 사견(diṭṭhi)과 갈애(taṇhā)와 자만(māna)의 셋을 곱한 것이다.

에서는 열 가지 [위빳사나의] 경계로 인해 오염되어 각자의 성품에 따라 세 가지 특상을 관찰할 수가 없었기 때문이다. 경계로부터 벗어날 때 그것은 가능하다. 그러므로 그 특상을 관찰하기 위하여 여기서 다시 수행을 해야 한다."

"3. 무엇을 마음에 잡도리하지 않아서 특상들이 나타나지 않으며, 무엇이 그들을 가려서 특상들이 나타나지 않은가? 무상의 특상은 일어나고 사라짐을 마음에 잡도리하지 않고, 상속(santati)에 의해 가려졌기 때문에 나타나지 않는다. 괴로움의 특상은 계속되는 압박을 마음에 잡도리하지 않고, 행동거지(iriyāpatha, 자세)에 가려졌기 때문에 나타나지 않는다. 무아의 특상은 여러 요소[界]로 해체됨을 마음에 잡도리하지 않고, 견고함(ghana)에 가려졌기 때문에 나타나지 않는다."

2. **무너짐의 지혜**(bhaṅga-ñāṇa): 『청정도론』에서는 무너짐을 관찰하는 지혜(bhaṅgānupassanā-ñāna)로 나타난다.

[청정도론 XXI]: "10. 수행자가 이와 같이 고찰한 뒤 반복해서 무상·고·무아라고 물질과 정신의 법들을 비교하고 재어볼 때 그의 지혜가 예리하게 작용하면 형성된 것들이 빨리 나타난다. 지혜가 예리하게 작용하고 형성된 것들이 빨리 나타날 때 일어남(uppāda)이나 머묾(ṭhiti)이나, [업에서 생긴 물질의] 진행(pavatta)이나 혹은 형성된 것들의 표상(nimitta)을 취하지 않는다. 오직 부서짐(khaya), 사라짐(vaya), 무너짐(bheda), 소멸(nirodha)에 그의 마음챙김을 확립한다."

"11. 그가 '형성된 것들은 이와 같이 생겼다가 이와 같이 소멸한다.'라고 볼 때 바로 이곳에서 무너짐을 관찰하는 지혜라 불리는 위빳사나의 지혜가 일어난다. 이것을 두고 설하셨다.

"어떻게 해서 대상을 깊이 숙고하여 무너짐을 관찰하는 통찰지가 위빳사나의 지혜인가? 물질을 대상으로 가졌기 때문에 마음은 생겼다가 소멸한다. 그 대상을 깊이 숙고한 다음 그 마음이 무너짐을 관찰한다. 관찰한다는 것은 어떻게 하는 것인가? 영원한 것이 아니라 무상이라고 관찰한다. 행복이 아니라 괴로움이라고 관찰한다. 자아가 아니라 무아라고 관찰한다. …"(Ps.i.57~58)"

"27. 그가 이와 같이 동요하지 않고, 소멸하지 않은 것은 소멸할 것이고 무너지지 않은 것은 무너질 것이라고 마음에 잡도리할 때 모든 형성된 것들[行]의 일어남과 머묾과 진행과 표상을 내려놓고 오직 무너짐을 본다. 마치 깨지기 쉬운 도자기가 깨지는 것을 보는 것처럼, 가는 먼지가 흩어지는 것을 보는 것처럼, 볶인 깨가 터지는 것을 보는 것처럼.

이는 마치 눈을 가진 자가 억수같이 비가 내릴 때 호숫가나 강둑에 서서 물 표면에 커다란 수포 덩어리가 계속해서 생겼다가 곧바로 무너짐을 보는 것과 같다. 이와 같이 수행자는 모든 형성된 것들이 계속해서 무너지는 것을 본다. 이러한 수행자를 두고 세존께서 말씀하셨다.

"마치 물거품을 보고
마치 신기루를 보듯
이와 같이 세상을 뚫어 보는 자
그를 죽음의 왕은 보지 못한다."(Dhp. {170})라고."

3. **공포의 지혜**(bhaya-ñāṇa): 『청정도론』에는 공포로 나타나는 지혜(bhayato-upaṭṭhāna-ñāṇa)라고 나타난다.

[청정도론 XXI]: "29. 그가 이와 같이 모든 형성된 것들[行]의 부서짐과 사라짐과 무너짐인 소멸(nirodha)을 대상으로 가진 무너짐에 대한 관찰을 반복하고, 닦고, 많이 [공부]지을 때 모든 존재, 모태, 태어날 곳, 거주처, 거처 등으로 분류되는 형성된 것들이 마치 행복하게 살려는 겁쟁이에게 사자, 호랑이, 표범, 곰, 하이에나, 유령, 도깨비, 사나운 소,

들개, 발정할 때의 사나운 코끼리, 소름 끼치는 독사, 천둥 번개, 묘지, 전쟁터, 시뻘겋게 타는 숯불 구덩이 등이 나타나듯이 무시무시한 공포로 나타난다. '과거의 형성된 것들은 소멸하였고, 현재의 형성된 것들도 소멸하고, 미래에 생길 형성된 것들도 역시 이와 같이 소멸할 것이다.'라고 볼 때 이곳에서 그에게 공포로 나타나는 지혜가 일어난다."

"32. 공포로 나타나는 지혜 [그 자체는] 무서운가 무섭지 않은가? 무섭지 않다. 그것은 '과거의 형성된 것들이 소멸했고, 현재의 형성된 것들도 소멸하고, 미래의 형성된 것들도 소멸할 것이다.'라고 조사(tīraṇa)할 뿐이기 때문이다. 눈을 가진 자가 성문에 있는 세 개의 불구덩이를 보면서도 그 자신은 두려워하지 않는다. 다만 '여기에 빠진 자들은 큰 고통을 겪을 것이다.'라고 조사할 뿐이다. …."

"33. 다만 그에게 모든 존재, 모태, 태어날 곳, 거주처, 거처에 속하는 형성된 것들이 파멸(byasana)에 이르렀고, 무섭고, 공포로 나타나기 때문에 공포로 나타남이라 한다. …"

4. **위험의 지혜**(ādīnava-ñāṇa): 『청정도론』에서는 위험을 관찰하는 지혜(ādīnavānupassanā-ñāṇa)로 나타난다.

[청정도론 XXI]: "35. 그가 이와 같이 공포로 나타나는 지혜를 반복하고, 닦고, 많이 [공부]지을 때 모든 존재, 모태, 태어날 곳, 거주처, 거처 등에서 피난처가 아니라고, 의지처가 아니라고, 갈 곳이 아니라고, 귀의처가 아니라고 꿰뚫어 안다. 모든 존재, 모태, 태어날 곳, 거주, 거처에 속하는 형성된 것들[行] 가운데 단 하나의 형성된 것에 대해서도 바라거나 집착하지 않는다.

삼계의 존재들은 시뻘겋게 불타는 숯이 가득한 불구덩이처럼, 네 가지 근본물질[四大]은 소름 끼치는 독사처럼, 다섯 가지 무더기[五蘊]는 칼을 빼 든 살인자처럼, 여섯 가지 안의 감각장소[六內入]는 인적 없는 마을처럼, 여섯 가지 밖의 감각장소[六外入]는 마을을 약탈하는 강도처럼, 일곱 가지 알음알이[識]의 거주처197)와 아홉 가지 중생의 거처198)는 11가지199) 불로 타고 시뻘겋게 타오르고 활활 타는 것처럼, 모든 형성된 것들[行]은 종기처럼 질병처럼 화살처럼 통증처럼 고통처럼, 이처럼 만족도 없고 영화도 없는 커다란 위험 덩어리가 되어 나타난다."

"36. 어떻게? 행복하게 살려는 겁쟁이에게 형성된 것들은 외관상 아름답게 보이지만 맹수들이 들끓는 숲처럼, 표범들의 동굴처럼, 괴물과 도깨비들이 출몰하는 저수지처럼, 칼을 빼 든 원수처럼, 독이 든 음식처럼, 도적에게 포위당한 길처럼, 시뻘겋게 타는 숯처럼, 싸우는 군대들의 전쟁터처럼 나타난다. 맹수들이 들끓는 숲 속에 이르렀을 때 사람이 소스라치게 놀라고, 겁에 질리고, 머리칼이 쭈뼛 일어서는 등 전적으로 위험만 보는 것처럼, 수행자도 무너짐을 관찰함으로써 모든 형성된 것들이 공포로 나타날 때 전적으로 만족도 없고 영화도 없는 위

---

197) '일곱 가지 알음알이의 거주처(viññāṇaṭṭhiti)'는 몸도 다르고 인식도 다른 중생들의 거주처, 몸은 다른데 인식은 하나인 중생들의 거주처, 몸은 하나인데 인식이 다른 중생들의 거주처, 몸도 인식도 하나인 중생들의 거주처의 넷에다 공무변처를 얻음, 식무변처를 얻음, 무소유처를 얻음의 셋을 더한 것이다. 여기에 대해서는 『청정도론』 XVII. §182의 주해와 『앙굿따라 니까야』 제4권 「거주처 경」(A7:41)과 『디가 니까야』 제3권 「합송경」(D33) §2.3 (9) 등을 참조할 것.

198) '아홉 가지 중생의 거처(sattāvāsa)'는 ① 악처와 인간과 어떤 신들 ② 범중천 ③ 광음천 ④ 변정천 ⑤ 무상유정천 ⑥ 공무변처 ⑦ 식무변처 ⑧ 무소유처 ⑨ 비상비비상처의 아홉 가지이다. 이것은 『앙굿따라 니까야』 제5권 「중생 경」(A9:24)과 『디가 니까야』 제3권 「합송경」(D33) ^3.2 (3)과 「십상경」(D34) ^2.2 (3)에 나열되어 나타난다.

199) "11가지 불(aggi)이란 ① 탐욕 ② 성냄 ③ 어리석음 ④ 태어남 ⑤ 늙음 ⑥ 죽음 ⑦ 근심 ⑧ 탄식 ⑨ 육체적 고통 ⑩ 정신적 고통 ⑪ 절망(rāga-dosa-moha-jāti-jarā-maraṇa-soka-parideva-dukkha-domanass-upāyāsa)을 말한다."(Vimativinodanī Ṭīkā.i.143)
Vimativinodanī Ṭīkā는 12세기에 스리랑카에서 깟사빠(Kassapa) 스님이 지은 율장의 복주서이다.

험만 본다."

5. **염오의 지혜**(nibbida-ñāṇa): 『청정도론』에서는 염오(역겨움)를 관찰하는 지혜(nibbida-anupassanā-ñāṇa)로 나타난다.

[청정도론 XXI]: "43. 그가 이와 같이 모든 형성된 것들을 위험이라고 볼 때 모든 존재, 모태, 태어날 곳, 알음알이의 거주처, 중생의 거처에서 부서지는 모든 형성된 것들을 역겨워하고, 불만스러워하고, 즐거워하지 않는다. 마치 찟따꾸따 산기슭에 머물기를 즐거워하는 황금 백조의 왕이 천민촌의 입구에 있는 더러운 웅덩이에 머물기를 즐거워하지 않고 일곱 개의 큰 호수에 머물기를 즐거워하는 것처럼, 수행자 백조도 위험이라고 분명히 본 여러 가지 형성된 것들에 대해 즐거워하지 않는다.

수행하기를 즐거워하여 수행하는 즐거움을 갖추었기 때문에 오직 일곱 가지 관찰[200]을 즐거워한다. 마치 짐승의 왕인 사자를 황금 옥사에 가두었을 때 즐거워하지 않고, 그 범위가 3천 요자나 되는 히말라야를 즐거워하듯이, 수행자 사자도 [욕계 · 색계 · 무색계라는] 세 가지 선처의 존재를 즐거워하지 않고 오직 [무상 · 고 · 무아의] 세 가지 관찰을 즐거워한다.

전신이 희고 일곱 군데로 서고,[201] 신통변화를 가졌고, 하늘을 나는 찻단따라는 코끼리의 왕이 도시 가운데 머물기를 즐거워하지 않고, 히말라야의 찻단따 숲의 못에 머물기를 즐거워하듯이, 수행자 코끼리 왕

---

200) 여기서 '일곱 가지 관찰[隨觀, anupassanā]'은 무상의 관찰(anicca-anupassanā), 괴로움의 관찰(dukkha-anupassanā), 무아의 관찰(anatta-anupassanā), 염오의 관찰(nibbidānupassanā), 탐욕의 빛바램의 관찰(virāga-anupassanā), 소멸의 관찰(nirodha-anupassanā), 놓아버림의 관찰(paṭinissagga-anupassanā)이다.(MA.i.157)

201) "코와 네 발과 꼬리와 성기(hattha-pāda-vālavatthi-kosa), 이 일곱 군데가 땅에 닿아 선다."(Pm.ii.452)

도 모든 형성된 것들을 즐거워하지 않고, '일어나지 않음이 안은(安隱)이다.'라는 등의 방법으로 본 평화로운 경지를 즐거워하며, 그곳으로 기울고 향하고 기댄다."

『청정도론』은 이 염오를 관찰하는 지혜는 이전의 두 가지 지혜, [즉 공포로 나타나는 지혜와 위험함을 관찰하는 지혜]와 뜻으로는 같다고 다음과 같이 말하고 있다.

[청정도론 XXI]: "44. 이 염오를 관찰하는 지혜는 이전의 두 가지 지혜와 뜻으로는 같다. 그래서 옛 스승들이 말씀하셨다.

"공포로 나타남은 하나이지만 세 가지 이름을 가진다. 이것은 모든 형성된 것들을 공포로 보기 때문에 공포로 나타남이라는 이름을 얻는다. 그 형성된 것들에 대해 위험을 일으키기 때문에 위험함을 관찰하는 지혜라는 이름을 얻는다. 그 형성된 것들에 대해 역겨워하는 마음을 일으키기 때문에 염오를 관찰하는 지혜라는 이름을 얻는다."

성전에서도 역시 이와 같이 설하셨다. "공포로 나타남에 대한 통찰지, 위험함에 대한 지혜, 염오 — 이 법들은 뜻으로는 같고 문자만 다르다."(Ps.ii.63)"

6. **해탈하기를 원하는 지혜**(muñcitukamyatā-ñāṇa):

[청정도론 XXI]: "45. 이 염오의 지혜로써 선남자가 역겨워하고, 만족하지 않고, 즐거워하지 않을 때, 모든 존재, 모태, 태어날 곳, 알음알이의 거주처, 중생의 거처에서 부서지는 형성된 것들 가운데 어느 하나의 형성된 것에도 그의 마음이 집착하지 않고, 묶이지 않고, 고착되지 않는다. 모든 형성된 것으로부터 해탈하기를 원하고, 벗어나고자 원한다."

"46. 무엇처럼? 그물에 걸린 물고기처럼, 독사의 입에 들어간 개구

리처럼, 우리에 갇힌 숲 속의 수탉처럼, 견고한 덫에 걸린 사슴처럼, 뱀 장수의 손아귀에 붙잡힌 뱀처럼, 커다란 습지대에 빠진 코끼리처럼, 금시조(金翅鳥)의 입에 들어간 용왕처럼, 월식에 들어간 달처럼, 적에게 포위된 사람처럼.

이들이 각각 해탈하기를 원하고, 벗어나고자 하는 것처럼 이 수행자의 마음도 이 모든 형성된 것들로부터 해탈하기를 원하며, 벗어나고자 원한다. 이와 같이 그가 모든 형성된 것들에 집착하지 않고, 모든 형성된 것들로부터 해탈하기를 원할 때 해탈하기를 원하는 지혜가 일어난다."

7. **깊이 숙고하는 지혜**(paṭisaṅkhā-ñāṇa): 『청정도론』에서는 깊이 숙고하여 관찰하는 지혜(paṭisaṅkhānupassanā-ñāṇa)로 나타난다.

[청정도론 XXI]: "47. 그가 이와 같이 모든 존재, 모태, 태어날 곳, 거주처, 거처에서 부서지는 모든 형성된 것들로부터 해탈하기를 원하고 모든 형성된 것들로부터 해탈하기 위해 깊이 숙고하여 관찰하는 지혜로 [무상 · 고 · 무아의] 세 가지 특상을 제기한 뒤 형성된 것들을 파악한다."

"48. 형성된 것들은 영원하지 않고, 일시적인 것이고, 일어나고 사라짐에 제한된 것이고, 붕괴하는 것이고, 떨리는 것이고, 부서지기 쉬운 것이고, 지속되지 않는 것이고, 변하는 것이고, 실체가 없는 것이고, 복리가 없는 것이고, 형성된 것이고, 죽기 마련인 법이기 때문에, 이와 같은 이유로 무상이라고 본다.

이 형성된 것들은 계속해서 압박받고, 견디기 어렵고, 괴로움의 토대이고, 병이고, 종기이고, 화살이고, 재난이고, 질병이고, 전염병이고, 재앙이고, 두려움이고, 위협이고, 보호가 없고, 피난처가 없고, 귀의처가 없고, 위험이고, 재난의 뿌리이고, 살인자이고, 번뇌에 물들기 쉽고, 마라의 미끼이고, 태어나기 마련인 법이고, 늙기 마련인 법이고, 병들기 마련인 법이고, 근심하기 마련인 법이고, 탄식하기 마련인 법이고, 절망하기 마련인 법이고, 오염되기 마련인 법이기 때문에, 이와 같은 이유로 괴로움이라고 본다.

이 형성된 것들은 아름답지 않고, 악취가 나고, 불쾌하고, 혐오스럽고, 장식으로 가장할 수 없고, 보기 흉하고, 매스껍기 때문에, 또한 괴로운 특징으로 둘러싸여 있기 때문에, 이와 같은 이유로 더러움[不淨]으로 본다.

이 형성된 것들은 남이고, 비었고, 허하고, 공하고, 주인이 없고, 지배력을 행사할 수 없고, 자유스럽지 않기 때문에, 이와 같은 이유로 무아라고 본다.

이와 같이 볼 때 그는 세 가지 특상을 제기한 뒤 형성된 것들을 파악했다고 한다."

"49. 무슨 이유로 이 형성된 것들을 이와 같이 파악하는가? 해탈하는 방편(upāya)을 성취하기 위해서이다. …"

8. **형성된 것들**[行][202]**에 대한 평온의 지혜**(saṅkhārupekkhā-ñāṇa):

[청정도론 XXI]: "53. 그가 이와 같이 깊이 숙고하여 관찰하는 지혜로써 모든 형성된 것들이 공하다고 파악하고 다시 "이것은 자아가 공하고 혹은 자아에 속하는 것이 [공하다.]"(M43 §33)라고 두 가지 측면에서 공을 파악한다. 그가 이와 같이 자아와, 자아의 부속품이라고 할 만한 그 어떤 것도 보지 않고, 다시 "나는 어디에도 누구에게도 결코

202) '형성된 것들[行]에 대한 평온의 지혜'는 saṅkhārupekkhā-ñāṇa를 옮긴 것이다. 복주서에서 "아무것도 바라지 않기 때문에 형성된 것들에 대해서 평온에 의해서 전개되는 지혜가 형성된 것들에 대한 평온의 지혜이다(nir-apekkhatāya saṅkhārānaṁ upekkhanavasena pavattañāṇaṁ saṅ-khārupekkhāñāṇaṁ)."(Pm.ii.436)라고 형성된 것(saṅkhāra)을 'saṅ-khārānaṁ upekkhana'로 복수로 해석하고 있어서 '형성된 것들'로 복수로 옮겼다.

속하지 않는다. 어느 곳에서든 누구에게 있어서든 내 것은 결코 없다."(M106 §8)라고 네 가지 측면에서 설한 공함을 파악한다."

"61. 이와 같이 공하다고 보면서 세 가지 특상을 제기하고 형성된 것들을 파악할 때 공포와 즐거워함을 버리고 형성된 것들에 대해 무관심하게 되고 중립적이 되고, '나'라거나 '내 것'이라고 취하지 않는다. 아내와 이혼한 남자처럼. …"

"65. 항해하는 상인들이 배에 올라타면서 육지를 발견하는 까마귀를 싣는다. 배가 강풍에 휩쓸려 엉뚱한 방향을 향하여 떠밀려가 해안을 찾지 못할 때, 그들은 육지를 발견하는 까마귀를 날려 보낸다. 까마귀는 돛의 꼭대기로부터 하늘로 날아올라 사방팔방을 조사하여 만약 해안을 발견하면 그 방향으로 나아가고, 발견하지 못하면 거듭거듭 돌아와서 돛의 꼭대기에 앉는다.

이와 같이 만약 형성된 것들에 대한 평온의 지혜가 평화로운 경지인 열반을 평화롭다고 보면 모든 형성된 것들의 진행을 버리고 오직 열반으로 들어간다. 만약 열반을 평화롭다고 보지 못하면 반복해서 오직 형성된 것들을 대상으로 하면서 일어난다."

"111. 이와 같이 이 형성된 것들에 대한 평온의 지혜는 수행자의 초연한 상태를 결정하고 나아가서 ① 성스러운 도에 있는 깨달음의 구성요소, 도의 구성요소, 禪의 구성요소 ② 도닦음 ③ 해탈의 차이를 결정한다. …"

『청정도론』은 ⑥ 해탈하고자 하는 지혜와 ⑦ 깊이 숙고하여 관찰하는 지혜와 ⑧ 형성된 것들에 대한 평온의 지혜는 뜻으로는 하나라고 다음과 같이 말하고 있다.

[청정도론 XXI]: "79. 형성된 것들에 대한 평온의 지혜는 앞의 두 가지 지혜와 뜻으로는 하나이다. 그래서 옛 스승들이 말씀하셨다. "형

성된 것들에 대한 평온의 지혜는 하나이지만 그 이름은 세 가지이다. 처음에는 해탈하기를 원하는 지혜라는 이름이 생겼고, 중간에는 깊이 숙고하여 관찰하는 지혜라 이름하고, 마지막 정점에 이르렀을 때는 형성된 것들에 대한 평온의 지혜라 한다."라고."

"80. 성전에서도 역시 이와 같이 설하셨다. "어떻게 해탈하기를 원함과 깊이 숙고함과 평정(santiṭṭhana)에 대한 통찰지가 형성된 것들에 대한 평온의 지혜인가? 일어남(uppāda)으로부터 해탈하기를 원함과 깊이 숙고함과 평정에 대한 통찰지가 형성된 것들에 대한 평온의 지혜이다. 진행 … 표상 … 절망으로부터 해탈하기를 원함과 깊이 숙고함과 평정에 대한 통찰지가 형성된 것들에 대한 평온의 지혜다. 일어남이 괴로움이라고 … 공포라고 … 세속적이라고 … 일어남이 형성된 것이라고 … 절망이 형성된 것이라고 이것으로부터 해탈하기를 원함과 깊이 숙고함과 평정에 대한 통찰지가 형성된 것들에 대한 평온의 지혜이다."(Ps.i.60~61)라고."

그러므로 위빳사나의 지혜는 ①, ②, ③, ⑥, ⑨의 다섯 가지로 압축이 되고 핵심은 ② 무너짐을 관찰하는 지혜(bhaṅgānupassanā-ñāṇa), 즉 bhaṅga-ñāṇa[滅壞知]라 할 수 있다.

한편 주석서는 "'염오(nibbidā)'란 염오의 지혜(nibbidā-ñāṇa)를 말하는데, 이것으로 강한 위빳사나를 드러내고 있다. 강한 위빳사나는 ③ 공포의 지혜 ④ 위험을 관찰하는 지혜 ⑥ 해탈하기를 원하는 지혜 ⑧ 형성된 것들[行]에 대한 평온의 지혜의 네 가지 지혜와 동의어이다." (SA.ii.53)라고 하여 경에서 강조하는 염오(nibbidā)를 강한 위빳사나의 지혜로 설명하고 있다.

그리고 『청정도론』은 이 형성된 것들에 대한 평온의 지혜와 수순하는 지혜 사이에 도의 출현으로 인도하는 위빳사나(Vis.XXI.83~89)를 자세하게 설명하고 있다. '도의 출현으로 인도하는 위빳사나'는 무상·고·무아의 천착과 출현으로 요약된다. 여기에 대해서는 아래 §34의 해당 부분을 참조하기 바란다.

9. **수순하는 지혜**(anulomañāṇa):

[청정도론 XXI]: "128. 그가 형성된 것들에 대한 평온의 지혜를 반복하고, 닦고, 많이 [공부]지을 때 확신에 바탕한 믿음은 더 깊어지고, 정진은 더욱 탄력을 받고, 마음챙김은 잘 확립되고, 마음은 잘 안정되고, 형성된 것들에 대한 평온은 더욱 예리하게 일어난다."

"129. 이제 도가 막 생기려는 그 순간에 있는 [수행자의] 형성된 것들에 대한 평온은 형성된 것들을 무상이나 괴로움이나 무아로 명상하고는 존재지속심에 들어간다. 존재지속심 다음에 형성된 것들에 대한 평온이 했던 방법대로 형성된 것들을 대상으로 삼아 이것은 무상이라거나 괴로움이라거나 혹은 무아라고 하면서 의문전향이 일어난다.

존재지속심을 막고서 생긴 작용만 하는 마음 (즉, 의문전향) 다음에는 간단없이 상속을 연결하면서 같은 방법으로 형성된 것들을 대상으로 삼아 첫 번째 속행의 마음이 일어난다. 이것을 준비(parikamma)의 마음이라 부른다.

그다음에 같은 방법으로 형성된 것들을 대상으로 삼아 두 번째 속행의 마음이 일어난다. 이것을 근접(upacāra)의 마음이라 부른다.

그다음에 같은 방법으로 형성된 것들을 대상으로 삼아 세 번째 속행의 마음이 일어난다. 이것을 수순(anuloma)의 마음이라 부른다.

이것은 그들 각각의 이름이다."

"130. 차별 없이 이 세 가지 마음 모두를 반복(āsevana)이라고, 준비라고, 근접이라고, 수순이라고 불러도 된다. 무엇에 수순하는가? 앞의 것과 뒤의 것에 수순한다. 왜냐하면 이것은 앞의 여덟 가지 위빳사나의 지혜가 [세 가지 특상을 명상하는] 그 진실한 역할(kicca)[203]에 수순하고, 뒤의 [도의 순간에] 37가지 깨달음의 편에 있는 법[菩提分法]의 진실한 역할을 수순하기 때문이다."

"133. 수순하는 지혜는 왕과 같다. 여덟 가지 지혜는 여덟 명의 재판관과 같다. 37가지 깨달음의 편에 있는 법은 고대 왕법과 같다. 마치 왕이 '그렇게 시행하라.'고 말하면서 재판관들의 판결을 수순하고 또한 왕법을 수순하는 것처럼 이 수순하는 지혜도 무상 등의 관찰을 통해서 형성된 것들을 의지하여 일어난 여덟 가지 지혜가 [세 가지 특상을 명상하는] 그 역할에 수순하고, 뒤의 [도의 순간에] 37가지 깨달음의 편에 있는 법의 역할을 수순한다. 그래서 진리에 수순하는 지혜라고도 부른다."

계속해서 『청정도론』은 공포의 지혜부터 수순하는 지혜와 도의 지혜와 과의 지혜까지를 ① 박쥐 ② 검은 뱀 ③ 집 ④ 소 ⑤ 야차녀 ⑥ 어린아이 ⑦ 배고픔 ⑧ 목마름 ⑨ 추위 ⑩ 더위 ⑪ 어두움 ⑫ 독의 12가지 비유로 명쾌하게 설명하고 있다.(Vis.XXI.90~110)

§34. 지와 견에 의한 청정[知見淸淨]
ñāṇa-dassana-visuddhi

[해설]

일곱 가지 청정의 마지막인 이 지와 견에 의한 청정[知見淸淨]은 『청정도론』 제22장에 아주 상세히 설명되어 있다. 위빳사나가 도와 과로써 완성되는 경지이다. 『청정도론』은 "예류도, 일래도, 불환도, 아라한도와 이 네 가지 도에 대한 지혜가 지와 견에 의한 청정이라 한

203) '진실한 역할'로 옮긴 'tathakiccatāya'를 냐나몰리 스님은 '*the functions of truth*'라고 영역했는데 여기서는 진리, 즉 네 가지 성스러운 진리[四聖諦]의 역할을 뜻하는 것이 아니고 여덟 종류의 위빳사나가 각각 세 가지 특상을 명상하는 그 진실한 역할을 뜻한다. 그래서 역자는 '진실한 역할'로 옮겼다.

다."(Vis.XXII.2)라고 이 청정을 정의하고 있다. 본서를 따라서 살펴보자.

34-1. tass'evaṁ paṭipajjantassa pana vipassanāparipākam āgamma idāni appanā uppajjissatī ti bhavaṅgaṁ vocchijjitvā uppanna manodvārāvajjanānantaraṁ dve tīṇi vipassanācittāni yaṁ kiñci aniccādilakkhaṇam ārabbha parikammopacārānulomanāmena pavattanti.

yā sikhāppattā, sā sānulomasaṅkhār'upekkhā vuṭṭhānagāmini-vipassanā ti ca pavuccati.

그가 이와 같이 도 닦을 때 위빳사나가 무르익어 본삼매가 일어날 때에 존재지속심을 끊고 의문전향이 일어난다. 그다음에 둘 혹은 세 개의 위빳사나 마음이 무상 등의 특상 중 어떤 하나를 대상으로 일어난다. 그들은 준비, 근접, 수순이라 이름한다.

[위빳사나가] 정점에 도달했을 때204) 그 수순하는 지혜와 함께하는 형성된 것들[行]에 대한 평온의 지혜를 '출현으로 인도하는 위빳사나'라 부른다.

[해설]

1. **의문전향이 일어난다**: 보통의 기능을 갖춘 사람에게는 준비, 근접, 수순의 세 찰나의 위빳사나의 마음이 일어나고 비범하게 뛰어난 기능을 갖춘 사람에게는 준비 없이 근접과 수순의 두 찰나의 마음이 일어난다.(제4장 §14 본삼매 속행과정을 참조할 것.)

2. **출현으로 인도하는 위빳사나**(vuṭṭhāna-gāmini-vipassanā): 이것은 출세간도의 성취를 향해 나아가는 위빳사나의 최고점에 달한 경지이다. 여기서 출현은 도(magga)를 말하는데 이것은 모든 형성된 것

---

204) "vipassanāya matthakappattiyā sikhāppattā."(VṬ.273)

들로부터 나와서 열반을 그 대상으로 삼을 것이기 때문에, 그리고 스스로 오염원들로부터 벗어났기 때문에 출현이라고 부른다.(PdṬ.444)

[청정도론 XXI]: "83. 이와 같이 형성된 것들에 대해 평온을 얻은 선남자의 위빳사나는 정점에 이르렀고 [도의] 출현으로 인도한다. '정점에 이른(sikhāppattā) 위빳사나' 혹은 '[도의] 출현으로 인도하는(vuṭṭhānagāminī) 위빳사나'는 형성된 것들에 대한 평온 등 세 가지 지혜의 이름이다.205) 이것은 정점인 최상의 상태에 이르렀기 때문에 '정점에 이르렀다.' 하고, 출현으로 향해 가기 때문에 '출현으로 인도한다.'고 한다. 밖으로는 표상(nimitta)이라는 집착의 대상으로부터, 안으로는 [오염원들과 무더기들의] 일어남으로부터 출현했기 때문에 도(magga)를 두고 출현(vuṭṭhāna)이라 부른다. 그곳으로 가기 때문에 출현으로 인도한다고 한다. 도와 함께 결합한다는 뜻이다."

"89. 여기서 무상이라고 천착한 자든, 괴로움이라고 천착한 자든, 무아라고 천착한 자든 출현할 때에 ① 무상으로부터 출현함이 있으면 이 세 사람은 믿음이 강한 자들이다. 그들은 믿음의 기능[信根]을 얻는다. 표상 없는 해탈로 해탈한다. 첫 번째 도의 순간에 믿음을 따르는 자들이 된다. 일곱 곳에서 믿음으로 해탈한 자들이 된다.

② 만약 괴로움으로부터 출현함이 있으면 이 세 사람은 편안함[輕安]이 큰 자들이다. 삼매의 기능[定根]을 얻는다. 원함 없는 해탈로 해탈한다. 모든 곳에서 체험한 자들이 된다. 무색계禪을 의지처로 한 자는 최상의 과의 경우 양면으로 해탈한 자가 된다.

③ 무아로부터 출현함이 있으면 이 세 사람들은 명지가 크다. 통찰지의 기능[慧根]을 얻는다. 공한 해탈로 해탈한다. 첫 번째 도의 순간에 법을 따르는 자들이 된다. 여섯 곳의 경우 견해를 얻은 자가 된다. 최

205) 여기서 세 가지는 형성된 것들에 대한 평온의 지혜와 수순하는 지혜와 종성의 지혜를 말한다.

상의 과의 경우 통찰지로 해탈한 자가 된다."

이를 정리하면 다음과 같다.

① 무상으로부터 출현함 — 믿음이 강함 — 믿음의 기능을 얻음 — 표상 없는 해탈

② 괴로움으로부터 출현함 — 편안함이 큼 — 삼매의 기능을 얻음 — 원함 없는 해탈

③ 무아로부터 출현함 — 명지가 큼 — 통찰지의 기능을 얻음 — 공한 해탈

34-2. tato paraṁ gotrabhūcittaṁ nibbānam ālambitvā puthujjanagottam abhibhavantaṁ ariyagottam abhisambhontañ ca pavattati.

tassa anantaram eva maggo dukkhasaccaṁ parijānanto samudayasaccaṁ pajahanto nirodhasaccaṁ sacchikaronto maggasaccaṁ bhāvanāvasena appanāvīthim otarati.

tato paraṁ dve tīṇi phalacittāni pavattitvā nirujjhanti. tato paraṁ bhavaṅgapāto va hoti.

그다음에 열반을 대상으로 종성(種姓)의 마음이 일어난다. 이것은 범부의 종성을 벗고 성자의 종성에 참여한다.

그다음에 [예류]도가 괴로움의 진리를 철저하게 알고, 일어남의 진리를 버리고, 소멸의 진리를 실현하고, 도의 진리를 닦으면서 [출세간의] 본삼매 인식과정에 들어간다.

그다음에 둘 혹은 셋의 과의 마음이 일어났다가 멸한다. 그다음에 존재지속심으로 들어간다.

[해설]

1. **종성**(種姓)**의 마음**(gotrabhū-citta): 이 '종성의 마음'은 열반으로

전향하는 첫 번째 마음이고 출세간도를 성취하는 가까운 원인이다. 이것을 종성이라 부르는 이유는 이것은 범부의 혈통이나 가문(puthujjana-gotra)을 성자의 혈통이나 가문(ariya-gotra)으로 변환하는 마음이기 때문이다. 이 찰나의 마음을 '종성의 지혜(gotrabhū-ñāṇa)'라 한다.(제4장 §14의 해설 참조) 그러나 비록 이 지혜가 열반을 인지하는 측면에서는 도와 같지만 도와는 달리 사성제를 덮어버리는 오염원들의 음침함을 내쫓지 못한다. 두 번째 이상의 도(일래도, 불환도, 아라한도)에 접근하는 찰나의 이런 마음은 종성의 마음이라 하지 않고 '청백(淸白, vodāna)의 경지'라 한다.206) 수행자는 이미 성자의 종성에 도달했기 때문이다. 그러나 『청정도론』은 이들을 청백의 경지라 부르지 않고 모두 종성이라 칭하고 있다.(Vis.XXII.23/26/29 참조)

그러면 『청정도론』에 나타난 종성의 지혜(gotrabhū-ñāṇa)의 설명을 살펴보자.

[청정도론 XXII]: "1. 이 [수순하는 지혜] 다음에 고뜨라부[種姓, gotrabhū]의 지혜가 생긴다. 이것은 도로 전향하는 곳에 자리하고 있기 때문에 '도닦음의 지와 견에 의한 청정'에 속하는 것도 아니고 '지와 견에 의한 청정'에 속하는 것도 아니다. 중간에 처해있기 때문에 뭐라 이름 붙일 수 없다. 그러나 위빳사나의 흐름에 들어있기 때문에 위빳사나라는 명칭을 가진다."207)

---

206) "tattha sekhā gotrabhunti sotāpannaṁ sandhāya vuttaṁ, vodānanti sakadāgāmianāgāmino. tesaṁ hi gotrabhucittaṁ vodānaṁ nāma." (Moh.478)
'청백' 혹은 '청백의 경지'에 대해서는 제8장 §17의 해설 2. 강하게 의지하는 조건의 주해를 참조할 것.

207) "고뜨라부(種姓)의 마음은 무상 등으로 형성된 것들을 파악하지 않기 때문에 도닦음의 지와 견에 의한 청정에 속하지 않고, 비록 열반을 대상으로 삼지만 오염원들을 버리지 않기 때문에 지와 견에 의한 청정에도 속하지 않는다. 알음알이에게 대상을 보여주면서 전향하는 역할을 하는 작용만 하는 마

“6. 여기서 수순하는 지혜와 고뜨라부가 비록 하나의 전향을 가진 하나의 인식과정에서 일어나지만 이들이 다른 대상을 가지고 일어나는 모습을 보여주는 좋은 비유가 있다. 그것은 이러하다.

어떤 사람이 큰 개울을 건너뛰어 저쪽 기슭에 머물고자 하였다. 그는 전속력으로 달려와서 이쪽 기슭의 나뭇가지에 묶여 매달려 있는 밧줄이나 혹은 장대를 잡고 껑충 뛰어넘어 반대쪽 기슭으로 몸을 향하고 기울이고 기대어 반대쪽 기슭의 위쪽에 이르렀을 때 그것을 놓아버리고 반대쪽 기슭에 떨어져서는 처음에는 그 몸이 비틀거리다가 서서히 안주하였다.

이와 같이 존재, 모태, 태어날 곳, 거주처, 거처의 반대쪽 기슭인 열반에 머물기를 원하는 수행자도, 일어나고 사라짐의 관찰 등으로 전속력으로 달려와 자기 몸이라는 나뭇가지에 묶여 매달려 있는 물질의 밧줄이나 느낌 등의 장대 가운데 하나를 무상, 고, 무아라고 수순의 전향으로 잡고는 그것을 놓지 않고 첫 번째 수순의 마음[208]으로 껑충 뛰어넘어 두 번째 [수순의 마음 = 근접의 속행]으로 열반을 향하고 기울이고 기대어 저쪽 기슭의 위에 이른다. 마치 몸을 저쪽 기슭으로 향하고 기울이고 기대듯이.

노의 요소(즉 전향의 마음)처럼 도로 전향하는 곳에 머문다.”(Pm.ii.483)

이 설명에서 담마빨라 스님은 ‘알음알이에게 대상을 보여주면서 보는 역할을 하는 작용만 하는 마노의 요소(dassanakiccaṁ karontaṁ kiriyamano-dhātu)처럼 도로 전향하는 곳에 머문다고 한다.’라고 했지만 마하시 스님이 미얀마어로 번역한 『빠라맛타만주사』에서는 전향의 마음은 보는 역할이 아닌 전향하는 역할(āvajjana-kicca)을 하기 때문에 이와 같이 수정할 것을 제안했다. 역자도 마하시 스님의 뜻에 동감하기 때문에 그 뜻을 따라서 옮겼다.

“중간이란 여섯 번째와 일곱 번째 청정의 중간이다. 이 두 가지 청정의 특징을 하나도 가지지 않기 때문에 이름 붙일 수 없다. 그렇지만 출현으로 인도하는 위빳사나의 마지막이기 때문에 위빳사나에 속한다.”(Pm.ii.483)

208) 즉 준비・근접・수순의 속행 가운데서 준비의 속행이다.

마찬가지로 세 번째 [수순의 마음 = 수순의 속행]으로 곧 얻게 될 열반에 가까이 가서 그 마음이 소멸함으로써 그 마음의 대상이었던 형성된 것들을 놓아버리고 종성의 마음으로 형성된 것들을 여읜 피안의 열반에 이른다. 반복함을 얻지 못해 비틀거리는 사람처럼 하나의 대상에 단박에 잘 안주하지는 못한다. 그러나 그다음에 도의 지혜로써 안주한다."

"7. 여기서 수순은 진리를 가려버리는 오염원들의 어둠을 흩어버릴 수는 있지만 열반을 대상으로 삼지는 못한다. 종성은 오직 열반을 대상으로 삼지만 진리를 가려버리는 어둠을 흩어버리지는 못한다."

2. **도[의 마음]**(magga): 도의 마음(magga-citta)은 사성제의 각각에 대해서 동시에 네 가지 기능을 수행한다. 여기서 언급된 네 가지 기능은 괴로움을 철저히 앎(pariññā, 통달지), 그것의 원인인 갈애를 버리는 것(pahāna), 그것의 소멸인 열반을 실현하는 것(sacchi-kiriya), 성스러운 팔정도를 닦는 것(bhāvanā)이다. 준비단계의 순간을 거치지 않은 예리한 기능을 가진 자는 도 다음에 과의 마음이 세 번 일어나고, 준비단계의 순간을 거친 다른 자들은 과의 마음이 두 번 일어난다.

34-3. puna bhavaṅgaṁ vocchinditvā paccavekkhaṇañāṇāni pavattanti.

maggaṁ phalañ ca nibbānaṁ paccavekkhati paṇḍito
hīne kilese sese ca paccavekkhati vā na vā.
chabbisuddhikkamen' evaṁ bhāvetabbo catubbidho
ñāṇadassanavisuddhi nāma maggo pavuccati.

ayam ettha visuddhibhedo.

그다음에 존재지속심을 끊고서 반조의 지혜가 일어난다.

지자는 도와 과와 열반을 반조한다.
버린 오염원들과 남아있는 오염원들을 반조하기도 하고
혹은 반조하지 않기도 한다.
차례대로 여섯 가지 청정에 의해 개발되어야 할
네 가지 도를 지와 견에 의한 청정이라 부른다.

여기서 이것이 청정의 분석이다.

[해설]

1. **반조**(反照)**의 지혜**(paccavekkhaṇā-ñāṇa): 네 가지 출세간도의 각각을 증득하고 난 후에 수행자는 도와 과와 열반을 반조하게 된다. 번뇌를 다 멸한 아라한을 제외한 수행자는 언제나 제거된 번뇌들과 아직 남아있는 번뇌들을 반조한다. 그러므로 최대 19가지 반조의 지혜가 있다. 즉 처음의 세 가지 도의 각각에 다섯 번과 마지막 도(아라한도)에서 네 번이다. 아라한은 완전히 해탈했기 때문에 반조해야 할 번뇌가 더 이상 남아있지 않기 때문이다.(아래 『청정도론』 인용 참조) 『청정도론』의 설명을 살펴보자.

[청정도론 XXII]: "19. 과의 마음 끝에 그의 마음은 존재지속심에 들어간다. 그다음에 존재지속심을 끊고 도를 반조하기 위하여 의문전향의 마음이 일어난다. 그것이 멸할 때 순서대로 도를 반조하는 일곱 개의 속행이 일어난다. 다시 존재지속심에 들어가서 그와 같은 방법으로 과 등을 반조하기 위하여 전향의 마음 등이 일어난다. 그 [전향 등]이 일어남으로써 그는 ① 도를 반조하고 ② 과를 반조하고 ③ 버린 오염원들을 반조하고 ④ 남아있는 오염원들을 반조하고 ⑤ 열반을 반조한다."

"20. ① 그는 '참으로 내가 이 도로써 왔구나.'라고 도를 반조한다. ② 그다음에 '이것이 내가 얻은 이익이구나.'라고 과를 반조한다. ③

그다음에 '참으로 이들이 내가 버린 오염원들이구나.'라고 버린 오염원들을 반조한다. ④ 그다음에 '이들이 아직 남아있는 오염원들이구나.'라고 뒤의 세 가지 도[209]로써 버릴 오염원들을 반조한다. ⑤ 마지막으로 '이 법을 대상으로 삼아 내가 이 법을 꿰뚫었다.'라고 불사인 열반을 반조한다. 이와 같이 예류인 성스러운 제자는 다섯 가지 반조를 가진다."

"21. 예류자처럼 일래자와 불환자도 다섯 가지 반조를 가진다. 아라한의 경우 남아있는 오염원들을 반조함이 없다. 이와 같이 모두 19가지 반조가 있다.[210] 이것이 최대의 한도이다. 유학들은 버린 오염원들과 남아있는 오염원들을 반조할 수도 혹은 하지 않을 수도 있다. 이것을 반조하지 않았기 때문에 마하나마가 세존께 여쭈었다. "어떤 법이 내 안에서 제거되지 않아 때로는 탐욕이 내 마음을 사로잡아 버립니까?"(M12 §2)라고. 이와 같이 모든 것을 상세하게 알아야 한다."[211]

II.3. 해탈의 분석
vimokkha-bheda

[해설]

이상으로 칠청정을 중심으로 도를 증득하기 위한 위빳사나의 핵심을 살펴보았다. 이제 이런 위빳사나로 성취한 해탈이 무엇인가에 대해서 고찰한다.

---

209) 일래도, 불환도, 아라한도를 말한다.

210) 즉 앞의 세 종류의 성자의 경우 모두 각각 다섯 가지씩을 반조하지만 마지막인 아라한의 경우 남아있는 오염원들이 없기 때문에 네 가지만 반조하게 된다. 그러므로 반조는 최대치로 3×5+4=19가지가 있다는 뜻이다.

211) 즉 도와 과와 열반에 대해서는 모두가 반조하지만 버린 오염원들과 아직 남아있는 오염원들에 대해서는 반조하는 이도 있고, 않는 이도 있기 때문에 반조함은 최대치로 19가지가 있다는 뜻이다.

§35. 세 가지 해탈의 관문(vimokkha-mukha)

35. tattha anattānupassanā attābhinivesaṁ muñcantī suññatānupassanā nāma vimokkhamukhaṁ hoti.

aniccānupassanā vipallāsanimittaṁ muñcantī animittānupassanā nāma.

dukkhānupassanā taṇhāpaṇidhiṁ muñcantī appaṇihitānupassanā nāma.

자아에 대한 천착을 버리는 무아의 관찰은 공의 관찰이라 이름하는 해탈의 관문이 된다.

전도된 표상을 버리는 무상의 관찰은 표상 없는[無相] 관찰이라 불리는 해탈의 관문이 된다.

갈애로 인한 원함을 버리는 괴로움의 관찰은 원함 없는[無願] 관찰이라 불리는 해탈의 관문이 된다.

[해설]

위빳사나가 그 절정에 이르렀을 때 수행자는 수행자 자신의 성향에 따라서 결심이 서고 무상이나 괴로움 또는 무아 중 하나에 확고하게 된다. 믿음이 강한 자는 무상에 확고하게 되고, 집중력이 강한 자는 괴로움에 확고하게 되고, 지혜가 강한 자는 무아에 확고하게 된다고 한다. 이렇게 하여 위빳사나의 마지막 단계에 이르면 수행자는 바로 출세간도의 해탈을 체험하는 경지로 접근하게 된다. 그것으로 접근하는 통로가 바로 이 '공함, 표상 없음, 원함 없음'이다. 그래서 이 세 가지를 '해탈의 관문'이라고 하는 것이다.

먼저 해탈의 관문에 관한 『청정도론』의 설명을 살펴보자.

[청정도론 XXI]: "66. … 이 [형성된 것들에 대한 평온의] 지혜가

[무상, 고, 무아의] 세 가지 가운데 하나의 관찰로 일어날 때 세 가지 기능[根][212] 가운데 하나의 지배력으로써 세 가지 해탈의 관문이 된다."

"70. … 그러면 이런 관찰들은 어떤 해탈의 관문들이 되는가? 그들은 표상 없음, 원함 없음, 공함이라는 세 가지 해탈의 관문이 된다. 이와 같이 설하셨기 때문이다. "① 확신[信解, 결심 adhimokkha]이 큰 자는 무상(無常)이라고 마음에 잡도리하면서 표상 없는[無相] 해탈을 얻는다. ② 편안함[輕安, passaddhi]이 큰 자는 괴로움이라고 마음에 잡도리하면서 원함 없는[無願] 해탈을 얻는다. ③ 명지(明知, veda)가 큰 자는 무아라고 마음에 잡도리하면서 공한 해탈을 얻는다."(Ps.ii.58)"

"71. 여기서 표상 없는 해탈이란 표상이 없는 형태로 열반을 대상으로 하여 일어난 성스러운 도이다. 표상이 없는 경지[界, 요소, dhātu]가 일어났기 때문에 이 성스러운 도는 표상이 없고, 번뇌로부터 벗어났기 때문에 해탈이다. 이와 같은 방법으로 원함이 없는 형태로 열반을 대상으로 하여 일어난 [성스러운 도가] 원함 없는 [해탈이고], 공한 형태로 열반을 대상으로 하여 일어난 [성스러운 도가] 공한 [해탈이다]라고 알아야 한다."

[청정도론 XXII]: "117. 표상 없음의 관찰은 바로 무상의 관찰이다. 이것으로 영원하다는 표상(nicca-nimitta)을 버린다.

원함 없음의 관찰은 바로 괴로움의 관찰이다. 이것으로 행복을 원함(sukha-paṇidhi)과 행복을 갈망함(sukha-patthanā)을 버린다.

공함의 관찰은 바로 무아의 관찰이다. 이것으로 '자아가 있다.'라는 천착(abhinivesa)을 버린다."

---

212) 세 가지는 다섯 가지 기능[五根] 가운데 믿음의 기능[信根], 삼매의 기능[定根], 통찰지의 기능[慧根]이다.

§36. 도와 과의 해탈

36. tasmā yadi vuṭṭhānagāminivipassanā anattato vipassati, suññato vimokkho nāma hoti maggo;

yadi aniccato vipassati, animitto vimokkho nāma;

yadi dukkhato vipassati, appaṇihito vimokkho nāmā ti ca. maggo vipassanāgamanavasena tīṇi nāmāni labhati. tathā phalañ ca maggāgamanavasena maggavīthiyaṁ.

그러므로 출현으로 인도하는 위빳사나로써 무아를 관찰하면 그 도는 공한 해탈이라 한다.

만약 무상을 관찰하면 그 도는 표상 없는 해탈이라 한다.

만약 괴로움을 관찰하면 그 도는 원함 없는 해탈이라 한다. 이 도는 위빳사나가 [도에] 이르는 방식에 따라 세 가지 이름을 가진다. 그와 마찬가지로 도의 과정에서 일어나는 과는 도의 방식에 따라 세 가지 이름을 가진다.

[해설]

수행자가 무아의 관찰로 도를 증득하면 그 도는 열반이 자아가 없이 비었다는 측면으로 대상을 삼는다. 그래서 이것은 공한 해탈이라고 부른다. 수행자가 무상의 관찰로 도를 증득하면 그 도는 열반이 표상이 없다는 측면, 즉 형성된 것들의 표상이 없다는 측면으로 대상을 삼는다. 그래서 이것은 표상 없는 해탈이라고 부른다. 그가 괴로움의 관찰로 도를 증득하면 그 도는 열반이 원함 없는 측면, 즉 갈애를 원하는 것으로부터 벗어난 측면으로 대상을 삼는다. 그래서 이것은 원함 없는 해탈이라고 부른다. 같은 방법으로 해서 과(果)도 도와 같은 이름을 얻게 된다.

§37. **과의 증득의 해탈**

37. phalasamāpattivīthiyaṁ pana yathāvuttanayena vipassantānaṁ yathāsakaṁ phalam uppajjamānam pi vipassanāgamanavasen'eva suññatādivimokkho ti ca pavuccati. ārammaṇavasena pana sarasavasena ca nāmattayaṁ sabbattha sabbesam pi samam' eva ca.

ayam ettha vimokkhabhedo.

그러나 과의 증득의 과정에서 앞에 설한 방법대로 위빳사나를 하는 자들에게 각각의 경우에 일어난 과는 위빳사나의 방식에 따라 공함 등의 해탈이라 한다. 그러나 대상과 각각의 특성에 따라 세 가지 이름은 모든 도와 과에 전부 고루 적용된다.

여기서 이것이 해탈의 분석이다.

[**해설**]

성스러운 제자가 그의 각각의 과의 증득에 들어가면 과의 증득은 그 증득으로 인도한 위빳사나의 유형에 따른 이름을 가지며 도의 과정에서 얻은 도의 증득에 따른 이름을 가지지 않는다. 다시 말하면 만일 그가 무아를 관찰하여 과를 얻게 되면 그 과는 공한 해탈이라고 불린다. 마찬가지로 무상을 관찰하여 얻었으면 표상 없는 해탈이라 하고 괴로움을 관찰하여 얻었으면 원함 없는 해탈이라 한다. 그러나 보통은 모든 도와 과는 이 세 가지 이름을 다 가질 수 있다. 그들은 모두 표상 없고 원함 없고 공한 열반을 대상으로 삼기 때문이다. 또한 그들은 모두 표상 없고 원함 없고 공한 특질을 공유하고 있기 때문이다.

II.4. 개인에 따른 분석
puggala-bheda

§38. **예류자**(sotāpanna)

38. ettha pana sotāpattimaggaṁ bhāvetvā diṭṭhivicikicchā-pahānena pahīnāpāyagamano sattakkhattuparamo sotāpanno nāma hoti.

그러나 여기서 예류도를 닦아 사견과 의심을 버림으로써 예류자가 된다. 그는 악처에 태어남을 버리고 최대로 일곱 번 태어난다.

[해설]

예류(預流) 혹은 예류자(預流者)로 옮기는 소따빤나(sotāpanna)는 sota와 āpanna의 합성어이다. 그중에서 sota는 √sru(*to flow*)의 명사로 흐름을 뜻하고 āpanna는 ā(향하여)+√pad(to go)의 과거분사로 '~에 들어간', '~를 가진'의 뜻이다. 그래서 '흐름에 들어간 [사람]'을 뜻하며 이런 의미에서 예류(預流, 흐름에 참예한 자)라 한역하였으며 수다원(須陀洹)이라고 음역하기도 하였다.

이 단어의 추상명사인 sotāpatti에 도를 뜻하는 magga를 붙이면 sotāpatti-magga, 즉 예류도가 된다. 이렇게 하여 일래, 불환, 아라한까지 도(道, magga)와 과(果, phala) 두 가지씩을 더하여 아비담마에서는 4가지와 8가지를 설하는데 이를 중국에서는 사쌍팔배(四雙八輩)라 옮기기도 했다.

여기서 '흐름'이란 물론 거스를 수 없이 열반으로 향하는 흐름, 즉 성스러운 팔정도를 말한다. 예류자는 열 가지 족쇄(제1장 §28의 해설 참조) 가운데서 가장 거친 유신견, 의심, 계행과 의례의식에 대한 집착[固守]

을 끊어버렸으며 불·법·승에 흔들리지 않는 믿음을 가졌고 악도에 떨어질 가능성에서 완전히 벗어났다. 네 가지 번뇌(āsava) 가운데 사견의 번뇌를 제거했으며 14가지 해로운 마음부수 가운데서 사견과 의심을 비롯한 질투와 인색213)을 제거했다.214) 그는 악도로 떨어지게 할 만큼 강한 오염원들로부터 벗어났다. 그의 행위는 오계를 철저하게 준수하는 것이 특징이다.

세 가지 유형의 예류자가 있다.

① '최대로 일곱 번 다시 태어나는 자(sattakkhattu-parama)': 일곱 번 인간 세상이나 천상 세계에 태어나는 자를 말한다.

② '성스러운 가문에서 성스러운 가문으로 가는 자(kolaṁ-kola)': 아라한과를 얻기 전에 두 번이나 세 번 좋은 가문에 태어나는 자이다.

---

213) "그런데 이 족쇄들(saṁyojanāni)을 … 도의 순서를 통해서 [살펴보면], 예류도에 의해서는 사견과 의심과 계행과 의례의식에 대한 집착과 질투와 인색이 제거된다."(DhsA.377)

214) 한편 『담마상가니 주석서』는 "그런데 이 장애들(nīvaraṇā)을 … 도의 순서를 통해서 [살펴보면], 예류도에 의해서는 후회와 의심이 제거된다."(DhsA.384)라고 하여 후회도 예류도에 의해서 버려진다고 설명하고 있다. 그러나 『청정도론』에는 "[장애 가운데] 감각적 쾌락과 악의와 후회는 세 번째 지혜(불환도의 지혜)로 버린다."(Vis.XXII.71)라고 나타나고 있고 본서도 <도표 9.3>에서 후자를 따라서 후회는 불환도에서 없어지는 것으로 보고 있다.
그러면 이것을 어떻게 설명해야 할까? 『청정도론』의 복주서인 『빠라맛타 만주사』는 이 두 가지 관점을 인용하면서 전자는 후회를 '나중에 뉘우치는 후회(vippaṭisārabhūta kukkucca)'로 해석한 경우이고 후자는 '후회라는 본래의 성질로 계를 범한 것(kukkuccapakatatāya āpattim āpajjati)'에 해당한다고 설명하고 있다.(Pm.ii.498) 즉 전자는 본서 제2장 §4의 해설 11에서 언급한 후회에 대한 세 가지 설명 가운데 세 번째인 율장의 후회(vinaya-kukkucca)에 해당하는 것으로 이것은 불환도에서 제거가 되고 후자는 아비담마에서 말하는 불선법으로서의 후회이고 이것은 예류도에서 제거가 된다는 것이다. 세 가지 후회에 대해서는 제2장 §4의 해설 11을 참조할 것. 역자들도 전자를 따라서 후회는 불환도에서 없어지는 것으로 간주하고 있다.

③ '한 번만 싹 트는 자(eka-bījī)': 반열반에 들기 전에 한 번 더 태어나는 자이다.

이 셋을 『청정도론』은 다음과 같이 설명하고 있다.

[청정도론 XXIII]: "55. 개별적으로 [말하자면] 느린 위빳사나로 첫 번째 도의 통찰지를 닦은 뒤 [예류자의 경지에] 도달한 자는 [믿음 등의] 기능들[根]이 둔하더라도 '최대로 일곱 번 다시 태어나는 자(sattakkhattu-parama)'라고 한다. 일곱 번 선처에 윤회한 뒤 괴로움을 종식시킨다.

중간의 위빳사나로 도달한 자는 기능들도 중간이며 '성스러운 가문에서 성스러운 가문으로 가는 자(kolaṁkola)'라 한다. 두 번 혹은 세 번 성스러운 가문에 윤회한 뒤 괴로움을 종식시킨다.

예리한 위빳사나로 도달한 자는 기능들도 예리하여 '한 번만 싹 트는 자(eka-bījī)'라고 한다. 한 번만 더 인간 세상에 태어나서는 괴로움을 종식시킨다."

§39. **일래자**(sakadāgāmī)

39. sakadāgāmimaggaṁ bhāvetvā rāgadosamohānaṁ tanukarattā sakadāgāmī nāma hoti, sakid eva imaṁ lokaṁ āgantvā.

일래도를 닦아 탐욕과 성냄과 어리석음을 감소시킴으로써 일래자가 된다. 그는 단 한 번만 더 이 세상에 돌아온다.

[해설]

일래 혹은 일래자라 옮기는 사까다가미(sakadāgāmi)는 sakad+āgāmi로 분석되는데 sakad(Sk. sakṛd)는 saki나 sakid로도 나타나는데 한 번(*once*)의 뜻이다. āgāmin은 ā(향하여)+√gam(*to go*)의 명사로 접미어 '-in'이 붙으면 '~하는 사람'이 되며 그래서 한 번만 더 돌아올

<도표 9.3> 도에 의한 오염원들의 제거

오염원 \ 도		예류자	일래자	불환자	아라한
1	어리석음[癡]				■
2	양심 없음[不慚]				■
3	수치심 없음[不愧]				■
4	들뜸				■
5	탐욕(감각적 쾌락)			■	
	탐욕(그 외)				■
6	사견	■			
7	자만				■
8	성냄			■	
9	질투	■			
10	인색	■			
11	후회			■	
12	해태				■
13	혼침				■
14	의심	■			
합계		4	0	3	8

사람의 뜻이 된다. 이 경지를 증득한 사람은 한 번만 더 이 세상에 돌아오게 된다는 의미이다. 현장 스님은 일래자(一來者)로 한역했으며 구마라집 스님은 사다함(斯陀含)으로 음역하였다.

일래자는 거친 탐·진·치를 제거한 사람이다. 그러므로 약한 형태의 이런 번뇌들이 일어날 수 있지만 자주 일어나지는 않으며 탐·진·치가 압도하는 힘은 아주 약하다. 레디 사야도는 일래자가 한 번 더 돌아온다는 '이 세상(imaṁ lokaṁ)'에 대해서 "주석서들에서는 두 가지 [상반되는] 해석을 하고 있다."고 지적한다. 한편에서는 이 세상은 일래자가 천상에서 돌아오는 인간 세상(manussa-loka)이라고 설명하고 다른 한편에서는 일래자가 범천에서 돌아오는 욕계 세상(kāmāvacara-loka)이라고 해석한다.215) 레디 사야도는 전자의 해석이 주석서의 지지를 받지만 후자는 경들의 지지를 받는 것 같다고 주장한다.(PdṬ.70)

『뿍갈라빤냣띠』(人施說論, Puggalapaññatti)의 주석서에 의하면 다섯 부류의 일래자가 있다고 한다.216)

① 인간 세상에서 일래과를 증득하여 인간 세상에 다시 태어나 반열반에 드는 자

② 인간 세상에서 일래과를 증득하여 천상 세계에 다시 태어나 거기서 반열반에 드는 자

③ 천상 세계에서 과를 증득하여 천상 세계에 다시 태어나 거기서 반열반에 드는 자

---

215) "imaṁ manussalokanti vā imaṁ kāmāvacaralokantivā dvidhāpi attho aṭṭhakathāsu vutto."(PdṬ.70)

216) "ekacco hi idha sakadāgāmiphalaṁ patvā idheva parinibbāyati, ekacco idha patvā devaloke parinibbāyati, ekacco devaloke patvā tattheva parinibbāyati, ekacco devaloke patvā idhūpapajjitvā parinibbāyati … yo pana idha patvā devaloke yāvatāyukaṁ vasitvā puna idhūpapajjitvā parinibbāyati"(PugA.197~198)

④ 천상 세계에서 과를 증득하여 인간 세상에 다시 태어나 반열반에 드는 자

⑤ 인간 세상에서 과를 증득하여 천상 세계에 다시 태어나 수명을 다 채우고 다시 인간 세상에 태어나 반열반에 드는 자

여기서 주목해야 할 것은 앞의 한 번만 더 태어나는(ekabījī) 예류자는 오직 한 번만 더 태어나지만 이 다섯 번째 유형의 일래자는 두 번 태어난다는 점이다.[217] 그렇지만 그는 일래자로 불리고 있다.

§40. 불환자(anāgāmī)

40. anāgāmimaggaṁ bhāvetvā kāmarāgavyāpādānam anavasesa-ppahānena anāgāmī nāma hoti, anāgantvā itthattaṁ.

불환도를 닦아 감각적 쾌락에 대한 갈망과 악의를 남김없이 버리고 불환자가 된다. 그는 이 욕계로 돌아오지 않는다.

[해설]

불환자로 옮기는 아나가미(anāgāmi)는 an(부정접두어)+ā(향하여)+√gam(*to go*)의 명사로 접미어 '-in'을 붙이면 '~하는 사람'의 뜻이 되어 다시 돌아오지 않는 자라는 의미다. 현장 스님은 불환자(不還者)로 한역하였고 구마라집 스님은 아나함(阿那含)으로 음역하였다. 이 세 번째 도를 얻은 자는 욕계 세상에는 다시 태어나지 않는다. 그래서 불환자라 부른다. 만일 이런 성자가 그 생에서 아라한과를 얻지 못하면 색계 세상에 태어나며 거기서 반열반을 성취한다.

불환자는 중생을 욕계에 묶어 두는 감각적 쾌락과 악의의 족쇄(네 번

---

217) "imassa pana sakadāgāmino ekabījinā saddhiṁ kiṁ nānākaraṇanti? ekabījissa ekāva paṭisandhi, sakadāgāmissa dve paṭisandhiyo — idaṁ nesaṁ nānākaraṇanti."(PugA.198)

째와 다섯 번째 족쇄)를 완전히 버렸다. 그는 네 가지 번뇌(āsava) 가운데 감각적 쾌락을 제거했고 해로운 마음부수인 증오와 근심과 감각적인 대상을 가지는 모든 탐욕을 제거했다.[218] 이처럼 불환자의 마음은 감각적 쾌락과 악의의 족쇄를 잘라 버렸고 성냄에 뿌리박은 두 가지 마음을 영원히 제거해버렸다. 그러므로 그는 자동적으로 색계에 태어나서 그곳에서 마지막 열반을 증득한다. 여기서 주목해야 할 것은 오직 불환자들만이 정거천에 태어나지만 모든 불환자들이 다 정거천에 태어나도록 고정되어 있는 것은 아니라는 점이다.

『청정도론』은 다음과 같은 다섯 유형의 불환자를 들고 있다.

[청정도론 XXII] "56. 그는 기능들의 차이에 따라 다섯 가지 방법으로 이 세상을 떠나 구경의 경지(niṭṭha)에 이른 자가 된다.

① 수명의 중반쯤에 이르러 구경열반을 증득하는 자

② 수명의 반이 지나서 구경열반을 증득하는 자

③ 자극 없이 구경열반을 증득하는 자

④ 자극을 통해서 구경열반을 증득하는 자

⑤ 더 높은 세계로 재생하여 색구경천(Akaniṭṭha)에 이르러 거기서 구경열반을 증득하는 자."

"57. 여기서 ① 명근의 중반쯤에 이르러 구경열반을 증득하는 자(antara-parinibbāyī)는 정거천(淨居天) 가운데 어느 한 곳에 태어나서 수명의 절반 정도 살 때에 열반에 든다.

② 명근의 반이 지나서 구경열반을 증득하는 자(upahacca-parinibbāyī)는 수명의 반을 넘긴 후에 [때로는 죽음이 임박해서] 열반에 든다.

③ 자극 없이 구경열반을 증득하는 자(asaṅkhāra-parinibbāyī)는 자극도 없고, 노력도 없이 최상의 도를 생기게 한다.

④ 자극을 통해서 구경열반을 증득하는 자(saṅkhāra-parinibbāyī)는

218) 불환자와 후회(kukkucca)에 대해서는 앞의 §38의 주해를 참조할 것.

자극을 통해 노력하여 최상의 도를 생기게 한다.

⑤ 더 높은 세계로 재생하여 색구경천(Akaniṭṭha)에 이르러 거기서 구경열반을 증득하는 자(uddhanisota Akaniṭṭhagāmī)는 어느 곳에 태어나든지 그곳으로부터 위로 더 올라가 [정거천 가운데서 제일 높은] 색구경천(色究竟天)에 올라서 그곳에서 구경열반에 든다."

§41. **아라한**(arahan)

41. arahattamaggaṁ bhāvetvā anavasesakilesappahānena arahā nāma hoti khīṇāsavo loke aggadakkhiṇeyyo.

ayam ettha puggalabhedo.

아라한 도를 닦아 오염원을 남김없이 버리고 아라한이 된다. 그는 번뇌 다한 자이며 세상에서 최상의 공양을 받을 만하다.

이것이 개인에 따른 분석이다.

[해설]

아라한(阿羅漢)은 arahat/arahant를 음역한 것이다. 이 용어는 동사 √arh(*to deserve*)의 현재분사가 명사화한 것이다. 이 단어의 주격명사형인 arahaṁ을 중국에서 아라한(阿羅漢)으로 음역한 것으로 여겨진다.

아라한의 문자적인 의미는 대접과 존경을 받을만한 분이라는 뜻이다. 그래서 중국에서는 응공(應供)으로 옮겼다. 이 단어는 『샤타빠타브라흐마나』 등의 고대인도 제의서(祭儀書) 등에서 쓰이던 용어인데 불교에서 자연스럽게 받아들여 불교적 해석을 하게 된다. 즉 모든 번뇌를 멸한 자야말로 참으로 대접과 존경을 받아야 할 자라고 정의하며 4쌍8배의 마지막 단계로서 수행으로 도달할 수 있는 최고의 경지를 아라한이라 표현하고 있다. 불교에서는 그래서 아라한을

정신적인 오염원들로 이루어진 적(ari)을 부수어버린(hata) 자 등으로 설명한다.[219]

이 역시 아라한도와 아라한과로 나눈다. 아라한도의 마음은 아라한의 완전한 해탈을 직접 나타나게 하는 마음이다. 여기서 아라한도(arahatta-magga)는 동사 √arh(*to deserve*)의 현재분사형을 취해서 만든 arahat에다 추상명사형 어미 '-tva'를 붙여서 다시 추상명사화한 arahatta(아라한 됨)에다 도를 뜻하는 magga를 합성한 술어이다.

열 가지 족쇄 가운데서 예류·일래·불환의 처음의 세 가지 도에서 제거된 것은 낮은 단계의 족쇄[下分結, orambhāgiya-saṁyojana]라 한다. 이들은 존재들을 낮은 세상, 즉 욕계에 묶어두기 때문이다. 이들을 완전히 멸한 자, 즉 불환자는 더 이상 욕계로는 돌아오지 않는다. 그러나 그는 아직 다섯 가지 높은 단계의 족쇄[上分結, uddhambhāgiya-saṁyojana] 때문에 윤회에 묶여 있다.

아라한도를 증득함으로써 이 높은 단계의 족쇄들, 즉 색계에 대한 갈망(rūparāga), 무색계에 대한 갈망(arūparāga), 자만[慢, māna], 들뜸[掉擧, uddhacca], 무명(無明, avijjā)도 제거된다. 아라한도는 네 가지 번뇌(āsava) 가운데 나머지 두 가지인 존재에 대한 집착의 번뇌와 무명의 번뇌도 부수어버린다. 그래서 아라한을 '번뇌 다한 자(khīṇāsava)'라고 한다. 아라한도는 앞의 세 가지 도에 의해서 제거되지 않았던 나머지 해로운 마음부수들인 어리석음, 양심 없음, 수치심 없음, 들뜸, 자만, 해태, 혼침도 제거한다.

[청정도론 XXIII]: "58. 네 번째 도의 통찰지를 닦아 어떤 자는 믿음으로 해탈한 자(saddhā-vimutta)가 되고, 어떤 자는 통찰지로 해탈한 자(paññā-vimutta)가 되고, 어떤 자는 두 가지로 해탈한 자(ubhatobhāga

219) "arīnaṁ hatattā paccayādīnañca arahattā arahatā."(DA.i.43 등)

-vimutta)가 되고, 어떤 이는 삼명(三明)을 갖춘 자(tevijja)가 되고, 어떤 자는 육신통을 갖춘 자(chaḷabhiñña)가 되고, 어떤 자는 갖가지 무애해(無碍解)를 갖춘(paṭisambhidappabhedappatta) 번뇌 다한 위대한 자(mahā-khīṇāsava)가 된다. 이 [네 번째 도의 통찰지 수행]을 두고 이와 같이 설하였다. '그는 도의 순간에 엉킴(jaṭa)을 푼다(vijaṭeti)고 한다. 과의 순간에 엉킴을 푼 자가 되어 천상을 포함한 세상에서 최상의 공양을 받을만한 자(agga-dakkhiṇeyya)가 된다.'(Vis.I.7)라고."

II.5. 증득의 분석
samāpatti-bheda

[해설]

중국에서 등지(等持, 等至)로 옮겼으며 본서에서 증득으로 옮기고 있는 samāpatti에 대해서는 제4장 §22~23의 해설을 참조할 것.

§42. **과의 증득**(phala-samāpatti)

42. phalasamāpattiyo pan'ettha sabbesam pi yathāsakaphala-vasena sādhāraṇā'va.

nirodhasamāpattisamāpajjanaṁ pana anāgāmīnañ c'eva arahantā-nañ ca labbhati.

그러나 여기서 과의 증득은 각자가 증득한 과에 따라 성자들 모두가 공통적으로 얻을 수 있다. 그러나 멸진정에 들어가는 것은 오직 불환자와 아라한만이 얻는다.

[해설]

앞의 §37에서 해탈(vimokkha)의 관점에서 과의 증득의 해탈로 설명된 '과의 증득(phala-samāpatti)'은 여기서 다시 증득(samāpatti)의 측면에서 언급되고 있다. 이 과의 증득은 성스러운 제자가 열반을 대상으로 하는 출세간禪의 증득이다. 이것은 열반의 궁극적 행복[至福, parama-sukha]을 지금 여기서 누리기 위해서이다. 이 증득에서 일어나는 마음(citta)은 성자들의 깨달음의 정도에 상응하는 과(果)의 마음들이다. 그러므로 성자들의 네 단계의 각각은 그들 각각에게 해당하는 과의 증득에 들어갈 수 있다. 즉 예류자는 예류과를 증득하고 일래자는 일래과를 증득하는 식이다. 이 증득은 처음에 과를 증득하려는 결의를 하고 생멸의 지혜(udayabbaya-ñāṇa)에서부터 시작해서 위빳사나의 지혜(위 §33의 해설 참조)를 차례대로 닦는다. 자세한 것은 『청정도론』 XXIII.6~15에 언급되어 있고 아래에 인용한다.

[청정도론 XXIII]: "6. (1) 과의 증득이란 무엇인가? 성스러운 과가 소멸에 안지함[安止, appanā][220]이 과의 증득이다.

(2) 누가 증득하는가? (3) 누가 증득하지 못하는가? 범부들은 누구도 이것을 증득하지 못한다. 왜 그런가? 아직 성스러운 과를 얻지 못했기 때문이다. 그러나 성자들은 모두 이것을 증득한다. 왜 그런가? 성스러운 과를 얻었기 때문이다.

그러나 높은 도에 이른 자는 낮은 과를 증득하지 않는다. 다음 성자의 지위에 도달함으로써 [그 아래의 과는 이미] 가라앉았기 때문이다. 아래의 도에 이른 자는 높은 과를 증득하지 못한다. 아직 그것을 얻지 못했기 때문이다. 각자 자기의 과를 증득한다. 이것이 여기서 결정된 것이다."

"8. (4) 왜 증득하는가? 지금 여기서 행복하게 머물기(diṭṭha-dhamma-sukha-vihāra) 위해서이다. 마치 왕이 왕의 행복을 누리고 천신이 천상

220) '안지함[安止]'으로 옮긴 'appanā'는 다른 문맥에서는 '본삼매'로 의역한 용어이다. 다시 말하자면 소멸로 표현된 열반을 대상으로 본삼매에 안주함이 바로 과의 증득이라는 뜻이다. 문맥을 따라가다 보면 이 뜻이 확연하게 드러난다.

의 행복을 누리듯이 성자들도 '성스럽고 출세간적인 행복을 체험하리라'고 기간을 정하고는 언제든지 원하는 순간에 과의 증득에 도달한다.

"9. (5) 어떻게 증득하는가? (6) 어떻게 머무는가? (7) 어떻게 출정하는가?

[(5) 어떻게 증득하는가?]: 두 가지 이유 때문에 증득한다. 즉, 열반 이외에 다른 대상을 마음에 잡도리하지 않기 때문에, 그리고 열반을 마음에 잡도리하기 때문에 증득한다. 이처럼 설명하였다. "도반이여, 표상 없는 마음의 해탈을 증득하기 위해서는 두 가지 조건이 있습니다. 즉 모든 표상들을 마음에 잡도리하지 않음과 표상이 없는 요소[界]를 마음에 잡도리함입니다."(M43 §27)라고."

"10. 이것이 증득하는 순서이다. 과의 증득을 원하는 성스러운 제자는 외진 곳에 혼자 머물러 형성된 것들을 일어나고 사라짐[生滅] 등으로 관찰해야 한다. 그의 위빳사나가 차례대로 진행될 때 형성된 것들을 대상으로 하는 고뜨라부의 지혜가 일어나고221) 그다음에 과의 증득으로 마음이 소멸에 안지(安止)한다(appeti). 여기서 과의 증득으로 마음이 기울기 때문에 유학에게도 과는 일어나지만 [그보다 높은] 도는 일어나지 않는다."

§43. **멸진정의 증득**(nirodha-samāpatti)

[해설]

'멸진정(nirodha-samāpatti)'에 대해서는 제4장 §22~23의 해설을 참조할 것.

---

221) 도가 일어나기 직전의 종성(고뜨라부)의 지혜는 열반을 대상으로 가지지만 과를 증득하기 직전의 고뜨라부의 지혜는 형성된 것들[行]을 대상으로 가진다. 그래서 여기서 고뜨라부의 지혜가 형성된 것들을 대상으로 가진다고 했다.(Pm.ii.518)

43. tattha yathākkamaṁ paṭhamajjhānādimahaggatasamāpattiṁ samāpajjitvā vuṭṭhāya tattha gate saṅkhāradhamme tattha tatth' eva vipassanto yāva ākiñcaññāyatanaṁ gantvā tato paraṁ adhiṭṭheyyādikaṁ pubbakiccaṁ katvā nevasaññānāsaññāyatanaṁ sam-āpajjati. tassa dvinnaṁ appanājavanānaṁ parato vocchijjati citta-santati. tato nirodhasamāpanno nāma hoti.

순서대로 초선에서 시작하여 고귀한 증득에 든 뒤 출정한다. 그때 그 증득의 각각에 있는 형성된 법들을 통찰하면서 무소유처까지 이른 다음 결정 등 미리 해야 할 일을 한다. 그리고 비상비비상처에 든다. 두 개의 본 삼매의 속행 다음에 마음의 흐름[相續]이 끊어진다. 그때 그를 멸진정을 증득한 자라고 한다.

[해설]

'멸진정' 혹은 '멸진정의 증득'은 禪의 증득 가운데 하나이다. 마음과 마음부수들의 흐름은 멸진정에 들어있는 기간 동안 완전히 끊어져버린다. §42에서 언급되었듯이 색계禪과 무색계禪에 완전히 통달한 불환자와 아라한만이 여기에 들 수 있다. 그리고 욕계에서나 색계에서만 이것을 증득할 수 있다. 무색계에서는 증득할 수 없는데 거기에서는 멸진정에 들어가는 필수 전제 조건인 네 가지 색계禪을 증득할 수 없기 때문이다.

멸진정의 증득은 『청정도론』 XXIII.16~52에 아주 상세히 논의되어 있다.

멸진정에 들기 위해 禪을 닦는 자는 바른 순서대로 각각의 禪에 들어야 한다. 각 禪에서 출정하여 그 구성요소들이 무상 · 고 · 무아임을 관찰한다. 이런 방법으로 그는 무소유처까지 도달한다. 무소유처에서 출정하여 수행자는 네 가지 미리 해야 할 일(pubba-kicca)을 한다. 『청정도론』을 인용한다.

[청정도론 XXIII]: "35. ① 내 몸에서 떨어져 있는 필수품이 손상되지 않음: … 이것이 결심하는 방법이다. '이 [멸진정에 들어있는] 7일 동안에 이러이러한 것이 불에 타지 말고, 물에 떠내려가지 말고, 바람에 상하지 말고, 도둑이 훔쳐가지 말고, 쥐 등이 갉아먹지 말기를.' 이와 같이 결심할 때 7일 동안 아무런 위험이 없다."

"38. ② 승가가 기다림: 승가가 기다리면서 [그가 오기를] 기대하는 것이다. 이 비구가 오지 않는 한 대중공사를 진행하지 않는다는 뜻이다. 여기서 이 비구의 미리 해야 할 일은 실제로 기다리는 것이 아니고, 기다림으로 전향(āvajjana)하는 것이 미리 해야 할 일이다. 그러므로 이와 같이 전향해야 한다. '만약 내가 7일 동안 멸진정에 들어서 앉아 있는 동안 승가가 알리는 공사 등 어떤 공사를 하기를 원하면 어떤 비구가 와서 부르기 전에 일어나리라.'라고. 이와 같이 하고서 멸진정에 든 자는 정확하게 그 시간에 출정한다."

"40. ③ 스승님(부처님)이 부르시는 경우: '만약 내가 7일 동안 멸진정에 들어 있을 때 부처님이 사건을 검토한 뒤 학습계율을 제정하시거나 그에 버금가는 일이 생겨 법을 설하시면 어떤 비구가 와서 부르기 전에 일어나리라.'라고. 이와 같이 하고서 멸진정에 든 자는 정확하게 그 시간에 출정한다."(이것은 물론 부처님 재세 시에만 해당됨.)

"42. ④ 자기 수명의 한계: 목숨의 한계이다. 이 비구는 자기의 수명의 한계를 결정함에 능숙해야 한다. 자기 수명의 형성이 7일 동안 계속해서 일어날 것인지 아닌지에 대해 전향하고서 입정해야 한다. 만약 수명의 형성이 7일 이내에 소멸할 것인데 그것에 대해 전향하지 않고 입정한다면 그의 멸진정은 죽음을 피할 수 없다. 멸진정에 든 채 죽는 경우는 있을 수 없기 때문에(Pm.ii.528) 중간에 멸진정으로부터 나와야 한다. 그러므로 이것에 전향하고서 입정해야 한다.

앞의 셋의 경우는 전향을 하지 않아도 되지만 이것은 반드시 전향해야 한다고 설하셨다."

이런 결정을 하고 그는 두 자와나(속행)의 찰나만 비상비비상처에 든다. 그런 직후에 멸진정을 증득한다. 멸진정에 들면 마음과 마음부수들은 일어나지 않는다.

[청정도론 XXIII]: "43. 이제 그가 이와 같이 무소유처에 들었다가 출정하여 이런 미리 해야 할 일을 하고 비상비비상처를 증득한다. 그 때 한 번 혹은 두 번의 심찰나가 지난 뒤 마음 없는 자(acittaka)가 된다. 그는 소멸을 체득한다. 왜 두 번의 마음들 뒤에 그에게 마음이 생기지 않는가? 소멸을 향한 노력 때문이다. 이 비구가 사마타와 위빳사나의 법들을 쌍으로 묶어서 여덟 가지 증득에 오른 것은 차제멸(次第滅, anupubba-nirodha)을 향한 노력 때문이지 비상비비상처를 얻기 위한 노력 때문이 아니다. 그러므로 소멸을 향한 노력 때문에 두 번의 마음 다음에는 다시 일어나지 않는다."222)

"44. 그러나 무소유처로부터 출정하여 이런 미리 해야 할 일을 하지 않고 비상비비상처에 들어가는 비구는 그다음에 마음 없는 자가 될 수 없다. 돌아와서 다시 무소유처에 머문다."

"52. 멸진정은 형성된 것인가, 형성되지 않은 것인가 등의 질문에 대해 이것은 형성된 것이라거나, 형성되지 않은 것이라거나, 세간적인 것이라거나, 출세간적인 것이라고 답할 수 없다. 왜 그런가? 고유성질

---

222) 즉, 멸진정에 들려는 그 이유 때문에 노력하여 여덟 가지 증득에 들었으므로 그런 소멸에 들려는 노력의 힘 때문에 마음이 완전히 소멸된 멸진정에 들게 된다는 말이다.(Pm.ii.528)

(sabhāva)로는 존재하지 않기 때문이다. 그러나 이것을 증득한 자가 증득했다고 하기 때문에 이것은 구체적인 것(nipphannā)이라고 설한다. 이것은 추상적인 것(anipphannā)이 아니다.

고요하고 성자들에 의해 개발되고
금생의 열반이라 이름하는 멸진정
성스러운 통찰지를 닦아서
지자는 그것을 증득한다.
그러므로 이런 증득을 얻을 수 있는 능력이
성스러운 도 가운데 통찰지의 이익이라고 말한다."

여기서 보듯이 『청정도론』은 멸진정을 "금생의 열반이라 이름하는 것(diṭṭhe va dhamme nibbānam iti)"으로 표현하고 있다. 멸진정은 아라한의 사후에 체득되는 반열반(般涅槃, parinibbāna), 즉 무여열반[無餘涅槃, anupādisesa-nibbāna]의 경지를 금생에 가늠해 볼 수 있는 중요한 경지이기 때문에 초기불전의 여러 곳에서 상수멸(想受滅)로 강조되고 있다고 여겨진다.[223]

§44. **멸진정에서의 출정**(vuṭṭhāna)

44. vuṭṭhānakāle pana anāgāmino anāgāmiphalacittaṁ arahato arahattaphalacittaṁ ekavāram eva pavattitvā bhavaṅgapāto hoti. tato paraṁ paccavekkhaṇañāṇaṁ pavattati.

223) '상수멸(想受滅, saññā-vedayita-nirodha, 인식과 느낌의 소멸)'에 대해서는 『맛지마 니까야』 제2권 「교리문답의 긴 경」(M43) §23의 주해를 참조할 것. 그리고 「교리문답의 짧은 경」(M44) §16 이하에도 잘 논의되어 있으니 참조하기 바란다.

ayam ettha samāpattibhedo.
niṭṭhito ca vipassanākammaṭṭhānanayo.

멸진정으로부터 출정할 때 불환자의 경우 불환과의 마음이 한 번 일어나고, 아라한의 경우 아라한과의 마음이 한 번 일어난 뒤 존재지속심으로 들어간다. 그다음에 반조하는 지혜가 일어난다.

여기서 이것이 증득의 분석이다.
위빳사나 명상주제의 방법이 끝났다.

[해설]

『청정도론』의 출정에 대한 문장을 인용하며 마무리 짓는다.

[청정도론 XXIII]: "49. 어떻게 출정하는가? 불환자의 경우 불환과를 얻음으로써, 아라한의 경우 아라한과를 얻음으로써, 이와 같이 두 가지로 출정한다."

"50. 출정한 자의 마음은 어느 곳으로 기우는가? 열반으로 기운다. 이와 같이 설하셨기 때문이다. "도반 위사카[224]여, 상수멸의 증득에서 나온 비구의 마음은 멀리 여읨(viveka)[225]으로 향하고, 멀리 여읨으로 기울고, 멀리 여읨으로 기댑니다."(M43/i.302)라고."

---

224) 주석서에 의하면 위사카(Visakha)는 이 대화를 진행하고 있는 담마딘나(Dhammadinnā) 비구니가 출가하기 이전의 남편이었다. 그녀는 출가해서 아라한이 되었고, 출가하기 전에 그녀의 남편이었던 위사카가 그녀를 찾아와서 이 법담을 나누고 있다. 이 「교리문답의 긴 경」(M43)은 여러 주석서에도 많이 인용되고 있는 중요한 경이며 이 경을 통해서 그녀의 수행이 얼마나 깊었는지를 가늠해볼 수 있다. 이 경의 끝에 세존께서 담마딘나는 현자요 큰 통찰지를 가졌다고 칭찬하고 계신다.

225) 주석서는 이 멀리 여읨(viveka)을 열반이라고 설명한다(nibbānaṁ viveko nāma. —MA.ii.367).

§45. 결론

uyyojana

45. bhāvetabbaṁ pan' icc' evaṁ bhāvanādvayam uttamaṁ
paṭipattirasassādaṁ patthayantena sāsane.

부처님의 교단에서 도닦는 맛을 체험하기 원하는 자는 이와 같이 설한 최상의 두 가지 수행226)을 닦아야 한다.

iti Abhidhammatthasaṅgahe
kammaṭṭhānasaṅgahavibhāgo nāma
navamo paricchedo.

이와 같이 아비담맛타상가하에서
명상주제의 길라잡이라 불리는
제9장이 끝났다.

※ 후기

nigamana

46. cārittasobhitavisālakulodayena
saddhābhivuddhaparisuddhaguṇodayena
nambavhayena paṇidhāya parānukampaṁ
yaṁ patthitaṁ pakaraṇaṁ pariniṭṭhitaṁ taṁ.

---

226) 두 가지 수행이란 사마타와 위빳사나이다.

puññena tena vipulena tu mūlasomaṁ
dhaññādhivāsam uditoditam āyukantaṁ
paññāvadātaguṇasobhitalajjibhikkhū
maññantu puññavibhavodayamaṅgalāya.

성품이 밝고 고결한 가문 태생이며
신심 깊고 청정한 덕을 고루 갖춘
남바의 부탁으로 발원하고 타인에 대한 연민으로
짓기 시작한 저술이 이제 완성되었다.

이 큰 공덕으로 원컨대 이 세상의 끝이 다하도록
통찰지로 깨끗하고 계행으로 빛나는 겸손한 비구들이
공덕을 융성하게 하고 길상을 증장시키기 위해
영광스러운 거주처인 물라소마 승원을 기억하기를.

[해설]

1. **영광스러운 거주처**(dhaññādhivāsa): '영광스러운'으로 옮긴 dhañña는 문자적으로 '곡식'이라는 뜻이다. 그러나 여기서의 dhañña는 dhana(재산, 부, 영광)에서 파생된 원래 뜻 그대로 '영광스러운, 복받의, 행운의' 등으로 옮겨야 한다. 레디 사야도는 이 승원은 설립자인 마힌다 장로를 비롯한 큰스님들을 많이 배출했기 때문에 이렇게 묘사되고 있다고 설명한다.(PdṬ.456)

2. **물라소마 승원**(Mūlasoma Vihāra): 아비담마의 대가들은 아누룻다 스님이 이 『아비담맛타상가하』를 저술한 승원의 이름에 대해 두 가지 다른 견해를 가지고 있다. 한 문파에서는 그 승원의 이름을 뚜물라소마 위하라(Tumūlasoma Vihāra)라고 보는데 여기서 tumūla를 mahā(큰)와 동의어로 간주한다.(PdṬ.456) 그러나 빠알리와 산스끄리뜨

에서는 tumūla라는 단어는 나타나지 않으며 tumula라는 단어가 있는데 이것은 '큰'을 뜻하지 않고 영어의 *tumult*와 같은 어원에서 파생된 단어로 '소란, 소동, 혼란'을 뜻하며 주로 전쟁과 관련된 문맥에서 나타난다.

다른 문파에서는 이 승원의 이름을 물라소마 위하라(Mūlasoma Vihāra)로 간주하는데 위의 tumūla에서 'tu' 음절은 '그러나'를 뜻하는 접속사로서 여기서 음조를 맞추기 위해서 사용되었을 뿐이라고 본다. 아누룻다 스님은 본서에서(제1장 §32; 제8장 §12) 같은 방식으로 접속사 'tu'를 사용하고 있으므로 여기서도 아마 이렇게 사용한 것이 아닌가 한다. 그러므로 승원의 이름을 물라소마 위하라로 보는 것이 타당할 것 같다. VRI본과 CMA에는 모두 'tu mūlasomaṁ'으로 표기되어 있고 역자들도 이를 따랐다. 스리랑카의 전통에 따르면 이 승원은 칠라이(Chilaw) 지방, 지금의 문넷사람 꼬윌(Munnessaram Kovil)에 있었다고 한다.227)

iti Anuruddhācariyena racitaṁ
Abhidhammatthasaṅgahaṁ nāma pakaraṇaṁ.

이와 같이 아누룻다 큰스님이 지은
아비담맛타상가하가 완결되었다.

---

227) 삿다띳사(Saddhatissa) 스님은 그의 『아비담맛타상가하』 교정본에서(p. xvi) 10세기쯤에 기록된 것으로 보이는 비문에서 물라소마 승원(Mūlasoma Vihāra)은 뿔론나루와의 왓따가마니 왕과 그의 대신 물라가 소마데위 왕비를 기념하기 위해서 지었다고 나타난다고 적고 있다. 그는 스리랑카에 전해 내려오는 구전을 소개하면서 지금의 문넷사람(Munnesaram) 힌두사원은 원래 아누룻다 스님이 거주하시던 이 물라소마 승원이었다고 주장한다.(CMA. 375)

역자 후기 I[228)]

'유학생활을 마지막으로 정리할 곳은 미얀마다. 그곳에서 향상의 발판을 만들리라.' — 늘 미얀마라는 나라를 가슴에 품고 살았습니다. 처음 뵙는 순간 마치 한국의 노스님처럼 친숙한 모습이시던 우 난다말라 사야도(U Nandamala Sayadaw)께서는 첫날부터 평소에 가졌던 아비담마에 관한 의문들을 하나씩 풀어주시기 시작했습니다. 그 기쁨은 무어라고 표현할 수 있을지! 그 법의 맛이 본서를 공동번역하게 한 계기가 되었습니다.

이제 『아비담마 길라잡이』가 마무리되어 출간되게 되었습니다. 사자상승으로 법을 후대로 전해 주신 옛 스님들의 노고와 비교해본다면 만분지일에도 미치지 못하겠지만 한국에 아비담마를 소개했다는 것만으로도 가슴 뿌듯합니다. 이 번역작업에 제 사심이 들어가지 않고 무사히 회향되기를 매일 아침 사가잉(Sagaing) 동산에 올라 뽄야신(Pon Nya Shin)의 부처님께 기도했습니다. 행여 잘못된 부분은 없을까 두렵습니다. 독자 여러분의 따끔한 경책을 바랍니다.

책을 마무리 지으면서 감사드려야 할 분들이 있습니다.

먼저 역자에게 『청정도론』의 대복주서인 『빠라맛타만주사』의 혜품을 지도해 주셨고 『청정도론』 번역에 길잡이가 되어주신 미얀마 사가잉의 수보다용(Subodhayong)에 계시는 우 난다말라 스님께 감사드립니다.

---

228) 여기 싣고 있는 역자 후기 I과 II는 2002년에 출간한 본서의 초판에 들어있던 것인데 그때의 초심을 잊지 않기 위해서 수정하지 않고 전정판(全訂版)에도 그대로 담는다.

본서를 번역하여 한국불교에 조금의 보탬이라도 된다면 그것은 모두 은사 스님이신 수인(修印) 스님의 배려이십니다. 10년이 넘는 기간을 담담히 역자의 공부를 지켜봐주신 은사 스님의 크신 배려가 아니었다면 이 책은 세상에 나올 수 없었을 것입니다. 스님께 지극한 마음으로 삼배 올립니다.

중노릇 시작부터 역자를 잘 보살펴주셨고 유학생활 하는 동안 한결같이 역자에게 큰 힘이 되어 주신 대우 강사 스님, 먼 타국에서 고락을 함께하며 따뜻함과 자상함으로 역자를 이끌어주신 경원 스님께 감사의 말씀드립니다.

역자에게 미얀마의 길을 열어주신 활성 스님, 항상 힘과 용기를 불어넣어 주시는 철오 스님, 유학생활 내내 역자에게 큰 그늘이 되어 주신 함현 스님께도 감사드립니다. 『청정도론』을 번역해 보라는 권유와 함께 격려를 아끼지 않으셨고, 또 본서를 전체적으로 균형 잡히도록 최종 마무리까지 해주신 공동역자 각묵 스님께도 감사드립니다.

자신의 논문 쓰느라 바쁜 시간을 쪼개어 초고를 정독하여 좋은 제언과 함께 꼼꼼히 교정을 봐준 뿌나의 박경숙 불자님 외에 역자에게 많은 도움을 준 김상조 거사님과 김미성 불자님에게도 고마움을 전합니다.

그리고 세등선원의 대중 스님들, 봉녕사 승가대학의 스승님들과 정만 스님, 총지 스님을 비롯한 도반 스님들, 대기 스님, 2년 동안 편히 머물 수 있도록 모든 시설을 제공해주셨고 세심한 배려와 함께 격려를 주셨던 미얀마 사가잉의 시따구(Sitagu) 불교대학 총장이신 우 냐닛사라 스님(U Ñānissara

Sayadaw)과 대중 스님들, 이 책이 출간되기까지 많은 도움을 주신 보련화, 자등명, 여련화, 차분남 불자님께도 감사드립니다. 마지막으로 역자의 유학 생활에 많은 도움을 주신 한국, 인도, 스리랑카, 미얀마의 인연 있는 모든 스님들과 선생님들과 불자님들께도 감사드립니다.

역자가 이 책을 출판하여 조금이나마 공덕이 있다면 이 책이 출간되기 전에 유명을 달리하신 아버님의 영전에 바칩니다. 발보리심과 왕생극락을 기원합니다.

불기 2546년 10월

수미정사에서

대림 삼가 씀

역자 후기 II

작년 여름이었다. 『금강경 역해』 원고를 최종 마무리 지어 출판사로 넘겨주고 미안마행 밤비행기에 몸을 실었다. '너는 금강경 역해에서 법·비법을 무수히 논했다. 도대체 너는 법이 뭔지 알기나 하는가?' 마음이 무거웠다. 그 대답이 '나는 법을 제대로 모른다.'였기 때문이다. '이제부터 법이 무엇인가 구체적으로 참구해 보리라.' 다짐하면서 미안마에 도착했다.

아비담마는 '법(Dhamma/dhamma)에 대해서(abhi-)'라는 뜻이다. 그러므로 아비담마에는 부처님 원음(Dhamma)을 가장 심오하고 체계적으로 정리하려는 옛 스님들의 부처님께 대한 흠모의 정이 담겨있다. 아비담마에는 내 안에서 무수히 벌어지는 물·심의 현상(dhamma)에 속지 않고 그것을 통찰하여 일목요연하게 그려내려는 옛 스님들의 진지한 수행이 담겨있다. 『아비담마 길라잡이』를 다듬은 지난 몇 개월은 역자가 출가한 이후 가장 이성적인 태도로 가장 진지하고 차분하면서도 겸손하게 법과 대면한 기간이었다고 감히 말할 수 있다. 그래서 지난 일 년은 그동안 역자가 아무것도 모르면서 최초기 설법이라는 산냐에 사로잡히고 일초직입여래지에 피가 끓어 남·북으로 잘 전승되어온 법을 무시하고 잘못 이해한 것을 뉘우치고 반성하는 시간이기도 했다.

이제 방대한 분량의 『아비담마 길라잡이』가 그 모습을 드러내게 되었다. 기쁨도 크지만 혹시 법을 우리 식으로 잘못 해석하지 않았나 두려움이 앞선다. 잘못된 부분은 독자님들의 매서운 질책을 바란다.

책을 마무리 지으면서 역자의 한 사람으로 은혜 입은 분들께 감사의 말씀을 드리고자 한다.

무엇보다 먼저 공동 역자인 대림 스님께 감사드린다. 대림 스님의 방대하고 정확한 아비담마에 대한 통찰지가 없었으면 이 책을 엮는다는 것은 아예 불가능한 일이었다. 특히 본서의 삼분의 일 정도를 차지하는 『청정도론』의 인용은 『청정도론』에 대한 대림 스님의 정확한 이해와 번역이 없었으면 시도조차 할 수 없는 일이었다. 본서가 법을 참구하는 데 조금이라도 도움이 된다면 그것은 모두 대림 스님의 공덕이다.

그리고 지난 일 년간 공부할 수 있는 최적의 환경을 마련해 주시고 시종 관심과 격려를 보내 주셨던 Sitagu International Buddhist Academy의 총장이신 냐닛사라 스님(U Ñānissara Sayadaw)께 감사드린다. 뵐 때마다 『아비담맛타상가하』를 빨리 우리말로 옮겨서 가져 오라 하셨는데 이제 스님께 드릴 수 있게 되어 기쁘다. 아울러 깊은 관심으로 보살펴 주신 Sitagu의 모든 대중 스님들과 직원 여러분들, 마주칠 때마다 미소로써 대해준 사가잉의 많은 스님들께도 감사드린다.

언제나 역자를 보살펴주시고 격려해주시는 철오 스님, 미안마까지 와서 격려해주신 원해 스님, 함현 스님과 여러 스님들과 불자님들께 감사드린다. 그리고 책의 교정을 봐준 자응 스님, 편집 자문을 맡아준 이미현 불자님, 편집에 도움 준 도안 스님, 신행지 불자님, 좋은 책을 만들어준 디자인 '시'의 여러분들께 감사드린다. 특히 자신의 공부를 미루면서 세심하게 교정을 해 준 박경숙(청량심) 불자님께 고마운 마음을 전한다. 끝으로 10년이 넘게 역자의 유학생활을 후원해 주신 신심단월 여러분들과 이 책이 나올 수 있도록 물심양면으로 협조를 아끼지 않으신 모든 분들께 감사드린다.

2002년 10월

와룡산에서

각묵 삼가 씀

전정판(全訂版)에 부쳐

초기불전연구원은 <빠알리 삼장의 우리말 완역>을 발원하여 2002년 10월 9일에 설립되었다.(정확히 말하면 이 날짜로 초기불전연구원을 출판사로 등록하였다.) 초기불전연구원을 개원하자마자 원장 대림 스님과 소납이 공동 번역을 하여 제일 먼저 출간한 것이 『아비담마 길라잡이』이다. 『아비담마 길라잡이』는 상좌부 아비담마의 부동의 입문서로 자리 잡은 『아비담맛타상가하』(Abhidhammattha Saṅgaha)를 우리말로 옮기고 여기에 『청정도론』과 『위바위니 띠까』와 『빠라맛타디빠니 띠까』의 설명과 주석을 발췌하여 해설을 붙이고 주해를 달아서 만든 것으로 특히 보디 스님(Bhikkhu Bodhi)께서 편찬하신 CMA(A Comprehensive Manual of Abhidhamma)를 많이 참조하였다. 이 작업은 2001년부터 2002년까지 미안마 사가잉에서 아비담마를 공부하면서 진행하였다. 이렇게 나름대로 심혈을 기울여서 준비한 자료를 2002년 11월 29일에 초판으로 출간한 것이다.

출판비가 부족하여 세련되지 못한 편집과 표지 디자인으로 출간한 『아비담마 길라잡이』는 그러나 지난 14년간 상권 총 12쇄에 11,500권을 찍고 하권 총 10쇄에 10,000권을 찍었는데 이것은 역자들도 전혀 예상하지 못하였던 큰 반응이었다. 이처럼 『아비담마 길라잡이』는 우리나라의 초기불교와 아비담마의 이해를 심화시키는 데 적지 않은 공헌을 하였을 뿐만 아니라 한국불교 교학의 심화에도 조금은 이바지를 하였다고 자평하고 싶다.

이렇게 한국 불자들로부터 지속적으로 사랑을 받아온 『아비담마 길라잡이』의 전정판(全訂版)을 이제 2017년 2월에 출간하게 되었으니 감회가 새롭다. 2002년 11월에 발간한 『아비담마 길라잡이』 초판은 초기불전연구원을 설립한 뒤 가장 먼저 출간한 책이다 보니 이 초판에는 그 후에 순차적으로 번역 출간한 『청정도론』과 4부 니까야와 일치하지 않는 우리말 용어들이 적지 않았다. 이번에 출간하는 전정판에서는 이러한 용어들을 모두 일치시키고 통일하려고 노력하였다. 드물기는 하지만 오히려 『청정도론』과 4부 니까야 번역에서 미진해 보이는 부분은 수정하여 싣기도 하였다. 그리고 더 자세한 설명을 달다 보니 초판에서 상권 492쪽, 하권 400쪽으로 상·하권을 합하여 892쪽이던 초판의 지면이 전정판에는 제1권이 544쪽, 제2권이 480쪽이 되어 대략 130쪽 정도 늘어나게 되었다.

초기불전연구원에서는 2016년 5월에 『담마상가니』를 두 권으로 출간한 뒤에 『아비담마 길라잡이』 전정판을 내기 위해서 그동안 준비해오던 자료들을 모아 2016년 6월부터 본격적인 작업을 시작하였다. 초기불전연구원 윤문팀의 세심한 교정에 힘입어 그동안 세 번에 걸친 교정 시안을 만들었고 이제 그 작업을 마무리하게 되었다.

본서의 출판 작업을 마무리하면서 감사의 말씀을 드려야 하는 분들이 많다. 먼저 초기불전연구원 윤문팀 법우님들께 감사드린다. 이렇게 오역과 탈역, 오자와 탈자를 바로 잡아 더 완성된 모습으로 본서를 출간할 수 있게 된 것은 초기불전연구원 윤문팀 법우님들의 노고가 있었기 때문이다. 윤문팀의 윗자부미 정춘태, 자나난다 송영상, 담마고사 조현보, 무디따 최혜륜, 말리까 이근순, 사마와띠 강인숙, 와지라냐나 이정인, 아리야와사 남성란, 케마와띠 김학란, 웃따마 정재은, 수완나 김청, 빤냐와띠 송민영, 담마짜리 유미경, 청산 배정웅 법우님께 깊이 감사드린다. 2014년 4월 27일에 첫모임을 가진 초기불전연구원 윤문팀은 그동안 한 달에 두 번씩 모여서 지속적으로 윤문을 해왔다. 그 가운데 2016년 5월부터 2017년 2월까지는 『아비담마 길라잡이』에 대한 토론과 윤문에 집중하였다. 이러한 노고에 힘입어 이렇게 전정판을 출판하게 된 것이다.

아울러 본원에서 출간한 4부 니까야와 『담마상가니』에 이어 본서까지 크나큰 신심으로 꼼꼼한 교정을 해 주신 김성경 법우님과 수단따 정양숙 법우님께도 깊은 감사를 드린다. 아비담마에 대한 열정과 이해를 가지신 혜찬 법우님께서도 최종 교정에 동참해주셨고 부산의 김지운 법우님께서도 꼼꼼하게 교정을 해주셨다. 두 분 법우님께도 감사드린다. 끝으로 아비담마에 대한 깊은 이해로 본서의 교정 시안을 정독하여 귀중한 제언들을 해주신 항원 오원탁 거사님께도 감사의 말씀을 드린다.

이처럼 많은 법우님들의 노력과 정성과 헌신이 없었더라면 본서는 출간될 수 없었을 것이다. 다시 한 번 감사의 말씀을 드린다. 그리고 매번 윤문팀의 운영 경비를 보시해 주시고 본서의 출판비도 보시를 해주신 최동엽 거사님 내외분께 감사드린다. 윤문팀의 운영 경비를 보시해 주시는 정춘태 거사님, 본서의 출판을 위해서 정재를 보시해 주신 채병화 불자님과 고정곤 불자님, 사마와띠 강인숙 법우님, 아리야와사 남성란 법우님께도 감사드린다. 아울러 미수(米壽, 88세)를 맞으신 친정 노모 진윤덕 보살님께서 주신 희사금에다 노모의 건강을 발원하는 보시금을 더하여 본서의 출판 경비를 보시해주신 말리까 이근순 법우님께도 감사드린다. 산치대탑의 경행로를 깨달음에 이르는 길로 장엄하게 표상화한 본 전정판의 표지 디자인은 대림 스님의 막내 상좌로 대학에서 영상 디자인을 전공한 도과 스님이 직접 그려서 만든 것이다. 도과 스님에게도 감사의 말을 전한다.

10년이면 강산도 변한다고 했다. 『아비담마 길라잡이』 초판을 출간한 지 벌써 15년이나 되었다. 늦었지만 15년 만에 『아비담마 길라잡이』 전정판을 내게 된 데는 또 다른 이유가 있다. 그것은 이 『아비담마 길라잡이』 전정판을 출발점으로 지금까지 초기불전연구원에서 번역한 4부 니까야와 『청정도론』 등도 더 통일되고 더 완성된 형태의 개정판 혹은 전정판을 내려는 것이다. 빠알리 삼장 완역 불사를 위해서 가야 할 길은 아직도 너무 많이 남아있다. 남은 인생 게으르지 않고 더 열심히 역경 불사에 매진하도록 길을 열어주시기를 부처님께 엎드려 발원하면서 공동 역자이면서 초기불전연구원의 원장이신 대림 스님을 대신해서 쓴 『아비담마 길라잡이』 전정판 후기를 접는다.

이 땅에 부처님 원음이 오래오래 머물기를!

2017년 2월 15일

담마 곶자왈에서
각묵 삼가 씀

참고문헌

I. 『아비담맛타상가하』 빠알리 원본

Abhidhammatthasangaho and Abhidhammatthavibhāvinī-Ṭīkā (Dhammagiri-Pāli-Ganthamālā 133, Devanāgari edition of the Pāli text of the Chaṭṭha Saṅgāyana). Igatpuri: VRI, 1998.

Bodhi, Bhikkhu. *A Comprehensive Manual of Abhidhamma.* Kandy: BPS, 1993. (Pāli in Roman script with English translation)

The Caṭṭha Saṅghāyana CD-ROM edition (3th version). Igatpuri: VRI, 1997.

Saddhātissa, Hammalawa. The Abhidhammatthasangaha and the Abhidhammatthavibhāvinī-Ṭīkā. Oxford: PTS, 1989.

Rewata Dhamma, Bhadanta. Abhidhammattha Sangaha with Vibhāvinī-Ṭīkā. Varanasi, 1965. (Pāli in Devanaragi)

II. 『아비담맛타상가하』 주석서 빠알리 원본

(1) Abhidhammatthavibhāvinī-Ṭīkā by Acariya Sumangalasāmi

Abhidhammatthasangaho and Abhidhammatthavibhāvinī-Ṭīkā (Dhammagiri-Pāli-Ganthamālā 133, Devanāgari edition of the Pāli text of the Chaṭṭha Saṅgāyana). Igatpuri: VRI, 1998.

The Caṭṭha Saṅghāyana CD-ROM edition (3th version). Igatpuri: VRI, 1997)

Saddhātissa, Hammalawa. The Abhidhammatthasangaha and the Abhidhammatthavibhāvinī-Ṭīkā. Oxford: PTS, 1989.

Rewata Dhamma, Bhadanta. Abhidhammattha Sangaha with Vibhāvinī-Ṭīkā. Varanasi, 1965. (Pāli in Devanaragi)

(2) Paramatthadīpanī-Ṭīkā by Ledi Sayadaw

Ledi Sayadaw. Parmatthadīpanī Sangaha Mahā-Ṭīkā. Rangoon, 1907.

The Caṭṭha Saṅghāyana CD-ROM edition (3th version). Igatpuri: VRI, 1997)

III. 『아비담맛타상가하』 번역본

Bodhi, Bhikkhu. *A Comprehensive Manual of Abhidhamma.* Kandy: BPS, 1993. (Pāli in Roman script with English translation)

Nārada Mahāthera. *A Manual of Abhidhamma.* 4th ed. Kandy: BPS, 1980. (Pāli in Roman script with English translation)

Aung, Shwe Zan. *Compendium of Philosophy.* London: PTS, 1910, 1979.

Dhammagavesaka, Bhikkhu (尋法 比丘). 阿毗達摩概要精解. Hong-kong, 1999.

Silananda, U. *Hand-out for Lectures on Abhidhammattha Sangaha* (with 53 cassette tapes), San Jose, 1994.

IV. 빠알리 삼장 및 그 주석서와 복주서 빠알리 원본

The Dīgha Nikāya. 3 vols. edited by Rhys Davids, T. W. and Carpenter, J. E. First published 1890. Reprint. London. PTS, 1975.

Dīgha Nikāya Aṭṭhakathā (Sumaṅgalavilāsinī) 3 vols. edited by Rhys David, T. W. and Carpenter J. E. and Stede, W. PTS, 1886-1932.

The Majjhimā Nikāya. 3 vols. edited by Rhys Davids, T. W. and Carpenter, J. E. First published 1890. Reprint. London. PTS, 1975.

Majjhimā Nikāya Aṭṭhakathā (Papañcasūdanī) 3 vols. edited by Rhys David, T. W. and Carpenter J. E. and Stede, W. PTS, 1886-1932.

The Saṁyutta Nikāya. 5 vols. edited by Rhys Davids, T. W. and Carpenter, J. E. First published 1890. Reprint. London. PTS, 1991.

Saṁyutta Nikāya Aṭṭhakathā (Sāratthappakāsinī) 3 vols. edited by Rhys David, T. W. and Carpenter J. E. and Stede, W. PTS, 1886-1932.

The Aṅguttara Nikāya. 5 vols.

Vol. I and II, edited by Richard Morris, First published 1885. Reprint. London. PTS, 1961.

Vol III~V, edited by E. Hardy, First published 1897. Reprint. London. PTS, 1976.

Aṅguttara Nikāya Aṭṭhakathā (Manorathapūraṇī) 5 vols. edited by Max Walleser and Hermann Kopp, PTS, First published 1924-1956. Reprint. 1973-1977.

The Chaṭṭha Saṅghāyana CD-ROM edition (3th version). Igatpuri: VRI, 1998.

V. 빠알리 삼장 및 주석서 번역본

Dīgha Nikāya: Rhys Davids, T.W. and C.A.F. *Dialogues of the Buddha*. 3 vols. London: PTS, 1899-1921 Reprinted 1977.

Walshe, Maurice. *Thus Have I Heard: Long Discourse of the Buddha*. London: Wisdom Publications, 1987.

각묵 스님, 『디가 니까야』 (전 3권) 초기불전연구원, 2006, 4쇄 2014.

Majjhima Nikāya: Horner, I. B. *The Collection of the Middle Length Sayings*, PTS, 1954-59.

Ñāṇamoli Bhikkhu and Bodhi Bhikkhu. *The Middle Length Discourse of the Buddha*, Kandy: BPS, 1995.

대림 스님, 『맛지마 니까야』 (전 4권) 초기불전연구원, 2012, 2쇄 2015.

Saṁyutta Nikāya: Woodward, F. L. *The Book of the Kindred Sayings,* PTS, 1917-27.

Rhys Davids, C.A.F, and F.L. Woodward. *The Book of the Kindred Sayings.* 5 vols. London: PTS, 1917-30. Rhys Davids tr. 9(1917), 2(1922); Woodward tr. 3(1925), 4(1927), 5(1930).

Bodhi, Bhikkhu. *The Connected Discourses of the Buddha* (2 Vol.s). Wisdom Publications, 2000.

각묵 스님, 『상윳따 니까야』 (전 6권) 초기불전연구원, 2009, 3쇄 2016..

Aṅguttara Nikāya: Woodward and Hare. *Book of Gradual Sayings* (5 vols). London: PTS, 1932-38.

대림 스님, 『앙굿따라 니까야』 (전 6권) 초기불전연구원, 2006~2007, 3쇄 2016.

Vinaya Pitaka: Horner, I. B. *The Book of the Discipline.* 6 vols. London: PTS, 1946-66.

Dhammasangaṇi: Rhys Davids, C.A.F. *A Buddhist Manual of Psychological Ethics.* 1900. Reprint. London: PTS, 1974.

각묵 스님, 『담마상가니』 (전 2권) 초기불전연구원, 2016.

Vibhaṅga: Thiṭṭila, U. *The Book of Analysis* London: PTS, 1969.

Dhātukathā: Nārada, U. *Discourse on Elements.* London: PTS, 1962.

Puggalapaññatti: Law, B.C. *A Designation of Human Types.* London: PTS, 1922, 1979.

Kathāvatthu: Shwe Zan Aung and C.A.F. Rhys Davids. *Points of Controversy* London: PTS, 1915, 1979.

Paṭṭhana: U Nārada. *Conditional Relations* London: PTS, Vol.1, 1969; Vol. 2, 1981.

Atthasālinī (Commentary on the Dhammasāṅganī): Pe Maung Tin. *The Expositor* (2 Vol.s), London: PTS, 1920-21, 1976.

Sammohavinodanī (Commentary on the Vibhaṅga): Ñāṇamoli, Bhikkhu. *The Dispeller of Delusion.* Vol. 1. London: PTS, 1987; Vol. 2. Oxford: PTS, 1991.

Visuddhimagga: Ñāṇamoli, Bhikkhu. *The Path of Purification.* (tr. of Vism) Berkeley: Shambhala, 1976.

대림 스님, 『청정도론』 (전 3권) 초기불전연구원, 2004, 6쇄 2016.

VI. 사전류

(1) 빠알리 사전

Pāli-English Dictionary (PED), by Rhys Davids and W. Stede, PTS, London, 1923.

Pāli-English Glossary of Buddhist Technical Terms (NMD), by Ven. Ñāṇamoli, BPS, Kandy, 1994.

A Dictionary of the Pali Language (DPL), by R.C. Childers, London, 1875.

Buddhist Dictionary, by Ven. Ñāṇatiloka, Colombo, 1950.

Concise Pāli-English Dictionary (BDD), by Ven. A.P. Buddha-datta, 1955.

Dictionary of Pāli Proper Names (DPPN), by G.P. Malalasekera, 1938.

Critical Pāli Dictionary (CPD), by Royal Danish Academy of Sciences & Letters

A Dictionary of Pāli (Part I, II), by Cone, M. PTS. 2001.

(2) 기타 사전류

Buddhist Hybrid Sanskrit Grammar and Dictionary (BHD), by F. Edgerton, New Javen: Yale Univ., 1953.

Sanskrit-English Dictionary (MW), by Sir Monier Monier-Williams, 1904.

Practical Sanskrit-English Dictionary (DVR), by Prin. V.S. Apte, Poona, 1957.

Dictionary of Pāṇini (3 vols), Katre S. M. Poona, 1669.

A Dictionary of Sanskrit Grammar, Abhyankar, K. V. Baroda,

1986.

A Dictionary of the Vedic Rituals, Sen, C. Delhi, 1978.

Grammatik des Pali, Fahs, A. Verlag Enzyklopadie, 1989.

Puranic Encyclopaedia, Mani, V. Delhi, 1975, 1989.

Root, Verb-Forms and Primary Derivatives of the Sanskrit Language, by W. D. Wintney, 1957.

A Vedic Concordance, Bloomfield, M. 1906, 1990.

A Vedic Word-Concordance (16 vols), Hoshiarpur, 1964-1977.

An Illustrated Ardha-Magadhi Dictionary (5 vols), Maharaj, R. First Edition, 1923, Reprint: Delhi, 1988.

Abhidhāna Rājendra Kosh (*Jain Encyclopaedia,* 7 vols), Suri, V. First Published 1910-25, Reprinted 1985.

Prakrit Proper Names (2 vols), Mehta, M. L. Ahmedabad, 1970.

Āgamaśabdakośa (Word-Index of Aṅgasuttāni), Tulasi, A. Ladnun, 1980.

『불교사전』 운허용하 저, 동국역경원, 1989.

『梵和大辭典』 鈴木學術財團, 동경, 1979.

『佛教 漢梵大辭典』 平川彰, 동경, 1997.

『パーリ語佛教辭典』 雲井昭善 著, 1997

VII. 기타 참고문헌

Banerji, S. Chandra. *A Companion to Sanskrit Literature,* Delhi, 1989.

Basham, *History and Doctrines of the Ājivikas,* London, 1951.

Barua, B. M. *History of Pre-Buddhist Indian Philosophy,* Cal cutta, 1927.

____________, *Inacriptions of Aśoka(Translation and Glossary),* Calcutta, 1943, Second ed. 1990.

Bhandarkar Oriental Research Institute, edited, *The Mahābhārata* (4 vols), Poona, 1971-75.

Bodhi, Bhikkhu. *The Discourse on the All-Embracing Net of Views: The Brahmajāla Sutta(D1) and Its commentaries.* BPS, 1978.

____________, *The Discourse on the Fruits of Recluseship: The Sāmaññaphala Sutta(D2) and Its Commentaries,* BPS, 1989.

____________, *The Discourse on the Root of Existence: The Mūlapariyāya Sutta(M1) and its Commentaries,* BPS, 1980, 1992.

____________, *The Great Discourse on Causation: The Mahānidāna Sutta(D15) and its Commentaries,* BPS, 1984, 1995.

Bronkhorst, J. *The Two Traditions of Meditation in Ancient India,* Delhi, 1993.

Buddhist Publication Society(BPS), Wheel Series & Bodhi Leaves Series(고요한 소리에서 번역된 '법륜'과 '보리수 잎' 시리즈 포함)

Burlingame, E.W. *Buddhist Legends* (trans. of DhpA). PTS, 1921, 1969.

Cater, J. R. *Dhamma, Western Academic and Sinhalese Buddhist Interpretations - A Study of A Religious Concept.* Tkyo, 1978.

CBETA Chinese Electronic Tripitaka Collection, CD-ROM edition: Taisho Tripitaka(大正新修大藏經) Vol.1-55 & 85; Shinsan Zokuzokyo(Xuzangjing) Vol. 1-88, Chinese Buddhist Electronic Text Association(CBETA, 中華電子佛典協會), Taipei, 2008.

Cha, M. H. *A Study in Paramatthamañjūsa (With Special Reference to Paññā),* Pune University, 2001.(대림 스님 박사학위 청구논문)

Chapple, Christopher. *Bhagavad Gita (English Tr.), Revised Edition* New York, 1984.

Collins, S. *Nirvana and Other Buddhist Felicities: Utopias of the Pali Imaginaire.* Cambridge, 1998.

________, *Selfless Persons: Imagery and Thought in Theravāda*

Buddhism. Cambridge 1982.

Cowell, E.B. ed. *The Jātakas or Stories of the Buddha's Former Births,* 6 vols, 1895-1907. Reprint, 3 vols. PTS, 1969.

Cowell, E.B. and R.A. Neil, eds. *Divyāvadāna,* Cambridge 1886.

Deussen, Paul. *Sixty Upanisads of the Veda.* Delhi, 1980.

Dhammajoti(法光), Bkikkhu. Entrance into the Supreme Doctrine, University of Kelaniya, 1998.(한문본 『入阿毗達磨論』의 영역과 주해)

Dutt, Nalinaksha. *Buddhist Sects in India.* Delhi, 1978.

Eggeling, J. *Satapatha Brahmana* (5 Vol.s SBE Vol. 12, 26, 41, 43-44), Delhi, 1989.

Enomoto, Fumio. *A Comprehensive Study of the Chinese Saṁyuktāgama. Part 1: Saṁgītanipāta.* Kyoto 2994.

Ehara, Rev. N.R.M & Soma Thera, *The Path of Freedom (Vimittimagga) by the Arahant Upatissa,* BPS, 1977.

Fahs, A. *Grammatik des Pali,* Verlag Enzyklopadie, 1989.

Fairservis W. A. *The Harappan Civilization and Its Writing,* Delhi, 1992.

Fuminaro, Watanabe. *Philosophy and its Development in the Nikāyas and Abhidhamma,* Delhi, 1982.

Geiger, W. *Mahāvaṁsa or Great Chronicle of Ceylon.* PTS.

________. *Cūḷavaṁsa or Minor Chronicle of Ceylon (or Mahāvaṁsa Part II),* PTS.

________. *Pali Literature and Language,* English trans. By Batakrishna Ghosh, 1948, 3th reprint. Delhi, 1978.

Geiger, Wilhelm. *A Pāli Grammar.* Rev. ed. by K.R. Norman. PTS, 1994.

Gethin, R.M.L. *The Buddhist Path to Awakening, A Study of the Bodhi-Pakkhiyā Dhammā.* Leiden, 1992.

Gnanarama, Ven. P. *An Approach to Buddhist Social Philosophy,* BPS, 1996.

Gombrich, Richard F. *How Buddhism Began: The Conditioned*

Genesis of the Early Teachings. London, 1996.

__________________. "Old Bodies Like Carts." *Journal of the Pali Text Society* 11(1987): 1-3.

Gunaratana. *The Jhānas in Theravada Buddhist Meditation,* Kandy: BPS, 1978.

Hamilton, Sue. *Identity and Experience: The Constitution of the Human Being according to Early Buddhism.* London, 1996.

Harvey, Peter. *The Selfless Mind: Personality, Consciousness, and Nirvāṇa in Early Buddhism.* Curzon, 1995.

____________. "Signless Meditation in Pāli Buddhism." *Journal of the International Association of Buddhist Studies* 9(1986): 28-51.

Hinüber, Oskar von. *A Handbook of Pāli Literature*, Berlin, 1996.

__________________. *Selected Papers on Pāli Studies,* Oxford: PTS, 1994.

Hoernle, A.F.R. *Manuscript Remains of Buddhist Literature Fond in Eastern Turkestan.* Oxford 1916.

Horner I. B. *Early Buddhist Theory of Man Perfected,* 1937.

__________. *Milinda's Questions* (tr. of Mil). 2 vols. London: PTS, 1963-64.

International Buddhist Research & Information Center(IBRIC). *Ti-pitaka, The SLTP CD-ROM edition,* 2005.

Ireland, John D. *Saṁyutta Nikāya: An Anthology,* Part I (Wheel No. 107/109). Kandy: BPS, 1967.

______________. *Vaṅgīsa: An Early Buddhist Poet* (Wheel No. 417/418). Kandy: BPS, 1997.

Jacobi, H. *Jaina Sūtras* (SBE Vol.22), Oxford, 1884, Reprinted 1989.

Jambuvijaya, edited by Muni, *Āyāraṅga-Suttam,* Bombay, 1976.

____________________________, *Sūyagaḍaṅga-Suttam,* Bombay,

1978.

Jayatileke, K.N. *Early Buddhist Theory of Knowledge.* London, 1963.

Jayawardhana, Somapala. *Handbook of Pali Literature,* Colombo, 1994.

Jha, Ganganath. *Tattva-Kaumudi — Vacaspati Misra's Commentary on the Samkhya-Karika Text & English Translation.* Poona, 1965.

Jones, J.J., trans. *The Mahāvastu.* 3 vols. London, 1949-56.

Kangle, R. P. *The Kauṭilīya Arthaśāstra* (3 vols), Bombay, 1969.

Kim, Wan Doo. *The Theravādin Doctrine of Momentariness, A Survey of its Origin and Development,* University of Oxford, 1999.(미산 스님 박사학위 청구논문)

Kloppenborg, Ria. *The Paccekabuddha: A Buddhist Ascetic.* BPS Wheel No. 305/307, 1983.

Lalwani, K. C. *Kalpa Sūtra,* Delhi, 1979.

Law, B.C. *History of Pali Literature.* London, 1933 (2 Vol.s)

Ledi Sayadaw. *The Manual of Dhamma,* Igatipur:VRI, 1999 (First Indian Edition)

Macdonell, A. A., *Vedic Grammar for Students,* 1957.

Macdonell, A.A., and Keith. *Vedic Index of Names and Subjects.* 2 vols., 1912. Reprint, Delhi, 1958.

Mahāprajña, Yuvācārya, *Uvaṅga Suttāṇi* (IV, Part I), Ladnun, 1987.

Malalasekera, G. P. *The Pali Literature of Ceylon,* 1928. Reprint. Colombo, 1958.

Manné, Joy. *"Categories of Sutta in the Pāli Nikāyas and Their Implications for Our Appreciation of the Buddhist Teaching and Literature."* Journal of the Pali Text Society 15(1990): 29-87.

__________. *"On a Departre Formula and its Translation."*

Buddhist Studies Review 10(1993): 27-43.

Masefield, Peter. *The Udāna Commentary* (tr. of UdA). 2 vols. Oxford: PTS, 1994-5.

Mills, Laurence C.R. *"The Case of the Murdered Monks."* Journal of the Pali Text Society 16(1992):71-75.

Müller, F. Max. *The Upanishads.* 2 vols. Reprint, Delhi, 1987.

Ñāṇamoli, Bhikkhu. *The Guide* (tr. of Nett). London:PTS, 1962.

________________. *The Life of the Buddha according to the Pali Canon.* 1972.

________________. *The Middle Length Discoursed of the Buddha* (tr. of Majjhima Nikāya, ed. and rev. by Bhikkhu Bodhi), Boston; Kandy: BPS, 1995.

________________. *Mindfulness of Breathing (ānāpānasati).* Kandy: BPS, 1964.

________________. *Minor Reading and the Illustrator of Ultimate Meaning* (tr. of Khp and KhpA). London: PTS, 1962.

________________, *The Path of Purification.* (tr. of Vism) Berkeley: Shambhala, 1976.

Ñāṇananda, Bhikkhu. *The Magic of the Mind: An Exposition of the Kālakārāma Sutta.* Kandy: BPS, 1974.

__________________. *Saṁyutta Nikāya: An Anthology,* Part II (Wheel No. 183/185). Kandy: BPS, 1972.

Naimicandriya, Commented by, *Uttarādhyayana-Sūtra,* Valad, 1937.

Nandamala, U Ven. *The Fundamental Abhidhamma,* Maryland, 1997.

Nārada Mahāthera. *A Manual of Abhidhamma.* 4th ed. Kandy: BPS, 1980. (Pāli in Roman script with English translation)

Norman, K.R. *Collected Papers* (5 vols), Oxford, 1990-93.

___________. *Elders' Verses I* (tr. of Thag). London: PTS, 1969.

____________. *Elders' Verses II* (tr. of Thig). London: PTS, 1971.

____________. *The Group of Discourses(SUTTA-NIPĀTA) Vol. II*, London: PTS, 1992.

____________. *Pāli Literature Including the Canonical Literature in Prakrit and Sanskrit of All the Hīnayāna Schools of Buddhism*, Wiesbaden, 1983.

Nyanaponika Thera. Ven. *Abhidhamma Studies*, Kandy: BPS, 1998.

________________________ *The Heart of Buddhist Medition.* London, 1962; BPS, 1992.

Nyanaponika Thera and Hellmuth Hecker. *Great Disciples of the Buddha: Their Lives, Their Works, Their Legacy.* Boston; Kandy: BPS, 1997.

Nyanatiloka Thera. *Guide through the Abhiddhamma Piṭaka*, Kandy: BPS, 1971.

Nyanissara, Ven. Ashin. *A Short Biography of the Venerable Ledi Sayadaw.* Yangon, 1999.

Pe Maung Tin. *The Path of Purity.* P.T.S. 1922 (Vol. I), 1928 (Vol. II), 1931 (Vol. III)

_____________, *The Expositor* (2 Vol.s). (tr. of Atthasālinī), London: PTS, 1920-21, 1976.

Pruitt, William. *Commentary on the Verses of the Theris* (tr. of ThigA). Oxford: PTS, 1998.

______________. edited by, Norman, K. R. translated by, *The Pātimokkha*, London: PTS, 2001.

Radhakrishnan, S. *Indian Philosophy*, 2 vols Oxford, 1991.

________________. *Principal Upanisads.* Oxford, 1953, 1991.

Rāhula, Walpola Ven. *What the Buddha Taught*, Colombo, 1959, 1996.

______________________. *History of Buddhism in Ceylon.* Colombo 1956, 1993.

Rewata Dhamma. *The First Discourse of the Buddha: Turning the Wheel of the Dhamma.* Boston, 1997.

Rhys Davids, C.A.F, and F.L. Woodward. *The Book of the Kindred Sayings* (tr. of Saṁyutta Nikāya). 5 vols. London: PTS, 1917-30. Rhys Davids tr. 9(1917), 2(1922); Woodward tr. 3(1925), 4(1927), 5(1930).

Rhys Davids, T.W. *Buddhist India.* 1903. Reprint, Delhi, 1997.

Rhys Davids, T.W. and C.A.F. *Dialogues of the Buddha* (tr. of Dīgha Nikāya). 3 vols. London: PTS, 1899-1921.

Senart, edited, *Mahāvastu.* 3 vols. Paris, 1882-97.

Silananda, Ashin. *Mahasi Biography.* (English trans. by U Min Swe), Yangon, 1982.

Soma Thera, *The Way of Mindfulness,* 5th ed. Kandy: BPS, 1981.

Thomas, E. J. *The Life of the Buddha,* 1917, reprinted 1993.

Thittila, Ashin. *The Book of Analysis* (tr. of Vibh). London: PTS, 1969.

Umasvami, Acharya. *Tattvarthadhigama Sutra.* Delhi, 1953.

Vasu, Srisa Chandra. *Astadhyayi of Panini* (2 Vol.s). Delhi, 1988.

Vipassana Reserach Institute. *Ti-pitaka, The Caṭṭha Saṅghāyana CD-ROM edition* (3th version). Igatpuri: VRI, 1998.

Walshe, Maurice. *The Long Discourses of the Buddha* (tr. of Dīgha Nikāya). Boston, 1987, 1995.

______________. *Saṁyutta Nikāya: An Anthology,* Part III (Wheel No. 318/321). Kandy: BPS, 1985.

Warren, Henry C. & Dhammananda Kosambi. *Visuddhamagga,* Harvard Oriental Series (HOS), Vol. 41, Mass., 1950.

Wijesekera, O.H. de A. *Buddhist and Vedic Studies.* Delhi, 1994.

Winternitz, M. *History of Indian Literature* (3 vols), English trans. by Batakrishna Ghosh, Revised edition, Delhi, 1983.

Witanchchi, C. *"ānanda." Encyslopaedia of Buddhism,* Vol. I fasc. 4. Coombo, 1965.

Warder, A.K. *Indian Buddhism*, 2nd rev. ed. Delhi, 1980.

Yardi, M.R. *Yoga of Patañjali.* Delhi, 1979.

각묵 스님, *Development of the Vedic Concept of Yogakśema.*『현대와 종교』 20집 1호, 대구, 1997.

________, 「간화선과 위빳사나, 무엇이 같고 다른가」『선우도량 제3호』 2003.

________, 『금강경 역해』 (금강경 산스끄리뜨 원전 분석 및 주해), 불광사 출판부, 2001, 5쇄 2009.

________, 『네 가지 마음챙기는 공부』 초기불전연구원, 2003, 개정판 4쇄 2013.

________, 『담마상가니』 (전 2권) 초기불전연구원, 2016.

________, 『디가 니까야』 (전 3권) 초기불전연구원, 2006, 4쇄 2014.

________, 「범본과 한역 <금강경>의 내용 검토」『승가학보 제8집』 조계종 교육원, 2008.

________, 『상윳따 니까야』 (전 6권) 초기불전연구원, 2009, 3쇄 2016.

________, 『초기불교이해』 초기불전연구원, 2010, 5쇄 2015.

________, 『초기불교입문』 이솔, 2014.

구나라뜨나(V. F. Gunaratna), 구창모 옮김, 『우리는 어떤 과정을 통하여 다시 태어나는가』 (법륜 13), 고요한소리, 2013.

권오민, 『아비달마 구사론』 (전 4권) 동국역경원, 2002, 2쇄 2007.

_____, 『아비달마 불교』 민족사, 2003.

김묘주 옮김, 『성유식론 외』 동국역경원, 2006.

김성철 옮김, 『중론』 불교시대사, 2004.

김인덕 지음, 『중론송 연구』 불광출판부, 2000.

김윤수 옮김, 『주석 성유식론』 한산암, 2006.

나까무라 하지메 지음, 김지견 옮김 『불타의 세계』 김영사, 2005.

대림 스님, 『들숨날숨에 마음챙기는 공부』 초기불전연구원, 개정판 3쇄 2011.

________, 『맛지마 니까야』 (전 4권) 초기불전연구원, 2012, 2쇄 2015.

________, 『앙굿따라 니까야』 (전 6권) 초기불전연구원, 2006~2007, 3쇄 2016.
________, 『염수경 — 상응부 느낌편』 고요한소리, 1996.
________, 『청정도론』 (전 3권) 초기불전연구원, 2004, 6쇄 2016.
라다끄리슈난, 이거룡 옮김, 『인도 철학사』 (전 4권) 한길사, 1999.
마쓰타니 후미오, 이원섭 역, 『아함경 이야기』 1976, 22쇄 1997.
____________, 이원섭 역, 『불교개론』 현암사, 2001.
박인성, 『중론 연구』 민족사, 2000.
백도수, 「팔리 논장의 논모(Mātikā)에 대한 연구」 (2009, 『불교학보』 pp.9~32)
비구 보디, 전병재 옮김, 『팔정도』 (법륜 18), 고요한소리, 개정판 5쇄 2016.
뿔라간들라 R. 이지수 역, 『인도철학』 민족사, 1991.
삐야다시 스님, 김재성 옮김, 『부처님, 그분』 고요한소리, 1990.
__________, 소만 옮김, 『마음 과연 무엇인가』 고요한소리, 1991.
사토우 미츠오, 김호성 역, 『초기불교교단과 계율』 민족사, 1991.
에띠엔 라모뜨, 호진 스님 옮김, 『인도불교사』 1/2 시공사, 2006
와타나베 후미마로 지음, 김한상 옮김, 『니까야와 아비담마의 철학과 그 전개』 동국대학교출판부, 2014.
이재숙, 『우파니샤드』 (전 2권) 한길사, 1996.
일창 스님, 『부처님을 만나다』 이솔, 2012.
赤沼智善, 『漢巴四部四阿含互照錄』 나고야, 소화4년.
中華電子佛典協會, CBETA 電子佛典集(CD-ROM), 台北, 2008.
平川 彰, 이호근 역, 『印度佛敎의 歷史』 (전 2권) 민족사, 1989, 1991.
_______, 권오민 옮김, 『초기・부파불교의 역사』 민족사, 1989.
_______, 박용길 역, 『율장연구』 토방, 1995.

빠알리-우리말-영어 색인

◎ 일러두기

빠알리어 색인은 알파벳 어순을 따랐음.
영어는 CMA의 PALI-ENGLISH GLOSSARY를 따랐음.
CMA에 언급되지 않은 것은 NMD와 "The Path of Purification"을 따랐음.

【A】

abbocchinna, 끊임없이, uninterruptedly
abhijjhā, 간탐, covetousness
abhiññā, 신통지, direct knowledge
abhinava, 새로운, renewing
abhinivesa, 천착, 독단적인 신조, dogmatic belief
abhisaṅkhipita, 덩어리진, heaped together
abyākata/avyākata, 결정할 수 없는[無記], (kammically) indeterminate
accuta, 불사(不死), deathless state
addhāna, 시간, 기간, duration
addhuva, 견고하지 못한, impermanence
adhimokkha, 결심, decision
adhipati, 지배, predominant
adhipati-paccaya, 지배[增上]하는 조건, predominance condition
adhiṭṭhāna, 활동무대, 머묾, 결정, ① locus, foundation ② resolution
adinnādāna, 도둑질[偸盜], stealing
adosa, 성냄 없음[不嗔], non-hatred
adukkhamasukha, 괴롭지도 즐겁지도 않은 [느낌], neither-painful-nor-pleasant (feeling)
ahetuka, 원인 없는 [마음], rootless
ahiṁsa, 불해, not hurting
ahirika, 양심 없음[無慘], shamelessness

ahosi-kamma, 효력을 상실한 업, defunct kamma
ajjhatta, 안, internal
ajjhattika, 안의, internal
akaniṭṭhā, 색구경천(色究境天), Highest Realm
akāla-maraṇa, 불시의 죽음, untimely death
akiriya-diṭṭhi, 업의 과보를 부정하는 견해, inefficacy of action view
akusala, 해로운[不善], unwholesome
alobha, 탐욕 없음[不貪], non-greed
amoha, 어리석음 없음[不痴], non-delusion
aṅga, 구성요소[각지], factor
aññamañña-paccaya, 서로 지탱하는 조건, mutuality condition
aññasamāna, 다른 것과 같아지는 [것], ethically variable (mental factor)
aññathatā, 변화, alteration
aññā, 구경의 지혜, final knowledge
aññātāvindriya, 구경의 지혜를 구족한 기능[具知根], faculty of one who has final knowledge
aññindriya, 구경의 지혜의 기능[已知根], faculty of final knowledge
anaññātaññassāmītindriya, 구경의 지혜를 가지려는 [기능], faculty "I will know the unknown"
anantara-paccaya, 틈 없는 조건[無間緣], proximity condition
anattā, 무아, non-self
anāgata, 미래, future
anāgāmī, 불환자(不還者), non-returner
anicca, 무상, impermanent
aniccatā, 무상함, impermanence
animitta, 표상 없음[無相], signless
anipphanna, 추상적 [물질], non-concretely produced (matter)
aniṭṭha, 원하지 않는, undesirable
aniyatayogī, 고정되지 않은, 확정되지 않은, unfixed adjunct
anottappa, 수치심 없음[無愧], fearlessness of wrongdoing
antarakappa, 중간겁, interim aeon
anubhavana, 경험함, experiencing
anuloma, 수순(隨順), conformity
anuloma-ñāṇa, 수순하는 지혜, knowledge of conformity
anupassanā, 관찰[隨觀], contemplation

anupādisesa, 무여(無餘)[열반], without residue remaining (Nibbāna element)
anusaya, 잠재성향, latent disposition
anussati, 계속해서 생각함[隨念], 기억, recollection
anuttara, 출세간, 위없는, supramudane
aṇḍaja, 난생, egg-born being
aparāpariyavedanīya, 받는 시기가 확정되지 않은 업, indefinitely effective (kamma)
apāyabhūmi, 악처(惡處), woeful plane
apilāpana, 깊이 들어감, non-drifting
appahātabba, 버릴 수 없음, not to be abandoned
appamaññā, 무량[四無量], illimitable
appamāṇasubhā, 무량정천, Realm of Infinite Aura
appamāṇābhā, 무량광천, Realm of Infinite Lustre
appanā, 본[삼매], absorption
appaṇihita, 원함 없음[無願], desireless
appaṭigharūpa, 부딪힘이 없는 물질, non-impinging matter
arahant, 아라한, Arahant(liberated one)
arahatta, 아라한됨, Arahantship
arati, 싫어함, non-delight
ariya, 성자(聖者), noble, noble one
ariyasacca, 성스러운 진리[四聖諦], noble truth
arūpa, 무색계, immaterial
arūpāvacara, 무색계, immaterial sphere
asaṅkhata, 형성되지 않은[無爲], unconditioned
asaṅkhārika, 자극받지 않은, unprompted (consciousness)
asaṅkheyya-kappa, 아승지겁, incalculable aeon
asaññāsatta, 무상유정(無想有情), 인식이 없는 중생, non-percipient being
asaññāsattā, 무상유정천(無想有情天), realm of non-percipient beings
asāraka, 실체가 없음, coreless
asekkha, 무학, one beyond training (i.e. an Arahant)
assāda, 달콤함, 맛, taste
asubha, 더러움, 부정(不淨), foulness
asura, 아수라, asura (“titan”)
atappā, 무열천(無熱天), Serene Realm
ati-iṭṭha, 열렬히 원하는, extremely desirable

atimahanta, 매우 큰 [대상], very great (object)
atiparitta, 매우 작은 [대상], very slight (object)
atiparittaṁ, 매우 작은, very slight
atīta, 과거의, 지나간, past
atītabhavaṅga, 지나간 바왕가, past life-continuum
attavāda, 자아의 교리, doctrine of self
attā, 자아, self
attha, 이치, 뜻, ① benefit, good ② meaning ③ purpose, aim, goal, need
atthapaññatti, 뜻으로서의 개념[意施設], concept-as-meaning
atthi-paccaya, 존재하는 조건, presence condition
atula, 비할 데 없는, peerless
aṭṭhakathā, 앗타까타, 주석서, commentary
avacara, 영역, sphere
avibhūta, 희미한 [대상], obscure (object)
avigata-paccaya, 떠나가지 않은 조건, non-disappearance condition
aviha, 무번천(無煩天), Durable Realm
avijjamāna-paññatti, 진실하지 않은 개념, concept of the unreal
avijjā, 무명, ignorance
avinibbhogarūpa, 분리할 수 없는 물질, inseparable material phenomena

【Ā】

ābhassarā, 광음천(光音天), Realm of Radiant Lustre
ācariya, 스승, teacher
ācaya, 시작, setting-up (of matter)
āciṇṇa, 습관적인 [업], habitual (kamma)
ādikammika, 초심자, beginner
ādīnava, 위험, danger
ādīnava-ñāṇa, 위험의 지혜, knowledge (of fearful things) as dangerous
āgantuka-bhavaṅga, 외래의 바왕가, adventitious bhavaṅga
āhāra, 음식, food, nutriment
āhāra-paccaya, 음식이라는 조건, nutriment condition
ājīva, 생계, livelihood
ājīvapārisuddhi-sīla, 생계의 청정에 관한 계, virtue consisting in purity of

livelihood
ākāra, 형태, 상태, 모양, 구조, mode
ākāsa, 허공, space
ākāsānañcāyatana, 공무변처, base of infinite space
ākiñcaññāyatana, 무소유처, base of nothingness
ālambaṇa, 대상, object
ālaya, 욕망, 장소, desire, abode
āloka, 빛, 광명, light
ānantariyakamma, 무간업, heinous crime
ānāpānassati, 들숨날숨에 대한 마음챙김, mindfulness of breathing
ānisaṁsa, 이로움, profit, advantage
āpatti, 계를 범함, offense
āpātha, 영역 (감각의 문의 ~), avenue (of sense)
āpo, 물, water
āpodhātu, 물의 요소[水界], water element
ārakkha, 보호함, protection
ārammaṇa, 대상, object
ārammaṇa-paccaya, 대상이라는 조건, object condition
āruppa, 무색계 [마음], 무색의, immaterial (sphere or state)
āsanna, 임종에 다다라 지은 [업], death-proximate (kamma)
āsava, 번뇌[漏], taint
āsevana-paccaya, 반복하는 조건, repetition condition
āvajjana, 전향, adverting
āviñchana, 끌어당김, pick up
āyatana, 장소[處], 감각장소[處], base
āyu, **āyuppamāṇa**, 수명, 수명의 한계, life-span

【B】

bahiddhā, 밖의, external
bala, 힘[五力], power
bāhira, 밖의, external
bāhulla, 주로, 대부분, generally
bhaṅga, 무너짐[壞], dissolution; dissolution (sub-moment)

bhaṅga-ñāṇa, 무너짐의 지혜, knowledge of dissolution
bhava, 존재[有], existence
bhavaṅga, 바왕가(존재지속심), life-continuum
bhaya, 공포, 두려움, fear, fearful
bhaya-ñāṇa, 공포의 지혜, knowledge (of dissolving things) as fearful
bhāva, 상태, state
bhāvanā, 수행, meditation, development
bhāvarūpa, 성의 물질, sexual material phenomena
bhūmi, 경지[地], 존재하는 곳, plane (of existence or of consciousness)
bhūta, 존재하는, ① been; ② actually existing; ③ entity (the 4 maha-); ④ living being
bhūtarūpa, 근본물질[四大], essential matter
bodhipakkhiya-dhamma, 보리분법(菩提分法), 깨달음의 편에 있는 법, requisite of enlightenment
bojjhaṅga, 깨달음의 구성요소[七覺支], factor of enlightenment
brahma, 범천, Realm of Brahmā
brahmapārisajjā, 범중천, Realm of Brahmā's Retinue
brahmapurohitā, 범보천, Realm of Brahmā's Ministers
brahmavihāra, 거룩한 마음가짐[梵住], divine abodes
buddhānussati, 부처님을 계속해서 생각함, recollection of the Buddha

【C】

cakkavāḷa, 우주[輪圍山], world sphere
cakkhu, 눈[眼], eye
carita, 기질, temperament
cāgānussati, 보시를 계속해서 생각함, recollection of generosity
cātumahārājika, 사대왕천[四王天], Realm of the Four Great Kings
cetanā, 의도, volition
cetasika, 마음부수[心所], mental factor
chanda, 열의[欲], desire (to do or to attain)
citta, 마음[心], consciousness
cittasantāna, 마음의 흐름[心相續], stream of consciousness
citta-visuddhi, 마음의 청정[心淸淨], purification of mind

cittavīthi, 인식과정, cognitive process
cittāviyuttā, 마음부수, mental adjuncts
cittuppāda, 마음의 일어남, consciousness, act or state of consciousness
cuti, 죽음, death
cuticitta, 죽음의 마음, death consciousness
cūḷa-sotāpanna, 작은 수다원, lesser stream-enterer

【D】

dasaka, 열 개 조, decad
dassana, 봄[見], ① seeing; ② vision (as knowledge)
dāna, 보시, giving
deva, 천신, god
devatānussati, 천신을 계속해서생각함, recollection of devas
dhamma, 법(法), ① Dhamma (i.e. Buddha's teaching); ② phenomenon, state; ③ mental object
dhammavicaya, 법을 간택함[擇法], investigation of states (enlightenment factor)
dhātu, 요소[界], element
dibbacakkhu, 천안통, divine eye
dibbasota, 천이통, divine ear
diṭṭhadhammavedanīya, 금생에 받는 [업], immediately effective (kamma)
diṭṭhi, 견해(그릇된 ~), view, wrong view
diṭṭhigata, 그릇된 견해, wrong view
diṭṭhi-visuddhi, 견해의 청정[見淸淨], purification of view
domanassa, 불만족, displeasure
dosa, 성냄[嗔], hatred
duggati, 악도, 악처, 비참한 곳, woeful plane
dukkha, 괴로움[苦], 고통[苦], ① suffering; ② pain, painful (feeling)
dvāra, 문(門), door
dvāravimutta, 문에서 벗어난 것, door-freed
dvipañcaviññāṇa, 한 쌍의 전오식(前五識), two sets of five-fold sense consciousness

【E】

ekaggatā, 집중, one-pointedness

【G】

gandha, 냄새, smell
gantha, 매듭, knot
gaṇa, 무리, company, group
gaṇanā, 계산, 숫자, reckoning
garuka, 무거운 [업], weighty (kamma)
garukata, 선명한 [대상], prominent
gati, 태어날 곳, destiny
gatinimitta, 태어날 곳의 표상, sign of destiny
ghāna, 코[鼻], nose
ghāyana, 냄새 맡음, smelling
gocara, 대상, object
gocaraggāhika, 대상을 취하는 [물질], taking objects
gocararūpa, 대상의 물질, objective matter
gotrabhū, 종성(種姓), change-of-lineage

【H】

hadayavatthu, 심장토대, heart-base
hasana, 미소를 일으킴, smiling
hasituppāda, 미소짓는 [마음], smile-producing (consciousness)
hetu, 원인[因], root
hetu-paccaya, 원인이라는 조건, root condition
hiri/hirī, 양심, shame

【I】

idaṁsaccābhinivesa, 이것만이 진리라는 독단적 신조, dogmatic belief that "This

alone is the truth"
iddhipāda, 성취수단[如意足], means to accomplishment
iddhividha, 신통변화[神足通], supernormal powers
indriya, 기능[根], faculty
indriya-paccaya, 기능이라는 조건, faculty condition
iriyāpatha, 자세[威儀], bodily posture
issā, 질투, envy
itthatta/itthibhāva, 여성, femininity
iṭṭha, (보통으로) 원하는, desirable
iṭṭhamajjhatta, 중간으로 원하는 것, desirable-neutral

【J】

jalābuja, 태생[胎生], womb-born being
janaka, 생산[업], productive (kamma)
jaratā, 쇠퇴, 늙음[老], decay
jarāmaraṇa, 늙음 · 죽음[老死], decay-and-death
javana, 자와나[速行], javana (i.e. active phase of cognitive process)
jāti, 태어남[生], 종류, birth
jhāna, 선(禪), jhāna (i.e. meditative absorption)
jhānaṅga, 禪의 구성요소, jhāna factor
jivhā, 혀[舌], tongue
jīvitarūpa, 생명의 물질, material phenomenon of life
jīvitindriya, 생명기능[命根], life faculty
juṭṭha, 경험된, fostered

【K】

kabaḷīkāra āhāra, 덩어리진 [먹는] 음식[段食], edible food
kalāpa, 깔라빠, 무리, group
kamma, 업, kamma, action, deed
kammaññata, 적합함[適業性], wieldiness
kamma-nimitta, 업의 표상, sign of kamma

kamma-paccaya, 업이라는 조건, kamma condition
kamma-patha, 업의 길[業道], course of kamma
kammaṭṭhāna, 명상주제, meditation subject
kampana, 흔들림, shaking, wavering
kaṅkhāvitaraṇa-visuddhi, 의심을 극복함에 의한 청정[渡疑清淨], purification by overcoming doubt
kappa, 겁(劫), aeon
karuṇā, 연민[悲], compassion
kasiaṇa, 까시나, kasina (meditation device)
kaṭattā, 이미 지은 [업], reserve (kamma)
kāla, 시간, time
kālavimutta, 시간을 벗어난, independent of time
kāma, 감각적 쾌락, ① sense (sphere), sensuous (plane) ; ② sensual (desire or pleasure)
kāma-bhūmi, 욕계세상, 욕계의 경지, sensuous plane
kāma-loka, 욕계세상, sensuous world
kāmāvacara, 욕계, sense sphere
kāraṇa, 이유, 원인, ① act of causing to do; ② instrument; ③ cause, reason; ④ case, instance
kāya, 몸(마음부수), body (physical or mental)
kāya-gantha, 몸의 매듭, bodily knot
kāyagatāsati, 몸에 대한 마음챙김, mindfulness occupied with the body
kāya-viññatti, 몸의 암시, bodily intimation
ketukamyatā, 허영심, vainglory
khandha, 무더기[蘊], aggregate
khaṇa, 찰나(刹那), 순간, moment; sub-moment
khaṇika-samādhi, 찰나삼매, momentary concentration
khaya, 파괴됨, 다함, 소멸, destruction
khīṇāsava, 번뇌 다한 자, one with the total abandonment of defilements
kicca, 역할, 기능, 일, function
kilesa, 오염원, defilement
kiriya, **kriyā**, 작용만 하는, functional
kolaṁkola, 성스러운 가문에서 성스러운 가문으로 가는, one who goes from noble family to noble family
kosajja, 게으름, idleness

koṭṭhāsa, 부분 (32가지 몸의 부분), portion
kucchita, 비열한, 넌더리나는, contemptible, vile
kukkucca, 후회, worry
kusala, 유익한[善], wholesome

【L】

lahutā, 가벼운, lightness
lajjā/lajji, 겸손한, modesty
lakkhaṇa, 특징, 특상, characteristic
lakkhaṇarūpa, 특징의 물질, characteristic of matter
lobha, 탐욕[貪], greed
loka, 세상, world
lokiya, 세간적인, mundane
lokuttara, 출세간, supramundane

【M】

macchariya, 인색, avarice
magga, 도(道), path
maggaṅga, 도의 구성요소, path factor
magga-paccaya, 도라는 조건, path condition
maggāmaggañāṇadassana-visuddhi, 도와 도 아님에 대한 지와 견에 의한 청정[道非道知見淸淨], purification by knowledge and vision as to what is the path and what is not the path
mahaggata, 고귀한, sublime
mahanta, 큰 [대상], great (object)
mahābhūta, 근본물질[四大], great essential (matter)
mahākiriya, 큰 작용만 하는 [마음], great functional (consciousness)
mahākusala, 큰 유익한 [마음], great wholesome (consciousness)
mahāvipāka, 큰 과보의 [마음], great resultant (consciousness)
majjhattatā, 중간에 서있음, neutrality
manasikāra, 마음에 잡도리함[作意], attention

mano, 마노/마음[意], mind
manodhātu, 마노의 요소[意界], mind element
manodvāra, 마노의 문[意門], mind door
manodvārāvajjana, 의문전향[意門轉向], mind-door adverting (consciousness)
manosañcetanā, 마노의 의도[意思], mental volition
manoviññāṇadhātu, 마노의 알음알이의 요소[意識界], mind-consciousness element
manussa, 인간, human being
maraṇa, 죽음[死], death
maraṇāsanna, 죽음에 직면한, 임종에 다다라 [지은 업], death-proximate
māna, 자만, conceit
mānasa, 마음, 정신작용, consciousness
mātika, 마띠까[論母], matrix or schedule of categories
mettā, 자애[慈], loving-kindness
micchādiṭṭhi, 그릇된 견해[邪見], wrong view
middha, 혼침, torpor
mogha, 효과가 없는 [과정], futile (cognitive process)
moha, 어리석음[痴], delusion
momūha, 순전히 어리석음, sheer delusion
muditā, 함께 기뻐함[喜], appreciative joy
mudutā, 부드러움, malleability
muñcitukamyata-ñāṇa, 해탈하기를 원하는 지혜, knowledge of desire for deliverance
muñcitukamyatā, 해탈하기를 원하는 [지혜], desire for deliverance
mūla, 뿌리, 뿌리박은, root

【N】

ñāṇa, 지혜[智], knowledge
ñāṇadassana-visuddhi, 지와 견에 의한 청정[知見清淨], purification by knowledge and vision
natthi, 존재하지 않은 조건, absence condition
navaka, 구원소, nonad
nāma, 정신[名], 이름, ① mind, mental; ② name

nāma-paññatti, 이름으로서의 개념[名施設], concept-as-name
nāma-rūpa, 정신 · 물질[名色], mind-and-matter
nānākkhaṇika-kamma-paccaya, 다른 찰나에 생긴 업이라는 조건, asynchronous kamma condition
nevasaññānāsaññāyatana, 비상비비상처, base of neither-perception-nor-non-perception
nibbāna, 열반, Nibbāna
nibbidā, 염오, disenchantment
nibbidā-ñāṇa, 염오의 지혜, knowledge of disenchantment (with all formations)
nikanti, 욕구, attachment
nimaddana, 완화, relieving
nimitta, 표상[相], sign
nimmānarati, 화락천, Realm of the Gods who rejoice in (their own) Creations
nipphanna, 구체적 [물질], concretely produced (matter)
niraya, 지옥, hell
nirodha, 소멸, 멸, cessation
nirodhasamāpatti, 멸진정, attainment of cessation
nissaya, 의지, 의지처, support
nissaya-paccaya, 의지하는 조건, support condition
niyama, 정해진 법칙, procedure
niyata, 고정된, 확정된, fixed
niyatayogī, 고정되어 결합함, fixed adjunct
nīvaraṇa, 장애[五蓋], hindrance

【O】

obhāsa, 광명, 밝음, 표시, aura
ogha, 폭류, flood
ojaṭṭhamaka, 영양소를 여덟 번째로 한 것, group with nutritive essence as eighth
ojā, 영양소, nutritive essence
oḷārikarūpa, 거친 물질, gross matter
omaka, 저열한 [업], inferior (kamma)
opapātika, 화생, beings having spontaneous birth
ottappa, 수치심, fear of wrongdoing

【P】

paccavekkhaṇa, 반조, reviewing
paccaya, 조건[緣], condition
paccayasannissita-sīla, 필수품에 관한 계, virtue connected with the use of the requisites
paccayasatti, 조건 짓는 힘, conditioning force
paccayuppanna, 조건 따라 생긴 [법], conditionally arisen
pacchājāta-paccaya, 뒤에 생긴 조건, postnascence condition
paccupaṭṭhāna, 나타남, manifestation
paccuppanna, 현재, present
padaṭṭhāna, 가까운 원인, proximate cause
padhāna, 노력, (supreme) effort
paggaha, 분발, exertion
paguññatā, 능숙함[練達性], proficiency
pahāna, 버림, 제거, abandoning
pakata, 자연적으로, 잘 된, natural
pakatūpanissaya-paccaya, 자연적으로 강하게 의지하는 조건, natural decisive support condition
pakiṇṇaka, 때때로, 일반적인 항목, ① occasional (mental factor); ② miscellaneous
pañcadvāra, 오문(五門), five sense doors
pañcadvārāvajjana, 오문전향(五門轉向), five-sense-door adverting (consciousness)
paññatti, 개념[施設], concept
paññā, 통찰지[慧, 반야], wisdom
paññindriya, 통찰지의 기능[慧根], wisdom faculty
paṇidhi, 원함, 염원, desire
paṇīta, 수승한, superior
paracittavijānanā, 타심통(他心通), knowledge of others' minds
paramattha, 궁극적인 것, 구경법, ultimate reality
paranimmitavasavatti, 타화자재천, Realm of the Gods who lord over the Creations of Others
paricchedarūpa, 한정하는 물질, limiting material phenomenon (i.e. space)
pariggaha, 파악, discernment

parikamma, 준비, preliminary
pariññā, 통달지, full understanding
paritta, 제한된 [욕계], 작은, ① limited(i.e. sense sphere) ; ② slight (object)
parittasubhā, 소정천, Realm of Monor Aura
parittābhā, 소광천, Realm of Minor Lustre
pariyatti, 배움, 교리, study
pariyāya, 순서, 방법, 방편, ① metaphor, figure of speech; ② manner, way, method; ③ presentation, discourse
pasādarūpa, 감성의 물질, sensitive matter
passaddhi, 편안함[輕安], tranquillity
paṭhavī, 땅[의 요소][地界], earth
paṭibhāga, 닮은 [표상], counterpart (sign)
paṭiccasamuppāda, 연기(緣起), dependent arising
paṭicchanna, 가려진, hidden
paṭigha, 적의, 부딪힘 ① aversion; ② (sensory) impingement
paṭipadā, 도[닦음], way
paṭipadāñāṇadassana-visuddhi, 도닦음에 대한 지와 견에 의한 청정[行道知見清淨], purification by knowledge and vision of the way
paṭipatti, 도닦음, practice
paṭisaṅkhā, 숙고, reflective contemplation
paṭisaṅkhā-ñāṇa, 깊이 숙고하는 지혜, knowledge of reflecting contemplation
paṭisandhi, 재생연결, rebirth-linking
paṭivedha, 꿰뚫음, 통찰, penetration, realīation
paṭṭhāna, 상호의존관계, conditional relations
pavatta, **pavatti**, 삶의 과정, 나타남, course of existence
pāguññatā, 능숙함, proficiency
pāka, 과보, 익음, resultant
pāṇātipāta, 살생, killing
pāpa/pāpaka, 악한, evil
pātimokkhasaṁvara-sīla, 계목(戒目)의 단속에 관한 계, virtue regarding restraint according to the Pātimokkha
peta, 아귀, peta ("hungry ghost")
pettivisaya, 아귀계, sphere of petas
phala, 과(果), 결과, fruit, fruition
phassa, 감각접촉[觸], contact

phoṭṭhabba, 감촉[觸], tangible (object)
phusana, 감촉함, 닿음 touching
pīti, 희열[喜], zest
pubbaṅgama, 선구자가 되는, 앞서가는, forerunner
pubbenivāsānussati, 숙명통, recollection of past lives
puggala, 개인, 인간, individual
puñña, 공덕, merit, meritorious
purejāta-paccaya, 먼저 생긴 조건, prenascence condition
purisatta, 남성, masculinity
puthujjana, 범부, worldling

【R】

rasa, 역할, 맛, ① function; ② taste
rāga, 갈망, 탐욕, 집착, lust, attachment
rāsi, 더미, heap
ruppana, 변형되는, deformed
rūpa, 물질[色], 형색[色], ① matter, material phenomenon; ② fine-material (sphere or plane); ③ visible form
rūpakalāpa, 물질의 깔라빠, material group
rūpāvacara, 색계, fine-material sphere

【S】

sabhāva, 고유성질[自性], intrinsic nature
sabhāva-lakkhaṇa, 개별적 특징[自相], individual characteristic
sacca, 진리[諦], truth
sacchikiriya, 실현, realīation
sadda, 소리[聲], sound
saddhamma, 바른 법, Sublime Teaching
saddhā, 믿음[信], faith
sahagata, 함께한, accompanied by
sahajāta-paccaya, 함께 생긴 조건, conascence condition

sahetuka, 원인을 가진, rooted, with roots
sahita, 가진, together with
sakadāgāmi, 일래자, once-returner
saḷāyatana, 여섯 감각장소[六入], six sense bases
samanantara-paccaya, 더욱 틈 없는 조건[等無間緣], contiguity condition
samatha, 사마타[止], calm
samādhi, 삼매[定], concentration
samāpajjana, 들어감, 입정, (act of) attainment
samāpatti, 증득[等持], (meditative) attainment
sambhava, 근원, the way they arise, origin
sammappadhāna, 바른 노력[四正勤], supreme effort
sammasana, 명상, comprehension (knowledge)
sammasana-ñāṇa, 명상의 지혜, knowledge of comprehension
sammā-ājīva, 바른 생계, right livelihood
sammādiṭṭhi, 바른 견해, right view
sammākammanta, 바른 행위, right action
sammāsamādhi, 바른 삼매, right concentration
sammāsambuddha, 정등각, Fully Enlightened One
sammāsaṅkappa, 바른 사유, right intention
sammāsati, 바른 마음챙김, right mindfulness
sammāvācā, 바른 말, right speech
sammāvāyāma, 바른 정진, right effort
sammuti, 인습적인, 세간의, conventional (reality or truth)
sampatti, 성공, 성취, ① success; ② achievement
sampaṭicchana, 받아들임, receiving
sampayoga, 결합, association
sampayutta, 결합된, associated with; association (condition)
sampayutta-paccaya, 결합된 조건, association condition
samuccaya, 범주, category
samudaya, 일어남, origin (as noble truth)
samuṭṭhāna, 생기는 요인, 생긴, origination; mode of origin
saṁsedaja, 습생, moisture-born being
saṁvara, 단속, restraint
saṁyojana, 족쇄, fetter
saṅgaha, 조합, 결합, 길라잡이, ① compendium ② combination, inclusion

saṅkappa, 사유, intention
saṅkhata, 형성된 것[有爲], conditioned
saṅkhāra, ① 형성된 것[行] ② 심리현상들 ③ [업]형성 ④ 자극, ① formation ② mental formation (4th aggregate) ③ kammic formation; ④ prompting
saṅkhārupekkhā-ñāṇa, 형성된 것들[行]에 대한 평온의 지혜, knowledge of equanimity towards formations
saṅkhepa, 포함, group
saññā, 인식[想], perception
saññāvedayitanirodha, 상수멸(想受滅), cessation of perception & feeling
sandhi, 연결, connection
sanidassanarūpa, 볼 수 있는 물질, visible matter
santati, 흐름, 상속(相續), continuity
santāna, 흐름, 상속(相續), continually flowing, continuity
santi, 고요함, peace
santīraṇa, 조사, investigating (consciousness), investigation
saṇṭhāna, 형태, configuration, form
sappaccaya, 조건을 가진, with conditions
sappaṭigharūpa, 부딪힘이 있는 물질, impinging matter
sasambhāra-cakkhu, 혼합된 전체의 눈, eye with its accessaries
sasaṅkhārika, 자극받은, prompted (consciousness)
sassata, 영원함, eternal
sati, 마음챙김[念], mindfulness
satipaṭṭhāna, 마음챙김의 확립[念處], foundation of mindfulness
satta, 중생, 유정, being
satti, 힘, force
sa-upādisesa, 유여(有餘)[열반], with residue remaining (Nibbāna element)
savana, 들음, hearing
sādhāraṇa, 공통되는, universal, common
sāmañña-lakkhaṇa, 보편적 특징[共相], general characteristic
sāraṇa, 내모는, conducting
sāraṇā, 기억, reminding
sāsana, 교법, Buddha's Dispensation
sāsava, 번뇌와 함께하는, subject to taints
sāyana, 맛봄, tasting
sekkha, 유학, trainee (i.e. three lower grades of noble disciples)

sīla, 계, 계행, virtue
sīlabbataparāmāsa, 계행과 의례의식에 대한 집착[固守], adherence to rites and ceremonies
sīla-visuddhi, 계의 청정[戒淸淨], purification of virtue
sobhana, 아름다운, beautiful
somanassa, 기쁨, joy
sota, 귀[耳], ear
sota, 흐름, stream
sotāpanna, 예류자, stream-enterer
sotāpatti, 예류, stream-entry
subhakiṇhā, 변정천, Realm of Steady Aura
sudassā, 선현천, Beautiful Realm
sudassī, 선견천, Clear-sighted Realm
suddhaṭṭhaka, 순수한 팔원소, pure octad
suddhāvāsa, 정거천, Pure Abode
sugati, 선처, blissful plane
sukha, 행복[樂], 즐거움[樂], happiness, pleasure, pleasant (feeling)
sukhumarūpa, 미세한 물질, subtle matter
sukkha-vipassaka, 마른 위빳사나를 닦는 자, dry insight worker
suññatā, 공함[空性], void

【T】

tadārammaṇa, 여운[의 마음], registration
taṇhā, 갈애, craving
tatramajjhattatā, 중립, neutrality of mind
tāvatiṁsa, 삼십삼천, Realm of the Thirty-three Gods
tejo, 불의 [요소][火界], fire
thīna, 해태, sloth
thuti, 칭송, praise
tihetuka, 세 개의 원인을 가진 자, triple rooted
tiracchānayoni, 축생계, animal kingdom
tusita, 도솔천, Delightful Realm
ṭhāna, 단계, 머무는 단계, 장소, ① stage; ② presence (sub-moment)

ṭhiti, 머묾, presence (sub-moment)

【U】

ubhatobhāga-vimutti, 양면해탈, liberated in both ways
udayabbaya, 생멸, rise and fall
udayabbaya-ñāṇa, 생멸의 지혜, knowledge of rise and fall (of formations)
uddhacca, 들뜸, restlessness
uggaha, 익힌 [표상], learning (sign)
ujukatā, 올곧음[正直性], rectitude
ukkaṭṭha, 수승한 [업], superior (kamma)
upacaya, 생성, production
upacāra, 근접[삼매], access
upacchedaka, 단절하는 [업], destructive (kamma)
upaghātaka, 파괴[업], destructive (kamma)
upakāraka, 도와주는, helping
upakkilesa, 경계 (위빳사나의), 오염, imperfection (of insight)
upanijjhāyana, 명상[靜慮], close contemplation
upanissaya-paccaya, 강하게 의지하는 조건, decisive support condition
upapajja-vedanīya, 다음 생에 받는, subsequently effective (kamma)
upapatti, 재생, rebirth
upapīḷaka, 방해[업], obstructive (kamma)
upasama, 고요함, peace
upatthambaka, 돕는 [업], supportive (kamma)
upatthambhana, 지탱, 지지, consolidation, stiffening, supporting
upaṭṭhāna, 확립, awareness
upādāna, 취착[取], clinging
upādārūpa, 파생된 물질, derivative matter
upādi, 남아있는, residue
upādinnarūpa, 취착된 물질, clung-to matter
upekkhā, 평온[捨], equanimity
uppāda, 일어남, ① arising; ② arising (sub-moment)
utu, 온도, temperature

【V】

vacana, 용어, 말, term
vacī, 말, speech
vacīviññatti, 말을 통한 암시, vocal intimation
vaṇṇa, 형색[色], 색깔, colour
vasitā, 자유자재함, mastery
vatthu, 토대, ① base; ② entity
vaṭṭa, 회전, 윤회, round of existence
vavatthāna, 분석, analysis
vāyāma, 정진, effort
vāyo, 바람의 [요소][風界], air
vedanā, 느낌[受], feeling
vehapphalā, 광과천, Realm of Great Reward
vibhajja, 해체, deconstructing
vibhatta, 분석된, analyzed
vibhūta, 선명한, clear (object)
vicakkhaṇa, 지자, the wise
vicāra, 지속적 고찰[伺], sustained application
vicchiddaka, 끊어진 것, dismembered corpse
vicikicchā, 의심, doubt
vigata-paccaya, 떠나간 조건, disappearance condition
vijjamānapaññatti, 진실한 개념, concept of the real
vikārarūpa, 변화의 물질, mutable matter
vimokkha, 해탈, emancipation
vimokkhamukha, 해탈의 관문, door to emancipation
vimutta, 벗어난, free from
vimutti, 해탈, deliverance
viññatti, 암시, intimation
viññāṇa, 알음알이[識], consciousness
viññāṇañcāyatana, 식무변처, base of infinite consciousness
vinaya, 율, discipline
vinibbhogarūpa, 분리할 수 있는 물질, separable material phenomena
vinipāta, 파멸처, perdition
vinipātika, 타락한, fallen

vinīlaka, 검푸른 것, livid corpse
vipassaka, 위빳사나를 닦는 자, insight worker
vipassanā, 위빳사나[觀], insight
vipāka, 과보의 [마음], 과보, result, resultant
vipāka-paccaya, 과보라는 조건, result condition
vippayutta, 결합되지 않은, dissociated from
vippayutta-paccaya, 결합되지 않은 조건, dissociation condition
vipula, 광대한, great, extensive
virati, 절제, abstinence
viriya, 정진, energy
visaya, 대상, object
visuddhi, 청정, purification
visuṁ, 독립된, 따로, independent, separately
vitakka, 일으킨 생각[尋], initial application
viveka, 멀리 여읨, seclusion
vīmaṁsā, 검증, investigation
vīthi, 과정, process
vīthicitta, 인식과정, consciousness belonging to a cognitive process
vīthimutta, 과정에서 벗어난, process-freed (i.e. outside the cognitive process)
vodāna, 청백(淸白)의 경지, 깨끗함, cleansing
vohāra, 인습적 표현, conventional expression
votthapana, 결정, determining
vuṭṭhāna, 출정, 출현, emergence
vyāpāda/byāpāda, 악의, ill will

【Y】

yama, 야마천, Realm of the Yāma Gods
yamakapāṭihāriya, 쌍신변, Twin Miracle
yoga, 속박, bond
yoniso manasikāra, 지혜롭게 마음에 잡도리함[如理作意], wise attention

찾아보기

◎ 일러두기

로마숫자는 장을 나타냄. 그래서 VI §4는 본서 6장 §4를 뜻함.

[어원]: 표제어의 어원을 설명하는 곳

[청]: 본서에 인용된 『청정도론』

서문: 본서의 역자 서문

참 : 참조

【가】

원], §7; VIII §24.

감촉[觸](phoṭṭhabba) III §16; VI §3

감촉함 (phusana) III §8~9.

강하게 의지하는 조건 (upanissaya-paccaya) VIII §17, §27.

개(蓋) ☞ 장애(nīvaraṇa)

개념[施設] (paññatti) I §2, §18~20; III §16, §17, §18; V §39; VIII §17, §29[어원], §29~32.

개별적 특징[自相] (sabhāva-lakkhaṇa) I §1, §2; VI 0. 참 보편적 특징[共相]

개발 ☞ 수행(bhāvanā)

개인, 인간, 자(者) (puggala) III §13; IV §24~26; IX §38~41.

거룩한 마음가짐 (bhrahmavihāra) IX §2, §9; II §5[청], §7. 참 무량함 (appamaññā)

거친 물질 (oḷārika-rūpa) VI §7; IX §18.

검증 (vīmaṁsa) VII §20, §26.

검푸른 것 (vinīlaka) IX §7.

겁(劫) (kappa) V §14.

게으름 (kosajja) VII §28[청], §30[청]

견고하지 못한 (addhuva) V §42.

견해의 청정[見淸淨, diṭṭhivisuddhi] IX §30.

견해 (그릇된) (diṭṭhi) I §4[어원], §17; II §4 (6), §13, §26; V §22; VII §13; VIII §3 (8). 참 바른(sammā): 견해.

결심 (adhimokkha) II §3 (3), §11, §26; adhimutti II §5[청]

결정 (votthapana/voṭṭhabbana) I §10; II §28; III §8 (11)[어원], §9, §10, 14, §18; IV §6, §8; VI §11.

결정 ☞ 활동무대(adhiṭṭhāna)

결정할 수 없음[無記] (abyākata/ avyākata) I §3, §8, §12; III §5~7, VIII §3n.

결합 (sampayoga) 서문 §12; II §1[어원], §10[어원], §13, §15, §17; II §30; VIII §3.

결합되지 않은 (vippayutta) I §4[어원], §13, §14, §15: II §13: III §6, §18; IV §24; VI §6; VIII §11, §25.

결합되지 않은 조건 (vippayutta-paccaya) VIII §11, §25.

결합된 (sampayutta) I §4[어원], §5, §13, §14, §15, §21; II §13, §15, §16, §23, §26; III §1, §3, §6, §18; IV §12, §14, §24, §25; V §37; VII §18.

결합된 조건[相應緣] (sampayutta-paccaya) VIII §11, §13.

겸손한 (lajjā/lajji) IX [후기]; alajjita(부끄러움 없음) II §4.

경계 (위빳사나의) (upakkilesa) IX §32.

경안(輕安) ☞ 편안함(passaddhi)

경지[地] (bhūmi) I §3; III §13; IV §27~29; V §2, §3~8, §40. 참 존재하는 곳(bhūmi), 세상(loka).

경험된 (juṭṭha) VII §18[청] [어원].

경험함 (anubhavana) II §2[청]; VIII §3[청]

계(戒) (sīla) V §24; IX §8, §28.

계(界) ☞ 요소(dhātu)

계를 범함 (āpatti) IX §28[청]

계목(戒目)의 단속에 관한 계 (pātimokkhasaṁvara-sīla) IX §28[어원].

계산, 숫자 (gaṇanā) I §29, §31; II §26, §28; V §12, §17.

계속해서 생각함[隨念] (anussati) IX §2, §8[어원], §13, §14. 참 기억(anussati).

계행과 의례의식에 대한 집착 (sīlabbataparāmāsa) I §28; VII §6[어원], §7, §10, §11, §13.

고(苦) ☞ 괴로움(dukkha), 고통(dukkha)

고귀한 (mahaggata) I §25; II §15, §18, §21~22, §25; III §10, §14, §17, §18; IV §14, §22. 참 색계(rūpāvacara), 무색계(arūpāvacara).

고뜨라부 ☞ 종성(gotrabhū)

고싱가살라 긴 경 (Mahāgosiṅgasāla-sutta) IV §22.

고요함 (santi) VI §30[청], §31[청]; VII §38[청]; IX §33.

고요함 (upasama) II §2[청]; 고요함에 대한 마음챙김(+sati) IX §2, §8, §13.

고유성질[自性] sabhāva 서문 §3, §4, §6; I §1, §2; III §1; VI §3-1[주]

고정되어 결합함 (niyatayogī) II §17.

고정되지 않은, 확정되지 않은 (aniyata) II §17; V §22

고정된, 확정된 (niyata) II §15, §17[어원]; V §22. 참 확정된 법칙(niyama).

고찰 ☞ 지속적 고찰(vicāra)

고통[苦] (dukkha) I §8; III §2~4. 참 괴로움(dukkha).

공덕 (puñña) V §24.

공무변처 (ākāsānañcāyatana) I §22~24; V §7; IX §9.

공상(共相) ☞ 보편적 특징

공통되는 (sādhāraṇa) II §1, §2, §4, §5, §10, §11, §13, §15, §26, §27; IX §42.

공포의 지혜 (bhayañāṇa) IX §33.

공함 (suññatā) VI §31; IX §35, §36, §37.

과(果, phala) I §27, §28, §31~32; III §18; IV §14, §15, §16, §22; IX §34, §36, §44; 과의 증득(+samāpatti) IV §22; IX §37, §42.

과거 (atīta) III §17; V §38; VIII §5.

과보 (pāka) §28, §32; II §24; III §22; V §19, §20, §21, §30; 과보를 주는 순서 (pāka-dāna-pariyāya) V §19[어원]. 참 익음 (pāka)

과보의 (vipāka) 마음(+citta) I §4[어원], §14; III §18; IV §17; V §27~33; VIII §3 (2,3,4,9), §14; 욕계의 I §16; III §9, §10, §14; IV §17; V §11, §28~30; 색계의 I §19, §21; III §9, §10, §14, §21, §32; 무색계의 I §23, §25; III §9, §10, §14, §21, §32; 출세간의 I §27, §28; 과보의 회전 VIII §8; 해로운[不善] I §8; IV §17; V §27; 유익한[善] I §9, §14; II §23~24, §25; IV §17; V §28~30. 참 과(果, phala); 업(kamma); 과보(pāka)

과보라는 조건[異熟緣] (vipāka-paccaya) VIII §11, §14.

과정 (vīthi) ☞ 인식과정(vīthi-citta)

과정에서 벗어난 (vīthimutta) IV §2; V §1~42 등.

관(觀) ☞ 위빳사나(vipassanā)

관찰[隨觀] (anupassanā) I §31; VII §24; IX §22, §24[어원], §27, §35, §36.

관해서 (āhacca) VIII §2[어원], §11.

광과천 (vehapphalā) V §6, §14, §31.

광대한 (vipula) V §6; IX 후.

광명 ☞ 빛(āloka)

광명, 밝음, 표시 (obhāsa) II §8; IX §32; 표시 IV §28[청]

광음천 (ābhassarā) V §6, §14.

괴(壞) ☞ 무너짐(bhaṅga)

괴로움[苦] (dukkha) III §2; VII §38, §40; VIII §3 (11); IX §23, §32, §35, §36. 참 고통(dukkha).

괴롭지도 즐겁지도 않은 (adukkhamasukha) II §2; III §2.

교리 ☞ 배움(pariyatti)

교법 (sāsana) VIII §1, IX §45.

교학(pariyatti) 서문 §3; I §1; IX 0.

구경의 지혜를 가지려는 [기능] (anaññātaṁñassāmīti) VII §22[어원].

구경의 지혜를 구족한 [기능] (aññātāvi) VII §18, §22[어원].

구경의 지혜[究境智], (aññā) VII §18, §22[어원]; 구경의 지혜의 기능 (aññindriya) VII §22.

구생연(俱生緣) ☞ 함께 생긴 조건(sahajāta-paccaya)

구체적 [물질] (nipphanna) VI §2[어원], §3.

궁극적인 것[勝義], **구경법** (paramattha) 서문 §12, §12; I §2, §3; III §1; V §24; VI §32; VII §1, §14, §24, §30; VIII §1, §7, §31.

귀[耳] (sota) VI §3 (2).

그릇된 견해 (diṭṭhigata) ☞ 견해(diṭṭhi)

근(根) ☞ 기능(indriya)

근본물질[四大] (mahābhūta) III §4, §16; VI §2, §3 (1); VIII §20, §21, §22; IX §11. (bhūtarūpa) VI §3.

근원 (sambhava) VI §4[청]; VIII §1[청].

근접[삼매] (upacāra) IV §14[어원]; V §40; IX §4, §14, §18, §20, §34.

금생에 받는 [업] (diṭṭhadhammavedanīya) V §20[어원].

기능 ☞ 역할(kicca)

기능[根] (indriya) 서문 §14; I §8; III §2; V §31; VI §7, §14; VII §18[어원], §20, §22, §23, §27, §28. 참 통찰지(paññā): 기능; 생명기능(jīvitindriya).

기능이라는 조건 (indriya-paccaya) VIII §24.

기쁨 (somanassa) I §4, §9, §10, §13, §14, §15, §18~20; III §2~4; IV §15~16,

§17; VI §11.
기억 (anussati) ☞ 전생의 삶들을 기억하는 지혜. 참 계속해서 생각함(anussati).
기억 (sāraṇā) II §2[청] [어원].
기울임 (namana) VIII §29[어원].
기질 (carita) IX §3[어원], §13.
결합 (saṅgaha) 서문 §2[어원]; II §10[어원] 등.
깊이 들어감(apilāpana) II §5[청] [어원].
까시나 (kasiṇa) I §18~20, §22~24; VIII §30; IX §6, §19.
깐찌뿌라 (Kañcipura) 서문 §8.
깔라빠(무리, kalāpa) 서문 §12; VI §1, §16~24, §27; IX §32.
깟사빠 (Kassapa) 서문 §8.
깨끗함 ☞ 청백의 경지(vodāna)
깨달은 (budha) I §32; V §42.
깨달음의 각지 [七覺支] (bojjhaṅga) VII §29.
꿰뚫음, 통찰 (paṭivedha) 서문 §14; I §1; II §4[청], §8[청], VII §28[청], §30[청], IX §1, §23.
끊어진 것 (vicchiddaka) IX §7.
끊임없이 (abbocchinna) IV §30; V §41; VI §24.
끌어당김 (āviñchana) VI §3[청].

【나】

나머지 (upādi) VI §31[어원]. 참 열반(Nibbāna).
나쁜 ☞ **악한** (pāpa/pāpaka)
나타남 (paccupaṭṭhāna) I §3; IX §30.
나타남 (pavatti) II §2[어원], IV §5, §10. 참 삶의 과정(pavatti).
낙(樂) ☞ 즐거움(sukha); ☞ 행복(sukha)
난생(卵生) (aṇḍaja) VI §23.

남성 (purisatta/pumbhāva) VI §3 (4), §17; VIII §24.
내관(內觀) ☞ 위빳사나(vipassanā)
내모는 (sāraṇa) II §2[청] [어원].
냄새 (gandha) 서문 §12; III §16, IV §4; VI §3, §7, §16; VII §36, §37.
냄새 맡음 (ghāyana) III §8~9.
노(老) ☞ 늙음(jaratā)
노력 (padhāna) II §3; VII §25. 참 바른 노력(sammappadhāna).
노력 ☞ 행(abhisaṅkhāra)
논모(論母) ☞ 마띠까(Mātika)
눈[眼] (cakkhu) III §12; IV §6; VI §3 (2).
느낌[受] (vedanā) I §2, §4, §5, §13, §16, §17; II §2 (2); III §2~4; VIII §3.
늙음[老] (jaratā) VI §29; VIII §3 (11), §6, §7, §10; IX §8.
능숙함 (pāguññatā) II §5 (16, §17).
닛데사[義釋] (Niddesa) VI §1.

【다】

다따랏타 (Dhataraṭṭha) V §5.
다른 것과 같아지는 (aññasamāna) II §2~3, §11~12.
다른 찰나에 생긴 [업이라는 조건] (nānākkhaṇika) VIII §14~4.
다음 생에 받는 [업] (upapajjavedanīya) V §20.
단계 (ṭhāna) III §8 참 머무는 단계 (ṭhāna)
단속 (saṁvara) IX §28.
단식(段食) ☞ 덩어리진 [먹는] 음식[段食, kabalīkārāhāra)
단절하는 [업] (upacchedaka) V §34
닮은 표상 (paṭibhāga-nimitta) 서문 §12; I §18, §22, III §18; V §39; IX §4, §5 [어원], §16, §17, §18. 참 표상(nimitta).
담마빨라 (Dhammapāla) 서문 §8, §7; II §2; IV §6; VIII §2.
담마상가니[法集論] (Dhammasaṅgaṇī) I §21; VIII §11.

대상 (ārammaṇa/ālambana) I §25; II §1[어원]; III §13, §16~19; IV §17; V §17; V §35~39, §41; VI §3; VIII §16, §17, §19.

대상 (gocara) 서문 §3; II §1; III §4, §16; IV §6; VI §3[어원], §7; VII §18; VIII §16, §32; IX §16~20.

대상 (visaya) I §3; II §1, §2, §5, §8; III §16; IV §2, §5[어원], §10; V §4, §17; VI §3, §5, §7.

대상 (ālambaṇa) II §1[어원]. ☞ 대상(ārammaṇa)

대상을 취하는 [물질] (gocaraggāhika) VI §7[어원].

대상이라는 조건 (ārammaṇapaccaya) VIII §11, §17, §27.

더듬거리지 않음 (asaṁsappana) II §3[청].

더러움[不淨] ☞ VII §24[청]; IX §2, §7, §13, §15, §16, §33[청].

더미 (rāsi) VII §34, VIII §3[청].

더욱 틈 없는 조건 (samanantarapaccaya) VIII §11, §13.

덩어리진 [먹는] 음식[段食, kabaḷīkārāhāra] VI §3 (7); VII §21; VIII §23; 참 음식(āhāra).

덩어리진 (abhisaṅkhipita) VII §34.

데와닷따 (Devadatta) V §19.

도(道) (magga) I §26, §28, §31~32; III §18; IV §14, §16, §22; VII §38; IX §34, §35, §36; 도의 각지(aṅga) VII §17, §22, §23, §30, §38; VIII §14;

도닦음, 수행 (paṭipatti) I §1; II §4; IX §1, §45.

도[닦음] (paṭipadā) VII §38[어원], VIII §2[청]; IX §33;

도닦음에 대한 지와 견에 의한 청정[行道知見淸淨, paṭipadāñāṇadassana-visuddhi] IX §22, §33.

도와 도 아님에 대한 지와 견에 의한 청정[道非道知見淸淨, maggāmagga-ñāṇadassana-visuddhi] IX §32.

도둑질[偸盜] (adinnādāna) V §22.

도솔천 (tusita) V §5[어원], §12.

도와주는 (upakāraka) VII §24; VIII §1, §2, §11[청].

도라는 조건 (maggapaccaya) VIII §11, §14.

독단적인 신조 ☞ 천착 (abhinivesa)

독립된, 따로 (visuṁ) II §15; IV §12[독립된 인식과정(visuṁ-siddhā)].
돕는 [업] (upatthambhaka) V §18[어원].
뒤에 생긴 조건[後生緣] (pacchājāta-paccaya) VIII §11, §15.
들뜸 (uddhacca) I §6[어원], §18, §28; II §4 (4)[어원], §5[청], §13, §26; VII §8, §10, §12 ; IX §41; 들뜸의 마음(citta) I §6; II §13, §26; V §27.
들숨날숨에 대한 마음챙김 (ānāpānassati) IV §8, §13, §15, §16.
들어감, 입정 (samāpajjana) IX §18, §42.
들음 (savana) III §8, §9.
등록 ☞ 여운[의 마음](tadārammaṇa)
등지(等持) ☞ 증득(samāpatti)
땅의 요소[地界] (paṭhavīdhātu) III §16; VI §3 (1), §4.
때때로들 (pakiṇṇaka) II §1[어원], §2, §3, §10, §12, §28.
떠나가지 않은 조건[不離去] (avigata-paccaya) VIII §11, §26.
떠나간 조건[離去緣] (vigata-paccaya) VIII §11, §13.
뜻으로서의 개념 (attha-paññatti) VIII §29, §30.

【라】

레디 사야도 (Ledi Sayadaw) I §6, §21; III §13; IV §6, §12, §17; V §10~11, §18, §38; VIII §2, §27; IX §39.
루(漏) ☞ 번뇌(āsava)

【마】

마노/마음[意] (mano) 감각장소(+āyatana) VII §39; VIII §3 (4); 문(+dvāra) I §10; III §12, §13; IV §4, §12; V §22, §24, §38; 요소 (+dhātu) II §28; III, §10, §14, §18, §21; 마노의 의도[意思, +sañcetana] VI §3; VIII §23.
마음에 잡도리함[作意] (manasikāra) II §2 (7); III §13.
마띠까[論母] (Mātika) 서문 §2, §4; VIII §11.

마른 위빳사나를 닦는 자 (sukkha-vipassaka) IX §29.

마음[心] (ceto) II §1[정의]. 참 해탈(vimutti): 심해탈.

마음[心] (citta) I §2, §3[어원], §32 등; II §1, §5; III §1, §16; V §2; VII §1; 마음과 마음부수(+ cetasika) II §10~17, §18~30; VIII §20, §21, §22; 마음이 일어나는 곳(+bhūmi) I §3, §29; 마음의 기능(kicca) III §8~11; 마음의 흐름(+santati, 心相續) V §36, §41, §42; 마음의 일어남(+uppāda) II §12; III §1, §11; IV §1, §6, §11, §13; V §23, §24, §41; 물질의 원인으로서의 마음 VI §9, §11, §14, §15, §18, §22; 종류 I §3, §17, §29, §30~32; 참 인식과정(vīthicitta), 알음알이(viññāṇa).

마음 (mānasa) I §21, §25, §30; V §17, §37, §41; **정신작용** III §8 (9)

마음부수[心所] (cetasika) 서문 §10, §11, §12; I §2, §4, §6, §12, §13, §18, §21, §22; II §1~30 등; III §12, §16, §20; VII §1, §14, §23, §32~33; 정의 II §1; 고정되고 되지 않은 것 II §17; 다른 것과 같아지는 것들 II §2~3, §11~12; 마음부수의 결합 II §10~17, §30; 마음부수의 조합 II §18~29, §30; 아름다운 마음부수 II §5~8, §15~16; 해로운 마음부수 II §4, §13~14.

마음부수 (cittāviyuttā) II §10, §30.

마음챙김[念] (sati) II §5 (2)[어원]; V §6, §31; VII §17, §27~28, §29, §31, §33; IX §8; 마음챙김의 확립(+paṭṭhāna) VII §24, §30[청], §31; IX §8; §28[청], §32[청] 참 계속해서 생각함/기억(anussati).

마음의 청정[心淸淨] (cittavisuddhi) IX §29.

마하 담마락키따 장로 (Mahā Dhammarakkhita Thera) V §30.

마하띠까 (Mahāṭīkā) 서문 §11, §13; I §6; II §2; VI §1, IX §6, §41.

말의 암시 (vacīviññatti) II §1; V §22, §24; VI §4 (9), §11, §14.

맛 (rasa) IV §4; VI §3 (4), §16.

맛, 달콤함 (assāda) II §4[청]; IX §45.

맛봄 (sāyana) III §8~9.

망고의 비유 IV §6.

매듭 (gantha) VII §6[어원], §14.

매우 작은 (atiparittaṁ) IV §5, §9.

머무는 단계 (ṭhāna) IV §6[해설] VI §11-1[해설], §13. 참 단계 (ṭhāna)

머묾 (ṭhiti) II §2[어원]; III §8; IV §1, §6; VI §10, §12, §24, §25; VIII §2[어원],

§3[청], §16; IX §33[청].
머묾 ☞ 활동무대(adhiṭṭhāna)
먼저 생긴 조건 (purejātapaccaya) VIII §16.
멀리 여읨 (viveka) IX §44[청].
멸진정(滅盡定) (nirodha-samāpatti) IV §22 [어원]; IX §42~44.
명(名) ☞ 정신(nāma), 이름(nāma)
명근(命根) ☞ 생명기능(jivitindriya)
명상[靜慮] (upanijjhāyana) I §18v(upanijjhāna); VII §16; VIII §11[청].
명상의 지혜 (sammasana-ñāṇa) IX §32.
명상주제 (kammaṭṭhāna) 서문 §10; IV §14; IX §1[어원], §2, §12, §13, §14, §15, §18, §20, §22.
모하 윗체다니 (Mohavicchedanī) 서문 §8.
몸 (육체적이거나 정신적인) (kāya) III §4; VI §3 (2); VIII §15, §23, §25; IX §8.
몸에 대한 마음챙김 (kāyagatāsati) IX §8, §13, §15.
몸의 암시 (kāyaviññatti) II §1; V §22, §24; VI §4 (9), §11, §14.
몸의 매듭 (kāyagantha) VII §6, §14.
무간업 (ānantariyakamma) V §19.
무간연(無間緣) ☞ 틈 없는 조건(anantarapaccaya)
무거운 [업] (garuka) V §19.
무괴(無愧) ☞ 수치심 없음(anottappa)
무기(無記) ☞ 결정할 수 없음(avyākata)
무너짐[壞] (bhaṅga) IV 0[청], §6.
무너짐의 지혜 (bhaṅgañāṇa) IX §33.
무더기[蘊] (khandha) I §2, §5, §18~20; VII §34, §35, §40.
무량함[四無量] (appamaññā) II §7[어원], §15, §19, §23, §25; III §18; IX §9. 참 거룩한 마음가짐
무리 (gaṇa) I §1[어원].
무명 (avijjā) V §37; VIII §3 (1), §7, §8, §9, §10. 참 어리석음(moha).
무번천 (aviha) V §6[어원], §14, §31.

무상 (無常, anicca(tā)) I §26; II §8; VI §4; IX §1, §23, §32, §35, §36.

무상(無相) ☞ 표상 없음(animitta)

무상유정(無想有情, asaññāsattā) III §17; IV §28; V §8, §13, §31, §39, §40; VI §28; §29.

무색계 (arūpāvacara) 과보로 나타난 마음(vipākacitta) III §9; V §15, §32; 마음(+citta) I §3, §22~25, §32; III §18, §21; 업(+kamma) V §26, §32; 재생 III §17; V §39.

무색계 [마음] (āruppa) I §32; III §21, §22, IV §22, §27; V §15, §39, §40.

무색계 세상 (arūpabhūmi) I §3, §22~24; III §20, §22; IV §27, §29; V §7, §40; 수명 V §16; 재생연결(paṭisandhi) V §15, §32.

무색계 세상 (arūpa-loka) I §25; III §20.

무색의 (āruppa) IX §2, §12, §15, §19.

무소유처 (ākiñcaññāyatana) I §22~24; V §7; IX §19.

무아 (anattā) I §26; II §8; IX §23, §32, §35, §36.

무여열반 (anupādisesa-nibbāna) VI §31.

무열천 (atappā) V §6[어원], §14, §31.

무외산사/아바야기리 (Abhayagiri) 서문 §8; II §4; IV §1; VI §4.

무원(無願) ☞ 원함 없음(appaṇihita)

무위(無爲) ☞ 형성되지 않은(asaṅkhata)

무참(無慘) ☞ 양심 없음(ahirika)

무학 (asekkha) IV §26.

문(門) (dvāra) III §12~15, §20; IV §2, §4; V §38; VI §7; 업의 문(kamma+) V §22, §24. 참 五門(pañcadvāra), 意門(manodvāra).

문네사람 꼬윌 (Munnessaram-Kovil) IX 후.

문에서 벗어난 (dvāravimutta) III §13, §14, §17.

물라띠까 (Mūlaṭīkā) 서문 §8.

물라소마 (Mūlasoma) 서문 §9.

물의 요소[水界] (āpodhātu) III §16; VI §3 (1).

물질[色] (rūpa) I §2; II §1; IV §6; VI §1~29 등; VII §1; VIII §3, §15, §16; 분

류 VI §6~8; 열거 VI §2~5; 물질의 깔라빠(무리) VI §16~22; 일어나는 원인 VI §9~15; 일어나는 방법 VI §23~29. 참 정신 · 물질[名色] (nāmarūpa); 깔라빠(kalāpa); 형색(rūpa).

미래 (anāgata) III §17; VIII §5.

미세한 물질 (sukhumarūpa) III §16, VI §7; VII §36, §39.

미소를 일으킴 (hasana) I §10; VI §11.

미소짓는 마음 (hasituppāda-citta) I §10; II §28; III §17, §18, §21; IV §27.

믿음[信] (saddhā) II §5 (1); VII §33.

【바】

바람의 요소[風界] (vāyodhātu) III, §16; VI §3 (1), §4.

바른 노력[四正勤] (sammappadhāna) VII §25, §31.

바른 법 (saddhamma) I §1[어원].

바른[正] (sammā) 견해(+diṭṭhi, 정견) VII §30; 사유(+saṅkappa, 정사유) VII §30, §33; 말(+vācā, 정어) II §6 (1)[어원], §15; V §24; 행위(+kammanta, 정업) II §6 (2)[어원], §15; V §24; 생계(+ājīva, 정명) II §5 (3)[어원], §15. 참 팔정도; 도(magga)의 각지; 절제(virati).

바왕가(존재지속심) (bhavaṅga) 서문 §10, §11; II §1, §2; III §8 (2)[어원], §12, §13, §17, §18; IV §6, §12; V §10, §11, §13, §15, §17, §38, §40, §41; VI §11; IX §34; 바왕가의 기능(kicca) III §8 (2), §9, §10. 참 외래의 바왕가(āgantuka+); 지나간 바왕가(atīta+).

밖의 (bahiddhā) VI §12, §21, VIII §17, §28.

반복하는 조건 (āsevanapaccaya) VIII §11, §13.

반야 ☞ 통찰지(paññā)

반열반 (parinibbāna) VI §31.

반열반에 든 자 (parinibbāyī) IX §40[여러 종류의 parinibbāyī].

반조 (paccavekkhaṇa) I §4; II §14, IV §21; VIII §11[청]; IX §10[청], §12[청], §18[청], §34.

받아들임 (sampaṭicchana) I §8, §9; II §11, §28; III §6, §8 (9)[어원], §9, §10,

§21; IV §6, §17.
방위의 개념 (disā-paññatti) VIII §30.
방해[업] (upapīḷaka) V §18[어원].
배움 ☞ 교학(pariyatti)
버릴 수 없음 (appahātabba) VI §6.
버림, 제거 (pahāna) VII §25, §30[청]; IX §18, §34, §38, §40, §41.
번뇌[漏] (āsava) VI §6; VII §3[어원], §13, §14, §35; VIII §3[청], §10; IX §20, §38, §40, §41.
번뇌 다한 자 (khīṇāsava) IV §25; IX §28, §41.
번뇌와 함께하는 (sāsava) VI §6; VII §35.
범보천 (brahmapurohitā) V §6[어원], §14, §31.
범부 (puthujjana) I §13, §18; III §13, §18; IV §16, §25, §26; V §40; VI ī; IX §34.
범주 (samuccaya) VII 0[어원].
범중천 (brahmapārisajjā) V §6[어원], §14, §31.
범천 (brahma) V §6. 참 대범천; 범중천; 범보천.
범함 ☞ 계를 범함(āpatti)
법 (Dhamma) 서문 §3; I §1; III §21; IX §8.
법이란 대상 (dhammārammaṇa) III §16, §17; VII §39.
법칙 ☞ 정해진 법칙(niyama)
벗어난 (vimutta) ☞ 문에서 벗어난 것(dvāra-vimutta).
변정천 (subhakiṇhā) V §6, §14, §31.
변형되는 (ruppana) VI §1[어원], §3, VIII §3[청].
변화 (aññathatā) IV §6; IX §23.
변화 (vikāra) VI §1, §4, §5, §29.
변화의 물질 (vikāra-rūpa) VI §4.
보리분(菩提分)(bhodhipakkhiyā dhammā) VII §24~33.
보시 (dāna) I §1, §13, V §9[어원], §24; VIII §11; IX §8.
보시를 계속해서 생각함 (cāgānussati) IX §8.

보편적 특징[共相] (sāmañña-lakkhaṇa) I §1, §2; VI 0. 참 개별적 특징[自相]
보호함 (ārakkha) II §5; VII §28.
본[삼매] (appanā) II §3, §7; IV §14[어원] §14~16, §22; V §25~26; VI §11; VII §28[청], §30[청]; IX §4, §14, §16, §29, §34, §43. 참 禪(jhāna), 道(magga).
볼 수 있는 물질 (sanidassanarūpa) VI §7-2.
봄 (dassana) III §8 (4), §9.
부드러움 (mudutā) 정신적인 II §5 (12, §13); 육체적인 VI §4 (10).
부딪힘 (paṭigha) I §22[해설]. 참 적의 (paṭigha)
부딪힘이 있는 물질 (sappaṭigha) VI §7-2.
부분 (32 가지 몸의 부분) (koṭṭhāsa) IX §13, §16.
부정(不淨) ☞ 더러움(asubha)
부진(不嗔) ☞ 성냄 없음(alobha)
부처님 (Buddha) I §1, §10, §15; IV §21; IX §8.
부처님을 계속해서 생각함 (buddhānussati) IX §8, §13, §14.
분리할 수 없는 [물질] (avinibbhoga) 서문 §12, VI §7-3[어원], §14, §16, §17, §18.
분리할 수 있는 [물질] (vinibhoga) VI §7-3[어원].
분발 (paggaha) VII §28; §30[청]; IX §32.
분석 (vavatthāna) IX §2, §11[어원], §13, §14, §30, §32.
분석된 (vibhatta) VI §1.
불고불락(不苦不樂) ☞ 괴롭지도 즐겁지도 않은(adukkhamasukha)
불리거연(不離去緣) ☞ 떠나가지 않은 조건(avigatapaccaya)
불만족 (domanassa) I §5; III §2~4; IV §18. 참 기쁨(somanassa).
불사(不死) (accuta) V §42; VI §30[청], §32.
불상응연(不相應緣) ☞ 결합되지 않은 조건(vippayuttapaccaya)
불선(不善) ☞ 해로운(akusala)
불시의 죽음 (akāla-maraṇa) V §34. 참 죽음(maraṇa).
불의 요소[火界] (tejodhātu) III §16; VI §3 (1), §12.
불치(不痴) ☞ 어리석음 없음(amoha)

불탐(不貪) ☞ 탐욕 없음(alobha)

불해 (ahiṁsā) VII §30.

불환자(不還者) (anāgāmi) I §26~28, §31; IV §22, §25, §26; V §6, §31; IX §40.

붓다고사 (Buddhaghosa) 서문 §8.

붓다닷따 (Buddhadatta) 서문 §8.

비(悲) ☞ 연민(karuṇā)

비(鼻) ☞ 코(ghāna)

비상비비상처 (nevasaññānāsaññāyatana) I §22~24; V §7; IX §19.

비열한, 넌더리나는 (kucchita) II §4[청]; VII §38[청]; IX §7.

비유연(非有緣) ☞ 존재하지 않은 조건(natthipaccaya)

비존재에 대한 갈애[無有愛] (vibhava-taṇhā) VII §38; VIII §3.

비할 데 없는 (atula) I §1.

빛, 광명 (āloka) IV §4; IX §6.

빠라맛타디빠니 (Paramatthadīpani) 서문 §11, §13; IV §6, §12; VIII §22.

빳타나[發趣論] (Paṭṭhāna) III §20; VIII §2, §11, §22.

뿌리, 뿌리박은 (mūla) I §4, §5, §6; V §23, §24, §29, §37; VIII §4, §9, §10, §11 [청] 참 원인(hetu).

【사】

사(伺) ☞ 지속적 고찰(vicāra)

사(捨) ☞ 평온(upekkhā)

사(死) ☞ 죽음(maraṇa)

사대(四大) ☞ 근본물질(mahābhūta)

사대왕천[四王天] (cātumahārājika) V §5, §12.

사리뿟따 장로 (Sāriputta Thera) VIII §10.

사마타[止] (samatha) I §18~20; IV §14; VII §8; IX §1[어원], §2~21 등.

사무량(四無量) ☞ 무량함(appamaññā)

사성제(四聖諦) ☞ 성스러운 진리(ariyasacca). 참 진리(sacca).

사왕천(四王天) ☞ 사대왕천(cātumahārājika)

사유 (saṅkappa) II §3; VII §17, §32, §33. 참 바른(sammā): 사유.

사정근(四正勤) ☞ 바른 노력(sammappadhāna)

산만하지 않는 (avikkhepa) II §2[청]; VII §28, §30[청].

산지와 (Sañjīva) V §4.

살생 (pāṇātipāta) V §22, §23.

삶의 과정 (pavatti) IV §1[어원], V §1, §18, §27, §29, §30; VI §4, §23~24, §27, §28, §29; VIII, §11[청], §14~25, §27.

삼매[定] (samādhi) I §18~20, §30~31; II §2; VII §18, §22, §26[청], §27, §28, §29, §30, §32, §33; VIII §10[청], §11[청]; IX §1, §16~20. 참 근접삼매(upacāra), 본삼매(appanā).

삼모하위노다니 (Sammohavinodanī) IV §17.

삼특상 ☞ 특상(lakkhaṇa)

삼십삼천 (tāvatiṁsa) V §5, §12.

삿담마 조띠빨라 (Saddhamma-Jotipāla) 서문 §8.

상(想) ☞ 인식(saññā)

상(相) ☞ 표상(nimitta)

상속(相續) ☞ 흐름(santati)

상수멸(想受滅, saññāvedayitanirodha) IV §22; IX §44[청] 참 멸진정(nirodhasamapatti).

상응연(相應緣) ☞ 결합된 조건(sampayuttapaccaya)

상카라[行] (saṅkhāra) I §4 (4); II §2 (4); VIII §3[청]. 참 형성된 것, 심리현상, [업]형성

상태 (bhāva) II §1, §5; VIII §2.

상호연(相互緣) ☞ 서로 지탱하는 조건(aññamaññapaccaya)

상호의존관계 (paṭṭhāna) VIII §2[어원], §11~28.

새로운 (abhinava) V §36.

색(色) ☞ 물질(rūpa); 형색(rūpa)

색계 (rūpāvacara) 마음(+citta) I §3, §18~21; III §21; 업(+kamma) V §25, §31; 색계의 재생 III §17, §39; 과보로 나타난 [마음](vipāka) III §9; V §13, §31. 참 禪(jhāna), 고귀한(mahaggata).

색계 세상 (rūpabhūmi) I §3, §18~20; III §9, §20, §22; IV §27, §28, §29; V §6, §40; 수명 V §14; 색계의 물질 VI §27~29; 색계의 재생연결 V §13, §31.

색구경천 (akaniṭṭhā) V §6[어원], §14, §31.

생(生) ☞ 태어남(jāti)

생계 (ājīva) 참 바른(sammā) 생계.

생계의 청정에 관한 계 (ājīvapārisuddhi-sīla) IX §28.

생기는 요인 (samuṭṭhāna) VI §1, §9[어원], §15.

생긴 (samuṭṭhāna) VI §10~13, §17~20, §22 이하; VIII §27.

생멸의 지혜 (udayabbayañāṇa) IX §32, §33, §42.

생명기능[命根] (jīvitindriya) 정신적인 II §2 (6)[어원]; VII §18; 육체적인 V §34; VI §3; VII §18; VIII §24.

생산[업] (janaka) V §18[어원], §35.

생성 (upacaya) IV §4 (11)[어원]; VIII §11.

서로 지탱하는 조건[相互緣] (aññamaññapaccaya) VIII §3, §11, §13, §18, §20, §21, §22.

서시 (ganthārambha-kathā) I §1.

선(善) ☞ 유익한(kusala)

선(禪, jhāna) I §18[어원]; 선의 증득 I §3; IV §14; IX §15, §18; 선이라는 조건(+paccaya) VIII §14; 선의 각지들(+aṅga) I §18~20; II §25; VII §16, §22, §23; VIII §14; 색계선 I §3, §18~20, §21, §25; II §21~22; IV §16; V §6, §25, §40; 무색계선 I §22~24, §25, §32; IV §16; V §7, §26, §40; IX §12, §19; 출세간선 I §30~31, §32; II §19,; VII §32~33; 토대가 되는 선(pādaka+) I §31, IX20; 재생과 선 V §6, §31, §39, §40; 참본삼매(appanā), 고귀함(mahaggata).

선견천 (sudassī) V §6[어원], §14, §31.

선구자가 되는, 앞서가는 (pubbaṅgama) V §37; VIII §3[청].

선명한 (vibhūta) IV §5, §12, §14, §20.

선명한 [대상] (garukata) VIII §17, §19.

선처 (sugati) IV §24; V §3, §5[어원]; 욕계선처(kāmasugati[bhūmi]) V §9, §11, §28.

선현천 (sudassā) V §6[어원], §14, §31.

설(舌) ☞ 혀(jivhā)

성(聲) ☞ 소리(sadda)

성가심 (āghāta) II §5[청].

성공, 성취 (sampatti) I §3; II §5[청]; V §6; IX §9[청].

성냄 없음[不嗔] (adosa) I §4; II §5 (6); III §5～7.

성냄[嗔] (dosa) I §5[어원]; II §4 (8), §13～14, §26; III §5～7; V §23; 성냄에 뿌리박은 마음(+mūlacitta) I §5, §7.

성스러운 가문에서 성스러운 가문으로 가는 자 (kolaṁkola) IX §38[청] 참 예류자(sotapanna).

성스러운 진리[四聖諦] (ariyasacca) VII §38, §40; IX §34.

성의 물질 (bhāvarūpa) VI §3 (4).

성자(聖者) (ariya) I §1, §26～28; IV §25; V §8, §40; IX §34, §38～41, §42.

성취수단[如意足] (iddhipāda) VII §26[어원].

세간적인 (lokiya) I §3, §25; II §15; VI §6.

세계 ☞ 세상(loka)

세 번째 생부터 받는 [업] (aparāpariyavedanīya) V §20.

세상 (loka) I §3[어원], §25, §26; V §3; VIII, §32; IX §39. 참 경지(bhūmi).

소리[聲] (sadda) III §16, §17; VI §14.

소멸, 멸 (nirodha) II §1[어원]; V §41; VI §16, VII §38[어원], §38～40; IX §33[청] 참 멸진정(nirodhasamāpatti)

소욕 (appicchatā) II §6[청].

속박 (yoga) VII §5[어원], §14.

속행(速行) ☞ 자와나(javana)

쇠퇴 (jaratā) VI §4 (11)[어원]. 참 늙음(jaratā).

수(受) ☞ 느낌(vedanā)

식(識) ☞ 알음알이(viññāṇa)
식무변처 (viññāṇañcāyatana) I §22～24; V §7; IX §19.
신(信) ☞ 믿음(saddhā)
신통변화[身足通] (iddhividha) IX §21.
신통지 (abhiññā) III §17, §18; IV §22; VI §11; VII §26; IX §21[어원].
실현 (sacchikiriya) V §30; IX §34-2.
싫어함 (arati) II §7; IX §9.
심(尋) ☞ 일으킨 생각(vitakka)
심(心) ☞ 마음(citta)
심리현상들[의 무더기] (saṅkhāra) I §2, §4; II §2, §5; VII §34; IX §32-1.
심소(心所) ☞ 마음부수(cetasika)
심장토대 (hadayavatthu) III §20, §21; V §37; VI §3 (5), §14; VIII §16, §20, §21, §22, §25.
심청정(心淸淨) ☞ 마음의 청정(citta-visuddhi)
쌍신변(雙身變) (yamakapāṭihāriya) II §1, IV §21[어원].
쓰디쓴 상태 (kaṭukañcukatā) II §4[청] 참 인색(macchariya).

【아】

아귀 (peta) V §4.
아귀계 (petti-visaya) V §4.
아난다 스님 (Ānanda, Ācariya) IV §6.
아누띠까 (Anuṭīka) 서문 §8.
아누룻다 스님 (Anuruddha) 서문.
아라한 (Arahant) I §10, §15, §18～20, §26～28; II §23; III §13, §18; IV §16, §17,22, §25, §26; V §20; VI §11; IX §41.
아라한됨 (arahatta) I §26～28, §31; IV §15～16.
아르타상그라하 (Arthasaṅgraha) 서문 §2.
아름다운 (sobhana) 마음(citta) I §12[어원]; II §15～16, §18, §23～25; 마음부수

(cetasika) II §5~8, §15~16.
아비담마 (abhidhamma) 서문 §2, §2, §3; VII §7; 아비담마의 주제 (abhidammattha) I §1, §2.
아비담마 입문 (Abhidhammāvatāra) 서문 §8.
아수라 (asura) V §4; 타락한 아수라(vinipātikāsura) V §11, §12.
아승기겁 (asaṅkheyya-kappa) V §14.
아자따삿뚜 (Ajātasattu) V §19.
아찰나 IV §6, §7; VI §10, §11, §12; IX §23. 참 찰나(刹那, khaṇa)
악도, 악처, 비참한 곳 (duggati) IV §24; V4[어원].
악의 (vyāpāda/byāpāda) I §18; II §4; V §22, §23; VII §6[어원], §8, §30; IX §9, §40.
악처(惡處) (apāya(bhūmi)) I §26; II §4[청]; III §8[청]; §9; IV §24, §26; V §3, §4[어원], §8, §10, §12, §27.
악한(pāpa/pāpaka) I §12; II §5[청], §6[청], VII §14, §25.
안(眼) ☞ 눈(cakkhu)
안은(安隱) (khema) IX §33[청].
안의 (ajjhattika) VI §6, §7[어원], §8, §10, §20; ajjhatta VI §12; VIII §17, §28.
알고 있음 (cintana) I §3[어원].
알음알이[識] (viññāṇa) I §2; IV §3, §4; VIII §3 (2,3,4); 몸의 알음알이 I §8, §9; III §3~4; 알음알이의 요소[識界] III §21~22. VII §37, §39; VIII §22, §25; 前五識 I §8, §9, §11, §28; III §4, §9, §10, §14, §21; IV §17; VIII §22; VIII §24. 참 한 쌍의 전오식.
암시(viññatti) VI §4[어원]. 참 말의 암시(vacī+), 몸의 암시(kāya+).
앗타까타, 주석서 (Aṭṭhakathā) 서문 §2, §6; I §1.
앗타살리니 (Aṭṭhasālinī) III §4.
야마까[雙論] (Yamaka) IV §6.
야마천 (yama) V §5, §12.
양면해탈 (ubhatobhāga-vimutti) ☞ 해탈(vimutti): 양면해탈
양심 (hiri/hirī) II §4(2) [어원] §5 (3).

양심 없음[無慘] (ahirika) I §6; II §4 (2)[어원], §13; VII §12, §19.

어리석음 없음[不痴] (amoha) II §8: III §5~7. 참 지혜(ñāṇa), 통찰지(paññā).

어리석음[痴] (moha) I §4, §6[어원], §13; II §4 (1), §13; III §5~7; V §23; VII §3, §12; VIII §3; IX §3, §13, §39; 어리석음에 뿌리박은 마음(+mūlacitta) I §4, §6, §7.

업 (kamma) I §3; II §2; III §17; IV §2, §17; V §2, §18~26, §34, §35, §36, §38; VIII §3 (1,2,9,10); 업과 과보(vipāka) V §27~33; 물질을 생기게 하는 요인으로서의 업 V §18; VI §9, §10, §14, §15, §17, §22; 기능(kicca) V §18; 업이 익는 순서 V §19; 업이 익는 세상 V §21~26; 업의 회전 VIII §8; 업이 익는 시간 V §20; 업의 법칙(+niyāma) V §18, §27. 참 과보로 나타난 [마음](vipāka); 표상(nimitta); 재생.

업의 과보를 부정하는 [견해] (akiriya) V §22; VIII §2[청].

업의 길[業道] (kamma-patha) V §18, §22, §24.

업이라는 조건 (kammapaccaya) VIII §11, §14, §27.

업의 표상 (kamma-nimitta) III §8, §17; IV §2; V §35, §38, §39.

[업]형성[行, saṅkhāra] I §4[주]; II (4); V §37 (2); VIII §3[청], §§5~8, §8[청].

여리작의(如理作意) ☞ 근원적으로 마음에 잡도리함(yoniso manasikāra)

여성 (itthatta/itthibhāva) VI §3 (4), §17, §24.

여운[의 마음] (tadārammaṇa) III §8 (13), §9, §10, §18; IV §6, §12, §17~20, §27.

여의족(如意足) ☞ 성취수단(iddhipāda)

역할 (rasa) I §3; III §8.

역할, 기능, 일 (kicca) I §3; III §1, §8[어원] §8~11; V §18, IX §33[청]; 일 IX §43.

연(緣) ☞ 조건(paccaya)

연결 (sandhi) VIII §4, §7.

연기(緣起) (paṭiccasamuppāda) 서문 §10, II §2; III §8; VII §7; §10; VIII 0 [청], §2[어원], §3~10.

연민[悲] (karuṇā) II §7 (1), §15, §17, §19, §21; IX §9.

열렬히 원하는 (ati-iṭṭha) I §9; IV §17.

열반 (Nibbāna) I §2, §3, §26~28; III §16, §17, §18; VI §30~32; VII §1, §39, §40; VIII §29; IX §34, §36, §37, §42; 유여열반(sa-upādisesa+) 무여열반(anupādisesa+) VI §31.

열의[欲] (chanda) II §3 (6)[어원], §11, §26, §28; V §31; VII §20, §26, §32, §33; VIII §11.

염(念) ☞ 마음챙김(sati)

염오의 지혜 (nibbidāñāṇa) IX §25, §33.

영광스러운, 곡식 (dhañña) IX 후.

영양소 (ojā) 서문11; VI §3, §7, §13, §16, §24.

영양소를 여덟 번째로 한 것 (ojaṭṭhamaka) 서문 §12; VI §7.

영역 (avacara) I §3[어원]. 참 욕계 등.

영원함 (sassata) VIII §2[청], §3[常見].

예류 (sotāpatti) I §26~28, §31; III §21; IV §26; IX §34.

예류자 (sotāpanna) IV §26; IX §38. 참 유학.

오개(五蓋) ☞ 장애(nīvaraṇa)

오력(五力) ☞ 힘(bala)

오문전향(五門轉向) (pañcadvārāvajjana) ☞ 전향(āvajjana)

오염원 (kilesa) II §5[청]; VI §31; VII §9, §12[어원], §14; VIII §8, IX §5, §32, §34, §41.

온(蘊) ☞ 무더기(khandha)

온도 (utu) VI §9, §12, §15, §19, §21, §22.

올곧음[正直性] (ujukatā/ujju+) II §5 (18,19).

완화 (nimaddana) II §5[청] 참 경안(pasaddhi).

외래의 바왕가 (āgantuka-bhavaṅga) IV §18.

요소[界] (dhātu) 서문 §5, §13; I §8; II §28; III §8; IV §4; V §3; VI §2[어원], §3, §4, §12, §14, §31; VII §30[청], §34, §37[청] [어원], VIII §3[청], §11[청], §16, §22, §25, §39, §40; IX §11, §33[청], §35[청] 참 마노의 요소(manodhātu), 근본 물질[四大, mahābhūta].

욕(欲) ☞ 열의(chanda)

욕계 (kāmāvacara) 과보로 나타난 [마음](+vipāka) V §27~30; 마음(+citta) I

§3[어원], §4~17; II §23~29; III §17; IV §6~13; 욕계와 재생 III §17; V §38; 업(+kamma) V §22~24.

욕계세상, 욕계의 경지 (kāmabhūmi) I §3; III §9, §13, §20, §22; IV §27, §29; V §3, §5, §10~12, §40; 욕계 선처(kāmasugati-bhūmi) IV §24, §26; V §5, §11, §28; 욕계의 물질(rūpa) VI §23~25, §29.

욕계세상 (kāmaloka) I §25; III §20; V §27, §28; VI §23, §24.

욕구 (nikanti) IX §32-2

욕망 (ālaya) VII §38[청] [어원].

용어, 말 (vacana) I §1[어원], VIII §6.

우빠니샤드 (Upaṇiṣad) 서문 §2.

우주[輪圍山] (cakkavāḷa) V §3[청].

원만한 지혜 ☞ 구경지(aññā)

원인 없는 [마음] (ahetuka) 서문 §12; I §4, §8~12, II §11, §28, III §6, §7, IV §24, V §22, §29, VI §6.

원인[因] (hetu) I §4, §8, §13~16; III §5~7; IV §24, §25; V §22, §23, §29, §40; VII §15; VIII §14. 참 뿌리(mūla).

원인을 가진 (sahetuka) I §13, §14, §15; II §15, §24; III §6.

원인의 (hetupaccaya) VIII §11, §14.

원하는 (보통으로) (iṭṭha) I §9; II §2[청]; IV §17.

원하는 대로 (ajjhāsaya) I §31.

원하지 않는 (aniṭṭha) I §8; IV §17.

원함 없음[無願] (appaṇihita) VI §31; IX §26, §27, §35, §36, §37.

원함, 염원 (paṇidhi) VI §31, IX §35.

웨자얀따 궁전 (Vejayanta) V §5.

위루빠카 (Virūpakkha) V §5.

위룰하까 (Virūḷhaka) V §5.

위바위니 띠까 (Vibhāvini-Ṭīkā) I §6, §21; II §25; III §12, §17; IV §6; V §18, §38.

위방가[분별론] (Vibhaṅga) 서문 §8[어원]; V §12.

위빳사나[觀] (vipassanā) 서문 §10~13; I §18, §26~28, §30~31; II §1, §30; IV §14; V §6; VI §2, §3, VII §1, §28[청]; VIII §8, §10, §22, §31, §32; IX §1 [어원], §5[청], §8, §20, §22~44; 위빳사나의 경계 IX §32; 위빳사나의 지혜(10가지) IX §25, §32~33; 출현으로 인도하는 위빳사나(vuṭṭhāna-gāmini+) IX §34, §36.

위빳사나를 닦는 자 (vipassaka) I §31; IX §29.

위의(威儀) ☞ 자세(iriyāpatha)

위험의 지혜 (ādīnavañāṇa) IX §33.

유(有) ☞ 존재(bhava)

유위(有爲) ☞ 형성된 것(saṅkhata)

유익함[善] (kusala) 마음(+citta) I §3, §12; IV §15~16; V §24; 욕계의 I §13, §16; II §15, §23~24; III §18; V §24, §28~30; 색계의 I §18; V §25, §31; 무색계의 I §22; V §25, §32; 출세간의 I §26, §28, §30~32; 업(+kamma) V §24~30; 뿌리(+mūla) I §3; III §5~7; VIII §14.

유정 ☞ 중생(satta)

유학 (sekkha) I §13, §18; III §13, §18; IV §16, §25, §26; V §40; VI §11.

육입(六入) (saḷāyatanaṁ) VIII §3, §6. 참 감각장소(āyatana).

윤회 ☞ 회전(vaṭṭa)

율 (vinaya) 서문 §7; II §4[=vinaya-kukkucca].

율에 관해서 (abhivinaya) 서문 §7.

음식 (āhāra) VI §3 (7)[어원], §9, §13, §14, §15, §21, §22; VII §21; VIII §23; 음식에 대해 혐오하는 인식(āhāre paṭikūlasaññā) IX §10. 참 덩어리진 [먹는] 음식(kabalīkārāhāra), 영양소(ojā).

음식의 (āhārapaccaya) VIII §11, §23.

의(意) ☞ 마노(mano)

의도 (cetanā) I §3, §4; II §2 (4)[어원]; V §18, §22, §23, §24; VI §10; VII §21; VIII §3 (1,2,9), §14.

의문전향(意門轉向, manodvārāvajjana) ☞ 전향(āvajjana)

의심 (vicikicchā) I §6[어원], §18; II §4 (14), §11, §13, §14, §26; IV §25; VII §8, §9, §10, §12, §22; IX §38; 의심의 마음(+citta) I §6; II §13, §14, §26; VII §22.

의심을 극복함에 의한 청정 (kaṅkhāvitaraṇa-visuddhi) IX §31.

의지하는 조건[依支緣] (nissaya-paccaya) VIII §11, §22.

의지하여 (nissāya) III §21, §22.

이(耳) ☞ 귀(sota)

이것만이 진리라는 천착 (idaṁsacca-abhinivesa) VII §6[어원]. 참 천착 (abhinivesa).

이로움 (ānisaṁsa) IX §28.

이르는 (gāmini) VII §38[어원].

이름[名] (nāma) VIII §29, §31; IX §33[청] 참 정신[名] (nāma)

이름으로서의 개념 (nāma-paññatti) VIII §29.

이미 지은 [업] (kaṭattā) V §19[어원]; VIII §27.

이숙연(異熟緣) ☞ 과보라는 조건 (vipāka-paccaya)

이유, 원인, 도구 (kāraṇa) 이유 VIII §1, §11, §30; 원인 VI §31; VII §36, §38; 도구 I §3.

이치, 뜻 (attha) 서문 §2, §4. 참 궁극적인 것(paramattha).

익음 (pāka) I §16, §17. 참 과보(pāka)

익힌 [표상] (uggaha) 서문 §12; I §18; IV §14; IX §5[어원], §16~17. 참 표상 (nimitta).

인(因) ☞ 원인(hetu)

인간 (manussa) III §9; V §5, §11.

인색 (macchariya) II §4 (10); II §13, §17, §26.

인습적 표현 (vohāra) I §2; III §19.

인습적인, 세간의 (sammuti) I §1, I §2.

인식[想] (saññā) I 0, §2, §22~24; II §2 (3); IV §17; V §6, §31; VII §24[청]; IX §14, §30. 참 무상유정(無想有情, asaññāsattā).

인식과정 (vīthicitta) III §8; IV §1[어원], §1~30 등; VIII §16; 죽음에 임박한 인식과정 V §35~38; 오문인식과정 I §10; IV §4, §5, §6~11; 의문인식과정 I §10; III, §16, §17; IV §4, §12~16; 도의 인식과정 IV §14; IX §34.

인식이 없는 중생 ☞ 無想有情

일래자 (sakadāgāmi) I §26~28, §31; IV §26, IX §39.

일반적인 항목 (pakiṇṇaka) III 0.

일어남 (samudaya) IV §22; VII §38[청] [어원], §40; VIII §10.

일어남 (uppāda) II §1[어원]; III §1; IV §6, §7; VI §10, §11; VII §25; VIII §11 [청]; IX §23, §33. 참 마음(citta): 일어남; 미소짓게 하는 마음 (hasitupāda-citta).

일으킨 생각[尋] (vitakka) I §18~20, §31; II §3(1)[어원], §6, §11, §19, §21; IV §14, V §6, VII §16, §22, §30[청], §33; IX §3, §5[청], §10[청], §13, §14, §15, §18.

임종에 다다라 [지은 업] (maraṇāsanna) V §19[어원] 참 죽음에 직면한 (maraṇāsanna)

【자】

자(慈) ☞자애(mettā)

자(者) ☞ 개인(puggala)

자극 없이 열반에 든 자 (asaṅkhāra-parinibbāyī) IX §40.

자극받은 (sasaṅkhārika) I §4[어원], §5, §6, §13~15, §21; II §13, §14, §26; V §30; IX §40.

자극받지 않은 (asaṅkhārika) I §4, §5, §13~15, §21; II §13, §14, §26; III §13; V §30; IX §40.

자만 (māna) II §4 (7)[어원], §13, §17, §26; VII §9.

자상(自相) ☞ 개별적 특징

자성(自性) ☞ 고유성질

자세[威儀] (iriyāpatha) VI §11, IX §33[청].

자아 (attā) I §3, §26, §28; II §4, IV §6, V §5, VII §7, §13, §24, §35, §37[청], §38[청], IX §22, §23, §30, §32, §33, §35, §36.

자아의 교리 (attavāda) VII §7.

자애[慈] (mettā) II §5, §7; IX §9.

자연적으로 (pakata) 자연적으로 강하게 의지하는 (pakatūpanissaya-paccaya)

VIII §11, §17.

자와나[速行] (javana) 서문 §12; I §4; III §8 (12)[어원], §9, §10, §13, §14, §17; V §20, §38; VI §11; VIII §13, §14, §19 §22[청]; IX §43; **본삼매 속행** (appanā+) IV §14, §15, §16, §22, §23; **개인에 따른 구분** IV §24~26; **세상에 따른 구분** IV §27; **욕계의 속행** IV §6, §12~13, §17, §18, §21, §23.

자유자재함 (vasitā) IV §14, §22; IX §18[어원], §20; (vasibhāva) IV §14.

작용만 하는 (kiriya, kriyā) 서문 §12, §13; I §3, §4[어원], §10[어원]; IV §15~16; **욕계의** I §15, §16; II §15, §23~24, §25; III §18; IV §17; **색계의** I §20, §21; **무색계의** I §24, §25.

작은 (paritta) IV §5, §6, §8, §9.

작은 수다원 (cūḷa-sotāpanna) IX §31[청].

작의(作意) ☞ **마음에 잡도리함**(manasikāra)

잠재성향 (anusaya) I §31; V §37; VII §9[어원], §14, §30[청].

장소[處] (āyatana) VII §36[어원], §40; VIII §3 (4,5), §16. 참 **장소**(ṭhāna) IX §1; **감각장소**(āyatana); 禪(**무색계선**).

장애[五蓋] (nīvaraṇa) I §18~20; II §4, §5; VI §4[청]; VII §8[어원], §14; IX §1, §4, §5[청].

재생 (upapatti) VIII §3, §8.

재생연결 (paṭisandhi) 서문 §10, §11; I §3; II §28; III §8 (1)[어원], §9, §10, §13, §17, §18; V §7~17, §27, §28~32, §38~40; VIII §3 (2,3), §20, §21, §22, §25; **마음**(+citta) II §28; III §8 (1), §13, §17, §18; V §37, §41; **재생연결** (sandhi) V §1, §42; **재생연결 때의 물질**(rūpa): VI §23, §27~29; VIII §3 (3), §14.

저열한 [업] (omaka) V §29, VI §23-1.

적의 (paṭigha) I §5[어원]; II §13, §26; III §3, §21; IV §18, §25, §27; VI §7; VII §6, §9, §10, §11. 참 **성냄**(dosa); **부딪힘**(paṭigha).

적합함[適業性] (kammaññatā) **정신적** II §4[청], §5 (14, §15)[어원]; **육체적** VI §4 (10).

전생의 삶들을 기억하는 지혜[宿命通] (pubbenivāsānussati-ñāṇa] IX §20, §21.

전오식(前五識) ☞ **한 쌍의 전오식** (dvipañca-viññāṇa)

전향 (āvajjana) I §10; III §8 (3)[어원], §9, §10; **오문전향**(五門轉向,

pañcadvār+) I §10; II §28; III §9, §10, §21; IV §6; 의문전향(意門轉向, manodvār+) I §10; III §8, §9, §13, §18, §21. 참 인식과정(vīthicitta).

절제 (virati) II §6[어원], §15, §17, §21, §23, §25; V §24.

점성술 (Jyotiṣa) 서문 §3.

정(定) ☞ 삼매(samādhi)

정(正) ☞ 바른(sammā)

정거천 (suddhāvāsa) V §6[어원], §8, §31; IX §40.

정근(正勤) ☞ 바른 노력(sammappadhāna)

정념(正念) ☞ 마음챙김(sati)

정등각 (sammāsambuddha) I §1[어원].

정신[名] (nāma) VIII §3 (3,4), §13, §14, §15, §16, §17.

정신・물질[名色] (nāma-rūpa) I §3; VIII §3 (3,4), §14, §17, §18; IX §30~31.

정신작용 (mānasa) ☞ 마음(mānasa)

정신적 고통 ☞ 불만족(domanassa)

정진 (vāyāmo) II §3. 참 바른(sammā): 정진.

정진 (viriya/vīriya) II §3 (4), §11; VII §25, §33.

정해진 법칙 (niyama) 서문 §12, §12; III §8; IV §1, §4, §6, §17[어원], §20, §21, §22, §23; V §12.

제(諦) ☞ 진리(sacca), 성스러운 진리(ariyasacca)

제의서 (Brāhmaṇa) 서문 §2.

제한된 [욕계] (paritta) II §25; III §19; IV §12, §13, §21, §23, §38; IX §33.

조건[緣] (paccaya) 서문 §12; VIII 0[어원], §1, §2, §11, §28; 조건 짓는 법(paccaya-dhamma) VIII §1, §2, §10; 조건 따라 생긴 법(paccayuppanna-dhamma) VIII §1, §2, §10; 조건 짓는 힘(paccaya-satti) VIII §1, §2, §10; 조건을 가진(sappaccaya) VI §6; IX §32

조도(助道) ☞ 보리분(bhodhipakkhiyā)

조사(調査) (santīraṇa) I §8, §9; II §28; III §8 (10)[어원], §9, §10, §14; IV §6, §17, §18; 조사와 재생연결 III §9, §10; V §10, §11, §27, §28, §28; 조사와 여운 III §9, §10; IV §17.

조합 (saṅgaha) 서문 §12; II §10[어원], §18 등.

족쇄(saṁyojana) I §28; II §4[청]; VII §5, §10[어원], §11, §14; IX §38, §40, §41.

존재[有] (bhava) VIII §3 (9,10), §7, §8.

존재지속심 ☞ 바왕가(bhavaṅga)

존재하는 (bhūta) VI §2[어원]; VII §38[청], IX §18. 참 근본물질[四大] (mahābhūta, bhūtarūpa).

존재하는 곳 (bhūmi) I §3, §29. ☞ 경지 참 세상(bhūmi).

존재하는 조건[有緣] (atthi-paccaya) VIII §11, §26, §27.

존재하지 않는 조건[非有緣] (natthi-paccaya) VIII §11, §13.

종류 (jāti) 서문 §12, §12; I §4, §17; II §2.

종성(種姓) (gotrabhū) III §8, §18; IV §14[어원]; VII §3; VIII §11[청]; IX §4, §34.

주로, 대부분 (bāhulla) V §22, §36.

죽음[死] (maraṇa) III §17; IV §21; V §34~40; VI §25, §26, §29; VIII §3, §5, §6, §7, §10; 죽음을 계속해서 생각함(maraṇānussati) IX §8, §13.

죽음의 마음 (cuticitta) III §8 (14)[어원], §10, §13, §17, §18; V §10, §11, §13, §15, §17, §35, §37, §41.

죽음에 직면한(maraṇāsanna) V §37, §38. 참 **임종에 다다라 [지은 업]** (maraṇāsanna)

준비 (parikamma) IV §14[어원], §22; IX §4[어원], §5, §14, §16, §17, §19, §20, §33[청], §34.

중간에 서있음 (majjhattatā) II §5[어원].

중간 [정도]의 (majjhima) II §25; IV §17; V §31.

중간겁 (antarakappa) V §14.

중립 (tatramajjhattatā) I §4; II §5 (7), §7.

중생, 유정 (satta) I §3; IV §17; V §6; VIII §1[청], §3[청].

즐거움[樂] (sukha) I §4, §9, §18; II §2; III §2~4; IV §17, V §4; VII §18.

즐김 (rati) V §5[어원].

증득[等持] (samāpatti) I §26; IV §22[어원]; IV §22; IX §1, §42. 참 멸진정 (nirodha-samāpatti).

지(地) ☞ 세상(bhūmi)

지(止) ☞ 사마타(samatha)

지계(地界) ☞ 땅의 요소(paṭhavīdhātu)

지나간 바왕가 (atītabhavaṅga) 서문 §12; II §1, III §8, §17; IV 0, §6, §7, §8, §18.

지배[增上] (adhipati) VI §7[청]; VII §20, §22, §23; VIII §11[청].

지배자 (Inda) VII §18.

지배하는 조건[增上緣] (adhipati-paccaya) VIII §11, §19.

지속적 고찰[伺] (vicāra) I §18~20; II §3 (2)[어원], §11, §19, §21; V §6; VII §16; IX §18.

지옥 (niraya) V §4[어원].

지자 (vicakkhaṇa) I §30; VI §8, §22.

지탱, 지지 (upatthambhana) II §3[청]; VI §3[청]; VIII §11[청].

지혜[智] (ñāṇa) I §13[어원], §13~17; II §25; 지와 견에 의한 청정(ñāṇa-dassana-visuddhi) IX §34; §10 가지 위빳사나의 지혜(vipassanāñāṇa) IX §25, §32~33; 타심통(cetopariyāñāṇa) III §18; IX §21. 참 통찰지(paññā).

지혜롭게 마음에 잡도리함[如理作意](yoniso manasikāra) I §2, §4; II §1, §2, §3, §4; III §8, §13.

지혜 없이 마음에 잡도리함 (ayoniso manasikāra) II §4[청], III §13.

진(嗔) ☞ 성냄(dosa)

진리[諦] (sacca) 서문 §7; I §2; VII §6, §38[어원], VIII 0, §3.

진실하지 않은 개념 (avijjamāna-paññatti) VIII §31.

진실한 개념 (vijjamānapaññatti) VIII §31.

질투 (issā) II §4 (9)[어원], §13, §17, §26, VII §11.

집중 (ekaggatā) I §18~20: II §2 (5).

쭐라나가 장로 (Cūḷanāga Thera) V §30.

【차】

찰나(刹那, khaṇa) 서문 §5, §6; IV §1, §6, §22; VI §10, §11; VIII §14; IX22; 단

지 찰나만 머무는 정도의(khaṇa-ṭṭhitimatta) II §2; 마음찰나[心刹那](citta-kkhaṇa) II §1, IV §6.

찰나삼매 (khaṇikasamādhi) I §18; IX §1, §29.

처(處) ☞ 감각장소(āyatana), 장소(āyatana).

천신 (devā) V §5, §11, §12; IX §8.

천신을 계속해서 생각함 (devatānussati) IX §8.

천안통 (dibbacakkhu) IX §21.

천이통 (dibbasota) IX §21.

천착 (abhinivesa) II §4[청]; VII §6[어원]; VII §13; IX §35[청].

청백(淸白)의 경지, 깨끗함 (vodāna) II §6[청]; VII §30[청]; VIII §11[청]; IX §34.

청정 (visuddhi) VII §33; IX §22, §28~34.

청정도론 (Visuddhimagga) 서문 §1, §2, §6, §11, §13; I §1, §3 등.

초심자 (ādikammika) IV §22, IX §17.

촉(觸) ☞ 감각접촉(phassa)

☞ 감촉(phoṭṭhabba)

추상적 물질 (anipphannarūpa) VI §2, §3, §4, §5; VII §1.

축생계 (tiracchānayoni) V §4.

출세간 (lokuttara) I §3, §26~28, §30~32,; II §15, §18, §19, §25; III §17, §18, §21; IV §14, §25; VI §30; VII §38. 참 과(果, phala), 열반(Nibbāna), 道(magga).

출세간, 위없는 (anuttara) §1 §28, §32, II §18, §20, §25, III §19, §21; 위없는 VI §32. 참 출세간(lokuttara).

출입식념(出入息念) ☞ 들숨날숨에 대한 마음챙김(ānāpānassati)

출정 (vuṭṭhāna) IV §22-3; IX §18-2, §21 §43, §44. 출현으로 인도하는 위빳사나(vuṭṭhānagāmini-vipassanā) §34-1, §36.

취착[取] (upādāna) VII §7[어원], §13, §14, §35; VIII §3 (8,9), §7, §8.

취착된 물질 (upādinna-rūpa) VI §7-2; VIII §24.

치(痴) ☞ 어리석음(moha)

칠각지(七覺支) ☞ 깨달음의 각지(bojjhaṅga)

칭송 (thuti) I §1[어원].

【카】

큰 과보의 [마음](mahā-vipāka), **큰 유익한 [마음]**(mahā-kusala) **큰 작용만 하는 [마음]**(mahākiriya) I §16.

큰 [대상] (mahanta) IV §5, §7.

코[鼻] (ghāna) VI §3 (2).

【타】

타락한 (vinipātika) ☞ 아수라

타화자재천 (paranimmita-vasavatti) V §5[어원], §12.

탐(貪) ☞ 탐욕(lobha)

탐욕 없음[不貪] (alobha) II §5 (5); III §5~7.

탐욕[貪] (lobha) I §4[어원]; II §4 (5), §13~14; III §5~7; VIII §3 (7,8); 탐욕에 뿌리박은 마음(+mūlacitta) I §4, §7; II §13~14, §26.

태생 (jalābuja) VI §23.

태어날 곳 (gati) III §8[청]; VII §38[청]; VIII §3[청], IX §33[청]; 태어날 곳의 표상(+nimitta) III §8, §17; IV §2; V §35, §38.

태어남[生] (jāti) VI §4 (11); VIII §3 (10, §11), §7.

토대 (vatthu) II §1[어원]: III §20~22; VI §7; VIII §16, §22, §25. 참 심장토대(hadayavatthu); 범주(vatthu).

토대가 되는 법 (vatthudhamma) VII §1; IX §17-3.

토대를 가진 (vatthuka) II §1, V §37. 참 vatthu(토대).

통달지 (pariññā) 서문 §14; IX §34.

통찰지[慧, 반야] (paññā) I §26~28, §30~31; II §8[어원], §15~16; VII §29~33. 통찰지의 기능(paññindriya) I §26; II §8; VII §18, §27. 참 지혜(ñāṇa); 어리석음 없음(amoha); 해탈(vimutti): 혜해탈.

투도(偸盜) ☞ 도둑질(adinnādāna)

특상 (lakkhaṇa) 삼특상 IX §23, §32, §33, §35~37.

특징 (lakkhaṇa) II §1[어원]; 마음의 특징 I §3; 물질의 특징 VI §4 (11), §14; 마음부수의 특징 II §2~8.

틈 없는 조건[無間緣] (anantara-paccaya) VIII §11, §13.

【파】

파괴됨, 다함, 소멸 (khaya) 파괴됨 VI §4; IX §20, §32, §33[청]; 다함 V §34, §37; 소멸 VII §34.

파괴[업] (upaghātaka) V §18[어원].

파멸처 (vinipāta) V §4[어원].

파생된 (upādāya) VI §2[어원].

파생된 물질 (upādārūpa) III §4, §16; VI §2; VII §36, §37.

파악 (pariggaha) VII §30[청], IX §30, §32; 조건을 파악하는 지혜(paccaya-pariggahaṇa-ñāna) IX §31.

팔정도 (aṭṭhaṅgika-magga) I §26~28; II §15; VII §30, §33, §38, §40; IX §34, §38.

퍼져나옴 (añcuka) II §4[청].

편안함[輕安] (passaddhi) II §5 (8,9)[어원]; VII §29, §32, §33; IX §32, §35.

평온[捨] (upekkhā) 느낌으로서 I §4[어원], §6, §8, §9, §10, §13, §14, §15, §18~20; III §2~4; IV §15~16, §17; 마음부수나 상카라로서 II §5 (7), §7; VII §29; IX §9; 상카라들에 대한 평온(saṅkhārupekkhā) IX §33, §34.

포함 (saṅkhepa) VIII §4, §7.

폭류 (ogha) VII §4[어원], §14.

표상 없음[無相] (animitta) VI §31; IX §35, §36, §37. 참 표상(nimitta).

표상[相] (nimitta) 禪수행의: 서문 §12; I §18~20, §22, §31; III §18; IV §14; V §39; IX §5[어원], §7[청], §12[청], §16, §17, §18, §20, §23, §35; 재생의 표상: II §1, §2[청]; III §8, §17; IV §2; V §18, §35, §38, §39. 참 표상 없음(animitta).

풍계(風界) ☞ 바람의 요소(vāyodhātu)

필수품에 관한 계 (paccayasannissita-sīla) IX §28.

【하】

한 쌍의 전오식(前五識) (dvipañca-viññāṇa) I §8, II §11, §23, §28; III §6, §10, §13, §14, §20, §21; IV §13; VI §3, §11, VIII §14. 참 알음알이(viññāṇa).

한정하는 [물질] (pariccheda) VI §4[어원], §5, §22.

함께 기뻐함[喜] (muditā) II §7 (2), §15, §17, §19, §21; IX §9.

함께 생긴 조건[俱生緣] (sahajāta-paccaya) VIII §11, §20, §21, §22.

함께한 (sahagata) I §4[어원], §5, §8, §9, §10, §13, §14, §15; II §11, §13, §15, §19, §26; III §3, §9, §10, §14; IV §15, §17, §18; V §10, §11.

해로운[不善] (akusala) 서문 §5, §13; 해로운 마음(+citta) I §3, §4~7, §8; II §18, §26~27; III §18, §21; V §23; 해로운 마음부수(+cetasika) II §4, §13~14; IX §38~41; 해로운 범주의 길라잡이(+saṅgaha) VII §3~14; 해로운 업(+kamma) V §22, §27; 해로운 뿌리(+mūla) I §3, §4; III §5~7; VIII §14.

해탈 (vimokkha) IX §26[어원], §27, §35~37; 해탈의 관문(+mukha) IX §27, §35.

해탈 (vimutti) 서문 §10, §11, §13; I §2, §4, §6, §18, §26; II §14, §21; III §3; V §18; VII §6, §7, §38[청]; VIII §8; IX §1, §12[청], §20, §22, §24, §26[어원]; 심해탈(ceto+) I §18; IX §1; 혜해탈(paññā+) I §18; IX §1; 양면해탈(ubhatobhāga+) I §18; IX §1, §41[청].

해탈도론 (Vimuttimagga) 서문 §8; II §4; IV §1, §6.

해탈하기를 원하는 [지혜] (muñcitu-kamyatā) IX §33.

해태 (thina) II §4 (12)[어원], §13, §17; VII §8, §12; 해태와 혼침(+middha) II §17, §26, VIII §8.

행(行) ☞ 상카라(saṅkhāra)

행위 (abhisaṅkhāra) I §21; II §2; VIII §3[청]; 공덕이 되는 행위(puñña+) VIII §3[청].

행복[樂] (sukha) I §18~20. 참 즐거움(sukha).

허공 (ākāsa) VI §4 (8); VIII §30; 참 공무변처.

허영심 (ketukamyatā) II §4[청] 참 자만(māna).

혀[舌] (jivhā) VI §3 (2).

현재 (paccuppanna) III §17; V §38; VIII §5.

형색[色] (rūpa) III §16, §17; IV §6; V §38. 참 물질(rūpa).

형색[色], 색깔 (vaṇṇa) VI §7-3
형성되지 않은[無爲] (asaṅkhata) I §2, §4, §26; VI §31~32; VIII §28.

형성된 것[有爲] (saṅkhata) I §2, §4; VI §6, §31; VIII §1, §28.

형태 (saṇṭhāna) VIII §11[청] 형태의 개념(+paññatti) VIII §30.

형태, 상태, 모양, 구조 (ākāra) VI §4[청]; VIII 0, §2, §4, §7, §30.

혜(慧) ☞ 통찰지(paññā)

혼침 (middha) II §4 (13), §13. 참 해태(thīna)와 혼침.

혼합된 전체의 눈 (sasambhāra-cakkhu) VI §3; VIII §30.

화계(火界) ☞ 불의 요소(tejodhātu)

화락천 (nimmānarati) V §5[어원], §12.

화생 (opapātika) VI §23.

확립 (upaṭṭhāna, paṭṭhāna) VII §24[어원], §28, §30[청]; IX §5, §32, §33. 참 마음챙김의 확립(sati-paṭṭhāna).

확정된 ☞ 고정된(niyata)

활동무대, 결정, 머묾 (adhiṭṭhāna) 활동무대 V §37; 머묾 VIII §11, IX §18; 결정 IX §18.

회전, 윤회 (vaṭṭa) VIII §3, §8, §10.

효과가 없는 과정 (mogha-vāra) V §9, §10.
효력을 상실한 업 (ahosikamma) V §20[어원].

후기 (nigamana) IX 후.

후회 (kukkucca) I §18; II §4 (11)[어원], §13, §17, §26; VII §8.

흐름 (sota) 강의 흐름(nadīsota) V §41; VI §24; 바왕가의 흐름 III §8, IV §6, §22.

흐름, 상속 (santāna) III §8[청]; V §36; VI §10; VII §9.

흐름[相續] (santati) VI §4 (11)[어원], §24 VIII §11[청], IX §32, §33[청] 참 마음(citta): 흐름.

흔들림 (kampana) II §4[청], §7[청].

희(喜) ☞ 함께 기뻐함(muditā) ☞ 희열(pīti)

희열[喜] (pīti) I §18~20, §31; II §2[청], §3 (5)[어원], §11, §19, §21, §23, §25, §26, §28; V §6; VII §16, §29, §32, §33; IX §32.

힘 (satti) ☞ 조건(paccaya): 조건 짓는 힘.

힘[五力] (bala) VII §19, §22, §23, §28.

역자 대림 스님

1983년 세등선원 수인(修印) 스님을 은사로 사미니계 수지. 1988년 자운 스님을 계사로 비구니계 수지. 봉녕사 승가대학 졸. 인도로 유학하여 뿌나대학교에서 산스끄리뜨어와 빠알리어 수학. 현재 초기불전연구원 원장

역서로 『들숨날숨에 마음챙기는 공부』(2003, 개정판 3쇄 2011), 『청정도론』(전 3권, 2004, 6쇄 2016), 『앙굿따라 니까야』(전 6권, 2006 ~ 2007, 3쇄 2016), 『맛지마 니까야』(전4권, 2012, 2쇄 2015) 등이 있음.

역자 각묵 스님

1979년 화엄사 도광 스님을 은사로 사미계 수지. 1982년 범어사에서 자운 스님을 계사로 비구계 수지. 7년간 제방 선원에서 안거 후 1989년 인도로 유학하여 산스끄리뜨어와 빠알리어와 쁘라끄리뜨어 수학. 현재 실상사 한주, 초기불전연구원 지도법사.

역·저서로 『금강경 역해』(2001, 8쇄 2014), 『디가 니까야』(전 3권, 2006, 4쇄 2014), 『상윳따 니까야』(전 6권, 2009, 3쇄 2016), 『초기불교이해』(2010, 5쇄 2015), 『초기불교 입문』(2014), 『담마상가니』(전 2권, 2016) 외 논문과 글들이 있음.

아비담마 길라잡이 제2권

2002년 11월 29일 초판 1쇄 발행
2015년 11월 20일 초판 10쇄 발행
2017년 2월 25일 전정판1쇄 발행
2023년 6월 7일 전정판4쇄 발행

옮긴 이 | 대림 스님 · 각묵 스님
펴낸 이 | 대림 스님
펴낸 곳 | **초기불전연구원**
경남 김해시 관동로 27번길 5-79
전화: (055)321-8579
홈페이지 | http://tipitaka.or.kr
http://cafe.daum.net/chobul
이 메 일 | kevala@daum.net
등록번호 | 제13-790호(2002.10.9)
계좌번호 | 국민은행 604801-04-141966 차명희
하나은행 205-890015-90404 (구.외환 147-22-00676-4) 차명희
농협 053-12-113756 차명희
우체국 010579-02-062911 차명희

ISBN 978-89-91743-35-9
ISBN 978-89-91743-33-5(세트)

값 | 25,000원